J. G. Kohl

Geschichte der Entdeckung Amerikas von Columbus bis Franklin

J. G. Kohl

Geschichte der Entdeckung Amerikas von Columbus bis Franklin

ISBN/EAN: 9783743684980

Hergestellt in Europa, USA, Kanada, Australien, Japan

Cover: Foto ©ninafisch / pixelio.de

Weitere Bücher finden Sie auf **www.hansebooks.com**

Geschichte

der

Entdeckung Amerika's

von Columbus bis Franklin.

Von

J. G. Kohl.

Bremen,
Druck und Verlag von Heinrich Strack.
1861.

Vorwort.

Der Unterzeichnete beschäftigte sich schon seit längerer Zeit mit Studien über die Geschichte unserer geographischen Kenntnisse von Amerika. Im Winter des Jahres 1859/60 war es ihm vergönnt, über diesen Gegenstand vor einem kleinen Zuhörerkreise werther Landsleute in seiner Vaterstadt Bremen, eine Reihe von Vorträgen zu halten. Mehrfach dazu aufgemuntert, wagt er es den Inhalt dieser Vorträge hier dem deutschen Publikum darzubieten und der Gunst des Lesers zu empfehlen.

Bremen, 22. Juni 1861.

Der Verfasser.

Inhalt.

		Seite
I.	Die Vorläufer des Columbus und die alten oceanischen Sagen	1
II.	Christoph Columbus	35
III.	Allgemeine Bemerkungen über die europäischen Entdecker und ihre Fahrten	71
IV.	Magellan und die erste Umsegelung der Welt	103
V.	Mexico und Cortes	137
VI.	Die Pizarros in Peru	178
VII.	Die Seehelden der Königin Elisabeth und die Ostküste der Vereinigten Staaten	223
VIII.	Die Franzosen und Pelzjäger in Canada	269
IX.	Der Mississippi und die Jesuiten	305
X.	Der Marsch der Russen und Kosaken durch Sibirien nach Amerika	338
XI.	Der Norden und die Engländer	372
XII.	Schlußbetrachtung über den Einfluß der Entdeckung Amerika's auf Handel, Schifffahrt, Wissenschaft, Religion und Politik	410

I.

Die Vorläufer des Columbus und die alten oceanischen Sagen.

Der Normann Erich der Rothe in Grönland (Anno 982). — Der Norman Biörn sieht die Küsten Labradors (935). — Der Normann Leif in „Vinland“ (1000). — Friesen segeln von der Weser nach Norden (1035). — Araber segeln von Lissabon in den Ocean hinaus (1147). — Prinz Madoc segelt von Wales nach Westen (1170). — Vivaldi und Doria segeln von Genua in den Ocean hinaus (1284). — Marco Polo reist in China (1280—1295). — Spanier besuchen die canarischen Inseln seit (1326). — Madeira von Portugiesen entdeckt (1420). — Azoren von Portugiesen besucht seit (1432). — Grünes Vorgebirge von Portugiesen entdeckt (1446). — Barth. Diaz erreicht die Südspitze von Afrika (1486).

Selten tritt eine Erscheinung urplötzlich ins Leben. Sowohl in der physischen, wie in der moralischen Welt, hängt Alles wie eine Kette zusammen. Da reift keine Blüthe und Frucht ohne tiefgehende Wurzeln. Da sind selbst die Blitze allmählig eingeleitet und wenn sie jählings unser Auge blenden, so ist doch auch dies nur der plötzliche Ausbruch eines lange vorbereiteten Prozesses.

Auch die geographischen Entdeckungen haben diese langsam reifende Natur aller Dinge. Und namentlich hatte die Enthüllung des ganzen amerikanischen Continents eine lange

1

Morgenröthe. — Jahrhunderte lang ist dieses Amerika so zu sagen ein Irrlicht gewesen, das vor den Augen der Welt umhertanzte, durch einen leisen Schimmer sich wohl dann und wann zu erkennen gab und doch wieder in Finsterniß verschwand, bis endlich Columbus und seine Nachfolger es fixirten, und gleichsam für immer vor Anker legten.

Ich will es hier versuchen, die verschiedenen Phasen der Kunde von der neuen Welt vor der columbischen Zeit in einer kurzen Skizze vor Augen zu legen.

Amerika ist ein colossaler Länderteil, der sich zwischen den östlichen Enden Asiens und den westlichen Küsten Europas und Afrikas mitten inne vom Nordpol zum Südpol erstreckt, und das Weltmeer in zwei Abschnitte theilt. Durch das atlantische Meer ist es vom Osten getrennt, durch den stillen Ocean vom Westen, und es bildete Jahrhunderte lang in dieser Isolirung eine Welt für sich, eine Welt mit eigenthümlichen Thier= und Pflanzenracen, mit besonderen Völkerstämmen, sogar mit einer ganz originellen Civilisation. — Nur an einem Punkte im äußersten Nordwesten nähert sich die neue Welt der alten in einem sehr hohen Grade. Bei der Beringsstraße berühren sich beide Continente beinah. Nur ein schmaler Wasserarm, den selbst rohe Völker in ihren Canoes leicht überfahren, trennt sie hier. Im Winter sind sie von einer compakten Eisbrücke, die von Ufer zu Ufer hinübergeht, fest mit einander verbunden, und noch außerdem schlingt sich eine Reihe von Inseln wie eine Kette von Welttheil zu Welttheil hinüber.

Es ist daher natürlich, daß unsere Blicke, wenn von der frühesten Kunde von Amerika, von den ersten Zeiten, in welchen es sich der übrigen Menschheit offenbart hat, die Rede ist, sich zunächst auf diesen Fleck richten, auf dem die Länder beider Hemisphären fast in eins verschmelzen.

Clima, Bodenbeschaffenheit, die todte und lebendige Natur sind hier auf beiden Seiten der Beringsstraße sehr ähnlich. Die Thiere bewegten sich dort von jeher herüber und hinüber. Der Austausch der Pflanzengesäme konnte eben so leicht vermittelt werden. Und daß auch die Menschen stets von einem Continente zum andern wanderten, können wir aus dem Umstande schließen, daß noch heutiges Tages die Völker auf beiden Seiten nicht nur äußerst gleichartig sind, sondern daß auch die asiatischen Tschuktschen beständig nach Amerika zu Markte kommen, so wie umgekehrt die amerikanischen Esquimaux nicht selten ihre Fisch= und Jagdpartien nach Asien hin ausdehnen. Die Geschichte der Esquimaux, — die Traditionen einiger Indianerstämme Nordamerika's, ja sogar die hieroglyphischen Chroniken der Mexikaner weisen auf diese nordwestliche Ecke Amerika's als den Ausgangspunkt ihrer Ausbreitung und Wanderung hin.

Daß wir dort an der Beringsstraße den frühesten Columbus, der vielleicht in einem ausgehöhlten Baumstamme von einem Continente zum andern hinüberruderte, oder den Noah, der in einer rohen Arche das Gesäme der Schöpfung von Westen nach Osten führte, zu suchen haben, geht daher aus jenen Verhältnissen im Allgemeinen als ziemlich wahrscheinlich hervor, obwohl die näheren Umstände dieses Ereignisses so tief in historisches Dunkel verhüllt sind, wie der Nordpol in Eis und Schnee.

Die Wiege der Menschheit stand im südöstlichen Asien, und hier längs der Südostküste des alten Continents liegen auch die Sitze der ältesten Culturvölker des Erdballs, die Reiche von Indien, China und Japan.

Die östlichsten Enden jener Reiche sind und waren nicht sehr weit von den westlichsten Ausläufern des amerikanischen Landes entfernt. Sie reichen so zu sagen in Gewässer hinein, welche man schon halb Amerikanisch nennen kann.

Es ist ein durch alle unsere Weltumsegler bestätigtes Faktum, daß chinesische und japanische Schiffe vom Sturm verschlagen in Kamtschatka, auf den Aleuten an der West-küste Amerika's zu Zeiten gescheitert sind; Schiffbrüchige aus diesen Ländern fanden die Russen im Nordosten Asiens vor, so wie die Engländer im Nordwesten Amerika's. Erwägt man dabei, daß die Chinesen und Japanesen vermuthlich die ältesten Schifffahrer der Welt sind, daß sie schon vor Christi Geburt große Fahrzeuge zu bauen verstanden, sogar vielleicht mit dem Compasse bekannt waren, so kann man das Scheitern asiatischer Fahrzeuge und das Landen chine-sischer und japanischer Mannschaften an den amerikanischen Küsten als eine im Laufe der Zeiten uralte und häufig wiederholte Erscheinung betrachten, und man darf es daher beinah als ausgemacht annehmen, daß jene genannten von allen alten Culturvölkern die ersten waren, welche den Boden der neuen Welt wenigstens — betraten.

Es würde daher sehr natürlich erscheinen, wenn auch die definitive Entdeckung Amerikas, und die Festhaltung dieser Entdeckung für die Cultur von jener westlichen Seite her geschehen wäre. Nichtsdestoweniger aber finden wir dies in den Annalen Japans und Chinas nicht bestätigt. Ihre Weltkundigen scheinen keine Ahnung von der Existenz eines großen Continents jenseits des Meeres gehabt zu haben. Ihre Kaiser haben kein Bestreben geoffenbart, Expeditionen zu Entdeckungen und Eroberungen jenseits des großen Ost-oceans zu unternehmen. Ja kaum eine dunkle Sage von einem solchen Lande scheint in China und Japan existirt zu haben.

Amerika wendet Asien und dem stillen Ocean seine am wenigsten lockende Seite, so zu sagen seinen Rücken, zu. Die Ufer sind hier auf langen Strecken hafenlos und steil. Die rauhesten und massenhaftesten Gebirge drängen sich hart längs des Küstensaumes hin. Keine fruchtbaren Niederungen, keine schiffbaren Flüsse lassen sich zum Ufer herab. Und außerdem findet jene Annäherung der beiden Continente nur im eisigen Norden unter sehr ungünstigen Verhältnissen statt, während in südlichern Gegenden und in den mildern Klimaten ihre beiden Küsten weit auseinander fliehen und durch breitere Meereswüsten getrennt sind, als irgend welche Länder des Globus. Alle ihre schönen Ströme, ihre fruchtbaren Fluren, die meisten ihrer einladenden Häfen streckt die neue Welt nach Osten hin. Dem Osten sind ihre Arme, ihre Mündungen, ihm ist so zu sagen ihr Angesicht zugewandt, auch ist sie hier durch das vergleichsweise schmale Thal des atlantischen Oceans von der alten Welt getrennt, und von hier aus schien sie also durch ihren ganzen Bau bereit, ihre Erlöser oder doch ihre Eroberer aufzunehmen.

Wie die Küsten Amerikas zum Empfange der Weltbewegung aus Osten bereitet sind, so ist auch die ganze Oberfläche unseres Globus so zu sagen auf einen Marsch der Civilisation von Osten nach Westen eingerichtet. Aus Osten strömen im atlantischen wie im stillen Oceane die regelmäßigen Winde, welche die Engländer so bezeichnend die Handels= oder Verkehrswinde nennen. Und wie sie, so bewegen sich auch die Hauptströmungen der Oceane selber von Osten nach Westen, und bewirken es, daß Gesäme und Thiere und Menschen diesem Zuge folgen und in einer unaufhörlichen Wanderung von Osten nach Westen wie die Sonne den Globus umkreisen. Die Civilisation mußte erst ihren weiten Marsch durch Asien nach Westen hin bis zu der Küste des atlantischen Oceans vollendet haben, bevor

sie die nach ihr ostwärts ausgestreckte Hand Amerikas
ergreifen konnte.

Von ihren uralten Sitzen in Indien bewegte sie sich
auf einer langen und mühsamen Bahn nach Westen, bis
sie zunächst in dem innersten Winkel jenes merkwürdigen
Mittelmeeres anlangte, der so zu sagen die Wiege aller
europäischen Schifffahrt und der Ausgangspunkt aller Entdeckungen geworden ist.

Hier in einer Gegend, wo zwei Arme des indischen
Oceans, der rothe und der persische Meerbusen, mit den
mittelländischen Gewässern nahe zusammen stoßen, wo die
drei Welttheile Afrika, Europa und Asien sich berühren,
erblühten die ältesten Culturreiche des asiatischen Westens,
die der Phönizier und Egypter, deren Schüler die Griechen
und Römer waren, und die auch wir durch der letzteren
Vermittelung als unsere Lehrer verehren. Beide, die Egypter
wie die Phönizier, besonders aber die letzteren, wurden nach
und nach sehr rührige Schiffer und Handelsleute. Sie entwickelten ihre Marine zuerst auf den ihrer Heimath benachbarten Gewässern, auf dem rothen und dem mittelländischen
Meere, und erhoben sich hier, von Cap zu Cap, von Insel
zu Insel schiffend, zu immer größerer Kunde und Geschicklichkeit, zu immer weiter gehenden Entdeckungen. Nach Westen
und Süden vorschreitend gelangten sie dort bis an das
große Thor, das sie die Säulen des Herkules nannten, die
jetzige Straße von Gibraltar, und hier bis an die andere
merkwürdige Enge, die heutzutage das Thor des Todes
heißt, die Straße von Babel-Mandeb. Lange mochten diese
beiden gefürchteten Pforten die Grenze ihrer Schifffahrt
bleiben. Endlich wurden aber auch sie durchsegelt, und die
egyptischen und phönizischen Matrosen gelangten so in die
großen Oceane hinaus.

Jenseits der Säulen des Herkules trennten sich die

Wasserstraßen, die in den Zeiten der Kindheit der Küsten-
schifffahrt längs des Ufers liefen, und spalteten sich in zwei
verschiedene Wege, von denen einer nordwärts längs der
hispanischen Halbinsel nach Gallien, Britannien und dem
Norden, und der andere längs des afrikanischen Continents
nach Süden ging. Die Phönizier folgten, als sie zum Thore
hinaus waren, beiden Richtungen, und setzten ihre Entdeckungen und ihre Coloniengründungen nach beiden Seiten
fort.

Auf beiden Wegen erreichten sie die großen Natur-
straßen, welche nach Amerika führen, auf dem Nordwege
Britannien und das entfernte Thule, das nur noch wenige
Längengrade von Grönland und Amerika entfernt liegt;
auf dem Südwege die canarischen Inseln. Ja, es wird
uns auf eine nicht unglaubwürdige Weise berichtet, daß sie
das ganze Afrika umsegelt haben. Manche Schriftsteller
glauben gar, es sei diese Umschiffung mehrere Male von
ihnen ausgeführt. Ist dieses der Fall, so ist es beinahe
wahrscheinlich, daß sie dabei zuweilen, wenn auch nur als
Schiffbrüchige, nach Amerika geführt wurden. Afrika greift
so weit nach Westen, und Südamerika so weit nach Osten
hinaus, daß zwischen beiden äußersten Punkten nur eine
Längendifferenz von kaum 250 Meilen bleibt. Und noch
dazu findet diese Annäherung in einer Gegend statt, in
welcher Winde und Meeresströmungen beinahe von selbst
nach Westen führen.

Neuere Forscher haben auch in Amerika selbst Spuren
der Anwesenheit der Phönizier finden wollen, einige haben
sogar behauptet, daß sie einen fortgesetzten und stetigen
Handelsverkehr mit den Antillen und Centralamerika im
Stillen geübt hätten. Die Untersuchungen über diesen merkwürdigen Punkt sind noch keineswegs als abgeschlossen zu
betrachten. So viel aber ist gewiß, daß die mittleren

Partien des atlantischen Meeres von den Phöniziern oft
erreicht wurden und ihnen bekannt waren. Die Nachrichten,
welche sie von den dort herrschenden Windstillen, von den
dort sich weit erstreckenden merkwürdigen Seekräuterwiesen
hatten, setzen dies außer Zweifel.

Den Fußtapfen jener alten Meister der Segelkunst
folgten zunächst die Griechen, deren Städte zum Theil von
Phöniziern und Egyptern gegründet waren. Auch sie entwickelten in ihrem kleinen Archipelagus von Insel zu Insel,
von den Küsten des Peloponneses zu denen Kleinasiens
fahrend, gleich wie ihre Vorgänger, eine bedeutende stets
wachsende Marine, und dehnten aus den innersten Verstecken
des mittelländischen Meeres nach und nach ihre Entdeckungen
und Handelsspekulationen über alle Gewässer innerhalb der
Säulen des Herkules aus. Wie die Phönizier, überschritten
auch sie diese. Man kennt noch heutiges Tages den griechischen Schiffer mit Namen, der es zuerst wagte, in den großen
Ocean hinauszusegeln. Doch beschränkten sie sich der Hauptsache nach auf die inneren Gewässer. Und es wurde der
Ausspruch ihres Pindar, daß die Götter den Thoren, wie
den Weisen es verborgen haben, was jenseits der Säulen
des Herkules läge, bei ihnen zum Sprichworte. Einen so
großartigen, weitgehenden Welthandel, wie die Phönizier,
die im Alterthum einzig dastehen, begründeten die Griechen
nie. Viele geographische Kenntnisse, welche den Phöniziern
bereits sehr geläufig waren, gingen, nachdem der Halb-
grieche Alexander Tyrus zerstört hatte, wieder verloren.
Daß Afrika eine Halbinsel sei und umschifft werden könne,
bezweifelten die Griechen, und sie versuchten dergleichen nicht.
Doch scheinen sie einige der phönizischen Entdeckungen als
Traditionen bewahrt zu haben. Sie berichten von gewissen
Inseln im Westen, die sie die glückseligen nennen, und in
denen Einige die von Phöniziern besuchten Antillen in

Amerika erkennen wollen. Auch die so merkwürdige und leider so dunkle Sage von der großen Insel Atlantis müssen wir vielleicht als eine Ueberlieferung egyptischer und phönizischer Schiffer, vielleicht aber auch bloß als ein Produkt der Spekulationen der griechischen Philosophen betrachten. Diese letzteren ahnten und wußten es längst, daß die bewohnte Erde nicht eine im Meere schwimmende flache Scheibe, sondern eine Kugel sei. Pythagoras bewies dies unter anderm öffentlich in seiner Schule aus dem Erdschatten, den er bei den Verfinsterungen des Mondes beobachtete. Sie stellten sogar Berechnungen über die Größe dieser Kugel an, und kamen dabei zu Resultaten, die man nicht eben sehr falsch nennen kann.

Nahmen die griechischen Weltweisen an, daß die Erde eine Kugel sei, und daß sich also die ihnen bekannten Festländer gleichsam wie ein Blätterkranz auf der Oberfläche dieser Kugel herumbögen, so mußten sie auch die ganz natürlich daraus abzuleitende Consequenz acceptiren, daß der Ocean nicht ohne Grenze sei, — daß man, wenn es nur an Kühnheit und Geschick nicht fehle, die ganze Erde umreisen könne, daß man nach Westen segelnd entweder wieder nach Asien kommen, oder in der Mitte des Oceans noch andere Länder finden müsse. Plato, der uns die Sage vom Lande Atlantis am umständlichsten überliefert hat, deutete dies letztere an, und beschrieb auf romanhafte Weise jenes Land im Westen, das, wie er sagt, größer gewesen sei als Afrika und Europa zusammen genommen, als hätte er Amerika gleichsam wie durch eine Fata Morgana am fernen Westhorizonte auftauchen sehen. Einst habe, setzt er hinzu, dies Land wirklich existirt, nachher aber sei es durch eine große Erdrevolution wieder zu Grunde gegangen, und diesen Zusatz des Plato möchte man fast so deuten, daß einst das große Festland den Schiffern bekannt war, später aber, als

phönizischer Unternehmungsgeist nicht mehr am Ruder stand,
die Kunde davon verloren ging. Daß die Griechen nicht
nach den Fingerzeigen und Andeutungen ihrer Weltweisen und
Astronomen segelten, ist wohl nur dem Umstande zuzuschreiben,
daß sie noch geschicktere Denker auf dem Gebiete der theoretischen Spekulationen, als kühne Praktiker auf dem Felde
der Schifffahrt waren. Man könne wohl, so sagten oder
dachten sie, die Welt umreisen, wenn nicht im Westen die
See durch das untergegangene Land Atlantis in einen
Sumpf verwandelt, wenn nicht die Gewässer im Norden in
Folge der Kälte so dickflüssig wären, und wenn nicht im
Süden in Folge der Hitze alles zerschmölze oder in Flammen
aufginge.

Die weitesten geographischen Entdeckungsreisen der
Griechen sind von ihrer Pflanzstadt Massilia (Marseille) im
westlichen Becken des mittelländischen Meeres aus unternommen worden. Der berühmte Marseiller Handelsmann
und Schiffer Pytheas segelte hoch in den Norden hinauf,
umschiffte Großbritannien und Schottland und gelangte bis
zum entlegenen Thule, welches Einige für Island, Andere
aber für die Shetlandsinseln halten. Mag dieses oder jenes
sein, so ist es klar, daß dieser Pytheas auf dem besten
Wege war, Amerika zu entdecken, von dessen äußersten
Ausläufern nach Osten er von Island und den Shetlandsinseln aus nur noch wenige Längengrade entfernt war.
Allein Pytheas glaubte, weiter zu schiffen sei unmöglich,
und noch lange Jahrhunderte nach ihm blieb der berühmte
Name Thule die Bezeichnung des äußersten erreichbaren
Landes nach Nordwesten.

Zu einer Zeit, wo es noch keine Druckerpresse, keine
wissenschaftliche Oeffentlichkeit, keine Weltliteratur, kein alle
civilisirten Völker umschlingendes Band einer einigen Cultur-
religion gab, wo die jetzt jedem Kinde gelehrten Dinge in

den Mysterien geheimnißvoller Gesellschaften als staunens-
würdige Offenbarungen überliefert wurden, wo jedes Volk
für sich einherschritt, wo den Fremden die gemachten Entdeckungen eifersüchtig verhehlt wurden, — es ist begreiflich,
sage ich, daß in einer solchen Zeit, die Wissenschaften oft
aufblühen und wieder verblühen mußten, da jedes Volk,
so zu sagen, wieder von vorne anfangen und den mühseligen
Kreislauf seiner Vorgänger von Neuem durchmachen mußte.

Als daher den Griechen endlich die Römer folgten,
erbten diese in Bezug auf Erkenntniß zunächst wenig von
jenen. Sie kannten anfangs nichts von der Welt als ihre
kleine Campagna, und von dieser aus eroberten sie stückweise,
meistens zu Lande, ganz Italien und am Ende alle Küsten
des mittelländischen Meeres. Sie lernten nachher von den
Karthagern und Griechen, deren Schiffe sie zum Modell
nahmen und nachahmten, die Schifffahrt. Wie diese fürchteten sie anfänglich wieder die Säulen des Herkules und
die gewaltigen Wasserwogen jenseits derselben. Wie diese
drangen sie aber doch endlich auch in den atlantischen
Ocean hervor, und machten hier überall wieder Entdeckungen,
die für sie neu waren, welche indeß auch ihre Vorgänger
schon längst für sich gemacht hatten. Nachdem sich ihnen
die atlantischen Küsten Marokkos, Spaniens und Galliens
offenbart hatten, setzten sie unter Caesar nach Britannien
hinüber, der nur erst vermuthete, daß dies Land eine große
Insel sei, was ihm andere bestritten, indem sie glaubten,
daß Britannien im Norden mit andern Ländern zusammen
hange. Endlich zur Zeit des Kaisers Claudius sandte der
römische Feldherr Agricola eine Flotte nach dem Norden,
die ganz Britannien ringsumher umschiffte, die orkadischen
Inseln unterwürfig machte, und das entfernte Thule von
weitem erblickte.

Die Römer waren Soldaten und Staatsmänner. Sie

wollten die Welt nur so weit kennen, als sie sie beherrschen
konnten. Ihr Reich nannten sie Orbis terrarum (den
Erdkreis). Diesen Erdkreis, dessen Theile sie durch ein
wunderbares und colossales Netz von Landstraßen innig
verknüpft hatten, kannten sie freilich gründlich, und sie haben
im Innern desselben bessere Entdeckungen und von ihm
werthvollere Schilderungen gemacht, als ihre Vorgänger,
die nur längs den Küsten streifenden Griechen und Phönizier.
Aber um das, was sie innerhalb der Grenzeu ihres Reichs
nicht festhalten konnten, bekümmerten sich die Römer weniger,
und ließen die griechischen oder egyptischen Fabeln von den
glückseligen Inseln, von der Atlantis und von großen
Ländern im Westen auf sich beruhen. Ihre Schriftsteller
wiederholen nur die von den Griechen überkommenen alten
Traditionen. Virgilius weiß von einem atlantischen Lande,
das außerhalb der bekannten Welt liege, Tibullus von
einer im Ocean enthaltenen Welt, als anderer Hälfte unserer
Erdkugel. Ein anderer römischer Dichter erwähnt neuer
Welten, deren Bekanntschaft bloß der Ocean verhindere und
Strabo sagt sogar, er fände kein anderes Hinderniß von
Spanien aus nach Indien zu gehen, als die übermäßige
Breite des atlantischen Oceans. Und Aehnliches spricht
der prophetische Spanier Seneca in seinen berühmten
Versen:

> Venient annis secula scris
> Quibus Oceanus vincula rerum etc.

„Es werden dereinst in späten Zeiten Jahrhunderte
kommen, in welchen Oceanus die Schranken der Dinge
durchbrechen, die Grenzen erweitern wird. Da wird die
Erde sich weithin vor uns eröffnen, die Schiffer werden
neue Kreise enthüllen, und es wird für unsere Länderkenntniß
kein äußerstes Thule mehr geben."

Diese merkwürdige Prophezeihung des Seneca ist in seinem bekannten Drama Medea dem Chor in den Mund gelegt. Vielleicht wurde er zu ihr durch die Lektüre der Spekulationen der alten Griechen und Egypter inspirirt. Vielleicht hatte er auch Kunde von einigen andern bemerkenswerthen Ereignissen, die zur Römerzeit stattgehabt hatten, und die man gewissermaßen als Enthüllungen ferner Länder, als Winke und Grüße, welche dieselben nach Europa hinüber sandten, auslegen konnte. Von einem dieser Ereignisse, das nicht lange vor Seneca eingetreten war, und großes Aufsehen bei den Römern gemacht zu haben scheint, melden uns verschiedene römische Schriftsteller. Zur Zeit, so sagen sie, da Metellus Celer Proconsul in Gallien war, seien an der Küste des nördlichen Germaniens eine Anzahl völlig fremdartiger, kupferfarbener Männer, die man für Leute aus Indien gehalten, bei den Mündungen der Weser und Elbe gestrandet, und seien von einem deutschen Fürsten dem besagten römischen Statthalter als ein Curiosum zum Geschenk zugeschickt. Man habe vermuthet, daß diese Fremdlinge aus dem indischen Ocean um Asien und Skandinavien herum nach Deutschland verschlagen seien. Von dem späteren Schicksale dieser Leute, ob sie länger gelebt, ob man sie über ihr Vaterland befragt habe, erfahren wir dann weiter nichts. Ist dies der Fall gewesen, lernten sie vielleicht etwas Römisch, so mögen sie wohl den Römern einige Kunde von dem großen Lande im Westen, von Amerika gebracht haben. Denn, so wahrscheinlich auch den Alten, die sich Europa und Asien nicht so weit nach Norden vorgestreckt dachten, die Herkunft jener Männer aus Indien erscheinen mochte, so gewiß muß es uns, die wir die Schwierigkeiten einer Umschiffung des asiatischen Continents besser kennen, sein, daß eine solche Annahme falsch war, und daß diese Fremdlinge, die keinem den Römern bekannten euro-

päischen Volke glichen, vielmehr aufrichtige Amerikaner, vermuthlich Esquimaux gewesen sind. Auch im Mittelalter
haben die Winde und Meeresströmungen noch zu wiederholten Malen einzelne Grönländer und amerikanische Barbaren in das deutsche Meer hinabgeführt und an den Küsten
von England, Norwegen, vielleicht auch an den Mündungen
der Elbe und Weser stranden lassen.

Es hat überhaupt zu keiner Zeit an Winken und
Grüßen, durch welche Amerika sich gleichsam unseren Vor-
vätern enthüllte, gefehlt. Die Europäer waren nur nicht
zu allen Zeiten im Stande, diese Fingerzeige zu verstehen
und zu benutzen. Seit den Tagen der Schöpfung wälzte
sich der große Rotationsstrom des atlantischen Oceans, von
den Küsten Afrika's beginnend nach Amerika hinüber, und
mit ihm zogen die Passatwinde. In dem Busen von Mexico
wurde er gebrochen, nordwärts und von den Küsten Amerika's bei Neufundland wieder ganz ostwärts herumgebogen,
und in dieser Richtung dann auf die Küsten Frankreichs,
Großbritanniens und Norwegens zurückgeworfen. Von jeher
brachte dieser merkwürdige Strom Cocosnüsse, Gesäme,
Baumstämme, geschnitzte Hölzer und andere Dinge mit sich
aus jenen Gegenden und warf sie an den Küsten Europas
an den Strand. Man hat Cocosnüsse an den Küsten
Irlands aufgelesen, die noch eßbar waren. In Island
und Schottland und Norwegen hat man amerikanisches Holz
aufgefischt, das die Leute bei ihrem Schiffs- und Häuserbau
benutzen konnten.

Von jeher auch haben die von Amerika zurückkehrenden
Winde uns jenen merkwürdigen, in den höchsten Luftregionen
schwebenden und fortziehenden Staub zugeführt, den sie auf
den Gipfeln der Anden oder in den ausgetrockneten Pampas
Südamerikas abhoben, und auf der Nordküste von Afrika,
auf den Pyrenäen und sogar auch auf den Schneefeldern

unſerer Alpen deponirten, jenen Staub, in welchem erſt in neueſter Zeit einer unſerer deutſchen Naturforſcher amerikaniſche Erdkrümchen, braſilianiſche Gebirgsſplitterchen, und Tauſende kleiner, leichter Körperchen mikroskopiſcher Thierchen von den Ufern des Orinoco u. ſ. w. erkannt und nachgewieſen hat.

So wie die Körper dieſer winzigen Thierchen, ſo bewegten ſich auch von jeher die wandernden Fiſche, die weitſtreifenden Wallfiſche und die Heerden der Häringe von Amerika nach Europa und vice versa hinüber und herüber. Und betrachten wir dieſen intereſſanten, durch alle Zeitläufe hindurch wirkſamen Austauſch im Haushalte der Natur, die längſt ſo zu ſagen ihren ſtillen Handelsverkehr von der neuen zur alten Welt betrieb, und Waaren hinüber und herüber ſchaffte, ſo kann man mit Recht ſagen, daß die europäiſchen Völker ſchon längſt amerikaniſche Früchte und Fiſche genoſſen, mit amerikaniſchem Staub überſchüttet wurden, mit amerikaniſchen Hölzern bauten, amerikaniſche Kunſtprodukte beſaßen, ja ſogar auch wohl amerikaniſchen Männern wohl dann und wann die Hand ſchüttelten, ehe noch die Exiſtenz eines ſolchen Landes erwieſen war.

Nach dem Untergange der griechiſchen und römiſchen Reiche, in den Zeiten der ſogenannten Völkerwanderung zieht ſich wieder eine dichte Finſterniß über das ganze weite und ſchöne Culturbecken des mittelländiſchen Meeres und über das ihm angrenzende Europa. Die römiſchen Städte, die Pfleger der Bildung werden zerſtört. Die Annalen der römiſchen und griechiſchen Geſchichte und Literatur werden zum Theil vernichtet, und ſelbſt das Gerettete nur von Wenigen geleſen oder verſtanden. Der ganze von den Römern civiliſirte Orbis terrarum zerfällt in eine Menge nur loſe zuſammenhängender Reiche, zwiſchen denen der friedliche Handelsverkehr ſtockt und aufhört. Von Ent

deckungsreisen, von Erweiterung des geographischen Hori-
zonts ist da nicht die Rede. Die Kenntniß der Welt, die
man bereits erlangt hatte, geht in so hohem Grade wieder
verloren, daß man auch an die Kugelgestalt der Erde
nicht mehr glaubt. Nicht nur der gemeine an der Scholle
klebende Mann, sondern auch die Lehrer der Menge, die
Leute, die als Drakel galten, glaubten und lehrten es, die
Welt, d. h. Asien, Afrika und Europa sei eine viereckige
flache Erdscholle, die mitten in einem grenzenlosen Oceane
schwämme, und die ersten Schriftsteller des Christenthums,
die Kirchenväter, machten es sogar zu einem Glaubenssatze:
daß es keine Antipoden gäbe. Selbst die byzantinischen
Griechen, die Nachkommen der alten schifffahrenden Hellenen,
waren durch die wandernden Ströme der Barbaren, die im
Süden und Norden an den Grenzen ihres Reiches oft vor
den Mauern ihrer Stadt vorüberzogen, in hohem Grade
von der übrigen Welt isolirt. Ihre physischen Kräfte wurden ganz in der Vertheidigung ihres immer mehr sich ver-
engenden Reiches absorbirt, ihre geistigen in philosophischen
Sophismen und religiösen Streitigkeiten, die sie eifrig in
ihrer isolirten Stadt fortführten. Die Welt draußen war
voll Sturm und Graus, und Schifffahrt, Entdeckung, Erdkunde
waren daher unter den Gewerben, Künsten und Wissenschaften
diejenigen, welche die Byzantiner am wenigsten förderten.

Viel ausgezeichneter waren hierin die Zeitgenossen und
Rivalen der Byzantiner, die von Mahomet inspirirten Araber.
Kaum hatte dieses energische und lebhafte Volk von seinem
Propheten die Mission erhalten, die Welt zu bekehren und
zu unterjochen, kaum hatten sie diese Mission in einer
Reihenfolge rasch auf einander folgender Eroberungen aus-
zuführen begonnen, und ihr Weltreich fest begründet, so
fingen sie an, mit einem damals beispiellosen Eifer die

Wissenschaften zu pflegen, namentlich auch die Astronomie und die mit ihr zusammenhängende Weltkunde.

Als Eroberer und Handelsreisende drangen sie tief in Afrika und Asien ein, viel weiter als die Karthager dort und Alexander der Große und die Römer hier. Im Osten dehnten sie ihre Entdeckungen und Eroberungen bis zu den hinterindischen Inseln und bis an die Grenzen des stillen Oceans und Chinas hin aus. Nach Westen, in Marocco, in Spanien und Portugal gelangten sie an die Küsten des atlantischen Meeres. Ihre Schiffer besegelten den ganzen Küstensaum dieser weitentlegenen Länder. Ihre Geographen beschrieben sie und thaten dies mit mehr Umsicht und mit einer richtigeren Vorstellung von dem Zusammenhange des Ganzen als die damaligen Nachfolger der Römer und Griechen. Denn nicht diese, sondern die Araber waren es, die aus der allgemeinen Zerstörung die Schriften des Ptolemäus, des Aristoteles und vieler anderer alten Denker und Naturforscher retteten und die Arbeit da wieder anknüpften, wo jene aufgehört hatten.

Einer ihrer großen Eroberer, der an die Küsten des atlantischen Oceans kam, sprengte zu Pferde in die Meeresbrandung hinaus und drückte sein Verlangen aus, daß er noch weiter über diese Gewässer hinaus seine Eroberungen möchte fortsetzen können. Und wirklich scheint es auch, daß es arabischen Schiffern gelungen ist, wo nicht Amerika selbst zu erreichen, doch weit in die Tiefen des atlantischen Meeres hinaus zu schiffen.

In Lissabon, so erzählen unter andern die arabischen Geschichtschreiber, habe eine Gesellschaft von Schiffern existirt, welche sich die Almagrurin, d. h. „die wandernden Brüder" nannten. Acht dieser Almagrurin, so heißt es, hatten, von abenteuerlichem Entdeckungseifer beseelt, ein gut ausgerüstetes und verproviantirtes Schiff bestiegen, und hatten geschworen,

2

sie wollten nach Westen segeln und nicht eher zurückkehren, als bis sie zu den äußersten Verstecken des Meeres der Finsternisse (des atlantischen Oceans) vorgedrungen seien. Sie setzten von Lissabon aus und segelten südwestwärts. Nach einer Fahrt von 35 Tagen gelangten sie zu einer bewohnten Insel, welche sie Gana oder die Schaaf=Insel nannten. Von dieser entlegensten aller Westinseln kehrten sie nach Lissabon zurück und kamen daselbst glücklich wieder an.

Die Araber waren es auch, die zuerst das Zuckerrohr und andere südliche Nutzgewächse in Spanien einführten, von wo dieselben dann nachher nach Amerika verpflanzt wurden. Sie brachten zuerst das Schießpulver auf der Pyrenäischen Halbinsel in Gebrauch, womit die Spanier später die Völker der neuen Welt erschreckten. Sie machten dort auch den Compaß bekannt und verbreiteten daselbst astronomische Kenntnisse. Ja sie betrieben daselbst zuerst das Studium der alten Schriftsteller, an welches später Columbus und seine Zeitgenossen ihre Vorstellungen von der Beschaffenheit der Welt wieder anknüpften, und so haben sie denn direct wie indirect die spanische Entdeckung Amerikas mehrfach vorbereitet.

Die Zeit der größten Blüthe der arabischen Intelligenz und Macht fällt mit der Zeit Karls des Großen und seiner nächsten Nachfolger zusammen. Damals waren alle Länder von Indien bis Spanien unter arabischer Herrschaft. Damals waren alle Landschaften von Bochara bis Fez und Marocco mit arabischen Reisenden, mit reisenden Kriegern sowohl als mit reisenden Geographen und Naturforschern so zu sagen erfüllt. Damals waren alle Meere von Java und Sumatra bis zu den Säulen des Herkules von arabischen Schiffern und Kriegsflotten belebt. Und eben damals, als dieses colossale Bild arabischer Größe sich im Süden entfaltete, gelangte auch im Norden ein anderes, bisher nur selten genanntes Volk zu einer fast wunderbaren Kraftentwickelung auf dem Meere, zu einer weitgehenden oceanischen Herrschaft. Ich meine das germanische Volk der Normannen, denen wir nun um so mehr einige Aufmerksamkeit schenken müssen, da sie als die ersten von authentischer Geschichte uns bezeichneten Entdecker Amerikas erscheinen.

Die Bewohner des sterilen, Skandinaviens mußten frühzeitig auf die fischreiche See, als auf eine der Hauptquellen ihrer Existenz angewiesen werden. Wir hören daher auch so lange das Land bewohnt ist, von skandinavischen Fischern und Kriegsflotten. Doch hielten sie sich lange Zeit hindurch in der Nähe ihrer heimathlichen Küsten und Buchten. Die Erscheinung, daß sie plötzlich zu der bezeichneten Periode, zu der Zeit des Aufschwungs der Araber und Karls des Großen wie Bienen zu schwärmen begannen, ist wohl zum Theil als eine Folge des nach dem Norden vordringenden Christenthums und der dahin gelangenden Cultur anzusehen. Beides — Christenthum und Cultur — sind überall, wie der Frühling, nicht ohne vorläufige Stürme unter den Barbaren eingeführt. Das deutsche Reich, das sich nach Besiegung der Sachsen unter der Aegide Karls des Großen zu gestalten und zu einigen begann, bedrängte alsbald die Dänen in ihrer Südgrenze. Der Anstoß zur Einigung in Deutschland wirkte auch zur Einigung und Staatenbildung in Dänemark und im Norden weiter.

Bei den Normannen, die bisher unter ihren Häuptlingen zerstreut gelebt hatten, trat ein Königsgeschlecht an die Spitze. Dieses Königsgeschlecht huldigte bald dem Christenthum. Dies führte Kämpfe mit den alten mächtigen Häuptlingen herbei, Kämpfe, die mehrere Jahrhunderte sich fortsetzten, bis endlich ein geregelter Staatsorganismus tiefere Wurzeln fassen konnte. Die Unzufriedenen, die Besiegten, die, welchen die neueingeführte Ordnung verhaßt war und die mit Begeisterung der alten Odins-Religion anhingen, setzten sich

2*

zu Schiffe und segelten in alle Welt hinaus — um sich eine
neue Heimath zu suchen.

Dergleichen unzufriedene und unternehmungslustige normannische Anführer waren z. B. die Ruriks, die das russische
Reich stifteten, ein solcher war Rollo, der das Herzogthum
der Normandie in Frankreich schuf. Häuptlinge dieser Art
waren es, die England unter normannische Herrschaft brachten; andere, die von Rußland her in die Dienste des byzantinischen Kaisers als seine Leibwächter und Prätorianer
traten.

Die Normannen schlüpften sogar von Westen her durch
die Säulen des Herkules in die innersten Gewässer des mittelländischen Meeres hinein. Dies war bisher noch nie in
der Weltgeschichte vorgekommen. Von den Zeiten der Egypter und Phönizier bis zu denen der Normannen herab hatten
sich sämmtliche Marinen, wie ich sagte, in dieser Wiege der
Schifffahrt ausgebildet, und alle See-Expeditionen waren
westwärts aus den Säulen des Herkules wie aus ihrem
natürlichen westlichen Thore furchtsam hervorgegangen. Die
Normannen kehrten zum ersten Mal diese Richtung um. Zum
ersten Male sah man den großen Ocean belebt, und die
Schiffe von da ostwärts hereintreiben.

Es ist das wesentlichste Charakter-Merkmal der normannischen Marine, daß sie, im Gegensatz zu den in engen
Gewässern zwischen kleinen Inseln geborenen Flotten der
Griechen und Italiäner, von Haus aus die erste kühne
auf dem großen Ocean geborene Marine der Welt war.
Sobald die Normannen von der Küste ihres Vaterlandes ab-
stießen, wurden sie von den mächtigen Wellen des atlantischen Meeres geschaukelt, und sie mußten sich alsbald die
Eigenschaften und Geschicklichkeiten aneignen, die zur Befah-
rung dieser Gewässer von Nöthen sind. Wie sie, ein sehr
ungeschultes Volk, ohne astronomische Wissenschaft, ohne die

Kenntniß des Compasses, in ihren kleinen und schwächlichen Fahrzeugen, dies zu Stande gebracht haben, bleibt uns zwar vielfach ein Wunder. Aber wir müssen annehmen, daß ihre aufmerksame Beobachtung der Natur, ihre Uebung und ihr hochfahrender Muth sie zu fast eben so großen Expeditionen befähigten, wie wir sie jetzt nur noch mit unserer größeren theoretischen Kunde und Kunst zu Stande bringen. Weil sie die ersten ächten Söhne des Oceans waren, daher begreift es sich auch, daß sie die ersten wahren Entdecker Amerikas, wohin sie durch eine sehr merkwürdige Reihe von benachbarten Halbinseln und Inseln hinüber geführt wurden, geworden sind. Im Nordwesten sind unsere Continente gleichsam benachbart. Nachdem die Normannen Großbritannien und namentlich Schottland und Irland erobert und zum Theil auch bevölkert hatten, konnte die Entdeckung der benachbarten Shetlands- und Farör-Inseln nicht lange ausbleiben.

Islands hohe Vulkane, wenn sie wüthen, werden weithin auf dem Meere gesehen. Sie bestreuen sogar bei ihrem Ausbruche die Inseln bis nach Schottland hin mit Asche. Island konnte denen, die Schottland und die Faroer inne hatten, nicht lange verborgen bleiben und es wurde seit der Mitte des neunten und zehnten Jahrhunderts von den Normannen entdeckt, besiedelt und bevölkert. Es verging darüber mehr als ein Jahrhundert. — Endlich kam ein normannisch-isländischer, vom Sturm nach Westen verschlagener Schiffer, Namens Gunbiorn, zurück und meldete, er habe ein Land im Westen gesehen. Unternehmungslustig, länder- und beutebegierig schiffte sich alsbald einer seiner Landsleute, der in Island seiner Uebelthaten wegen für „friedlos" erklärte Eirek Rauda, oder Erich der Rothe, ein, um „Gunbiorns-Land" zu suchen, und steuerte nach Westen. Statt eines Compasses hatte er, wie es bei den Normannen üblich war, Raben an Bord, von denen er zu Zeiten einen fliegen

ließ, um zu sehen, ob und wo das Auge oder der Instinkt
dieser Vögel sie im Westen Festland entdecken lassen möchte,
und er landete an der Südspitze eines Landes, dem er
seiner grünen Wiesenfluren wegen den Namen Grönland gab.

Erich, mit Beinamen der Rothe, überwinterte in Grön=
land, kehrte nach Island zurück, lobte dort und in Norwegen
die Beschaffenheit des Landes und es fanden sich alsbald
Unzufriedene genug, die gern dahin auswanderten, um
unter Erich ein neues Seekönigthum zu stiften. — Die Nor=
mannen mußten sich in jenem ihrer Heimath so vielfach
ähnlichen Lande, welches man daher auch wohl das ameri=
kanische Skandinavien genannt hat, sehr heimisch fühlen.
Fischreiche Fiorde und Scheeren gab es dort, wie in Nor=
wegen. Wildromantische Felsenklüfte und Wiesenflecke da=
zwischen fanden sich dort auch, wie in Skandinavien. Man
führte Vieh hinüber, baute Häuser, fischte und segelte ost=
und westwärts, um die Größe und Gelegenheit der Küste
zu erkunden. Bei den häufigen Nordostwinden in diesen
Gewässern konnte es nicht fehlen, daß nicht bald einer jener
normannischen Grönlandsfahrer noch weiter nach Westen
verschlagen wurde. Dies geschah zuerst dem Biörn, Heriulf's
Sohn, als er seinem nach Grönland gereis'ten Vater folgen
wollte. Grönland und seinen Vater Heriulf suchend, kam
Biörn weit nach Westen von seinem Wege ab, segelte lange
an den Küsten eines großen Landes entlang. Wir besitzen
noch einen Bericht über die unfreiwillige Reise dieses nor=
mannischen Häuptlings, der so umständlich ist, daß wir dar=
aus mit Gewißheit erkennen können, daß er an den Küsten
des jetzigen Labrador und Canada hinabfuhr, und daß wir
diesen Mann also als den ersten wahren Entdecker des
nordamerikanischen Continents betrachten müssen.

Biörn fand doch endlich den Weg nach Grönland zurück
und erzählte dort von seiner Entdeckung. Ein anderer Mann,

Namens Leif, der Sohn jenes Erich, der Grönland zuerst entdeckt hatte, hörte es, und faßte den Plan, dahin zu segeln und das neue Land zu erforschen. Er kaufte das Schiff des Biörn, bemannte es, und steuerte nach Südwesten. Er kam zu einem Lande, das er seiner felsigen Küsten und Thäler wegen „Helluland", d. h. das Land der großen Steine nannte. Man glaubt, es sei dies das heutige Neufundland gewesen. Darauf segelte er mit den Seinen noch weiter nach Süden und Westen und traf nach mehrtägiger Fahrt abermals auf ein Land, welches dem ersten ähnlich, aber stärker bewaldet war. Er nannte es daher „Markland", d. h. das Land der Wälder. Man glaubt, daß dies Mark-land das heutige Neu-Schottland gewesen sei. Von da begab sich Leif, Erich's Sohn, wieder unter Segel, schiffte um ein großes Vorgebirge, und ging hinter demseben in einer großen Bucht vor Anker. — Da das Jahr (es war gerade das Jahr 1000) zu Ende ging, so baute er sich an, und machte eine An-siedlung, die den Namen „Leifs budir" (des Leif's Buden oder Hütten) bekam, durchforschte und durchjagte die Gegend und überwinterte daselbst. Eines Tages vermißte er einen seiner Gefährten, einen Deutschen aus Niedersachsen, Namens Tyrker, einen Mann, den Leif besonders gern hatte. Schon glaubte man den vermißten Deutschen verloren. Da trat er auf einmal gegen Abend aus dem Walde hervor, einen Gegenstand hoch und triumphirend in den Händen haltend. Als er näher kam und man ihn fragte, was er habe, konnte er anfangs vor freudiger Bestürzung kaum antworten. End-lich rief er: „Weintrauben, Weintrauben!" Er kenne sie wohl von seinem deutschen Vaterlande her, wo die Trauben längs der Ströme wüchsen. Dieses Umstandes wegen nannte Leif das Land „Vinland" (d. h. Weinland). Man glaubt, daß damit zunächst die Küste des jetzigen Staats Rhode Island und dann überhaupt der ganze südliche Theil

von Neu=England gemeint sei. Im Frühling des folgenden
Jahres fällte Leif in den Wäldern von Vinland Holz, belud
damit sein Schiff für Grönland und segelte dann nach Nor=
den zurück.

Leif gab in Grönland eine vortheilhafte Beschreibung
von den Ländern, die er im Südwesten gesehen und es
gingen daher in den folgenden Jahren wieder mehrere Expe=
ditionen von dort nach Vinland. Auch setzten sich die Nor=
mannen in Grönland um so fester. Sie dehnten ihre Ansied=
lungen immer mehr aus. Sie legten daselbst, nachdem sie
Christen geworden, Kirchen und Klöster an, und ihre Gehöfte,
von denen aus sie Viehzucht, Fischfang und Jagd betrieben,
zogen sich am Ende über 100 Meilen weit hauptsächlich
längs der Westküste hin. Auch blieben sie mit ihren Mutter=
ländern Island und Norwegen in ununterbrochener Verbin=
dung, und erhielten von dorther neue Mannschaften und
Zufuhr. Auch nach Südwesten hin wurden die Reisen noch
mehrfach wiederholt und ausgedehnt.

Wundersam erscheint es dabei, daß die nördlichen Ge=
genden und Sitze in Island und Grönland stets die
Centralpunkte dieser normannischen Fahrten nach dem Westen
und Süden blieben, und daß sie nicht alsbald nach der
Entdeckung Amerikas jene Fels= und Eisländer verließen und
sich in den neuen milderen Climaten ganz heimisch machten.
Man begreift es, daß unsere Wallfischfänger zu Zeiten für
den Sommer unsere südlichen Häfen verlassen, um ein paar
Monate lang mit den Polarstürmen und Seeungethümen zu
kämpfen, da sie alsdann ein bequemes Winterquartier, zu
dem sie im Herbste zurückkehren können, im Rücken haben.
Aber daß man im Eisbären=Lande selbst seine Heimath
macht und von da aus nur zu Zeiten Sommerausflüge zu
den warmen Weinländern unternimmt, das konnte allerdings
nur Skandinaviern, jenen ächten Kindern des Nordens, paf=

siren. — Manche glauben, daß die Normannen auch Florida
besucht und gekannt haben. Ja einige Schriftsteller unter
den Dänen selbst sind in ihren kühnen Vermuthungen noch
weiter gegangen. Sie meinen, daß die bärtigen, weißhäu-
tigen Männer, von denen die Peruaner in Südamerika den
Spaniern später erzählten: sie seien am Titicaca-See erschienen und hätten ihnen Gesetze, bürgerliche Ordnung und
Cultur gebracht, Sprößlinge ihres Nordlandes gewesen seien.
Bei einem central-amerikanischen Volke haben wir die Verehrung eines Gottes „Wotan" gefunden. Auch diesen Namen
und Gottesdienst haben einige von den Normannen ableiten
und ihn auf den normannischen Odin oder Woban beziehen
wollen.

Durch drei Jahrhunderte hindurch können wir die
Spuren normannischer Ansiedlungen in Grönland verfolgen.
Vermuthlich auch eben so lange haben ihre Excursionen von
Grönland aus nach Amerika gedauert. Und dennoch ging
diese merkwürdige Entdeckung am Ende wieder gänzlich verloren, ohne weiteren Nutzen für die Welt und die Wissenschaften. Die grönländischen Colonien verfielen allmählich,
vermuthlich sowohl in Folge der epidemischen Krankheiten,
die im 14. Jahrhunderte von Europa dahin ihren Weg
fanden, als auch in Folge unglücklicher Kämpfe mit den
eingeborenen Grönländern. Nichts von ihnen blieb übrig, als
ihre Gräber, wenige Ruinen von Kirchen, einige Runen-Steine
und jene Traditionen, welche so meisterhaft, lakonisch und
lebendig in den isländischen Annalen verzeichnet stehen.

Auch in den Annalen eines anderen nordischen Volkes,
nämlich in denen der Bewohner des britischen Landes Wales,
wird eine Expedition nach dem fernen Westen des atlantischen Meeres erwähnt, welche einer Entdeckung Amerikas
sehr ähnlich sieht, und welche auch den Unternehmungen der Nor-

mannen auf dem Fuße gefolgt zu sein scheint, oder mit ihnen gleichzeitig war und vielleicht in Verbindung stand.

Nachdem Owen Guyneth, der Beherrscher von Nord-Wales, gestorben war, so erzählen die Chroniken des genannten Landes, geriethen seine Söhne in Streit über die Herrschaft, und kämpften mit ihren Mannen mehrere Jahre lang. Einer von diesen Prinzen, Namens Madoc, der vermuthlich im Kampfe unterlag, verließ darüber die Heimath, schiffte sich mit seinen Leuten ein, und segelte nach Westen um Abenteuer und Reichthümer auf der See zu suchen. Er ließ Irland weit hinter sich im Norden und Osten zurück und kam in ein westliches unbekanntes großes Land. Nachdem er sich übers Meer nach Hause zurückgefunden hatte, erzählte er dort von den anmuthigen und fruchtbaren Landschaften, die er gesehen habe, und verspottete seine Landsleute, daß sie sich um solcher kahlen Felsen willen, wie Wales sie besäße, die Hälse brächen. Dann baute er eine große Anzahl von Schiffen und nahm so viel Leute, Weiber sowohl als Männer an Bord, als willens waren, jenseits des Oceans in Ruhe zu leben, segelte dann nach Westen zurück zu dem großen Lande, welches er entdeckt hatte. Dort soll er seine Leute angesiedelt haben und nachher noch einmal mit zehn Schiffen nach Britannien zurückgekehrt sein, um abermals frische Mannschaft zu holen. Danach aber will man nichts wieder von ihm gehört haben. Doch haben sich unter dem Volke von Wales alte, auf jenen prinzlichen Ocean-Beschiffer gedichtete Lieder erhalten.

In neuerer Zeit hat man die Gegend in Amerika zu bestimmen gesucht, in welcher sich dieser wälsche Prinz niederließ. Weil Irland bei seiner Fahrt so sehr weit im Norden blieb, so hat man jene Gegend in Westindien und um den mexikanischen Meerbusen herum gesucht. Einige haben in den hölzernen Kreuzen, welche die Spanier an der Küste von

Yucatan aufgerichtet fanden und von den Eingeborenen verehrt sahen, eine Spur jener britischen Christen finden wollen. Andere haben geglaubt, er sei in Florida oder in der Gegend der Mississippi-Mündung gelandet, und haben bei den dortigen Indianern wälsche Sprache und Abstammung zu entdecken geglaubt.

Ein neuerer amerikanischer Schriftsteller hat sich die Mühe gegeben, aus den Traditionen und der Sprache der sogenannten Mandan-Indianer, die jetzt am mittleren Missouri wohnen, zu beweisen, daß eben sie die Nachkommen der Leute des Prinzen Madoc seien. Ja manche haben diese wälschen Wanderer sogar noch in einem der entlegenen Stämme des äußersten Westen in Californien wieder erkannt. Weil man die Spuren der Wälschen des Madoc so weit durch ganz Amerika verstreut zu sehen glaubte, so hat denn auch ein Engländer vorgeschlagen, die neue Welt nicht nach Amerigo Vespucci Amerika, und nicht nach Columbus Columbia, sondern nach Madoc „Madocia" zu nennen.

Eine der Tradition vom Prinzen Madoc ähnliche oceanische Sage ist die von „der Insel der sieben Städte", die in Portugal ihren Ursprung gehabt hat. Als die Araber, so lautet diese portugiesische Sage, den König Roderich bei Guadalete erschlagen hatten, und die pyrenäische Halbinsel überschwemmten, da schifften sich in der Stadt Porto sechs christliche Bischöfe unter der Anführung des Bischofs von Porto ein, und flüchteten sich und ihre Schätze auf den Ocean zu einem fernen Lande im Westen, in welchem sie sieben Städte bauten. Das Land wurde daher „Isla de las siette ciudades" genannt, und dasselbe wurde, da die Sage davon sich beim Volke erhielt, ein Gegenstand der Nachforschung der portugiesischen Seefahrer. Ein Mal, so wird weiter erzählt, seien wirklich portugiesische Schiffer wieder zu diesem Lande hinausgelangt, hätten mit den Einwohnern daselbst verkehrt, und seien von diesen befragt worden, ob denn die Mauren, vor denen sie nach dem Tode des Königs Roderich geflohen, noch immer die pyrenäische Halbinsel plagten. — Bei allen am Strande des Oceans wohnenden Völkern scheint sich die Frage, was jenseits der Gewässer liegen möge, gar zu natürlich dargeboten zu haben und eben so natürlich die Vermuthung, daß in seinem Hintergrunde nicht Alles Wasserwüste sein könne. Sie haben daher auch fast alle — wie unsere Gebirgsbewohner von paradiesischen Thälern im Schooße der Gletscher — von in den Wellen des Oceans untergegangenen oder daselbst noch existirenden Inseln gefabelt, und es ist auch fast keines unter diesen Küstenvölkern, dessen kühne Söhne nicht einige Male den Versuch gemacht hätten, zu diesen westlichen Wunderländern zu gelangen. Selbst unsere an der Weser-Mündung wohnenden Friesen betheiligten sich an diesen vorcolumbischen Seefahrten. — Zwei von ihnen bemannte und ausgerüstete Schiffe, so erzählt Adam von Bremen, seien zur Zeit des bremischen Erzbischofs Alebrandus um das Jahr 1035 weit nach Nordwesten in die Finsternisse des neblichten Oceans hinausgesegelt und hätten daselbst weit hinter Island eine von Riesen bevölkerte und an Schätzen reiche Insel erspäht.

Auch die Irländer, die in der ersten Blüthenzeit ihrer Cultur und ihres Christenthums große Reisende waren, berichten von einem ihrer Heiligen, dem Bischof Brandon, vermuthlich einem weit pilgernden Missionär, er sei einst nach Westen zu einer großen und schönen Insel hinausgeschifft, zu der er Ansiedler und das Christenthum gebracht habe. Dieselbe wurde daher bei ihnen St. Brandon's-Insel genannt. Bei schönem Wetter, so sagten die Leute, könne man diese Insel deutlich im Westen liegen sehen, ihre Berg-Gipfel und Thäler und ihren ganzen großen Umkreis genau erkennen. Wenn man aber versucht habe, zu ihr hinüber zu schiffen, so habe man sie nie wieder erreichen können, und sie sei in immer größere Ferne entwichen.

Als die alten Chronisten endlich anfingen, alle diese und andere oceanischen Sagen zu sammeln, und auch auf ihren Karten die West-Länder, von denen die Völker erzählten, darzustellen, da bedeckte sich der ganze atlantische Ocean gleichsam mit einer Menge mythischer Inseln. Auf jenen Karten sehen wir die Insel der sieben Städte, die St. Brandon's-Insel und andere so deutlich gezeichnet, als wären sie von Ingenieuren aufgenommen. — Sehr gewöhnlich erscheint unter ihnen auch eine sehr große Insel, „Antilia" genannt, und ebenso eine andere, „Brasil", d. h. die Insel des rothen Färbeholzes, genannt. Wieder eine andere Insel, „Ima" geheißen, sollte mitten im Ocean existiren, und diese Insel sollte an Schönheit und Fruchtbarkeit in allen Dingen die reichste und reizendste auf der Welt sein. Oft mochte bloße Wolkenbildung und Luftspiegelung zu der Entstehung von solchen Insel-Sagen Anlaß geben. Zuweilen mögen schwimmende Eisberge von verschlagenen Schiffern für Inseln genommen sein. Manche dieser Sagen mögen sich auf eine frühzeitige und flüchtige Erblickung der weit in den Ocean hinausliegenden azorischen Inseln beziehen. — Aber als die Portugiesen im Anfange des 15. Jahrhunderts diese Azoren wirklich entdeckt und erforscht hatten, da glaubten sie nicht etwa, jene mythischen Inseln selbst erreicht zu haben; vielmehr knüpfte die stets rege Phantasie sogleich wieder neue Sagen an diese Azoren an und verlegte die alten Inseln der sieben Städte und des Heiligen Brandon und des rothen Färbeholzes nun noch weiter in den Ocean hinaus. Auf der äußersten der Azoren, auf der sogenannten Raben-Insel (Corvo), so behauptete das Volk, stände auf dem Gipfel eines Berges eine Reiterstatue. Ein Mann, so hieß es, säße daselbst auf einem Pferde ohne Sattel und Zaum, mit ent-

blößtem Haupte. Seine linke Hand sei auf die Mähne des
Rosses gelegt, seine Rechte aber halte er nach Westen ausgestreckt. Diese Statue sei nicht von Menschenhänden gemacht, sondern von der Natur geformt, und der lebendige
Fels habe von der Vorsehung selbst diese außerordentliche
Gestalt erhalten, um die europäischen Schifffahrer auf jene
anderen im Westen vorhandenen Inseln aufmerksam zu
machen.

Als später Columbus, der den Fingerzeig der Reiterstatue der Rabeninsel verstand, das große Westland wirklich
fand, wurde ein Theil jener fabelhaften Inselnamen und
Sagen nach Amerika selber übertragen. Der alte Name
Antilia wurde den westindischen Inseln, den Antillen, beigelegt. Der Name Brasil, der sich unter den Azoren verlor,
wurde auf das große Land übertragen, das wir jetzt Brasilien nennen. Das Land der sieben Städte glaubte man
in Mexico gefunden zu haben und als man dort keine Spur
von den sieben Bischöfen und den von ihnen gegründeten
Orten fand, suchte man sie in den Gebirgen und Prairien
im Norden von Mexico, wo man auf den Karten den
besagten Namen noch bis auf die neueren Zeiten herab
figuriren sehen kann.

Die Sagen und Ahnungen von Ländern im Westen,
von denen ich so eben sprach, erhielten neue Nahrung
hauptsächlich durch die Entdeckungen der Italiäner, Portugiesen und Spanier an der atlantischen Küste Afrikas. Die
Westküste Afrikas läuft von Spanien aus bis zu den Vorgebirgen von Senegambien direkt nach Südwesten. Eine
Fortsetzung dieser Linie führt gerade auf Südamerika. Die
azorischen, die canarischen Inseln und die des grünen Vorgebirges liegen ebenfalls in dieser Richtung und man kann
diese Küsten- und Inselverkettung eben so als eine Brücke
oder als ein nach Südamerika sich hinüberschlängelndes

Band betrachten, wie jene Insel- und Küstenkette über Britannien, Island, Grönland, von der ich oben sprach, eine Brücke von Nordeuropa nach Nordamerika ist. Wie diese die Nordweststraße, so könnte man jene die Südweststraße nach Amerika nennen. Längs Afrika mußten alle Entdeckungen am Ende nach Südamerika führen, so wie sie längs Britannien und Island nach Nordamerika führten.

Im Anfange des vierzehnten Jahrhunderts hatte man schon die canarischen Inseln entdeckt, oder vielmehr wieder entdeckt.

Die ersten Colonisten (Flamländer) zu den azorischen Inseln wurden im Jahre 1460 hinübergeführt. Es war nun gleichsam nur noch ein Schritt zu thun. Hätten die Spanier diesen Schritt nicht gethan, so hätten ihn ohne Zweifel bald nachher die Portugiesen vollführt.

Die Dichter jener Zeit verkündigten das Ereigniß in prophetischen Versen nun schon als ganz nahe bevorstehend.

„Der Mensch in alter Zeit war geistbeschränkt",

so singt ein italiänischer Dichter, der nicht lange vor Columbus lebte.

> „Und Herkules wird mit Erröthen schauen,
> Wie weit die Grenzen, die umsonst er setzte,
> Das schlichte Boot in Kurzem überflügelt.
> Entdecken wird man einen andern Halbkreis,
> Seitdem das All nach einer Mitte strebt,
> Tief unter unsern Füßen giebt es Städte
> Und mächt'ge Reiche, nie vor dem geahnt'.
> Doch sieh, die Sonne, die gen Westen eilet,
> Begrüßt die Völker mit ersehntem Licht.

Wie auf dem atlantischen Ocean nach Westen hin durch diese prophetischen Sagen und Dichtungen, durch vielfache Versuche und durch wirklichen Fortschritt der Entdeckungen und Kenntnisse dem Columbus die Wege gebahnt und er-

leuchtet waren, so war denn auch längst durch eine Reihe
glorreicher Entdeckungsreisen von Europa nach Osten hin
Amerika oder doch wenigstens der stille Ocean gleichsam in
den Rücken gefaßt, und dort, wo dieser Osten sich an den
Westen anschließt, war ebenfalls ein neues Licht aufgegangen.
Mehre berühmte Reisende, welche abendländische Könige als
Gesandten an die Asien beherrschenden Groß=Chane der
Tatarei ausschickten, hatten weite Ausflüge nach Asien
gemacht.

Die größten Unternehmungen der Menschen haben fast
alle den produkten= und völkerreichen asiatischen Orient zum
Ziel gehabt. Die großartigsten Völkerwanderungen, Erobe=
rungsmärsche und Entdeckungsfahrten sind sammt und sonders
durch jenen merkwürdigen Gegensatz zwischen dem westlichen
Europa und dem östlichen Asien hervorgerufen. Dort in
Asien hat die Natur ihre begehrtesten Gaben, kostbare
Metalle, Perlen, Gewürze, Seide, Aromen aller Art, die
reichste Fülle von Pflanzen und Thieren mit verschwendrischer
Hand verstreut. Hier in dem verhältnißmäßig produkten=
armen Europa hat dagegen die Geschichte die regsamsten,
begierigsten und energievollsten Völker ausgebildet. Ein
Streben und eine Sehnsucht nach dem Besitz jenes reichen
Ostens, der Wiege des Menschengeschlechts, dem Sitze des
Paradieses, der eigentlichen Quelle alles irdischen Reichthums
und materiellen Heiles, hat zu allen Zeiten in Europa sich
fühlbar gemacht. Der Wunsch, Indien zu erreichen, blähte
die Segel aller Seefahrer des Alterthums. Salomo und
die Phönizier zogen ihre herrlichsten Waaren aus dem
Gewürz= und Perlenlande Ophir, das im Osten lag. Aus
Indien kehrte der griechische Dyonysos, der Fülle und Wonne
spendende ewig jugendliche Gott im Siegeszuge nach
Griechenland zurück. Alexander der Große empfand tief
jenen Drang zum Osten. Er schwärmte für den Gedanken,

den Ganges und den großen Ocean im Osten zu sehen,
und wie Salomo und Alexander, so hatten auch die Römer
und ihre Luculle ihre größten Reichthümer im Oriente
errungen. In dem neueren Europa fachten zunächst wieder
die Kreuzzüge des elften und zwölften Jahrhunderts eine
allgemeine Sehnsucht nach dem Orient an, verbreiteten eine
größere Kenntniß desselben und erzeugten auch Bedürfnisse,
die nur von dort befriedigt werden konnten.

Die Venetianer und Genueser, welche den Kreuzfahrern
als Proviantmeister und Transportschiffer dienten, fuhren
dann fort diese Bedürfnisse zu befriedigen, und durch sie
entspannen sich darauf wieder so intime Verbindungen und
Beziehungen zwischen dem Osten und Westen, wie sie kaum
früher zu den Zeiten der phönizischen und egyptischen Seefahrten stattgehabt haben mochten.

Die Produkte des Pfefferlandes wurden allen Europäern
durch die Vermittelung der Venetianer ins Haus gebracht,
und wie reich und mächtig man durch eine solche Vermittelung werden könne, mochte jeder in den Palästen und auf
der Börse der Lagunenstadt gewahren.

Ihr berühmter Reisende und Sendbote Marco Polo
erreichte endlich gar, was noch Niemandem gelungen war,
das Ostende von Asien, und brachte Kunde von Japan (von ihm
Zipangu genannt) und vom stillen Ocean nach Europa. Seine
wundervollen Berichte und Schriften, die er in seinem Gefängnisse zu Genua verfaßte, wurden damals in ganz Europa verbreitet, und trugen nicht wenig dazu bei, sowohl die Sehnsucht
nach dem Osten noch mehr anzuregen, als auch die geographischen Kenntnisse, namentlich die der Oceane, zu erweitern.

Nach Marco Polo's Ideen zeichneten kurz vor Columbus
die Kosmographen ihre Karten. Unter andern entwarf der
italiänische Astronom Toscanelli, ein Freund des Columbus,
eine Karte, auf der das östliche Asien und auch Japan

3

angegeben waren, so wie es Marco Polo bestimmt hatte.
Japan lag auf dieser Karte mitten im Meere, östlich von
Asien und westlich von Europa und die Seewege von
Europa dahin waren mit jenen oben genannten Inseln, mit
den Azoren, der Insel „Antilia", der „Insel des heiligen
Brandon" 2c. bestreut, so daß es leicht schien von Insel zu
Insel dahin segeln zu können. Eine ähnliche Karte oder
einen Globus entwarf auch der deutsche Geograph, den der
Kaiser Maximilian für den größten Reisenden des deutschen
Reichs erklärte, der auf den Azoren angesiedelte Martin Behaim.

Wie nun endlich am Schlusse des fünfzehnten Jahrhunderts Christoph Columbus sich diese besagten Karten zu
Nutze machte, — wie er alle jene Strahlen der amerikanischen Morgendämmerung in seinem spekulirenden Kopfe
concentrirte, wie er alle Zeichen und Kunden aus Westen
beachtete, alle jene Sagen und Fabeln sich aneignete, wie
er von den goldenen Träumen und der Sehnsucht nach dem
Orient selber tief ergriffen wurde und wie er dann, nachdem
er sich zuerst nach Island auf der Straße nach Nordwesten,
dann nach Afrika und den kanarischen Inseln hin auf der
Südweststraße versucht und gleichsam das Eis erprobt
hatte, — endlich nach unermüdlichem Ringen und Streben
seine Segel ausspannte und direkt nach Westen ins „Meer
der Finsternisse" hineintauchte, und wie er dann zurückkehrend
dem erstaunten Europa sein Heuräkä! zurief, und seinem
Könige eine Neue Welt zu Füßen legte. — Das in Kürze
zu erzählen wird der Gegenstand unserer folgenden Skizze sein.

II.

Christoph Columbus.

Columbus (erste Reise) fährt von Spanien aus Aug. 3. Anno 1492. — Columbus verläßt die canarischen Inseln. (Sept. 6. 1492). — Columbus segelt über den Ocean in 37 Tagen. (1492). — Columbus erblickt die neue Welt. (Oct. 12. 1492). — Columbus kehrt nach der Entdeckung Cubas und Haitis nach Spanien zurück. (März 14. 1493). — Columbus (zweite Reise) segelt mit 17 Schiffen von Cadiz ab. (Sept. 25. 1493). — Columbus kehrt nach Entdeckung der kleinen Antillen und Jamaikas nach Spanien zurück. (Juni 11. 1494). — Columbus (dritte Reise) segelt mit 3 Schiffen von Cadiz ab. (Mai 30. 1498). — Columbus entdeckt den Continent von Süd-Amerika. (Aug. 12. 1498). — Columbus kehrt in Ketten nach Spanien zurück. (Nov. 1500). — Columbus (vierte Reise) segelt mit 4 Schiffen von Cadiz ab. (Mai 11. 1502). — Columbus kehrt nach der Entdeckung Central-Amerikas von Honduras bis Darien nach Spanien zurück. (Nov. 7. 1504). — Columbus stirbt. (Mai 20. 1506).

Tiefes Dunkel deckt leider die erste Lebensgeschichte des Columbus. Weder die Zeit noch der Ort seiner Geburt sind genau bekannt. Doch ist es wahrscheinlich, daß er um das Jahr 1436 in Genua geboren wurde. Mit Bestimmtheit wissen wir, daß er sich schon von Jugend auf der Betrachtung derjenigen Dinge, mit denen er sich sein ganzes Leben beschäftigen sollte, hingab. Schon auf der Schule von Pavia, zu der seine armen Eltern ihn sandten, eignete er sich mit Eifer geographische und astronomische Kenntnisse an, die ihm später so nützlich wurden. Frühzeitig wie alle entschiedenen Männer, die in dieser kurzen Lebensfrist etwas Großes zu leisten sich anschicken, wandte er sich derjenigen Laufbahn zu, die ihn zu seinem glänzenden Ziele führte. Von

3*

ſeinem 14. Jahre an war er auf dem Waſſer und lernte
als Seefahrer alle die Europa und Afrika umgebenden
Meere, ſoweit ſie damals befahren waren, kennen.

Im Süden waren damals die Portugieſen ſchon ziem=
lich weit vorgedrungen. Im Norden waren Fahrten nach
Island und weiter hin von alter Zeit her etwas Gewöhn=
liches. Am größten aber war die Unwiſſenheit im Weſten.
Dort war man noch nicht über die Azoriſchen Inſeln hin=
ausgelangt. Aber gerade dieſes Meer der Finſterniſſe, wie
die Araber den atlantiſchen Ocean nannten, reizte den Co=
lumbus am meiſten, wie denn überall die Heroen des Lichts
die Finſterniß eben da am liebſten angreifen, wo ſie am
ſtärkſten iſt. Nicht wie alle ſeine Zeitgenoſſen auf den
ſchon anstauchenden Süden, ſondern auf den faſt gänzlich
unerleuchteten Weſten heftete Columbus ſeinen begierigen
Blick.

Wie er ſo recht eigentlich auf dieſe Neuerung verfallen
und wo und wann der Gedanke der Möglichkeit einer Weſt=
fahrt zu allererſt in ihm aufgetaucht ſein mag, das läßt
ſich jetzt nicht mehr beſtimmen, wie es ſich denn überhaupt ſelten
genau nachweiſen läßt, wie die ſchöpferiſchen Geiſter die erſten
Impulſe zu ihren Ideen empfangen. Columbus ſelbſt ſagt
in ſeinen verſchiedenen Schriften mehrere Male, „Gott habe
ihn den Gedanken eingegeben," oder „der Heiland habe es
ihm befohlen, dieſen Weg nach Weſten einzuſchlagen."

Während ſeiner unermüdlichen Seereiſen ſowohl, als
auch während der kurzen Perioden äußerer Ruhe hatte er
ebenſo unermüdlich ſeine Studien über die Beſchaffenheit
der Erde fortgeſetzt, und ſowohl durch die Lektüre länder=
ſchildernder Schriften, als auch durch den Umgang mit
gelehrten und weit gereiſten Männern ſeine Kenntniſſe er=
weitert. Und dies eben iſt eine der bedeutungsvollſten
Eigenthümlichkeiten des Columbus, daß er für die Theorie

ebenfo geeignet fchien, wie für die Praxis. In den Stürmen fich taumelnd ift er ftets ein eifriger Forfcher geblieben,
ein wißbegieriger Schüler feiner Zeitgenoffen wie feiner
Vorgänger, die er bald alle in richtiger Kenntniß übertraf.

Er verband in feinem Wefen eine ftarke Idealität mit
einer gleich ftarken phyfifchen Energie. In feinem Geifte
vermählte fich auf die glücklichfte Weife eine glühende Einbildungskraft mit einem eben fo heftigen Erfahrungsdrange
und fcharfer Beobachtungsgabe, zwei fonft fo entgegen-
gefetzte Tendenzen, von denen bei andern Menfchen mei-
ftens die eine oder die andere die Oberhand gewinnt, während bei ihm fich beide das Gleichgewicht hielten. Er hatte
fogar etwas Träumerifches, aber mitten in feinen Träumereien wachte er, und erkannte rafch und richtig, was in dem
Drange des Augenblicks von Nöthen fei.

Er zog namentlich die Berichte des Marco Polo und
anderer Reifenden über das öftliche Afien zu Rathe. Aus
ihnen entnahm er, daß fich Afien äußerft weit um die Welt-
kugel nach Often herumböge, und daß der atlantifche Ocean
nicht fo unermeßlich breit fein dürfte, daß man von Europa
aus weftwärts fegelnd, wohl nach einer nicht allzu langen
Schifffahrt Afien, „Kathay" (d. h. China), oder doch die oft-
wärts ihnen vorliegenden Infeln und „Zipangu" (Japan)
erreichen könnte.

Mit unermüdlichem Fleiße brachte er Alles, was dazu
dienen könnte diefe Anficht zu unterftützen, zufammen. Alle
Stellen der alten griechifchen und römifchen Schriftfteller
oder der arabifchen Weltkundigen, die feinen Ideen günftig
waren, alle Ausfprüche der Propheten, die er auf die Möglichkeit einer Weftfahrt deuten könnte, prägte er feinem
Geifte nicht nur unvergeßlich ein, fondern fchrieb fie fich
auch nieder, fowie er auch die Sagen der Bewohner der
azorifchen und canarifchen Infeln und manche kleine von

dieſen Inſulanern beobachtete Naturerſcheinungen und berichtete Ereigniſſe, die auf Länder im dunkeln Weſten hin-
wieſen, ſammelte. Und dann, nachdem ihm die Sache klar
und feſt geworden war, arbeitete er auch Memoiren darüber aus, um ſie Andern glaublich zu machen.

Seitdem ſich ſein beharrlicher Geiſt einmal mit dieſer
Idee vertraut gemacht hatte, hielt er ſie für immer feſt.
Ihre Wahrheit zu erweiſen, wurde die Aufgabe ſeines
Lebens, die er trotz aller Widerwärtigkeiten und Hinderniſſe,
welche das Schickſal in ſeinen Weg werfen möchte, zu löſen
beſchloß. Für ſich allein konnte er dies nicht thun. Er
bedurfte dabei des legitimen und kräftigen Schutzes einer
anerkannten Staatsmacht.

Dieſen Schutz zu erlangen, wurde ihm erſtaunlich ſchwer,
trotzdem daß damals faſt auf allen Thronen des weſtlichen
Europas tüchtige und vielfach geprieſene Regenten ſaßen:
der unternehmungsluſtige Johann II. in Portugal, der
ſtaatskluge Heinrich VII. in England, der kriegeriſche Carl
VIII. in Frankreich, die ſiegreichen Ferdinand und Iſabella
in Spanien. Mehr als 20 Jahre lang trieb ſich der arme
Columbus mit ſeiner hellen Idee im Kopfe, mit ſeinen
Seekarten, Memoiren und Beweisgründen in Händen,
von einem Lande zum andern herum, ohne ſich Gehör ver-
ſchaffen zu können. Von einem Areopage der Weltweiſen
zum anderen, von Genua nach Liſſabon, von Liſſabon nach
Salamanca ließ er ſich führen und über ſeine „Neuerungen«
examiniren. Aller Orten wies man ſeine Anträge zurück
und betrachtete ſie als die Ausgeburten eines überſpannten
Geiſtes und eines ſich ſelbſt überſchätzenden „Träumers",
der mehr wiſſen und thun zu können ſich einbildete als
alle Welt bisher gewußt und gethan habe. Eine Weſtfahrt
um die Erde iſt unmöglich, rief man ihm überall zu. „Und
doch iſt ſie möglich," ſprach er bei ſich, ähnlich einem großen

Aſtronomen, dem zu einer ſpätern Zeit auch alle Welt entgegen ſchrie, die Erde bewege ſich nicht, und der an ſeinem
„E pur si muove" dennoch feſthielt.

Die Blüthe ſeines Mannesalters verbrachte der thaten-
durſtige Columbus auf dieſe Weiſe in mühſeligen Verhandlungen mit den Königen, in den Vorzimmern ihrer
Günſtlinge, in vergeblichen Correſpondenzen mit Gelehrten,
unter marternden Erwartungen, wiederholten Täuſchungen,
in vielfacher innerer Bedrängniß. Oft war auch ſeine äußere
Noth ſo groß, daß er ſich nur mit Anfertigung von Landkarten, die er gut zu machen verſtand, und die er bald hie
bald da an die Schiffscapitaine verkaufte, ernähren konnte.
Es gab Augenblicke, wo er buchſtäblich an den Bettelſtab
kam, und wo man ihn, ſeinen kleinen Sohn Diego an der
Hand, an den Pforten der Klöſter die Mildthätigkeit an-
ſprechen ſah. Er war ein verſpotteter Bettler, mit königlichen Plänen im Kopfe. Mit einer bewundernswürdigen
Ausdauer wanderte er, tenax propositi vir, dieſen Dornen-
weg und faßte wie es innige Gemüther, die von einer
großen Idee ganz beſeelt ſind, gewöhnlich thun, nach jeder
Niederlage ſtets wieder friſche Hoffnung, pochte überall an,
wo eine neue Pforte ſich ihm öffnen zu wollen ſchien,
ſandte auch ſeinen tüchtigen, ihm ähnlichen Bruder Bartholomäus, den einzigen treuen Anhänger und Proſelyten, den
er bis dahin für ſeine Theorie erworben hatte, gleich einem
Apoſtel in ferne Lande, nach Frankreich und England, um
zu ſehen, ob ſich dort nicht ein williges Ohr und eine frei-
gebige Hand finden ließe.

Den größten Beweis ſeiner Feſtigkeit und man möchte
faſt ſagen ſeines Eigenſinns, gab er, als endlich im Jahre
1492 der Hof von Spanien wirklich zu dem Entſchluſſe gekommen war, ſein Protektorat zu übernehmen, und dabei
nur einige gewiſſe, von Columbus gemachte Bedingungen

nicht eingehen wollte. Mit der Vorstellung der Herrlichkeit
Kathays und Indiens, der Fundorte alles Kostbaren und
unter Menschen Geschätzten, mit der Hoffnung auf den un=
ermeßlichen Nutzen, welcher aus einer Westfahrt durch den
atlantischen Ocean hervorgehen würde, und mit dem Ge=
danken von der Größe seines ganzen Unternehmens hatte
sich auch die Idee seiner eigenen persönlichen Größe ver=
schwistert. Er wollte die Wolken, die unsern Globus um=
gaben, verscheuchen, er wollte Indien entdecken und erobern,
er wollte dort das Christenthum verbreiten und als Missionar
der Kirche auftreten, nach seinem Plane, so wie er es von
Anfang ersonnen und erdacht hatte, wollte er auch das Ganze
bis zu Ende durchführen. Als Familienvater wollte er auch
für seine Söhne und Brüder sorgen. Diese, er selbst, die
Könige, die ihn fördern wollten, die ganze Christenheit und
Welt, Alles sollte unberechenbare Vortheile aus seinem Unter=
nehmen ziehen. Um dies zu bewirken, bedurfte er einer
persönlichen Autorität und bedeutender Hülfsmittel. Im
Voraus schon verlangte er daher für sich einen Antheil an
den Einkünften Indiens, und den Titel so wie die Gewalt
eines Vicekönigs und Admirals des Oceans. Dies letztere
nun wollten ihm die Könige von Spanien nicht gleich ge=
währen und Columbus, in dessen Kopfe alle jene Vorstel=
lungen zu einem einzigen und zusammenhängenden glänzen=
den Projecte verwachsen waren, und dem das Ganze verworfen
schien, wenn man einen Theil nicht annehmen wollte, hatte
die unerhörte Kühnheit, darauf dem Hofe den Rücken zu
wenden und gleichsam am Ziele seiner Wünsche noch ein=
mal zum Wanderstabe zu greifen, und nun sein Heil wieder
anderswo zu versuchen. Er begab sich auf den Weg nach
Frankreich. Glücklicherweise besann sich der spanische Hof
noch in der letzten Stunde, sandte ihm Couriere nach und

gestand dem wunderlichen Manne Alles zu, was er für durchaus nöthig hielt.

Endlich, endlich gab ihn also das Festland los, und endlich schaukelte er sich frei und als Commandeur von drei kleinen Schiffen auf dem beweglichen Elemente des Meeres, das ihm von Jugend auf vertraut war. — Die Naturgewalten waren ihm auf seiner ersten Reise äußerst günstig. Wetter, Winde und Strömungen förderten ihn seinem Ziele entgegen. Desto mehr Anfechtung aber hatte er bei den geistigen Aufregungen, von welchen seine ungläubigen Begleiter am Bord seiner ruhig und rasch dahin gleitenden Caravelen bewegt waren, zu bestehen. Er hatte hier in der täglichen nahen Berührung, in welche ihn der enge Raum mit seinen Leuten brachte, die ganze Energie seiner — mich so auszudrücken — persönlichsten Eigenschaften zu entfalten. Columbus war, wie sein Sohn und Biograph ihn schildert, von wohlproportionirtem Körperbau und von imponirender Gestalt. Sein Gesicht lang, aber nicht mager, seine Augen leuchtend und voll Ausdruck. Gegen Fremde und Untergebene hatte er ein gütiges und herablassendes Wesen. In seiner Kleidung war er einfach. Er aß und trank wenig und unterzog sich selbst stets willig allen Entbehrungen, die er Andern auflegen mußte. Die Unterhaltung mit ihm war angenehm und gewinnend. Er konnte beredt sein. Er war im höchsten Grade erfinderisch und wußte auf der Stelle für Alles einen plausiblen Grund und eine Erklärung zu geben. Er war sogar listig und wußte, wenn es darauf ankam, Anderen geschickt etwas weiß zu machen.

Nie hatte er alle diese Eigenschaften, bald die eine bald die andere, mehr von Nöthen als auf dieser seiner ersten Fahrt über den Ocean. Da seine Leute alle Vorurtheile ihrer Zeit in Bezug auf die Schwierigkeiten einer Schifffahrt nach Westen theilten, so erschreckte sie fast jede unge-

wöhnliche Erſcheinung.   Weil die Winde ſtets aus Oſten
bliefen, ſo fürchteten ſie, es würde ihnen nicht möglich ſein,
je wieder nach Spanien zurückzukommen. Columbus ſagte,
er wolle ſchon wieder einen andern Strich ausfindig machen,
wo die Winde aus Weſten wehten.   Als man die merkwürdigen Fukus-Bänke erreichte, jene großen und weitgedehnten Seekräuterwiefen, welche die Mitte des atlantiſchen
Oceans bedecken, glaubten ſeine Leute, die Welt endige hier
in einem Sumpfe und in einer dickflüſſigen Vermiſchung
der Elemente, wie einſt die Alten dies dargeſtellt hatten.
Columbus ließ fleißig die Sonde auswerfen, und zeigte
ihnen, daß unter der grünen Pflanzendecke das Meer überall
faſt unergründlich ſei.

Als nach wochenlangem Segeln das verheißene Land
noch immer nicht erſchien, verfielen die Mannſchaften der
drei Schiffe völlig in Kleinmuth und verlangten laut die
Umkehr. Da Columbus unbeugſam und ſtets bei ſeinem
Commando „Vorwärts" blieb, ſo thaten ſich die Ungeduldigſten
ſogar — wie wenigſtens der älteſte Biograph des Columbus ſein
Sohn Fernando erzählt, — zu einer Verſchwörung zuſammen,
und einige ſchlugen vor, ſich des ſtarrköpfigen Fremdlings, der
ſie ins Verderben führen wolle, zu entledigen. Wie die römiſchen Soldaten den Archimedes mitten in ſeinem Cabinete
überfielen, ſo wollten die Spanier den Columbus mitten in
ſeinen aſtronomiſchen Beobachtungen faſſen, ihn über Bord
ſtürzen und dann in Spanien erzählen, der wunderliche
Sternbeuter ſei während ſeiner Träumereien unverſehens ein
Märtyrer ſeiner Narrheit geworden.

Columbus erkannte zwar die ihm drohende Gefahr,
bewahrte jedoch den Anſchein, als ahne er nichts davon,
hütete ſich aber und wandte je nach Umſtänden bald dieſes
bald jenes Mittel an, um das Ruder in der Hand zu behalten. Dem einen redete er freundlich zu, dem andern

drohte er mit Strafen. Stets zeigte er ſich fröhlichen
Muthes und zuverſichtlich.

Endlich drang er jetzt auch bei den Matroſen, wie
früher bei den Hofleuten durch. Endlich verminderte ſich
die Tiefe des Waſſers, die Winde wurden veränderlich, wie
es in der Nähe von Inſeln und Bergen gewöhnlich zu ſein
pflegt. Es kamen Singvögel an Bord. Eine Welle brachte
einen Blüthenzweig und einen mit Früchten beſetzten Dornen-
buſch getragen, welchen er und die Seinen begrüßten, wie
Noah und ſeine Begleiter das erſte von der Taube gebrachte
Olivenblatt. Das Waſſer wurde minder ſalzig, auch die
Luft ſüßer und wohlriechend. Eines Abends ſah man ein
entferntes Licht, und früh am folgenden Tage ſtrahlte im
Schimmer der Morgenröthe das neue, — das langerſehnte; —
das verheißene, — das von Columbus geträumte und von
ihm berechnete Land.

Wirklich hatte er ſeine Leute glücklich über den Ocean
hinübergelockt, gleichſam hinübergetäuſcht, mit Liſt, mit
Ueberredung und mit Drohungen, hinüber, bald gezogen,
bald getrieben, und ſie huldigten ihm nun als ihrem Admiral
und Vicekönig, ihrem Erretter und Hort, der ſie fernerhin zu
Macht und Anſehen, zu Ruhm und Reichthum führen würde.

Seiner Theorie gemäß glaubte Columbus, er befinde
ſich an den Küſten des öſtlichen Aſiens, oder doch in der
Nähe derſelben, und nach dieſer Vorausſetzung betrachtete und
beurtheilte er nun Alles, was er bei ſeinen erſten Schritten
in der Neuen Welt vorfand. Ueberall fand er die Beſtätigung ſeiner Anſicht. Ueberall ſandte er Dollmetſcher ans
Land, die der arabiſchen oder einer anderen orientaliſchen
Sprache kundig waren, um mit den Leuten zu reden, oder
Nachrichten über den Beherrſcher von China, an den er
einen Empfehlungsbrief vom König von Spanien bei ſich
hatte, einzuziehen. Obwohl er die Sprache der armen In-

fulaner, die er für Indier hielt und deren Länder er ſofort
auch „Indien" nannte, nicht verſtand, deutete er doch die
Zeichen, die ſie ihm zur Beantwortung ſeiner Fragen machten,
dahin, daß der mächtige Großchan von China ganz nahe
ſei. Als er die große Inſel Española oder Hayti entdeckte,
hielt er ſie entſchieden für das gold= und produktenreiche
Zipangu oder Japan, in deſſen fremdartigen Gewächſen er
den orientaliſchen Pfeffer, den Canel=Strauch, die Muskat=
Nüſſe, ſogar die Rhabarber=Wurzel und andere koſtbare
Specereien zu erkennen glaubte. — Leider verkannte er die
ganze Natur von Amerika, das nicht ein ſolches fertiges
Land war, wie es ihm vorſchwebte, von dem man ſofort
längſt gereifte Früchte der Cultur in Menge ernten könnte,
deſſen Weſen vielmehr, im größten Gegenſatze mit Aſien,
gerade darin beſtand, daß es ein ganz unberührter Conti=
nent war, den man nicht erobern, ſondern bepflanzen müſſe,
und auf deſſen fruchtbarem und dankbarem Boden man all=
mählich dann etwas ganz Neues bauen könne.

Triumphirend kehrte er nach Europa zurück, um ſeinem
Könige und der Welt die Siegesnachricht zu bringen. Seine
Rückreiſe war in jeder Beziehung das Gegenſtück zur Hin=
reiſe. Die der Heimath zueilenden Menſchen waren willig,
aber die Natur ſo rauh und widerſpenſtig als möglich, und
in Folge der heftigen Stürme, die ſeine kleinen Schiffe auf
den' Wogen hin und her ſchleuderten, hing die Frage, ob
den Menſchen ſchon jetzt die Entdeckung Amerikas zu gute
kommen ſollte, noch oft an einem Haar.

Nachdem er ſich den Nachſtellungen der Portugieſen
auf den Azoren, wo man ihn und ſeine Leute verhaften
wollte, und in Liſſabon, in deſſen Hafen Stürme ihn ein=
zulaufen zwangen, und wo man ihm ſogar nach dem Leben
trachtete, geſchickt und glücklich entzogen hatte, hielt er dann,
als geprieſener und allgemein bewunderter Entdecker der

Länder im Weſten, ſeinen merkwürdigen Triumphzug durch
Spanien, von der Mündung des Guadalquivir nach Barcelona, wo er den ſpaniſchen Monarchen ſeine Huldigung
darbringen wollte. Von einem Theil ſeiner Mannſchaft
begleitet durchzog Columbus nun dieſelben Gegenden, in
denen er früher als armer Fremdling gebettelt hatte. Mit
bunten Federn geſchmückte Indianer ſchritten voran, Papageien und andere nie geſchaute Vögel und Thiere, viele
als koſtbar und wohlthätig geprieſene Pflanzen und aroma-
tiſche Specereien, etwas Goldſtaub und bei den Indianern
gefundene Goldzierrathen wurden ihm nachgetragen. Glocken-
geläute und die zuſammengeſtrömte Bevölkerung begrüßten
ihn in jedem Orte. Und aus den Thoren von Barcelona
zogen ihm die Bürger der Stadt und viele Granden
Caſtiliens und Aragoniens freudig entgegen, bei denen er
noch vor wenigen Monaten als ein verſpotteter Abenteurer
und Phantaſt lange vergeblich petitionirt hatte. Dieß geſchah
auf Befehl des Königs Ferdinand und der Königin Iſabella,
die ihn ſelber in großer Verſammlung erwarteten, ihn in
feierlicher Audienz faſt wie einen Prinzen empfingen und
einen Platz neben ihrem Throne für ihn, wie für ihren
Sohn Don Juan bereit hielten. Sie hörten ſeinen wunderbaren Bericht an, und knieten darnach nieder ein Dankgebet an den Himmel richtend.

Während ſeines ganzen Aufenthalts in Barcelona genoß
Columbus die ſonnigſten Stunden ſeines ſonſt ſtets ſo
viel getrübten Lebens. Er war damals der Mann des
Tages. Stets war er ſeiner guten, huldvollen Königin zur
Seite, oder ritt mit ſeinem gnädigen Könige ſpazieren, der
ganz Ohr war für ſeine Erzählungen. Alles was Columbus
wünſchte, geſchah, Alles was er vorſchlug wurde genehmigt.

Der Admiral offenbarte damals bei allen dieſen Ehren-
bezeigungen (wie der Hiſtoriograph von Indien, Las Caſas,

ſagt) eine ſehr würdevolle und ſelbſtbewußte Haltung. „Dabei
aber umſchwebte (ſo ſagt Las Caſas) ſtets ein leiſes, be=
ſcheidenes Lächeln ſeine Züge", zum Zeichen, daß er die
Größe der ihm zu Theil werdenden Ehrenbezeugungen wohl
empfand, ohne ſich ihrer jedoch zu überheben. Der arme
Columbus! ein ſo freundliches und beſcheidenes Lächeln
ſollte nie wieder für ſo lange wie damals ſein Angeſicht
erhellen, in das bald allerlei neue Drangſale noch viele
tiefe Falten gruben.

Nichts iſt merkwürdiger und charakteriſtiſcher für
Columbus und ſeine Zeit, als die religiöſen Ideen und
Schwärmereien, denen er ſich jetzt mitten in den Vorbe=
reitungen zu ſeiner zweiten Expedition nach dem Weſten
überließ. Nicht bloß die Erwerbung der Reichthümer In=
diens, ſondern namentlich auch die Ausbreitung des chriſt=
lichen Glaubens lag ihm nahe am Herzen. So eben hatte
auf ſpaniſchem Boden das Kreuz krönende Triumphe gefeiert.
Die Expeditionen des Columbus knüpften ſich unmittelbar
an die Siege über die Mauren in Granada an und er=
ſchienen gewiſſermaßen nur als eine Fortſetzung dieſer
Kreuzzüge jenſeits des Meeres. Er meinte daher, nun ſei
die Zeit gekommen, wo die Prophezeihungen von einer
Verbreitung des chriſtlichen Glaubens auf der ganzen Erde
in Erfüllung gehen müßten.

Die gehofften Reichthümer — ſo ſei es, glaubte er,
von der Vorſehung beſtimmt — ſollten dazu dienen, den Sieg
der Religion zu erleichtern. Seine Gedanken wendeten ſich
dabei ſowohl weſtwärts um die Erde herum über Indien
nach Arabien, als auch oſtwärts durch das mittelländiſche
Meer nach Jeruſalem, auf deſſen Rückeroberung er nun
auch ſann, und zu deſſen Chriſtianiſirung die Einkünfte
Indiens verwendet werden ſollten. Er hoffte ſo den Anti=
chriſt (Mohamet) gewiſſermaßen von zwei Seiten zu faſſen.

Schon damals wünschte er gleich nach Rom zu reisen, um das Haupt der Christenheit selber zu begrüßen und dem Papste jenen merkwürdigen Plan auseinander zu setzen. Schon damals hatte alsbald der Papst etwas von den frommen und schwärmerischen Ideen des Columbus gehört. Denn bereits in seiner ersten Bulle über die amerikanischen Angelegenheiten nennt er ihn seinen „geliebten Sohn Christofero Colombo."

Mit einer großen Flotte von 17 wohlausgerüsteten Schiffen, mit einer Begleitung von 1500 Männern, segelte Columbus zum zweiten Male über den Ocean hinüber. So viele Menschen in den armseligen Dorfschaften der amerikanischen Insulaner zu nähren, mußte große Schwierigkeiten haben. Die Portugiesen, als sie später das wirkliche Indien fanden, konnten allerdings so zahlreiche und noch zahlreichere Mannschaften hinüberführen. Denn wenn sie nur eine Stadt gewannen, so hatten sie in nächster Nachbarschaft alles Nöthige in Fülle. In Amerika dagegen konnten, seiner Natur nach, alle europäischen Ansiedlungen nur allmählich in Schwung kommen. Fast alle sehr großen Expeditionen, die man dahin gesandt hat, sind unglücklich ausgelaufen. Noch dazu aber waren unter jenen 1500 Männern mehr Krieger als Ackerbauer, mehr thatenlustige Ritter als Arbeiter, viele, die in den Feldzügen gegen die Mauren gedient hatten, und die sich vorstellten, auch drüben würde es wieder romantische Abenteuer zu bestehen, Schlösser und Städte zu erobern, glorreiche Schlachten auszufechten geben. An solche Verrichtungen waren sie gewöhnt, sie zu erwarten hatte Columbus selbst sie verleitet, da er Española viel größer geschildert hatte, als es wirklich war, „viel größer an Umfang als ganz Spanien", und da er hinter den hohen Bergen des Innern dieses Insellandes, die er auf seiner ersten Reise von weitem gesehen hatte, alle jene Dinge:

Schlöſſer, Städte, Königreiche und Reichthümer, auch wirklich
zu finden hoffte.

Die Kunſt, große Expeditionen für lange Zeit ſorgfältig
und genügend mit allen Bedürfniſſen auszurüſten, hat man
erſt in neueſter Zeit gelernt. Der dürftige und ſchlecht
verpackte Proviant, den Columbus mit bekam, war bald
zur Hälfte verdorben. Die Bewohner des gebirgigen Innern
waren noch hülfsmittelloſer als die an der Küſte. Das
beſte wäre geweſen, von vornherein gleich einige Striche
des ſchönen fruchtbaren Bodens mit europäiſchen Körnern
zu beſäen, und ſo zuerſt die Exiſtenz ſorgfältig zu ſichern.
Aber auf ein ſo langſames Fortſchreiten war der ganze
Sinn der Spanier nicht vorbereitet. Sie wollten eben ohne
zu ſäen ärndten und auf einmal Großes erraffen. Alle
hinüber geführten Coloniſten erkrankten, Hunderte ſtarben,
die neue Entdeckung verwünſchend, in Noth und Elend
dahin. Und auch die Uebrigbleibenden, denen vielfache Ent=
behrungen und ungewohnte Arbeiten aller Art zugemuthet
werden mußten, verloren den Muth und wurden vom Ver=
langen nach der Heimath ergriffen.

Columbus fand ſo von vornherein, da er als Geſetz=
geber eines neu zu ſchaffenden Colonialreichs auftrat, zahlloſe
Schwierigkeiten auf ſeinem Wege. Bei Ueberwindung der=
ſelben ſtand ihm am meiſten ſeine Eigenſchaft als Fremdling
und Italiäner im Wege. Die ſtolzen ſpaniſchen Geiſtlichen
und Ritter gehorchten ihm unwillig, und ſchalten ihn, wenn
er Arbeiten von ihnen verlangte, einen anmaßenden Parvenu.
Wenn er ſie und auch ſich ſelbſt, alle auf gleiche Weiſe,
ſchmaler Koſt unterwarf, ſo nannten ſie dies unerhörte
Tyrannei. Wenn er Unordnungen ſtrenge und ohne Be=
achtung von Rang und Stand beſtrafte, ſo ſchien ihnen
dies rückſichtsloſe Härte eines Menſchen, der alt=ſpaniſche
Gewohnheiten, Gerechtſame und Würden nicht kenne, obwohl

doch etwas Gleichmacherei in der Natur eines neu zu be-
gründenden Staates lag, und obwohl es von vornherein
unmöglich war, alte europäische Rang= und Standesbegriffe
in die neue Welt zu verpflanzen. Wenn er seinen geliebten
und tüchtigen Brüdern Diego und Bartholomaeus, den ein=
zigen Menschen, denen er allein ganz vertrauen konnte, die
wichtigsten Missionen übertrug, so betrachteten sich die Spanier
als von einer ausländischen italiänischen Clique unterdrückt.
Da Columbus selbst nach seinem ersten Vertrage mit den
Königen von Spanien, einen Theil des Gewinnstes und
der Revenuen, die Indien abwerfen würde, erhalten sollte,
so sagten die Spanier, sie würden zum Privatvortheil des
Columbus ausgebeutet, und sie müßten für seine Größe
und sein Familienglück arbeiten.

Durch unermüdliche Anstrengung gelang es ihm einst=
weilen indeß, eine einigermaßen genügende Ordnung zu
schaffen. Er brachte ein Paar Forts und eine Art Stadt,
die er seiner Königin zu Ehren Isabella nannte, zu Stande.
Er schickte einige der Ungeduldigsten nach Spanien zurück.
Er sandte auch, wenngleich nur wenig Goldstaub, doch einen
glänzenden Bericht über das, was er noch zu thun gedenke
dahin, und nachdem er seinen Bruder Diego als Statthalter
eingesetzt, und dazu angeordnet hatte, daß kleine Trupps ins
Innere der Insel zur Recognoscirung und zur Herbeischaffung
von Proviant streifen sollten, machte er sich wieder auf die
Reise, um auf dem Wasserwege nun schnell das Land der
Verheißung zu suchen, das er auf dem Festlande noch nicht
gefunden hatte. Er segelte westwärts längs der Südküste
des schönen Cuba, die er auf einer langen und mühseligen
Fahrt bis in die Nähe ihres westlichen Endes erforschte.
Leuchtende Hoffnungen, goldene Träume von der chinesischen
Provinz Mangu, die hier liegen müsse, von dem fabelhaften
Priester Johannes, dessen überall in Asien gesuchtes Reich

4

vielleicht nun hier gefunden werden möchte, schwebten vor
ihm her, und zeigten ihm den Weg durch das Labyrinth
von Klippen und Sandbänken, welches jene Seite von Cuba
bedeckt. Dabei aber hatte er fortwährend mit so widrigen
Winden und Stürmen zu kämpfen und seine körperlichen
Strapazen, sowie seine geistigen Aufregungen waren so
heftig, daß er ihnen fast auf der Rückkehr erlegen wäre.
Als er sich seiner Pflanzstadt Isabella wieder näherte, verfiel
er in einen so großen Zustand von Kraftlosigkeit, daß seine
Leute ihn schon als todt betrauerten, und mit ihrem
Admiral, der einer Leiche glich, in den Hafen einliefen.

Aber neue Sorgen und Geschäfte weckten ihn von dem
Lager, auf das ihn die eben überstandenen geworfen hatten.
In Espanola war Alles in Verwirrung gerathen, die aus-
gesandten Entdeckertrupps der Spanier hatten sich in der
Insel zerstreut und sich den größten Gewaltthaten und Aus-
schweifungen gegen die armen Insulaner hingegeben, theils
um ihre Habgier zu befriedigen, theils um ihrer wirklichen
Noth abzuhelfen. Die Indianer, welche anfangs die neuen
Ankömmlinge als wunderbare Gäste verehrt hatten, waren
enttäuscht, entsetzt, und hatten sich nun in einer allgemeinen
Verschwörung zur Rettung ihres Vaterlandes vereinigt.
Große Schaaren derselben waren gegen die kleinen Trupps
der Spanier aufgestanden. Auch nach Spanien, wo man
nach seinen glänzenden Verheißungen auch sogleich glänzende
Resultate erwartete, wo man aber statt siegreicher Eroberer
nur abgemagerte und vergilbte Kranke und Enttäuschte
zurückkehren sah, blickte Columbus mit Befürchtung hinüber.
Es gelang ihm indeß die Ordnung auf der Insel wieder
herzustellen. Er setzte seinen Bruder Bartholomäus daselbst
als Statthalter ein, und er beeilte sich dann nach Spanien
hinüber zu gehen, um auch dort den gesunkenen Muth von
Neuem zu beleben. Er brachte zwei Schiffe voll mit Heim=

wehkranken, Mißmuthigen oder Strafbaren nach dem alten
Welttheile hinüber und in dieſer trübſeligen Begleitung ſtieg
er in Euröpa an's Land, er ſelber mit ſehr deprimirtem
Geiſt und wie ein büßender Pilger in das rauhe Gewand
eines Franziskanermönchs gekleidet.

Ganz ſo ſchlimm, wie er es gefürchtet hatte, fand er
die Dinge nun doch nicht. Seine Monarchen waren zwar
der unergiebigen oceaniſchen Entrepriſe nicht mehr mit der
früheren Theilnahme zugeneigt. Aber doch nahmen ſie ihren
Admiral huldvoll auf, beſtätigten ihn in ſeinen Würden,
verliehen ihm neue Gnaden, und boten ihm unter andern
auch als ſeinen Privatbeſitz einen großen Strich Landes in
Eſpañola mit der Erbwürde eines Herzogs an, welches
letztere Columbus jedoch die Klugheit hatte, ſich zu verbitten,
um den Neid nicht noch mehr zu reizen.

Es hatte ſich eine Partei gegen ihn gebildet, zu der
die vielen zurückgekehrten Getäuſchten, Neider und Feinde,
die er ſich bei ſeiner Verwaltung gemacht hatte, die Elemente
hergaben, und die ſich zunächſt um einige einflußreiche ihm
von Haus aus abgeneigte Männer und zuletzt um den
ebenfalls nicht ſehr phantaſiereichen und enthuſiaſtiſchen, weit
mehr ſtaatsklugen, wirthſchaftlichen und überlegſamen König
gruppirten.

Columbus mußte zwei Jahre lang in Spanien geduldig
ausharren, bis endlich die Dinge wieder zu einer dritten
Fahrt gereift waren. Aber ſelbſt als die nöthigen Gelder
und Vollmachten vom Könige dazu erfloſſen waren, konnte
er die eben ſo nöthigen Mannſchaften nur durch eine höchſt
verderbliche Maßregel vollzählig machen. Er that den Vorſchlag, daß man die zu harten Strafen verurtheilten Verbrecher begnadigen und ihnen erlauben möge, in ſeine
Dienſte zu treten. Dies geſchah, und die entleerten Gefängniſſe füllten die Schiffe des Columbus. Es war das

unseligste Mittel zu dem er zur Förderung seiner Zwecke
greifen konnte. Die vielen schlechten und sittenlosen Männer,
die er auf seiner dritten Fahrt nach der neuen Welt mit
hinüber nahm, machten ihm das Leben bald noch saurer
als die kriegerischen Ritter und Soldaten, die er bei seiner
zweiten Reise mitgenommen hatte. Eben jene befreiten
Verbrecher brachten bald darauf ihn selber in's Gefängniß.

Seine dritte Reise glaubte Columbus unter dem be=
sonderen Schutze der heiligen Dreieinigkeit zu unternehmen,
und als er nach einer langen Fahrt endlich im Westen
wieder Land sah, da nannte er es das Dreieinigkeitsland
(Trinidad), so wie er auf seiner ersten Reise, die er unter
dem besonderen Schutze des Erlösers unternommen zu haben
glaubte, das zuerst erblickte Land dem Heilande gewidmet
und San Salvador (die Heilandsinsel) genannt hatte. Alle
tiefen Gemüther scheinen dies Gefühl des Zusammenhangs
mit der Gottheit zu haben. Der fromme Columbus glaubte,
daß das Auge Gottes besonders auf ihm ruhe. Ohne jenen
Glauben, ohne jenes in ihm so starke und ihn ganz domi=
nirende Gefühl hätte er überhaupt nicht die neue Welt, noch
auch jetzt den großen Continent von Südamerika entdeckt.
Denn eben diesem letzteren gehörte sein Dreieinigkeitsland an.

Columbus sah die Ufer des neuen Landes sich zur
Rechten und Linken weithin erstrecken. Mehr aber noch als
dies überzeugten ihn die Mündung und Arme eines ge=
waltigen Süßwasserstromes (des Orinoco), die er gewahrte,
davon, — daß es ein großer Continent sein müsse. Er
recognoscirte einige jener Mündungen, er fuhr nordwärts
längs der Küste von Paria hinab, dessen Anblick, dessen
vögel= und thierreiche Wälder, dessen üppige Vegetation und
wundervolles Klima ihn bezauberten. Er segelte durch den
„Drachenmund" und kam in einen Meeresabschnitt voll Inseln,
deren Bewohner einen Ueberfluß von Perlen besaßen. Perlen!

schöne, ächte und große Perlen, also auch dieses vielgepriesene und längst ersehnte Produkt des Orients war jetzt gefunden! Nun war Columbus frohen Muths.

Nach diesen Anzeichen glaubte er bestimmt, er sei in der Nähe jener herrlichen asiatischen Südländer angelangt, die der Sitz und Fundort alles Dessen seien, was auf Erden herrlich ist. Er gerieth wieder in enthusiastisches Entzücken und überließ sich wieder Spekulationen, die wir jetzt vielleicht geneigt sind sonderbar zu nennen, die wir aber, indem wir uns auf den Standpunkt des Columbus stellen, als Ausblüthen seines phantasiereichen und stets jugendlich frischen Geistes um so mehr bewundern werden, wenn wir bedenken, daß er damals schon längst nicht mehr ein Jüngling war. Den entdeckten Continent hielt er für eine der Vorbastionen des großen Asiens. Da das Clima in diesen Gegenden ihm so lieblich erschien, die vielen Thiere so zahm und wie es ihm bei dem ersten Zusammentreffen vorkam, auch die Bewohner des Landes so freundlich, so unschuldig wie die Menschen des Paradieses waren, so glaubte er auch wirklich, er habe sich nun diesem genähert.

Den Orinoco hielt er für einen der großen Ströme, die nach der Ansicht der Kirchenväter-Geographen dem Paradiese ent-flössen, und dieses selbst, so vermuthete er, müsse irgendwo an den oberen Partien dieses Stromes liegen. Weil er jenen Strom mit einer so außerordentlichen Wassermasse und mit so unge-wöhnlicher Gewalt in's Meer hervorrauschen sah, und weil er auch überhaupt, nach einer ebenfalls allgemein unter seinen Zeitgenossen verbreiteten Vorstellung sich einbildete, das Paradies müsse auf einer schönen, heiteren, wolkenlosen, und dem Himmel benachbarten Höhe liegen, so glaubte er, der ganze vor ihm liegende Continent steige hier zu einer solchen gewaltigen Erhebung hinan. Die Erde, so nahm er nun an, sei nicht sphärisch oder kugelrund, wie die Astronomen bisher ge-

glaubt hätten, sondern vielmehr birnenförmig, mit einer
Spitze oben, und mit einem bauschigen dicken Ende unten.
Dieses letztere dicke Ende der Erdbirne sei in der Umgegend
von Europa, Afrika und dem westlichen Asien. Das Spitz-
ende aber nun habe er hier erreicht. Auf seinem Gipfel
läge das dem Himmel nahe Paradies. Von ihm flössen
die vier großen Ströme der Welt herab, und einer derselben
sei eben, wie gesagt, der Orinoco.

Leider erlaubte dem Columbus der schlechte Zustand
seiner Schiffe es nicht, seine Entdeckung, die an und für
sich glänzend war und ihm selber in einem noch viel glor-
reicheren Lichte erscheinen mußte, weiter fortzusetzen. Auch
quälte ihn, mitten in seinen Träumen die Sorge um den
Zustand seiner Pflanzung auf Española, eine Sorge, die
sich leider immer wie ein schweres Bleigewicht an seine
beflügelten Schritte geheftet hat. Wie sehr möchte man
wünschen, er hätte sich ganz von diesen unglücklichen Regie-
rungsideen befreien, und dem erhebenden und ruhmwürdigen
Geschäfte des Entdeckers, für das er in so hohem Grade
befähigt war, ausschließlich hingeben können.

Er fand auf Española wieder Alles in völliger Verwirrung. Zwei lange Jahre mußte er nun wieder auf der
Insel hin und her marschiren, negotiiren, bald hier eine
Verschwörung sprengen, bald dort Rebellen zu Paaren
treiben, hie und da mit Strenge, sogar mit Hinrichtungen
eingreifen, die Colonie, die er selbst mit Verbrechern überschwemmt hatte, wieder purificiren und zu Zeiten Nichts-
nutzige und Bösewichter einfangen und nach Spanien
zurückschicken. Es gelang ihm endlich die Faktionen nieder-
zuwerfen, alle Unzufriedenen entweder zu beseitigen oder zu
versöhnen, und Alles wieder in einen einigermaßen leidlichen
Zustand und Fortschritt zu bringen. Gerade aber als er
triumphiren wollte, und schon anfing auf neue Unterneh-

mungen zu sinnen, da erschien — sehr zur Unzeit, ein
königlicher Commissarius, mit außerordentlichen Vollmachten
auf der Insel.

Es war ein Unglück, daß man in Spanien von den
trüben Ungewittern, die sich zu Zeiten in Indien zusammen-
zogen, erst etwas erfuhr, wenn sie schon wieder beseitigt
waren und daher häufig ganz unzeitige Maßregeln ergriff.
Viele der nach Europa zurückgeschickten Rebellen und der
von Columbus abgesetzten Beamten, hatten dort gegen den
abwesenden Admiral und seine Brüder, die sich nicht ver-
theidigen konnten, laute Anklagen erhoben. Mehrere der
Frechsten trieben sich in den Straßen der spanischen Städte
umher, folgten sogar dem Wagen des Königs und der
Königin, wenn sie ausfuhren, und riefen laut: „man möchte
ihnen doch Brod geben und den ihnen zukommenden Sold,
welchen der Admiral ihnen vorenthielte und in seine eigene
Tasche stecke, auszahlen." Die beiden jungen Söhne des
Columbus, welche Pagen bei der Königin Isabella geworden
waren, verfolgten sie eben so, wenn sie sich öffentlich zeigten,
mit Beleidigungen und schrien: „Seht da! dies sind die
Söhne des italiänischen Verräthers, der vorgegeben hat,
Indien für unsern König zu entdecken, und der dort die
Spanier, Bürger wie Edelleute, vor Hunger umkommen läßt!"

Es war kein Wunder, daß der König und die
Königin am Ende auf den Gedanken kamen, Columbus
verstehe die Sache nicht recht, und den Entschluß faßten,
einen Untersuchungsrichter dahin zu senden. Leider aber
wählten sie dazu einen, gelinde gesagt, sehr unvorsichtigen
Menschen, den Don Francisco de Bobadilla, und ertheilten
ihm auch eine sehr gefährliche Vollmacht, in der es hieß,
daß Bobadilla Alles gehörig untersuchen und nach Billigkeit
entscheiden und daß er das Recht haben solle, jeden, den er
schuldig fände, „wer es auch immer sei," zu arretiren, und

denſelben, wenn er es für den königlichen Dienſt nöthig
fände, aus der Inſel fortzuſchaffen.

Mit dieſer ſehr weitbegränzten Autorität ausgerüſtet
langte nun jener Mann gerade in dem Augenblicke in
Espańola an, in welchem Columbus, wie geſagt, eben
damit zu Stande gekommen war, wieder einen gedeihlichen
Fortſchritt in den Gang der Dinge zu bringen. Er berief
vor ſein Tribunal den Admiral, der, ſtets gehorſam gegen
die Befehle ſeiner Könige, ſofort aus dem Innern herbei
eilte. Dies Mal aber war es faſt ſo gut für ihn wie ein
Todesſtreich. Bobadilla, ein der Herrſchaft ungewohnter
Mann, von der Größe des königlichen Vertrauens ganz auf-
geblaſen, hielt den Columbus von vornherein für ſchuldig,
und das Erſte, was er that war, daß er Befehl gab, den
verdienſtvollen und in großartigen Beſtrebungen ergrauten
Admiral, ohne ihn anzuhören, in's Gefängniß zu werfen,
und zugleich ihn, der weder auf Widerſtand, noch auf Flucht
dachte, vielmehr ſich ſelber ſeinen Feinden, freiwillig und
gehorſam überlieferte, in Ketten zu legen; auf demſelben
Boden und in demſelben Lande in Ketten zu legen, das er
durch ſeine Berechnungen und Gehirnanſtrengungen gewiſſermaßen erfunden, und daß er aus der Finſterniß, gleichſam
aus dem Nichts herausgearbeitet und an's Tageslicht gebracht hatte, deſſen Regierung und Revenuen endlich als
eine ihm von Rechtswegen gebührende Belohnung ihm durch
ſo viele königliche Decrete und Traktate zugeſtanden waren.
Bobadilla übernahm unter dem Zurufe der Wüſtlinge,
Verbrecher und Libertins, von denen die damalige Hauptſtadt
von Espańola, St. Domingo, ſchwärmte, die Zügel der
Regierung, und ließ ſofort ein Schiff, unter dem Commando
eines gewiſſen Capitains Vallejo in Bereitſchaft ſetzen, um
das in ſeine Hände gefallene Opfer nach Spanien zu
ſchaffen.

Columbus, ein ſtets loyaler Unterthan ſeiner Könige,
war ſich zwar keines Verbrechens bewußt. Dennoch aber,
als er jetzt ſeine Hände auf königlichen Befehl mit Ketten
angethan erblickte, entſank ihm doch in ſo hohem Grade
der Muth, daß er nun glaubte, es ſei ganz mit ihm aus,
und es überfiel ihn der Gedanke, ſeine Feinde und Mißgönner
möchten ihm ſogar nach dem Leben trachten. Als ihn daher
der beſagte Capitain Vallejo aus dem Gefängniſſe abholte
und in's Schiff bringen wollte, blickte er, jenes Verdachtes
voll, demſelben in's Auge, und richtete die Worte an ihn:
„Vallejo! wohin führſt Du mich?" — „Auf's Schiff, Ew.
Herrlichkeit", antwortete der Gefragte. „Sprichſt Du die
Wahrheit, Capitain?" fragte noch einmal der Admiral,
welcher dennoch fürchtete, es ginge zum Richtplatze und zum
Tode. „Bei meinem Leben!" antwortete der ehrliche und
gutherzige Seemann, „ſo wie ich ſage, ſo iſt es!"

Auf der Sonnenhöhe des Glücks, wie in dem Stande
der tiefſten Erniedrigung, da zeigt ſich am meiſten, was in
der Seele eines Menſchen iſt, und welchen Halt er in ſich
ſelber findet. Columbus hat ſich in beiden ſo entgegen=
geſetzten Situationen würdig bewährt. Und den alten,
ruhmvollen Admiral, den der Pabſt ſchon „ſeinen geliebten
Sohn, Chriſtophorus", den Andere „einen Apoſtel des Herrn",
genannt hatten, in Ketten an Bord des Schiffs des Vallejo
zu ſehen, iſt faſt ein eben ſo intereſſantes, auf der einen
Seite zwar betrübendes, auf der andern aber faſt nicht
minder erhebendes Schauſpiel, wie das des griechiſchen Welt=
weiſen im Kerker zu Athen. Wie jenes „beſcheidene und
freundliche Lächeln", das nach Las Caſas auf der Höhe des
Triumphes ſein Angeſicht umſchwebt hatte, eine hinreichende
Bürgſchaft dafür war, daß er das Glück ertragen konnte,
ſo giebt es auch in dieſem Falle mehrere zerſtreute Hindeu=
tungen, die uns erkennen laſſen, wie Columbus die Ketten ertrug.

Das ſchönſte Zeugniß von ſeiner milden und mäßigen
Geſinnung, von dem Gleichgewichte, das ſeine Seele mitten
in dieſem Drange und Schmerze behielt, legen ſeine
eigenen Briefe, die er mit dem Eiſen an der Hand an Bord
ſeines ſchwimmenden und glücklicher Weiſe von ſehr günſti-
gen Winden raſch nach Spanien hinüber getragenen Ge-
fängniſſes ſchrieb, und die uns als eine koſtbare Hinter-
laſſenſchaft eines großen Mannes, der vielen zum leuchtenden
Beiſpiele dienen könnte, noch aufbewahrt ſind. Zuerſt richtet
er ſeine Gedanken und ſeine Feder an eine achtungswerthe
und edle Frau, an Donna Juana de la Torre, eine Hof-
dame, die einſt Aufſeherin des ſpaniſchen Thronerben Don
Juan geweſen war. „Da bin ich denn nun, meine werthe
Dame," ſo heißt es in dieſem Briefe, „nach ſo vielen Anſtrengungen ſo weit herabgekommen, daß Niemand ſo niedrig
iſt, der ſich nicht dazu berechtigt glaubt, mich beleidigen zu
dürfen. Wenn ich ganz Indien, ſtatt es entdeckt und meinem
Könige übergeben zu haben, geplündert und zerſtört, wenn
ich es den Mohren und Ungläubigen überliefert hätte, ſie
hätten mir nichts Aergeres anthun können, als ſie jetzt
gethan haben. Sie heften mir einen ſo ſonderbaren Charakter auf, daß ich glaube, wenn ich auch lauter Kirchen und
und Hoſpitäter baute, ſie würden dieſelben Diebes- und
Räuberhöhlen nennen. Wer hätte ſolche Dinge für möglich
halten ſollen in einem Lande wie Spanien, wo ſonſt immer
ſo viel Großherzigkeit gefunden wird. Aber der Tag wird
kommen, wo die Welt es dem zur Tugend anrechnen wird,
welcher ſeine Beiſtimmung zu dem mir aufgelegten Schimpfe
nicht gegeben hat, denn die Dinge, welche ich vollbracht
habe, ſind der Art, daß ſie von Tage zu Tage in der
Schätzung der Menſchen noch gewinnen müſſen. Ich mag
allerdings Fehler begangen haben, aber wenn dies der Fall
iſt, ſo weiß ich doch gewiß, daß ich ſie ohne die Abſicht

Unrecht zu thun beging, und ich denke, daß meine Könige
mir dies glauben werden, und daß ſie, ſo hoffe ich, Alles
in einer gerechten Wage abwägen, ſo wie es nach der heiligen Schrift am Tage des Gerichts geſchehen wird, wo
auch das Ueble und das Gute, das wir thaten, gegen einander abgewogen werden".

„Könnte ich nur einmal meine Königin von Angeſicht
zu Angeſicht ſchauen, ſo traute ich wohl, mich von allen
Anſchuldigungen völlig zu reinigen.   Die Hülfe, die ich
immer in unſerm Heilande und in meiner Königin gefunden
habe, hat mir allein die nöthige Kraft und Ausdauer gegeben, und ich möchte auch herzlich wünſchen, daß ich dazu
beizutragen vermöchte, ſie ein wenig den tiefen Schmerz
vergeſſen zu machen, welchen der Tod des Prinzen Don
Juan ihr verurſacht hat."

Man ſagt, daß die Königin Iſabella über dieſen Brief,
der ihr, noch ehe Columbus ſelbſt erſchien, mitgetheilt wurde,
Thränen vergoſſen habe.

Als Columbus wirklich als Gefangener in Cadix ankam und mit Ketten belaſtet an's Ufer ſtieg, fiel dies auf
einmal allen Spaniern aufs Herz.   Die Empörung über
dieſe ſchmachvolle Behandlung des geprieſenen Entdeckers
war allgemein.   Auch am Hofe war die Entrüſtung und
das Bedauern groß.   Niemand ſchien nun zu begreifen, wie
dies ſo hätte kommen können.   Der König befahl, daß man
den Admiral ſofort in Freiheit ſetzen ſolle, und ſchrieb ſelber
an ihn einen huldvollen Brief.   Auch lud man ihn gleich
nach Hofe ein, und nahm ihn mit vielen Entſchuldi-
gungen und Gnadenbezeugungen auf, that auch alles Mögliche, um ſeine Wunden zu heilen, ſo viel man mit freundlichen Worten dies konnte.   Auch die Abſetzung des Mörders
ſeiner Ehre und des Räubers ſeines Vermögens, des Bobadilla, wurde alsbald beſchloſſen.   Aber hiermit — erreichte

auch der Erguß der königlichen Tröſtungen ſeine Grenzen.
Völlig in ſeine Rechte und Stellen rehabilitirt wurde Columbus jetzt nicht, und auch bis zu ſeinem Tode nie.

Man ſandte an die Stelle des unwürdigen Bobadilla
nicht den Columbus, dem man ſie zu ſeiner Genugthuung
hätte zurück geben müſſen, ſondern den Don Nicolas de
Ovando, einen Spanier von hoher Geburt, der freilich ſeinem
Amte völlig gewachſen geweſen zu ſein ſcheint. Man gab
dem Ovando faſt alle die Titel, Würden und Vollmachten,
die dem Columbus gebührt hätten, und rüſtete ihn mit
allen dienlichen Hülfsmitteln ſo reichlich aus, wie man den
armen Columbus nie ausgeſtattet hatte. Dieſer mußte ſich
mit freundlichen Verſprechungen begnügen, daß dies Alles
nur unter den jetzigen Umſtänden geſchehe, daß er aber
ſchließlich, wenn Ovando nach einiger Zeit alles in Ordnung
gebracht, ſelber wieder in ſeine Würden einrücken ſolle. Doch
dies „ſchließlich“ kam wie geſagt nie.

Die Bitterkeiten, die Columbus ſchon jetzt erfahren
hatte, wären hinreichend geweſen, einen Menſchen von nicht
ſo elaſtiſchem Geiſte gänzlich niederzudrücken. Aber das
lebhafte Temperament dieſes Mannes ließ ihn nicht lange
brütender Verzweiflung ſich hingeben. In einer Richtung
behindert brach er wieder in einer andern durch. Da ſeine
Antilliſchen Inſeln ihm nun vorenthalten wurden, ſo ergriff
er den Plan, die hinter ihnen liegenden Gegenden weiter
zu erforſchen. Er hoffte hier ganz unerhörte Dinge an's
Licht zu bringen. Vielleicht mochten ihn zunächſt die glänzenden Entdeckungen, welche die Portugieſen unterdeß ausgeführt hatten, und die das, was er gethan, zu überſtrahlen
und in Schatten zu ſtellen drohten, von Neuem reizen und
ſpornen. Basco da Gama hatte das von Columbus weſtwärts geſuchte Indien mit allen ſeinen wirklichen und er-
träumten Schätzen gegen Ende des Jahrhunderts auf dem

Oſtwege wirklich erreicht. Von ehrenvoller Eiferſucht ge=
ſtachelt, drängte es ihn nun, doch dies Indien, das er noch
immer ſeinen Antillen ſehr nahe glaubte, von der andern
Seite durch ein offenes Meer oder durch eine Meerenge zu
erreichen.

Nachdem er endlich den Hof für ſeine neue Unterneh=
mung willig geſtimmt hatte, ſetzte er im Mai 1502 mit
einer Flotte von Cadix aus, die ganz und gar ſeiner aller=
erſten Ausrüſtung ähnlich war. Wieder hatte er nur einige
wenige kleine Schiffe zu commandiren. Wieder begleiteten
ihn nur etwas mehr als 100 Leute. Wieder war er ohne
Würde und ohne Vermögen, ein bloßer Seecapitain. Auch
ſuchte er wieder, wie das erſte Mal, das noch nicht gefun=
dene eigentliche Indien, und endlich hatte er auch, wie das
erſte Mal, arabiſche Dolmetſcher an Bord. Zwar war er
jetzt den Siebenzigen nahe und noch dazu von vielfachen
Anſtrengungen nicht nur, ſondern auch von manchen giftigen
Pfeilen des neidiſchen Schickſals getroffen. Aber Columbus
war ein alter Löwe, ſogar noch mit gebrochener Kraft unüber=
windlich und ſelbſt als Greis von innerem Jugendfeuer
glühend. Was er körperlich und geiſtig auszuhalten im
Stande geweſen iſt, hat er faſt nirgends in höherem Grade
gezeigt, als auf dieſer ſeiner vierten, ſo abentheuerreichen
Reiſe, auf der er die langgeſtreckten Küſten von Central=
Amerika, von Honduras und Veragua unter beſtändigen
Stürmen, Gefahren und Widerwärtigkeiten entdeckte, und
die ſchließlich damit endete, daß er mit ſeinen lecken und
wurmzerfreſſenen Schiffen bei der damals noch wüſten Inſel
Jamaica auf den Strand lief, — ohne Indien und ohne
die Meerenge dahin gefunden zu haben.

Der kranke, von Strapazen und von Körperſchmerzen
niedergebeugte Greis glich während ſeines Aufenthaltes auf
jenen alten Schiffswracks, an den ungaſtlichen Küſten von

Jamaica, dem an die Felſen des Caucaſus geſchmiedeten
Lichtbringer Prometheus. Die barbariſchen Indianer machten
ihm das Leben ſo ſchwer, wie ſeine eigenen widerſpenſtigen
Leute.

Erſt nach Jahresfriſt erſchienen daſelbſt die rettenden
Schiffe, die ſeine Freunde auf Eſpañola beſchafft hatten. Er
kam endlich mit ſeinen Leuten glücklich dahin, wo man ihn
diesmal mit wohlthuendem Jubel aufnahm und von da aus
gelangte er denn auch wieder nach Spanien.

Es war dies im Anfange des Novembers 1504, und
nun hatte Columbus nur noch anderthalb Jahre zu leben.
Wie jede ſeiner früheren Reiſen und Verwaltungsperioden
in Indien, ſo hatte ihm auch der letzte Aufenthalt daſelbſt
wieder neue Feinde erweckt und dieſe auch nach Spanien
geführt. Dieſe und andere Männer reichten mit ihren Verbindungen bis an den Hof des kaltſinnigen Ferdinand, der
ihnen ein nur zu williges Ohr lieh, und der ſelbſt ohnedies
des Columbus längſt überdrüſſig geworden war. Es fehlte
dem Letzteren zwar nicht an einigen alten, treuen Freunden
am Hofe. Aber leider verlor die ihn dort fördernde Partei
eben jetzt ihren Vereinigungspunkt, ihr Haupt und ihren
vornehmſten Schutz, die gerechte und gütige Königin Iſabella
nämlich, die von jeher dem Columbus ſo viel Vertrauen
gezeigt und ſeinen Verdienſten ſtets eine volle Würdigung
zu Theil werden zu laſſen geſtrebt hatte, gerade jetzt, wo
ihm dies Alles am meiſten von Nöthen geweſen wäre. Noch
in demſelben Monat, in welchem der Admiral in Sevilla
ankam, und von den unerhörten Mühſeligkeiten ſeiner letzten
Reiſe aufs Krankenlager geworfen wurde, gab dieſe edle
Königin, gleich ihm durch ſchwere Sorgen und Unglück gebrochen, ihren Geiſt auf. Auf Erden hatte Columbus nun
keinen Patron mehr, zu dem er vertrauensvoll aufblicken
konnte. Er fühlte wohl ſchon, daß ſein eigenes Leben ſich

dem Ende zuneige, und es erfüllte ihn nun, im Hinblick
auf seine Familie, mehr als je der nagende Kummer um
den Verfall seiner weltlichen Angelegenheiten, um die Beraubung seiner Würden und Gerechtsame und um die Vor-
enthaltung seiner Einkünfte.

Auf ihn und auf die Durchsetzung seiner so äußerst
gerechten Sache hoffte eine Menge anderer Menschen. Da
waren seine jungen Söhne, Diego und Fernando, in der
Blüthe ihrer Jahre, die ihr Glück auf das seine bauten.
Da waren seine trefflichen Brüder Bartholomäus und Diego,
die auch nichts in der Welt hatten, wenn er nichts bekam.
Er hatte viele treue Anhänger, Diener und Freunde, denen
er Versprechungen gemacht hatte. Selbst noch die Matrosen
und Seeleute, die auf der letzten Reise so Vieles mit ihm
gelitten hatten, wurden vom König, der da sagte, daß diese
Reise von geringem Vortheil gewesen sei, schlecht belohnt.
Columbus wollte ihnen, wenn man ihm sein Recht gewähre,
großartig vergelten. Schon vor sieben Jahren hatte er in
seiner Weise ein feierliches Dokument über seinen letzten
Willen und über die Stiftung eines Familien-Majorats aufgesetzt, in welchem er in Erwartung einer bald reicheren Er-
giebigkeit seiner Revenuen, für alle jene Fälle mit großer
Umsicht und Pünktlichkeit gesorgt hatte. Er hatte dies Dokument nicht nur als den Eckstein der Größe und des
Ruhmes seines eigenen Hauses, als die Basis der Wohlfahrt seiner Söhne und Brüder betrachtet, er hatte darin
auch Wohlthaten an viele Andere ausgetheilt, seine Vaterstadt
Genua, und die Nothleidenden und Armen in derselben bedacht. Alle diese Wohlthaten und Stiftungen mußte er als
hohle und nichtige Pläne und fast als lächerliche Entwürfe,
die auf Sand gebaut wären, ansehen, wenn er nicht noch die
Bestätigung seiner Rechte erleben konnte.

Außerdem aber empfand er tief, daß bei der zwischen

ihm und ſeinem König obſchwebenden Frage ſeine ganze
Ehre auf dem Spiele ſtehe.

Man enthielt ihm auch noch ſeine Würden, ſeinen vice-
königlichen Titel, ſeine Befugniſſe zur Verwaltung ſeiner
Länder vor, da er doch von vornherein ganz expreß nur unter
dem Zugeſtändniß dieſer Würden, die er als ſeinen äußeren
Schmuck und gleichſam als ſeinen Kranz betrachtete, die
ganze Unternehmung hatte beginnen wollen. Man muß den
Columbus in dieſer Lage wie einen König anſehen, der für
ſeine Krone bei Mit- und Nachwelt ſtreitet, man muß ihn
als einen Triumphator betrachten, der mit ſeinen Ehren-
zeichen angethan ins Grab ſteigen will, den man aber derſelben noch vorher zu berauben trachtet.   Von Leiden geplagt, lag er während des ganzen Winters 1504/5 in
Sevilla darnieder, und da er ſelber nur von ferne durch
Correſpondenzen ſeine Angelegenheiten fördern und ordnen
konnte, ſo ſandte er ſeinen Sohn Diego an den Hof, um
dort für ſeine Sache und ſeine Intereſſen zu wirken.

Uns ſind noch jetzt die Briefe, die er von ſeinem Krankenlager aus an ihn ſchrieb, um ihm dabei mit Rath und Ermahnungen beizuſtehen, aufbewahrt.   Da er am Tage nie von
Schmerzen frei war, componirte er dieſe Briefe meiſtens des
Nachts mit vieler Mühe.   Die Rathſchläge, die er ſeinem
Sohne darin giebt, ſind immer die eines guten Vaters und
zugleich eines Unterthans, der trotz der ihm zu Theil gewordenen Mißachtung, eine ſeltene Loyalität bewahrt.   Er
ermahnt ihn wiederholt zu treuer Ergebenheit an den König,
der das Haupt der Chriſtenheit ſei, und von dem er ſelbſt
auch noch immer Gerechtigkeit erwarte.   Er empfiehlt ihm
die Sorge für ſeinen jüngeren und unerfahrenen Bruder
Fernando. „Ich freue mich,“ ſagt er einmal, „daß Dein
Bruder Fernando ein ſolcher iſt, wie Du ihn nöthig haſt.
Er iſt Dein einziger Bruder.   Zehn Brüder würden für

Dich nicht zu viel ſein.   Merke Dir mein Sohn, was ich
ſage: daß ich in meinem Leben keine beſſeren Freunde als
meine Brüder gehabt habe.“

Columbus war am Ende ſeiner ruhmvollen Laufbahn
wieder in dieſelbe Lage gerathen, in welcher er ſich beim Beginn derſelben befunden hatte, in die Lage eines eifrigen Briefe-
und Bittſchriften-Verfaſſers.   Aber Alles war umſonſt.   Es
regte ſich kein Lüftchen.   Die Sache kam nicht von der
Stelle.   Und als endlich der Frühling 1505 und mit ihm
eine vorübergehende Beſſerung ſeiner Krankheit eintrat, machte
ſich der alte Admiral ſelber auf die Reiſe.   Im Winter
hatte er vergebliche Verſuche dazu gemacht.   Er konnte in
keiner Weiſe das Reiten auf Pferden, auf denen man damals
in Spanien allein reiſen durfte, ertragen.   Der König ge-
ſtand ihm endlich zu, daß er ausnahmsweiſe ſich eines Maul-
thiers bedienen durfte, was ſonſt in Spanien damals unter-
ſagt war.   Man lehrte ihn, für den man die Straßen hätte
ebnen ſollen, für jenes eine Maulthier, das er ſich übrigens
mit ſeinem eigenen Gelde noch kaufen mußte, dankbar zu
ſein.   Und ſo unternahm der altersgraue Seemann, den
ſonſt Aeolus und ſeine Windgötter mit vollen Segeln gehorſam über den Ocean hinüber und herüber geführt hatten,
ſeine letzte Reiſe auf einem Mauleſel, mühſelig auf- und
abklimmend über die harten Felsflächen Eſtremaduras und
über die rauhen Sierren von Toledo und Guadarrama nach
dem Norden Spaniens, nach Segovia, wo damals der Hof
reſidirte und wo der berühmte Entdecker der neuen Welt
ganz ſtill und unbeachtet einzog, und ſich in einem kleinen
Gaſthauſe einquartirte.   Er hatte ja kein eigen Haus und
Dach.   „Dies iſt mein hartes Schickſal,“ ſchreibt er ſelbſt
in einem ſeiner Briefe, „daß ich bis zu dieſem Tage, nach
zwanzig Dienſtjahren, die ich mit ſo viel Gefahr und Mühe
überſtanden habe, noch nichts beſitze, was ich mein Eigen-

5

thum nennen kann. Mein Geist ist matt, mein Leib ist
krank, und Alles, was ich und meine Brüder besaßen, ist
von uns genommen. Ich bin in der That buchstäblich in
einer ruinirten Lage. Bisher habe ich zuweilen über Andere
geweint. Mag der Himmel nun mir selber gnädig sein,
und möge die Erde über mich weinen. Ja traure über
mich, wer noch Wahrheit, Mitleiden und Gerechtigkeit in
seinem Busen fühlt!"

Zu der Zeit, als Columbus dies schrieb, hatten seine
Entdeckungen schon angefangen, recht ergiebige Quellen von
Einkünften und Reichthümern zu werden. Schon manches
mit Gold und Waaren reich befrachtete Schiff war jetzt aus
Espanola heimgekommen. Schon viele Colonisten waren
jetzt als wohlhabende Leute nach Spanien zurückgekehrt, und
dem Columbus und seinem erfinderischen Kopf allein, der
nun so große Noth litt, hatten sie ihr Glück zu danken.
Ovando und seine Beamten saßen als wohlbestallte Regenten auf Espanola in den Aemtern, die Columbus nach seinen
Capitulationen entweder selbst einnehmen oder mit seinen
Freunden nach seinem Gutdünken zu besetzen völlig berechtigt sein
sollte. Auch konnten sie jetzt dort nur deßwegen so verhältnißmäßig gemächlich und ruhig regieren, weil Columbus ihnen
die Wege geebnet und die ganze Kindheits- und Sturmes-
periode, wie sie jede neue Colonie zu bestehen hat, durchgemacht hatte. Sie schalteten und walteten in Indien viel
willkürlicher als er und verfuhren mit so rücksichtsloser Härte
gegen die völlig niedergeworfenen Indianer, wie Columbus
nie. „Nie denke ich", so schrieb er damals, „an Indien,
an meine lieblichen Inseln, ohne zu trauern. Mir scheint
es, daß die Spanier jetzt nur dahin reisen, um sie auszu-
plündern, und daß man ihnen auch erlaubt, dies zu thun,
zum großen Schaden meiner Ehre. Denn einst wird man
sagen, daß Columbus Dieben und Räubern den Weg nach

der neuen Welt gezeigt habe. Welche unwürdigen Nachfolger giebt man mir! Aber allerdings iſt die Sache jetzt
leicht, da ich die Wege einmal gezeigt habe. Jetzt giebt es
ja keinen Mann in Spanien, bis zu den Schneidern herab,
der nicht meint, er könne ein Weltentdecker werden.“

König Ferdinand ſcheint wenig Mitleiden mit dem
Columbus empfunden zu haben. Er war ihm Dank, großen
Dank ſchuldig. Und damit iſt vermuthlich der ganze Schlüſſel
zu ſeinem Benehmen gegeben. Nur edelmüthige und liebens=
würdige Charakter entledigen ſich ihrer großen Verpflich=
tungen gern und willig. Columbus erſchien dem Könige
als ein zudringlicher Gläubiger. Hätte dieſer ſeine Rechnung
mit ihm nach dem Buchſtaben der urſprünglichen Verträge
auf’s Reine bringen ſollen, ſo wäre ja Columbus jenſeits
des Oceans faſt ſo groß geweſen, wie König Ferdinand
dieſſeits. Es mochte ihm ſo vorkommen, als wäre Columbus
gewiſſermaßen ſein Nebenbuhler. Er nahm ihn zwar in Segovia
ſcheinbar ſehr höflich, ſehr gnädig auf, er gab ihm mehrere Audi=
enzen, ließ ſich die Beſchreibung ſeiner letzten Reiſe und ſeiner
Entdeckungen im goldreichen Veragua vortragen, und hörte
ſeinen Schilderungen, die wie immer in glühende Farben
getaucht waren, aufmerkſam zu, lauſchte auch — vielleicht
mit ſtiller Verwunderung, vielleicht mit einem ſpöttiſchen
Lächeln, wenn der alte kranke Admiral, in dem zuweilen
das Gefühl ſeiner früheren Kraft und Begeiſterung wieder
aufflammte ihn verſicherte, „er wolle ihm noch Dienſte
verrichten, welche hundertfältig alle ſeine früheren Leiſtungen
übertreffen ſollten, wenn Seine Majeſtät ihn nur wieder in
ſeine Aemter und Ehren einſetzen wollten.“ Der König
lobte nach ſolchen Unterredungen ſogar den Columbus, ver=
ſicherte ihm, er erkenne ſeine Verdienſte an, machte auch allerlei
Propoſitionen darüber, wie man wohl die Sachen definitiv
ordnen könne, und ſchlug Schiedsrichter vor, welche darüber

5 *

entſcheiden ſollten. Er nahm ſogar die von Columbus
erwählten Schiedsrichter an, „und überhaupt“, ſo ſagt Las
Caſas, „je mehr Columbus und ſeine Freunde ſupplicirten,
deſto freundlicher und herablaſſender antwortete der König.“
Nur eins bat Columbus inſtändig, daß die Sache recht
ſchnell entſchieden werden möchte. „Ich glaube, daß die
entſetzliche Hinhaltung meiner Angelegenheit und die Sorge
darüber die Haupturſachen meines übeln Befindens ſind.“
Aber eben gerade in dieſem Punkte der Schnelligkeit war
Ferdinand zäh. Seine Richter gaben keinen Ausſpruch
von ſich, und er ſelber that keinen Machtſpruch. Seufzend
ſagte endlich Columbus: „Es ſcheint mir, ich kämpfe mit
dem Winde.“ Und ſeine Kräfte ſchwanden dahin. Er
konnte, am Ende gänzlich an’s Bett gefeſſelt. nicht mehr zu
Hofe gehen. Er zog ſich nach Valladolid, in der Nähe von
Segovia, zurück. Der letzte Strahl der Hoffnung fiel hier
auf ſein Todtenbett, als er vernahm, daß die Tochter ſeiner
geliebten Königin Iſabella, die Königin Doña Juana mit
ihrem Gemahl Don Felipe I. in Caſtilien, ihrem Erblande,
gelandet ſei, und an ſie ſchrieb er ſeinen letzten Brief, den
ſein Bruder Bartholomäus überbrachte, und worin er ſie
als ihr treuer Vaſall und Unterthan begrüßte.

Wenige Wochen endlich, nachdem ſein Bruder Bartho=
lomäus mit dieſem Briefe abgereiſt war, that der alte
Admiral ſeinen letzten Athemzug. Einige Stunden vor
ſeinem Tode ſammelte er ſich noch einmal und ſetzte ſeinen
letzten Willen in einem Codicill auf, das in den meiſten
Punkten ſein früheres Teſtament beſtätigte. Man ſollte
denken, daß er wohl am Ende in dieſen äußerſten Lebens=
momenten, die Beſtimmungen, die er in dem erſten Teſta=
mente ſo ſorgfältig und zierlich ausgearbeitet hatte, wie
ein Goldſchmied eine Königskrone, jetzt nach ſo vielen fehl=
geſchlagenen Verſuchen, nach ſo bitteren Täuſchungen, wie

eine glänzende Seifenblaſe aufgegeben haben müßte. Allein
dieß that er nicht. Vielmehr verfügte er über alle „Renten"
ſeines noch in der Luft ſchwebenden „Majorats" noch ein
Mal eben ſo, wie das erſte Mal. „Freilich", ſetzte er, als
erinnere er ſich, daß er lauter noch nicht exiſtirende Dinge
verſchenkte, einige Male, wie in Parentheſe hinzu, „freilich
iſt die Rente meines Majorats noch gar nicht bekannt, und
läßt ſich auch noch nicht in Zahlen faſſen. Mein guter
Bruder Don Diego braucht aus meinem Majorate jährlich
nur 100,000 Maravedis zu bekommen, weil er Prieſter geworden, und in der Kirche verſorgt iſt. Aber freilich kann
ich ihm dieſe 100,000 Maravedis auch nicht ein Mal ganz
genau zuſagen, weil ich bis jetzt, wie geſagt, noch keine
beſtimmte Rente weder gehabt habe noch habe. Sollte
aber die Rente ſich bedeutend vermehren, ſo ſage ich meinem
Haupterben, meinem Sohne Diego, daß er mir ein Vergnügen machen werde, wenn er auch meinen Brüdern ihr
von mir ihnen beſtimmtes Einkommen vermehren will."
Noch ein Mal gedachte er in dieſem letzten Willen ſeines
Vaters, ſeiner Mutter, ſeiner längſt verſtorbenen Frau und
ordnete Seelenmeſſen für ſie an. Einen beſonders zärtlichen
Artikel widmete er auch der Mutter ſeines illegitimen Sohnes
Fernando, der Doña Beatrix Enriquez in Cordova, die er
einſt in der Zeit, da er noch in Spanien als verſpotteter
Träumer herumwanderte, gekannt und geliebt hatte. Auch
kommt in dieſer letzten Schrift des Columbus nicht eine
Spur von Erbitterung gegen ſeinen König vor, der doch
nicht ſowohl wie er es hätte ſein können der Stern des
Heils auf allen ſeinen Lebenspfaden, als nur zu oft die
Klippe, an der ein großer Theil ſeiner Beſtrebungen
ſcheiterte, geweſen war. Vielmehr ſchärfte er, als ein bis
in den Tod getreuer Vaſall ſeinem Sohne ein: „er habe zu
wiſſen, daß er mit der Rente dieſes Majorats, die er ſtets

ſorgfältig pflegen und vermehren müſſe, ſo wie mit ſeiner Perſon und ſeinem ganzen Vermögen zu dienen habe, — dem Könige, ſeinem Herrn, und dem Wachsthume des Staates und der chriſtlichen Religion."

Hätte Ferdinand einen ſo muſterhaften Vaſallen nicht noch in ſeinen letzten Momenten beſuchen, hätte er ihm nicht wenigſtens auf ſeinem Sterbebette den Siegerkranz über= reichen und die Beſtätigung aller ſeiner Privilegien und Gerechtſame, die ihm doch bald darauf von einem ihn verurtheilenden Gerichtshofe, nach einem ungünſtig für ihn ausgefallenen Prozeſſe abgedrungen wurden, freiwillig dar= bringen ſollen?! — — Er that es nicht. Und von ſeinem Könige verlaſſen, von keinem der Spanier, die durch ihn groß geworden waren, getröſtet, nur von ſeinem Sohne Diego und einigen treuen Dienern bis zum letzten Er= löſungsmomente unterſtützt, gab Columbus endlich ſeinen Geiſt auf. „In manus tuas, Domine, commendo spi= ritum meum", das ſind ſeine letzten Worte geweſen. Es war dies am 20. Mai 1506. Seiner irdiſchen Hülle hat man nachher bei den verſchiedenen Beerdigungen und prunkvollen Verſetzungen, die ſie im Laufe von dreihundert Jahren erfuhr, faſt mehr Ehre erwieſen, als ihm ſelber, da er noch lebte. Denn ſie wurde erſt in Valladolid, dann mit vielen Ceremonien in Sevilla, darauf in San Domingo und endlich in neueſter Zeit mit großem Pompe in Havana beigeſetzt, wo ſie jetzt noch ruht.

III.

Allgemeine Bemerkungen über die europäischen Entdecker und ihre Fahrten.

Alonzo Niño und Christoval Guerra erforschen die »Perlen-Küste« von Venezuela im Sommer Anno 1499. — Alonzo de Hojeda (mit Juan de la Cosa und Amerigo Vespucci) entdeckt die Mündung des Marañon und die Küsten von Guyana und von ganz Venezuela (im Sommer 1499). — Vincente Yañez Pinzon entdeckt das Cap Augustin. (Januar bis Mai 1500). — Rodrigo Bastidas entdeckt die Küste von Neu-Granada bis Darien. (1501 und 1502.) — Hejeda, Cosa, Guerra machen wiederholte Reisen nach Venezuela und Neu-Granada. (1502—1516.) — Juan Diaz de Solis und Pinzon entdecken die Ostküste von Yucatan. (1506). — Sebastian de Ocampo umsegelt Cuba. (1508).

Von den fünf Continenten der Erde hat Amerika so zu sagen die eleganteste Form. In seinen langgestreckten schlanken Umrissen könnte man es fast einer Statue vergleichen. Die Entdeckungsgeschichte zeigt uns, wie diese Statue allmählich aus dem Dunkel herausgemeißelt und wie ihre vollständige Figur nach und nach deutlich zu Tage gelegt wurde. Es war ein großes Werk, an dem sich alle Völker Europa's betheiligten und an dem sie dreihundert Jahre lang geschafft haben. Jede Seefahrt war gleichsam ein Meißelschlag, der bei dieser welthistorischen Bildhauerarbeit ausgeführt, jede große Entdeckung eine Linie, ein Pinselstrich, die in dieses Gemälde gesetzt wurden.

Den ersten Hauptschlag führte, wie ich zeigte, Columbus. Ihm folgten noch bei seinen Lebzeiten eine Menge kleinerer

Arbeiter, die alle auf seinen Spuren gingen und von denen jeder dem Bilde ein frisches Stückchen einfügte, indem er die Kunde eines neuen Küstenstriches, einer noch unbekannten Flußmündung oder einer im Ocean aufgefundenen Insel hineinbrachte.

Die Geschichte aller dieser Mitarbeiter, Zeitgenossen und Schüler des Columbus, die Seefahrten des kundigen Cosa, der unternehmenden Pinzonen, des wilden Ritters sans peur, wenn auch nicht sans reproche, Alonso de Hojeda, des unermüdlichen Bastidas und anderer Seehelden, ist selbst in ihren Einzelheiten zwar im höchsten Grade interessant. Sie brachten die weiten Küsten der Länder, die wir jetzt Guyana, Venezuela, Neu-Granada nennen und alle Verstecke des Caraibischen Meeres ans Licht. Eine Charakterschilderung jedes dieser merkwürdigen Männer zu entwerfen und die lehrreichen Details ihrer Lebensverhältnisse, ihrer Thaten und der von ihnen berührten Küstenstriche zu entwickeln, würde mich hier aber zu weit führen. Ich ziehe es vor, statt dessen einige allgemeine Bemerkungen über ihr Verfahren, über die Art und Weise ihrer Ausrüstung, über die europäischen Häfen von denen sie ausliefen, über die verschiedenen Persönlichkeiten, die bei solchen Expeditionen mit zu wirken pflegen, über den Einfluß der Naturverhältnisse der neuen Welt und der dort vorgefundenen Landeskinder auf den Fortgang ihrer Unternehmungen und schließlich über die Rechte, welche die Commandeure aus ihren Entreprisen ableiteten, mitzutheilen. Indem wir so, was sich über das gesammte Entdeckungswerk sagen läßt, unter allgemeinen Gesichtspunkten zusammen fassen, werden wir in Zukunft manche Wiederholung vermeiden können und zugleich ein besseres Verständniß der nachfolgenden Erzählungen vorbereiten.

Wenn man die Geschichte der verschiedenen Entdeckungs-

projecte und Seefahrten untersucht, so wird man finden,
daß eine Menge von günstigen Umständen zusammentreffen,
und verschiedene Persönlichkeiten vereint wirken mußten, um
die Sache zu Stande zu bringen. Und es ist nicht immer
ganz leicht zu sagen, wem das meiste Verdienst dabei zuzuschreiben sei. Gewöhnlich nimmt der, welcher die Sache
ausführte, unter dessen Commando die Flotte zur Neuen
Welt hinüber segelte, oder die Armee ins Land hinein marschirte den ganzen Ruhm des Unternehmens hin. Selten
gebührt ihm aber die Palme ausschließlich. Manche der
ersten alten spanischen Entdecker waren zwar nicht bloße
Schiffscapitaine oder Feldherrn, sie hatten zuweilen selbst
etwas Erdkunde und Astronomie studirt, und erzeugten daher
ihre Entdeckungsprojecte planmäßig aus ihrem eigenen Kopfe.
Auch waren sie zuweilen selbst wohlhabende Leute, schossen
aus eigenen Mitteln das Capital für die Sache her, kauften
Schiffe, warben Mannschaften für ihr Geld, wie Wallenstein
im dreißigjährigen Kriege und verlangten von der Regierung weiter nichts als die nöthige Sanction und etwa
einigen Zuschuß von Kriegsvorräthen, Muniton und Kanonen aus den königlichen Arsenalen. Solche Anführer waren
dann Projectenmacher, Seecapitaine, Capitalisten und Feld=
herrn Alles in einer Person.

Viel gewöhnlicher aber war es, daß die verschiedenen
Rollen unter Viele vertheilt waren. Und namentlich zeigt
es sich oft, daß die eigentliche ursprüngliche Idee einer Entdeckung von einem ganz anderen Manne, etwa von einem
in stiller Verborgenheit lebenden Gelehrten ausging, den
die große Welt nachher über die Ausführung gänzlich vergessen hat. Alle kennen den Columbus, wenige aber den
italienischen Kosmographen Toscanelli und den deutschen
Astronomen Regiomontanus, die durch ihre Studien und
wissenschaftlichen Erfindungen dem Columbus vorarbeiteten,

und die man wohl die geistigen Entdecker von Amerika
nennen könnte. Auch in neuerer Zeit haben alle von den
Heldenthaten und Fahrten eines Cook, wenige aber von
dem stillen Wirken eines Banks oder Barrington gehört, die
durch ihre Schriften für jene wirkten, die ihnen ihre Pläne
ausarbeiteten, ihre Reiserouten vorzeichneten und ihnen die
leitenden Instruktionen mitgaben.

Es ist von jeher ein Grundsatz des Völker= und See=
rechts gewesen, daß Privatpersonen auf ihre eigene Hand
keine kriegerischen Expeditionen machen dürfen, daß sie unter
dem Schutze einer gewissen allgemein anerkannten Autorität
segeln müssen. Die Entdecker, wenn sie nicht riskiren wollten,
aller ihrer mühselig errungenen Vortheile verlustig zu wer=
den, mußten daher auch vor allen Dingen eine europäische
Regierung für ihre Pläne zu gewinnen trachten, die den=
selben den Stempel der Rechtmäßigkeit aufdrückte. Dies
verursachte ihnen oft nicht wenige Schwierigkeiten. Zuweilen
gab es zwar große und unternehmungslustige Könige, die
selbst von dem Eifer für Erdkenntniß ergriffen waren. Solche
Monarchen waren z. B. der König Emanuel von Portugal
und Kaiser Karl V., die Alles, was die Förderung der
Welterforschung anging, selber überlegten und achtsam in
ihren Cabinetten besorgten. Ein Regent dieser Art war
später Christian IV. von Dänemark, der eigenhändig den
von ihm ausgesandten Commandeuren ihre Instruktionen
und Empfehlungsbriefe schrieb, . — und die vielgeliebte
Königin Elisabeth von England, die alle ihre zahlreichen
Seefahrer und Admiräle mit einem wunderbaren Eifer
inspirirte.

Weit gewöhnlicher aber sind die Könige und Regie=
rungen mit so vielen andern bringenden Angelegenheiten
beschäftigt, daß es schwer hält, ihnen eine Unternehmung, bei der
etwas gewagt werden soll, plausibel zu machen. Da hatten

denn die auf Neuerung Sinnenden Mittelsmänner nöthig,
durch deren Hände ihre Anträge gehen mußten, bis ihnen
bei der Quelle aller Autorität, der so unentbehrliche Stempel
und Nachdruck verschafft wurde. Meistens fanden sie dann
irgend einen Mann von Einfluß, einen hochstehenden Höfling
oder Staatsmann, der sich ein Verdienst erwerben wollte,
oder einen Prinzen des königichen Hauses, der Muße hatte,
ihr Protector und Fürsprecher zu werden. Der berühmte
Prinz Heinrich von Portugal, der lange Zeit alle portugiesischen Schiffskapitäne und Flottenführer um sich her ver-
sammelte, der Herzog Medina Sidonia in Spanien, der
Patron mehrerer Seefahrer, Prinz Rupert von England,
nach dem die weiten Hudsonsbay-Länder den Namen „das
Ruperts-Land" bekommen haben, der Admiral Coligny in
Frankreich, der alle Unternehmungen seiner bedrängten Glau-
bensbrüder, der Hugenotten, so eifrig förderte, der edle Sir
Walther Raleigh, der Günstling der Königin Elisabeth, sind
Beispiele von solchen „Mittelsmännern," deren Charakter,
Denkweise und Lebensgeschichte vielfach mit der Geschichte
der Neuen Welt verflochten ist.

Wie bei allen Neuerungen, so war es auch bei diesen
Expeditionen zur Erforschung der Welt recht gewöhnlich,
daß die, welche neue Ideen aufs Tapet brachten, hülfs-
mittellos und bedürftig waren. Sogar ihre Patrone und
Könige waren zuweilen ohne Capital. Da von vornherein die
Entdeckung Amerikas sowohl als eine politische, als auch als eine
commercielle Unternehmung betrachtet wurde, so wandte man
sich daher auch von vornherein an den reichen Handelsstand.
Dieser drängte sich zum Theil von selber hinzu, weil er bald
einsah, in wie hohem Grade die ganze Sache seine eigene
Angelegenheit sei.

Die Mitwirkung des Handelsstandes war auch schon
deswegen so unumgänglich, weil gleich bei der Ausrüstung

der halbmilitärischen, halb commerciellen Expeditonen, so viele
Geschäfte und Angelegenheiten zu besorgen wären, auf die
nur er sich verstand. Schon Ferdinand und Isabella hatten
den Beistand des berühmten Handelshauses Berardi in
Sevilla von Nöthen, um die Ausstattung ihres Columbus
auf eine möglichst zweckmäßige Weise zu Stande zu bringen.

Von diesem Hause Berardi an, bis auf unsere Zeit-
genossen, den englischen Kaufmann Booth, der auf seine
Kosten den Sir John Roß ausrüstete, und bis auf jenen
Kaufmann Grinnell in Newyork, der die Arktischen Expe-
ditionen der Nordamerikaner förderte, herab, giebt es eine
Reihe von Kaufmannshäusern, die sich in der Geschichte der
Entdeckungen verdient gemacht haben, und deren Namen in
der Geographie unsterblich geworden sind.

Zahllos sind in Amerika die Vorgebirge, Inselgruppen,
Flüsse, Bayen, denen die Entdecker aus Dankbarkeit den
Namen ihrer kaufmännischen Patrone für alle Zeiten
verliehen.

Wie das äußerste Nordende des amerikanischen Con-
tinents, die wüste Halbinsel „Boothia," so trägt auch die letzte
Straße im Süden die „Le Maires-Straße", den Namen eines
Kaufmanns, der diese Gegenden auf seine Kosten für die
Welt eröffnen ließ. Die Kaufleute begnügten sich nicht immer
damit, blos durch ihre Capitalien und ihre Bemühungen
in den Ausrüstungshäfen der Heimath den Fortschritt der
Weltkenntniß zu fördern. Sie gingen oft selbst mit über den
Ocean hinüber. Gleich die ersten spanischen Flotten hatten
neben den militärischen Commandanten des Ganzen, als
fast herkömmliche Begleiter nicht nur einen gelehrten Astronomen, zur Bestimmung der Längen- und Breitengrade, nicht
nur einen königlichen Beamten, um die Interessen der Regierung wahrzunehmen und von allen erlangten kostbaren
Dingen den sogenanten königlichen Fünften abzunehmen,

nicht nur einen Geistlichen, um die Angelegenheiten der
Kirche zu besorgen, und die aufgefundenen Heiden zu taufen,
sondern auch fast immer einen kaufmännischen Agenten, einen
„Mercadero“, um die erspähten Produkte und Waaren zu
prüfen, und um den Handelsverkehr mit den Indianern in
Gang zu bringen. Viele dieser kaufmännischen Agenten
haben sich auch noch anderweitig in das Geschäft der Länder-
entdeckung gemischt, wie das Beispiel des berühmten Amerigo
Vespucci, der zuerst am Comptoir des oben genannten Hauses
Berardi arbeitete, genugsam bezeugt.

Auch viele andere Kaufleute haben, wie dieser gefeierte
Comptoirist, nach welchem Amerika benannt ist, selbst das
Schwert umgegürtet und den Compaß in die Hand genommen
und sind theils handelnd, theils beobachtend, Karten machend
und erobernd durch die Länder gezogen, so wie uns denn die
Geschichte auch eine Menge spanische Literaten, Doctoren
und Gelehrte nennt, die dasselbe thaten. Unter vielen er-
wähne ich nur des spanischen Doctors Enciso, der bei der
Eroberung des Isthmus von Panama eine so bedeutende
Rolle spielte, und außerdem die erste Geographie der Neuen
Welt geschrieben hat, die wir besitzen, und des Baccalaureus
Ximenes de Quesada, der indem er die Feder mit dem
Säbel vertauschte, sich von einem Literaten zu dem Haupt-
eroberer und Begründer des großen Königreichs von Neu-
granada emporschwang.

Man sieht hieraus, daß um die Entdeckungsgeschichte
der Neuen Welt vollständig zu verstehen, wir nicht nur die Seefahrer auf ihren Schiffen begleiten müssen. Wir sollten auch
in die Kabinette der Fürsten und in die Geschäftszimmer der
Kaufleute eindringen und ebenso auch die Gelehrten in ihren
Studirstuben beachten und in ihrem Nachdenken belauschen.

Das wichtigste Element ihrer Bemannung, ihre Matrosen, Steuerleute und Schiffführer bezogen die ersten Er-

oberer der Neuen Welt aus den kleinen Hafenplätzen
Andalusiens.

Palos, alsdann das benachbarte Huelva, S. Lucar de
Barrameda in der Umgegend von Cadiz, waren in Spanien
einige der berühmtesten Ausrüstungshäfen für die amerikanischen Flotten. Diese jetzt wieder so obscuren Städtchen,
waren damals die Schauplätze wichtiger und höchst interes-
santer Verhandlungen. Großartige Pläne wurden in ihnen
geschmiedet, kühne und talentvolle Männer traten aus ihren
alten Schiffergilden hervor und machten ihre kleinen Geburtsorte, die sich mit historischem Glanz umgaben, in aller Welt
berühmt. Nicht wenige der in der Geschichte Amerikas ein-
flußreich und groß gewordenen Familien haben ihre Ahnen
in dem einen oder andern Uferstädtchen des Guadalquivir.

Wie in Spanien so war es denn auch in den andern
Ländern, deren Einwohner sich später bei der Entdeckung
der Neuen Welt betheiligten. Auch in Frankreich und England thaten sich dabei die Schiffer-Corporationen, Fischer-
Gilden und Kaufmannschaften gewisser Handelsplätze hervor
und gewannen damals eine große Bedeutung für Amerika,
während sie jetzt kaum mehr mit der Neuen Welt in Verbindung stehen. Ich werde später noch Gelegenheit haben,
diese Häfen näher zu bezeichnen.

Hier aber dürfen wir vor allen Dingen der kleinen
Häfen auf den Europa benachbarten Inselgruppen des
atlantischen Oceans, der azorischen, canarischen, capver-
dischen Inseln nicht vergessen. Diese Inseln und ihre aus
Spanien, Portugal, den Niederlanden herüber gekommenen Colonisten, waren bei dem Werke der Erforschung
des Oceans und der neuen Erdtheile besonders und vielfach thätig. Ihre Häfen waren im 15. und 16. Jahrhundert wahre Central- und Sammelplätze der Conquistadoren. Fast keine Flotte fuhr nach der Neuen Welt

hinüber, ohne bei ihnen anzulegen, um dort ihre Vorräthe, Labungen und Mannschaften zu completiren. Manche nahmen hunderte von canarischen Pflanzern mit. Viele Städte und Striche von Amerika wurden vorzugsweise von Canarioten bevölkert. Die auf den Inseln entstehenden Lücken wurden dann wieder von Europa her ausgefüllt.

Ebenso wie für die Menschen, waren diese Inseln auch für die nach der Neuen Welt hinübergeschafften Pflanzen und Thiere die Ausgangs= oder Uebergangsstationen. Fast alle die unzähligen Rinder= und Pferdeheerden, die Schafe, Maulesel, Ziegen und andere Thiergattungen, mit denen die Spanier und Portugiesen die weiten Landschaften Amerika's erfüllt haben, stammen von wenigen Paaren ab, die sie von diesen Inseln mit hinüber nahmen. Es kamen deren freilich auch aus Andalusien, aber meistens nahm man sie lieber von den auf der Mitte des Weges liegenden Inseln, erstens weil man so an Fracht und Unterhaltungskosten sparte, und dann weil die Thiere dort schon an ein ähnliches Klima gewöhnt waren.

Dasselbe läßt sich von den Pflanzen, namentlich z. B. von dem Zuckerrohre, der Baumwolle ⁊c. sagen. Jene Inseln hegten die ersten Gesäme vieler Stauden, Rohre und Ranken, welche nachher die amerikanischen Colonienländer so bedeutend gemacht haben, so wie sie auch umgekehrt die ersten Keime und Ableger der amerikanischen Pflanzen empfingen, welche in Europa naturalisirt wurden: Noch heutiges Tages zeigen Madeira, Terceira, Teneriffa die Spuren von dieser welt= historischen über sie hinpassirenden Thier= und Pflanzenwan= derung. Denn ihre Faunen und Floren sind der neuen und alten Welt entnommen, sind aus tropischen und nördlichen Elementen gemischt.

Eine ähnliche Vermittlerrolle in der Geschichte der nor= dischen Entdeckungen der Engländer haben später die orka=

dischen Inseln gespielt. Von den ältesten bis auf die neuesten
Zeiten herab, ist fast keine Expedition zu den Hudsonsbay-
ländern oder den arktischen Regionen abgegangen, die nicht
in Kirkwall oder einem der andern kleinen Häfen jener Inseln
vorgefahren wäre, um dort ihre Mannschaften zu vervollständi-
gen. So klein die Eilande sind, welche die Orkneymänner in
der Nachbarschaft Europas inne haben, so weit sind die Gebiete,
auf denen ihre Kinder in Amerika verstreut sind, und in
denen sie der Welt, dem Handel und der Erdkunde wichtige
Dienste geleistet haben.

Waren nun endlich auf die angedeutete Weise die Flottenführer in Europa über ihre Pläne und Bestimmungen einig
geworden, hatten sie endlich alle ihre Papiere, ihre Mannschaften,
ihre Vorräthe und die sonstigen nöthigen Dinge an Bord,
waren sie wirklich unter Segel gegangen und westwärts in die
andere Hemisphäre hinüber gekommen, so fielen sie daselbst
gleich wieder anderen Einflüssen anheim.   Zuerst den mächtigen Naturgewalten.   Der große Continent der neuen Welt
offenbarte eine außerordentliche Mannigfaltigkeit von klimatischen und anderen physikalischen Zuständen.   Er bot weite
Ebenen, große Gebirgslandschaften, mannigfaltig gestaltete
Küstenstriche, einzelne Binnen - Meeresbecken dar.   Sein
Inneres ist von mächtigen Flüssen und hohen Berg-
ketten durchsetzt.   Seine Küsten werden von verschieden gerichteten Meeresströmungen umflossen.   Alle diese Verhältnisse sind auf die Art und Weise, auf die Energie und auf
die Richtungen der Entdeckungsfahrten vom entschiedensten
Einflusse gewesen.

Wir könnten das ganze große Amerika mit einem von
vielen Gefäßen und Canälen durchzogenen und mannigfach
abgetheilten und gegliederten Organismus vergleichen, in
dessen Innern sich die auswandernden Völker Europas
wie die einem Körper eingeflößte flüssige Masse ver-

breiteten, ganz in der Weise und in solchen Tempos, wie der
Lauf und die Beschaffenheit dieser Naturbahnen es vorzeichnete.

Hätten die europäischen Entdecker jenen Länderkörper
ganz menschenleer gefunden, so wäre die Bedingung ihrer
Verbreitungs-Geschichte verhältnißmäßig einfach gewesen.
Sie wären nur den Naturwegen und ihrer eigenen Beobachtungsgabe gefolgt. Allein sie fanden Amerika bevölkert.
Es war schon lange vor ihnen von den Leuten entdeckt und
bewandert, welche sie „Indianer" nannten. Sie verfielen
daher in ihren Operationen von vornherein auch dem Einflusse der schon vor ihrer Ankunft ausgebildeten indianischen
Zustände, der indianischen Handels- und Schifffahrtsverbin-
dungen, der von indianischen Jägervölkern ausgespürten und
gebahnten Wege und Stege, der von ihnen organisirten
Staaten oder angebauten Länderstriche.

Gleich bei seiner Ankunft in der neuen Welt war eine
der ersten Maßregeln, welche Columbus ergriffen hatte, die
gewesen, daß er sich mit den Eingeborenen der kleinen Insel
Guanahani ins Vernehmen setzte und sie als Lootsen an Bord
nahm. Er erkundigte sich bei ihnen nach der Beschaffenheit
der Umgegend, nach andern Inseln und Ländern, nach den
Wegen die dahin führten, und folgte ihren Fingerzeigen. Er
bemächtigte sich auf diese Weise des Schatzes von Erfahrungen, welche die Eingeborenen im Laufe vieler Jahrhunderte erlangt hatten und die Richtung seiner Fahrt wurde
sofort in gewissem Grade durch die Richtung der alten In-
dianer-Communicationen bedingt und verändert.

Wie Columbus, so haben es auch alle seine Nachfolger
bis auf die neueste Zeit herab gemacht. Fast in allen Fällen
ist die erste Kunde von neuen Ländern und ihrer Beschaffenheit durch die Eingeborenen zu uns gekommen. Die Erzählungen der Indianer Cuba's von einem Lande im Westen
führte die spanischen Colonisten dieser Insel nach Mexico

6

hinüber. Die Völker des Isthmus von Darien verbreiteten
die ersten Nachrichten über den großen Ocean im Süden.
Die alten Incas von Peru hatten den Spaniern den Weg
durch die Thäler der Anden bereitet. Pizarro und Almagro,
die Eroberer Peru's, marschirten in allen den Richtungen,
in welchen vor ihnen die Feldherren der Incas marschirt waren.

Selbst unsere neuesten Reisenden und Entdecker haben,
wenn sie eine frische Partie Amerikas berührten, vor allen
Dingen die Eingeborenen befragt, und sich von ihnen auf
Papier, oft nur auf Baumrinden oder Büffelhäuten mit
Kreide oder Kohle die Gestalt des Landes, die Umrisse der
Küste, den Lauf der Flüsse vorzeichnen lassen, und haben
dann nach diesen rohen Landkarten ihre weiteren Pläne und
Reiserouten eingerichtet. Ja noch heutiges Tages gehen die
meisten unserer großen amerikanischen Heerstraßen, Chausseen
und Eisenbahnen nur in der Richtung ehemaliger Fußsteige
der indianischen Jäger, der sogenannten „Indian trails.“

Man kann sagen, daß fast keine Entdeckung ohne Hülfe
der Eingeborenen ausgeführt sei. Wie vielen Beistand haben
nicht sogar die Eskimo's unseren arktischen Navigatoren
dabei geleistet, um sich in dem Irrgarten der nordischen
Eisländer besser zurecht zu finden. Welche Mühe hätten die
ersten Spanier in Española, die ersten englischen Colonisten
in Virginien gehabt, wenn nicht die Indianer sie genährt,
und sie über die Pflanzen und Thiere, die ganze Natur und
Beschaffenheit des Landes belehrt hätten, wenn sie nicht alsbald ihre Diener, Gehülfen, ihre Jäger, Träger, Fischfänger,
ihre Sklaven und Arbeiter geworden wären. Ueberall beruhen in Amerika unsere Herrschaft und Kenntnisse, unsere
Entdeckungen und Ansiedlungen auf indianischen Grundlagen.
Ohne die vorhergehende Entdeckung des Landes durch die
Indianer, wäre vermuthlich die völlige Erforschung des
Continents noch jetzt nicht so weit durchgesetzt, wie sie es ist.

Es mußte natürlich den Ankömmlingen aus Europa viel daran liegen, sich mit jenen besten Kennern der neuen Welt möglichst gut zu verständigen. Von Anfang herein bildeten daher die indianischen Sprachen einen Hauptpunkt ihrer Aufmerksamkeit. Gleich die Begleiter des Columbus waren darauf bedacht, einige der Eingeborenen der neuen Inseln nach Europa zu führen, um sie dort das Spanische erlernen zu lassen, und sie dann als Dollmetscher in der neuen Welt zu gebrauchen. Zuweilen hing das Heil und Gelingen eines Unternehmens in hohem Grade von solchen eingeborenen Dolmetschern ab und sie wurden wichtige und berühmte Personen. So jene schöne Indianerin Marina, welche Cortes bei sich hatte, und deren er sich bei seinen ersten Verhandlungen mit den Unterthanen des Montezuma bediente. So der oft genannte Dollmetscher Pizarro's, Felipillo, dessen sich der Eroberer Peru's bei seinem Verkehr mit dem Inca Atahualpa bediente und der einen so entscheidenden Einfluß auf das Schicksal dieses armen Fürsten und auf die ganze Wendung, welche die Dinge in Peru nahmen, erlangte. Umgekehrt wurden oft einzelne Europäer durch Schiffbrüche oder bei andern Gelegenheiten an noch wilde und unbesetzte Küsten verschlagen, blieben dort unter den Indianern als ihre Genossen oder Kriegsgefangenen zurück, erlernten ihre Sprache und dienten dann, wenn die Eroberungen ihrer Landsleute in jene Gegenden vorrückten, diesen als Vermittler und Wegweiser.

Ein solcher indianisirter Europäer war denn oft eine sehr kostbare Acquisition für die Eroberer, deren Unternehmungen dann hauptsächlich durch ihn gefördert und eingefädelt wurden. Die spanischen und portugiesischen Historiker haben es daher auch nicht unterlassen, die Namen solcher Männer in ihren Annalen zu verewigen.

In der Urgeschichte Brasiliens z. B. ist der Portugiese

6 *

Diego Alvar Correa berühmt, der bei einem Schiffbruche an der Allerheiligen=Bai zurückblieb, dort unter dem Namen Caramuru, d. h. der Feuermann — so wurde er von den Wilden seiner feuerspeienden Flinte wegen genannt — sich zu einem Häuptling des Landes aufschwang und dann unter seinen später nachfolgenden Landsleuten, welche die berühmte Stadt Bahia zu bauen anfingen, eine große Rolle spielte.

Aehnliches ist in der Entdeckungsgeschichte Amerikas unzählige Mal vorgekommen und ereignet sich noch heutiges Tages.

Die außerordentliche Mannigfaltigkeit der indianischen Sprachen, die so weit ging, daß oft in einem und dem= selben nicht sehr großen Distrikte, viele ganz verschiedene Idiome geredet wurden, stand den Europäern dabei außer= ordentlich im Wege.

Hie und da hatten sie zwar das Glück eine indianische Sprache schon in großen Distrikten adoptirt zu finden. So hatten z. B. die Incas von Peru schon lange vor der An= kunft der Spanier befohlen, daß bei allen Stämmen ihres weiten Reiches die Sprache von Cusco, das sogenannte Quichua gelehrt und gelernt werden solle, und sie hatten dies durchgesetzt. Wo die Spanier eine solche weitherrschende Sprache fanden, da bemeisterten sie sich alsbald derselben. Wo dies aber nicht der Fall war, da erwählten sie unter der Menge der vorhandenen wohl zuweilen eine und machten sie zum Organ der Verständigung mit allen benachbarten Stämmen, welche sich dann auch bequemen mußten, diese auserkorene Sprache zu erlernen. Meistens machte sich dies von selbst und durch die Gewalt der Umstände. Zuweilen geschah es aber auch planmäßig, insbesondere in späteren Zeiten, als die Jesuiten die Entdeckungen weiter fortsetzten. Diese ergaben sich dem Sprachstudium, das für die Länder= kenntniß und auch für die Ausbreitung des Christenthums so nothwendig war, von vornherein mit großem Eifer. Sie erlernten die Sprache des ersten Stammes, zu dem sie gelangten, oder dessen, der die meiste Bildsamkeit und Zugänglichkeit zu haben schien, ordneten seine Grammatik und faßten auch die geistlichen Gebete und andere nothwendige Dinge in einer solchen Sprache ab, die sie dann in einem möglichst weiten Distrikte zur vorwaltenden machten. So hat sich z. B. durch die Jesuiten das Idiom der Guaranis in dem größten Theile des La Plata Gebiets zur allgemeinen Volkssprache erhoben und ist zum Theil selbst die Ammen= und Kindersprache der dortigen Spanier geworden.

Die Gelehrten, welche zuerst die Regeln der Indianersprachen niederschrieben, sind daher wieder eine besonders wichtige Classe von Gehülfen und Vorarbeitern der Weltentdecker gewesen. Der Portugiese Anchieta, der Stifter der berühmten brasilianischen Stadt St. Paulo, und der erste Erforscher ihrer Umgegend, schrieb die erste Grammatik der Tupisprache und trug daher sehr viel dazu bei, daß diese Tupisprache am Ende in ganz Brasilien die allgemeine Vermittlungssprache zwischen Portugiesen und Eingeborenen wurde. Daher sie auch von den Brasilianern die „Lingua Geral" (die Allgemeine Sprache) genannt wird.

In gewissem Grade ist die jetzt völlig ausgerottete Sprache der Antillen eine indianische „Lingua Geral" für ganz Amerika geworden. Wenigstens sind eine Menge Ausdrücke, welche die Spanier zuerst von den Antillenbewohnern adoptirten, durch die ganze Neue Welt verschleppt worden, und sowohl bei den englischen als auch bei den französischen, spanischen und portugiesischen Amerikanern und selbst bei allen Europäern in Schwung gekommen, so daß wir sie jetzt täglich gebrauchen.

Von sehr bedeutendem Einflusse auf den Gang der

Unternehmungen der Europäer in Amerika waren endlich auch die Ansichten und Grundsätze, welche sie in Bezug auf die Rechte annahmen, die sie aus einer Entdeckung ableiteten. Man kann jene Vorgänge nicht verstehen, ohne daß man sich über die besagten Ansichten und Grundsätze, so viel als möglich klar werde. Ich sage so viel als möglich. Denn die Völker und Gelehrten wurden sich selbst nie ganz klar darüber, und das Entdeckerrecht, obwohl eine der interessantesten und bis auf die neuesten Zeiten herab auch praktischesten Partien des Völkerrechtes, ist doch zugleich eine der dunkelsten und von den Schriftstellern am wenigsten behandelten.

Da der liebe Gott uns Menschen die Welt zum Wohnsitz und für die Erhaltung unseres Lebens gegeben, so ist es klar, daß das Recht des ersten Fundes und der ersten Besitz= ergreifung eine sehr gute, man kann sagen eine göttliche Grundlage habe.

Der Schöpfer hat die ganze Erdkugel mit allen ihren Schätzen den Menschen gleichsam auf den Lebensweg gerollt, und sie gewissermaßen dem zugetheilt, der sie zuerst auf= nimmt. Da Er aber Allen hat helfen wollen, so scheint Er dabei zugleich die Bedingung gemacht zu haben, daß nicht Einer das Ganze, davon vielmehr nur so viel nähme, als er für seine Existenz nöthig habe.

Dieser Satz ist die Grundlage alles privaten Eigen= thumsrechts und am Ende, auch auf Staatsverhältnisse an= wandt, alles Souveränitäts= und Völkerrechts.

Jeder Staat und jedes Volk scheint einen sehr wohl= begründeten Anspruch zu haben, sich diejenigen Inseln und Länder zuzueignen und für seine Staatsbürger zu benutzen, die noch von keinem andern Volke oder Staate besetzt sind, und darin liegt es denn auch zugleich mit inbegriffen, daß das zuerst entdeckende Volk, vor dem später nachfolgenden, den Vorzug haben müsse.

Diesen in der Hauptsache so natürlichen Grundsatz haben auch alle Völker schon seit den ältesten Zeiten her als etwas Selbstverständliches adoptirt und gegen einander geltend gemacht, namentlich die Portugiesen und Spanier, als sie anfingen in den atlantischen Ocean hinauszuschiffen, und als sie dort mehrere unbewohnte Inseln fanden, die Azoren, Madeira, Porto Santo und andere.

Als die Spanier und Portugiesen zur neuen Welt hin- über kamen, fanden sie dieselbe zwar schon fast in allen ihren Theilen besetzt. Es war da fast keine bedeutendere Insel auf der nicht Leute wohnten, und die nicht von den Eingeborenen auf ihre Weise, sei es durch ein bischen Acker- bau, sei es durch die Einerntung der wilden Gaben der Natur, durch Jagd- und Fischfang, so benutzt wurde, wie es ihre freilich nur geringen Kräfte erlaubten und wie es ihre ebenso wenig großen Ansprüche und Bedürfnisse erforderlich machten. Demnach sollte es scheinen, daß hier kein Feld für die An- wendung des sogenannten Rechts der ersten Auffindung und Besitzergreifung gewesen wäre. Das meiste von dem, was der Schöpfer gegeben hatte, war bereits gefunden und ergriffen.

Nichts desto weniger aber haben von vornherein die Europäer die amerikanischen Länder wie unbewohnte Land- schaften behandelt. Sie haben dort immer von dem Rechte der ersten Entdeckung gesprochen und darüber hin und her gestritten, da sie doch höchstens etwa nur von dem Rechte der ersten Eroberung, von dem Rechte, welches Uebermacht und Gewalt gab, hätten reden können. Die stolzen Christen erklärten die amerikanischen Urbewohner für nicht gleich- berechtigt mit den Europäern, für Wesen, die kein Menschen-, Völker- und Naturrecht in Anspruch nehmen könnten.

Die frommen und überlegsamen Könige von Spanien,

Ferdinand und Isabella, hegten gegen diese von ihren Unter=
thanen so schnell aufgegriffene Idee anfangs freilich einige
Gewissensscrupel.   Sie sträubten sich dagegen, daß man die
Indianer wie Thiere behandle, daß man sie ohne weiteres
zu Sklaven mache und ihnen ihre Ländereien, ohne sie zu
fragen, wegnehme.   Sie trafen auch einige Verfügungen
gegen dieses Verfahren. Sie befahlen, man solle sie mensch=
lich behandeln, man solle sie nur in Dienst nehmen wie
andere gegen eine Vergütung ihrer Leistungen und zufolge
eines mit ihnen abgeschlossenen Miethcontractes.   Allein sie
konnten mit ihren Verfügungen nur wenig gegen die leiden=
schaftliche Habgier ihrer Pflanzer ausrichten, die sich in der
andern Welt oft wenig um die Befehle ihrer Könige dies=
seits des Oceans bekümmerten, und die ihre eigenen An=
sichten so viel bequemer fanden.

Je mehr ihrer nach Amerika hinübergingen, desto mehr
bildeten sich unter ihnen dort an Ort und Stelle ganz eigen=
thümliche Privatansichten über das Wesen und die Berechtigung
der Indianer aus, die mit den offiziellen Ansichten in Spanien
selbst in Widerstreit traten und über diese am Ende den Sieg
davon trugen.   Es traten zwar neben der guten und mit=
leidigen Königin Isabella, auch einige von Eifer erfüllte
Freunde der Indianer, ein Las Casas, und andere, deren
warmes Herz für die Menschheit erglühte, auf, und die Könige
ließen sogar die Frage, ob die Indianer nicht wahre Men=
schen seien, und ob sie nicht auch alle Menschenrechte in
Anspruch nehmen könnten, in öffentlichen Disputationen zwi=
schen solchen Menschheitsfreunden und ihren Gegnern bespre=
chen und untersuchen.   Allein das Resultat dieser Disputa=
tionen war meistens eine Niederlage der guten Partei und
eine bestärkte Ueberzeugung der Mehrzahl, daß die Indianer
barbarisch, vernunftlos und thierisch seien und daß man daher
von ihnen und ihren Rechten so wenig Notiz zu nehmen

brauche, wie von den „Brutos do matto" (von den Waldthieren), wie die Portugiesen sich ausdrückten, die sich in
dieser Beziehung den Urtheilen ihrer spanischen Zeitgenossen
ganz und gar anschlossen.

Seit Jahrhunderten hatten die Christen und maurischen
Muhamedaner mit einander auf Leben und Tod gestritten,
und gegenseitig fast Alles gegen einander als erlaubt
betrachtet.

Die tiefe Verachtung, welche die Muhamedaner von
vornherein für alle Nichtgläubigen gehegt hatten, war während dieses Kampfes in eben so hohem Grade auf die Christen
übergegangen, und diese ergriff nun besonders in dem Augenblicke des Triumphes ihrer Sache, eine solche Begeisterung
für ihre Religion, daß sie im höchsten Grade unduldsam
wurden. Es schien ihnen unmöglich, daß man ein Heide
und dabei doch ein Mensch sein könne. Nur die Christen
waren Gottes Kinder. Und jene göttlichen Naturrechte
schienen ihnen daher auch für die Heiden, die ihr Gott nicht
als die Seinen anerkannte, nicht gemacht zu sein. Christo
und seinem Statthalter gehörte die Erde, und alle anderen
Völker, Türken, Mauren, Heiden waren nur Eindringlinge
und unrechtmäßige Besitzer, die man entweder taufen oder
vertreiben und ausrotten müsse.

Als der Papst Alexander daher nach des Columbus
erster Reise seine berühmte Theilungslinie über den ganzen
Globus zog, da blieb den Spaniern auch kein Zweifel, daß
das, was der Papst ihnen zugetheilt hatte, Amerika, ihnen
ipso facto, ganz von Rechtswegen gehöre.

Demzufolge sahen sie die Indianer als depossedirt an
und redeten sie gleich in ihren ersten Botschaften als ihre
Unterthanen an, behandelten sie auch, wenn sie sich widersetzten
nicht als ehrliche Feinde und patriotische Vertheidiger ihres Vaterlandes, sondern als „Rebellen" und die Gefangenen, welche

sie bei ihnen machten, ließen sie nicht als Kriegsfangene gelten, sondern sie straften dieselben als Hochverräther an Staat und Kirche.

Sie nannten daher auch das, was sie in Mexico und Peru thaten nicht „Eroberung", sie nannten es vielmehr bloß eine „Pacificirung". Indem sie von der Ansicht ausgingen, daß alle heidnischen Indianer, bekannte und noch nicht bekannte, sich in dem Zustande der Rebellion gegen Gott und den König befänden, erschienen ihnen ihre mit Feuer und Schwert ins Land rückenden Feldherrn nicht als Eroberer und wahre Friedensstörer, sondern als Wiederhersteller des von den Indianern gestörten Friedens, als Pacificadores.

„La Pacificacion de las Indias," die Friedensstiftung in Indien, wurde ein Lieblingswort der spanischen Schriftsteller. Es ist ein sehr wohltönender Ausdruck für eine furchtbare Sache, welche nur wahrheitsliebende und menschenfreundliche Autoren beim rechten Namen nannten, wie Las Casas, der, als er seine Geschichte des spanischen Amerikas schrieb, ihr den Titel „Historia de la Destruccion de las Indias," (Geschichte der Zerstörung Indiens) gab.

Gemäß der Ansicht, daß durch die päpstliche Schenkung den Spaniern ganz Amerika angehöre, belegten denn auch die Könige von Spanien zuweilen schon solche Länder, die noch kein Spanier betreten hatte, mit christlichen Namen und theilten sie nach Meilen und Breitengraden auf dem Papiere in Provinzen ab. Wenn dann die ebenfalls im Voraus bestellten Gouverneure mit ihren Leuten in ein solches, bisher noch gänzlich unberührtes Land, das aber schon einen christlichen Namen hatte, einrückten, so konnten sie sich leicht einbilden, daß sie in einen alten Abschnitt der spanischen Monarchie kämen und sie behandelten die Eingeborenen dieser Einbildung gemäß, als widerspenstische Unterthanen.

Sie wurden dabei denn auch gewöhnlich mit schriftlichen Anreden an die Landeskinder versehen, welche den grimmigen Proclamationen, mit denen ein Herzog von Alba in die empörten Niederlande einrückte in vielen Punkten auf ein Haar glichen.

Der spanische Historiker von Amerika, Herrera, hat uns eines dieser höchst schrecklichen aber höchst merkwürdigen Documente in extenso aufbewahrt, mit welchem in der Hand der spanische Pacificador, der wilde Ritter Alonso de Hojeda, im Jahre 1510 von der Küste von Neu-Granada aus in das Innere von Süd-Amerika einrückte, und ich mag dasselbe hier in einer Uebersetzung mittheilen, weil es vielfach charakteristisch und lehrreich ist für das, was die Spanier die „Pacificirung Amerika's" zu nennen beliebten, und weil man aus dem Tone desselben noch vieles, was ich hier nicht alles sagen kann, über die Art und Weise der spanischen Conquista selber errathen kann. Da Proclamationen dieser Art nicht ohne Beihülfe der spanischen Theologen abgefaßt wurden, und da es für durchaus nöthig erachtet wurde, den Wilden zuvor auch noch einige kirchliche Wahrheiten darin zu offenbaren, so wird man zugleich daraus sehen, welcher Art dieser religiöse Unterricht war, den die spanischen Feldherrn den armen Waldkindern auf der Spitze ihres Schwertes darboten. Das besagte Document lautet so:

„Ich Alonso de Hojeda, Diener der Allerhöchsten und Allermächtigsten Könige von Castilien und Leon, der Bezwinger der barbarischen Nationen, ihr Botschafter und Feldherr, notificire euch hiermit und lasse euch wissen, so gut ichs kann, wie folgt:

Daß Gott, unser Herr, der Einzige und Ewige, schuf den Himmel und die Erde, einen Mann und ein Weib, von denen wir und ihr und alle Menschen in der Welt abstammen. Da aber von jenen beiden Menschen seit 5000 und etlichen Jahren, seit welcher Zeit die Erde besteht, eine gewaltige Anzahl von Geschlechtern gekommen sind, so wurde es nothwendig, daß ihre Nachkommen sich durch viele Länder, Reiche und Provinzen vertheilten. Ueber alle diese Völker und Reiche gab nun Gott die Oberaufsicht an Einen. Der hieß Sanct Peter, und dieser Sanct Peter wurde von allen Menschen der Herr, dem Alle gehorchen sollten, und er wurde das Oberhaupt des gesammten Menschengeschlechts, und Gott gab ihm die ganze Welt in seine Knechtschaft und in seine Jurisdiction, und er befahl ihm seinen Sitz in der Stadt Rom zu nehmen, als dem geeignetsten Orte, um von da aus die Erde zu regieren und allen Völkern, Christen, Mohren, Juden, Heiden und von welcher Sekte und von welchem Glauben sie immer sein möchten, und auch euch! das Recht zu sprechen."

„Und man nannte diesen Sanct Peter: „Papa", den Papst, welches so viel heißen will, als das anbetungswürdige Oberhaupt, oder Vater und Hirte, denn er ist der Vater, Hirte und Regierer aller Menschen. Diesem Sanct Peter gehorchten alle die, welche damaliger Zeit lebten, und so hat man es auch mit denen gehalten, welche seitdem zum Pontificate erhoben sind, und es soll so immer gehalten werden, bis ans Ende der Welt!"

„Einer dieser besagten Päpste nun schenkte als Herr der Welt diese Inseln und Festländer des Oceans an die katholischen Könige von Castilien, welche damals Don Fernando und Donna Isabella, glorreichen Andenkens, waren und an ihre Nachfolger mit Allem und Jeglichem, was darin enthalten ist."

„Und diese besagte Schenkung ist in gewissen Schriften enthalten, und zwischen beiden Parteien aufgesetzt, und diese Schriften könnt Ihr einsehen, wenn ihr es verlangt."

„Da also nun in Folge dessen, Seine Majestät unser
König, Herr von allen diesen Ländern ist, so haben ihm
auch als solchen beinahe alle Inseln, denen dies notificirt
wurde, gehuldigt, Cuba, Haiti und andere und sie gehor=
chen ihm wie Unterthanen dem König gehorchen müssen,
und eure Brüder auf den Inseln haben dies gleich mit
gutem Willen und ohne allen Widerstand gethan, so bald
sie von dem oben Besagten unterrichtet wurden, und sie haben
den frommen Männern, welche der Könige ihnen sandte, um
ihnen unsern heiligen Glauben zu lehren, gehorcht, und haben
sich alle freiwillig zu Christen gemacht und sind es noch.
Und Seine Majestät hat darauf befohlen, sie wie seine
andern Vasallen zu behandeln. Und ihr nun, ihr seid, wie
ihr seht, gehalten und verpflichtet, dasselbe zu thun."

„Demgemäß bitte und ersuche ich euch, so gut als ich
kann, daß ihr Alles, was ich euch gesagt habe, wohl in
Ueberlegung ziehen möget, und daß ihr die christliche Kirche
als eure Herrin und als das Oberhaupt des ganzen Uni=
versums anerkennen wollt und in ihrem Namen den Ober=
sten Pontifex, genannt Papa, und in dessen Statt Seine
Majestät als königlichen Herrn dieser Inseln und Festländer,
in Kraft jener rechtmäßig gemachten Schenkung, und daß
ihr darin ohne Verzug einwilligt und erlaubt, daß die from=
men Väter, die ich mitbringe, Euch dies Alles des Weiteren
erklären und euch darüber predigen."

„Wenn ihr dies thun werdet, so werdet ihr wohl thun
und das thun, was ihr zu thun verpflichtet seid, und dann
werden Seine Majestät und in seinem Namen ich euch auf=
nehmen mit aller Güte und Liebe, und ich werde euch, eure
Weiber und Kinder und euer Vermögen in aller Freiheit
belassen und euch darüber schalten und walten lassen, wie
es euch gut dünkt und außerdem wird euch Seine Majestät

viele Privilegien und Exemtionen geben und noch sonst hohe
Gnaden erweisen."

„Wenn ihr es aber nicht thun solltet, oder ʻwenn ihr
boshafter Weise damit ungebührlich lange zögern solltet, so
versichere ich euch, daß ich mit der Hülfe des Himmels gewaltsam einschreiten und mit Heeresmacht in euer Land
rücken werde, und euch von allen Seiten und auf alle nur
mögliche Weise mit Krieg überziehen werde, und daß ich
euch mit Gewalt unter das Joch bringen will, und in den
Gehorsam der Kirche und Seiner Majestät. Und dann werde
ich euch, eure Weiber und eure Kinder nehmen und sie zu
Sklaven machen, und als solche werde ich sie verkaufen,
und ich werde euch eure Güter nehmen, und euch auch überhaupt alles Uebel anthun, welches ich nur kann, wie man
es ungehorsamen Vasallen anzuthun gewohnt ist, die ihrem
Herrn widerstehen."

„Und hiermit lege ich feierlichen Protest ein, daß alles
vergossene Blut und alle Schäden, die daraus entstehen
werden, auf euer schuldiges Haupt fallen und nicht Seiner
Majestät oder Mir, oder den edlen Rittern, die mit mir
gekommen sind, zur Last gelegt werden."

„Und darüber, daß ich also gesprochen und euch also ermahnt und gewarnt habe, ersuche ich den gegenwärtigen
königlichen Notarius mir ein unterzeichnetes Testimonium
auszustellen." —

Herrera sagt, dieses Document habe bei allen andern
Gelegenheiten in Indien zum Modelle gedient und mit Auf-
rufen dieser Art wurde, so zu sagen, ganz Amerika daher
von den Spaniern überschüttet. Auch an die Kaiser von
Mexico und die Incas von Peru wurden später ähnliche
Adbressen gerichtet.

Die in ihnen herrschende Logik ist, wie man sieht, ganz
eigenthümlicher Art. Dem Verstande der armen Indianer

mußte sie ohne Zweifel besonders unfaßlich vorkommen. Die Sache ward dadurch noch tragikomischer, daß die Verfasser dieser Adressen sich offenbar bestrebt haben, ihre monstruösen Ideen recht populär vorzutragen und sich dabei einer Darstellungsweise und eines Tones bedienten, wie er Katechismen für Kinder eigen zu sein pflegt. S i e waren gewiß überzeugt, daß sie ihr Möglichstes gethan hatten, diese schwierigen Dinge den Kindern des Waldes klar zu machen.

Indeß muß man nicht glauben, daß solche Ermahnungen auch wirklich in allen Fällen nur einmal zu den Ohren der Amerikaner gelangt wären. Hatte man gerade Dollmetscher zur Hand, so wurden sie zwar wohl einigen Caziken übersetzt, die sich dann den Kopf mit Nachdenken anstrengen mochten. Waren indeß keine Dollmetscher zum Uebersetzen und auch keine Indianer zum Anhören da, so genügte es, daß jene Verwarnungen in spanischer Sprache in den Wäldern vorgelesen oder angeheftet wurden, wo sie kein anderes Publikum fanden als die Affen und Papageien, und daß der königliche Notar nur sein probatum est darunter gesetzt hatte.

Man möchte darüber laut lachen, wenn man nicht darüber bitter weinen müßte. Denn diese furchtbaren Landsleute und Zeitgenossen des lächerlichen Ritters von La Mancha glaubten dann nach solchen Vorkehrungen und Protestationen ihr Gewissen völlig beruhigt zu haben, und ließen kaltblütig alle Furien des Krieges gegen die allein rechtmäßigen Herren und Besitzer des neuen Landes los.

Nicht nur gegen die eingeborenen Amerikaner, sondern auch gegen andere europäische Nationen haben sich bis auf die neueren Zeiten herab die Spanier sowohl auf die Schenkungsbulle des Papstes als auf das sogenannte Recht der ersten Entdeckung berufen, und haben beides allen Denen, die ihnen in die neue Welt nachfolgten, wie ein

Schild und Schreckbild entgegengehalten. Sie haben daher auch immer alle diese fremden Nachfolger nicht nur als Feinde, sondern als rechtlose Land= und Seeräuber und als Plünderer spanischen Eigenthums betrachtet, in derselben Weise wie sie die ihr Vaterland vertheidigenden Indianer als ungehorsame und rebellische Unterthanen behandelten.

Aber auch für die spanischen Commandeure und Feld= herren unter einander war das Entdeckerrecht zuweilen von nicht geringer Bedeutung.

Schon Columbus bedang sich, wie ich sagte, in seinen Traktaten aus, daß Alles was er jenseits des Oceans ent= decken würde, ihm als ein erbliches Gouvernement zufallen solle, und daß auch nur er allein das Recht haben solle, diese von ihm angefangene Entdeckung weiter zu verfolgen und selbst zu Ende zu führen.

Durch diesen Artikel seines Pakts schien also Columbus gleich die ganze Neue Welt zu seinem Vortheil gegen alle andern spanischen Entdecker, so zu sagen mit Embargo zu belegen, so wie die Könige von Spanien sie zu ihrem Vor= theil gegen alle fremde Nationen durch die päpstliche Theilungslinie unter Schloß und Riegel zu legen gedachten. Allein dem Columbus gelang jenes so wenig, wie den Königen dieses. Wie diesen später alle die fremden Völker und Könige sich nachstürzten, so folgten dem Columbus gleich auf dem Fuße eine Menge anderer spanischen Ent= decker nach. Es war natürlich, daß diese, wenn sie auf ein neues Feld der Entdeckung geriethen, wenn sie dieses neue Feld zuerst mit ihrem Schweiße, meistens auch mit ihrem Gelde angebaut hatten, dann wieder ebenso dachten wie Columbus und, wie er, strebten, sich selbst auch die Weiterführung einer solchen Arbeit und den daraus zu hoffenden Vortheil zu sichern, und daß sie bald eben so eifersüchtig auf andere spanische Eroberer wurden, wie es Spanien gegen die fremden Mächte war.

Sie ahmten daher auch gleich bei ihren Capitulationen, die sie mit dem Könige abschlossen, dem Columbus nach, und machten sich aus, daß sie auch als königliche und erbliche Gouverneure über die von ihnen entdeckten Länder installirt werden sollten. Es wurde so zur stehenden Ansicht, daß wie nach dem Völkerrechte und nach der päpstlichen Schenkungs- bulle dem Könige über alle Entdeckungen die Souveränität, so den einzelnen Unternehmern nach dem Privat-Entdecker- rechte die erbliche Statthalterschaft gebühre.

Aus diesen Ansprüchen, welche die Seefahrer auf die Priorität ihrer Entdeckungen begründeten, sind zuweilen die interessantesten Verhandlungen und Prozesse sowohl verschie- dener Entdecker unter einander, als auch zwischen ihnen und der spanischen Regierung entstanden, so namentlich der berühm- teste von allen Prozessen dieser Art, welchen die Familie des Columbus mit dem spanischen Fiscus über die Aus- dehnung der Entdeckungen, Gerechtsame und Statthaltereien des Admirals führte, der über 10 Jahre dauerte, und den der König von Spanien endlich verlor.

Bei der Entscheidung solcher Prozesse und aller darüber entstehenden Streitigkeiten boten sich aber viele Fragen dar, auf die es nicht so leicht war, eine bestimmte Antwort zu finden. Der Grundsatz, daß der erste Finder und Entdecker den Vorrang vor allen Uebrigen haben solle, so roh und einfach hingestellt, schien zwar, wie gesagt, sehr natürlich und an- nehmbar. Aber wie schwierig war die Anwendung, bei so großen Funden, wie es weitgedehnte Länder Ströme und Meere sind.

Obgleich weder die spanischen noch auch andere Könige je einen förmlichen Codex über alle bei der Untersuchung des Entdeckerrechts auftauchenden interessanten Fragen haben abfassen lassen, so ist es doch aus ihren Entscheidungen, so wie aus den von den Entdeckern an sie gerichteten Ansprüchen offenbar, daß gewisse aus der Natur der Sache abgeleitete Grundsätze eines solchen Codex beiden vorgeschwebt haben.

Bei kleinen Gegenständen, bei Silber= und Gold=minen, bei engen Höhen und scharf abgeschnittenen Buchten, da schien die Schwierigkeit nicht sehr groß. Wer solche Dinge zuerst sah, betrat und besetzte, dem blieben sie ganz, der gab ihnen seinen Namen und hatte die Vortheile davon.

Bei weitgestreckten Küsten stellte man den Grundsatz auf, daß die Küste dem ersten Entdecker so weit zugeschrieben werden müsse, als er sie wirklich befahren habe. Der erste Fall dieser Art kam vor, als Columbus das Festland von Südamerika bei der Mündung des Orinoco fand. Es wurde da nun nicht angenommen, daß er dadurch ein Recht auf den ganzen Continent erworben habe. Vielmehr wurde den folgenden Entdeckern nur aufgegeben, den Küstenstrich, „so weit Columbus ihn befahren habe," zu respectiren. Wenn man eine Küste nahe befährt, so bestreicht man gewöhnlich auch einen mehr oder weniger großen Theil des Innern mit den Blicken. Die Weiterentdeckung dieses Innern und die Besitz=nahme desselben, wurde daher auch gewöhnlich als eine Folge der Entdeckung des Küstensaumes betrachtet. Daher waren auch die ältesten spanischen Kartenzeichner immer sehr darauf bedacht, auf ihren Karten die verschiedenen Küsten=abschnitte, welche die ersten Seefahrer besegelt hatten zu bezeichnen.

Wir finden auf ihren Karten gewisse Küstenstellen mit punktirten Linien markirt, bei denen dann bemerkt wird: „Bis so weit entdeckte Ponce de Leon", oder: „bis hierher entdeckte Franz von Garay."

Kleine Inseln, die man von jedem Standpunkte über=

sehen konnte, hielt man schon von Jedem für entdeckt, der sie nur an irgend einem Punkte berührt hatte. Größere Inseln aber, wie z. B. Jamaica, Hayti, Cuba ꝛc. hielt man erst dann für entdeckt, wenn sie wirklich von Jemandem ganz umschifft waren.

Eine solche Idee scheint z. B. dem Umstande zu Grunde gelegen zu haben, daß der Sohn und Nachfolger des Christoph Columbus, der Admiral Diego Columbus, es für eine sehr schreiende Ungerechtigkeit hielt, als man ihm die Insel Jamaica nehmen wollte, die doch sein Vater ganz umsegelt und ganz überblickt habe.

Waren demnach die Augen und Blicke, so zu sagen, immer die Hauptbesitzergreifer, so verlangte man doch ge= wöhnlich auch. noch, daß ein gewissermaßen soliderer Akt hinzukommen müsse. Andere körperliche Handlungen, die Betretung des Bodens, die Berührung mit den Händen und Füßen, die Ergreifung von Landesprodukten, von Pflanzen, Steinen, Erdreich ꝛc. wurden als eine Besiegelung und gewissermaßen Verstärkung und Vervollständigung der Ent= deckung und Besitzergreifung durch die Augen betrachtet.

Die spanischen und portugiesischen Flotten=Comman= deure pflegten dabei verschiedene Dinge zu beobachten. Vor Allem errichteten sie in den neuen Ländern, die sie erreichten, ein Kreuz, einen Altar oder sonst einen an die Kirche er= innernden Gegenstand, den sie einweihten, und mit dessen Einweihung sie dann auch gewissermaßen die ganze Um= gegend für das Christenthum und für Europa heiligten. Alsdann ließen sie eine Messe lesen, und zogen in Pro= cession in verschiedenen Richtungen im Lande umher, wobei sie oft zwar nur einige hundert Schritte weit nach Osten und Westen nach Süden und Norden landeinwärts marschierten.

Zuweilen errichteten sie statt eines Altars oder Kreuzes auch wohl bloße Steinhaufen, oder schnitten mit ihren

7 *

Messern Kreuze in die Bäume, kerbten auch die Anfangs-
buchstaben ihrer Könige Ferdinand und Isabella und Karl's V.
und Juan's und Emanuel's in den Baumrinden aus, dazu
auch die Löwen und das Castell der Wappen von Leon und
Castilien und die fünf Würfel von Portugal und ließen
darüber von einem mitgebrachten Notar einen förmlichen
Akt zu Papier setzen, und war dies geschehen, so galt dann
damit das Land sowohl für den Entdecker selbst als für
seinen Monarchen als in optima forma in Besitz genommen.
Die Inseln und Länder wurden ungefähr so behandelt, wie
man es in unsern Handelsstädten mit den Waarenballen
und Tabacksfässern thut, denen der Eigenthümer sein Merkzeichen, seinen Stempel und seine Firma aufsetzte.

Manche der von den spanischen Entdeckern erfundenen
Besitzergreifungs=Ceremonien waren in der That mehr komisch
als feierlich. So aßen sie z. B. recht oft von den wilden
Früchten und Beeren des Landes, daß sie dadurch um so
mehr an ihre Person zu fesseln glaubten. Und der Ent=
decker der Küste von Guyana Vincenz Pinzon hielt es sogar
für gut, dazu auch an verschiedenen Punkten dieser Küste
etwas Seewasser zu schöpfen und es zu trinken, wie es die
Enten zu thun pflegen, wenn sie sich auf einen Mühlteich
herablassen. Der Entdecker der Südsee, Balboa, sprengte
zu Pferde, so weit er kommen konnte, in die Brandung
hinein und glaubte dadurch auf eine sehr nachdrückliche Weise
dieses Meer und Alles was es enthielte in seine und seines
Königs Domaine zu verwandeln. Sein Beispiel haben
nachher noch mehrere Entdecker nachgeahmt, indem sie mit
Pferden in große von ihnen aufgefundene Binnenseen oder
Meeresabschnitte hineinsprengten und dabei ihre Schwerter
und Fahnen darüber ausstreckten, wie Lilliputaner, die ein
Land Brobdignac in Besitz nahmen.

Einen noch stärkeren Rechtstitel auf fremde Länder, als

ihre bloße Entdeckung und Erblickung, als das Ausrupfen
von Kräutern und das Genießen der wilden Landesfrüchte
geben konnte, leitete man später aus der wirklichen Benutzung,
Bebauung und Besiedlung solcher Länder ab. Und beides,
die Grundsätze des Entdecker- und des Besiedlungsrechts,
sind noch bis auf die neueste Zeit in der Geschichte Amerika's
und der dort zahllosen Grenzstreitigkeiten und Grenzkriege
und bei den Staatsverhandlungen darüber von entschiedenem
Einflusse gewesen.

Noch in den achtziger Jahren des vorigen Jahrhunderts,
als die Engländer auf der Nordwestküste Amerika's ihre berühmten Pelzhandel-Factoreien errichteten, protestirten die
Spanier dagegen und verlangten, daß die Engländer die
Küste räumen sollten, weil spanische Capitaine dieselbe schon
in alten und neuen Zeiten entdeckt hätten. Die Engländer
aber setzten diesem Entdeckerrechte der Spanier, das von
ihnen erlangte Besitz-, Benutzungs- und Gebrauchsrecht entgegen, indem sie sagten, die Spanier möchten zwar wohl
die Küste früher erblickt haben, sie hätten aber nie Pelzhandel und Fischerei daselbst betrieben, nie mit den Eingeborenen verkehrt, und sich keiner festen gedeihlichen Besiedlung der Küste befleißigt.

Ungefähr dasselbe setzten die Nordamerikaner und Engländer dem Kaiser Alexander von Rußland entgegen, als er
im Jahre 1821, die ganze Nordwestküste von Amerika südwärts bis zum 51. Grade der Breite herab für russisch
erklärte. Der Kaiser unterstützte seine Ansprüche auf diesen
großen Küstenstrich unter andern auch durch eine Berufung
auf das Entdeckungsrecht, indem er sagte, daß Capitain
Behring die ganze Küste in dieser Ausdehnung zuerst besegelt
hätte. Die Engländer und Nordamerikaner protestirten
aber gegen jene Prätensionen und führten dagegen an, erstlich, daß sogar den russischen Meereskarten selber zu Folge,

die alten russischen Entdecker nur bis zum 55. Grade der
Breite herabgekommen wären und daß der Kaiser ein Entdeckerrecht jedenfalls nur bis zu diesem Grade beanspruchen
könne, und daß im Uebrigen auch ihre Schiffe und Unterthanen dort schon seit längerer Zeit viel eifriger als die
Russen geschifft, gefischt und mit den Eingeborenen gehandelt hätten. In Folge dieser Protestationen begnügte sich
dann der Kaiser von Rußland mit einer um einige hundert
Meilen engeren Grenze.

Aehnliche Streitfragen sind noch häufig vorgekommen
und auf ähnliche Weise entschieden worden. Allein ich muß
mich wohl hier mit diesen Andeutungen begnügen, aus
denen man erkennen wird, daß gewisse Rechtsansichten, die
mit Columbus und seinen Gefährten ins Leben traten, durch
die ganze 300jährige Geschichte der Entdeckung, Eroberung Be-
siedelung der Neuen Welt hin, eine sehr merkwürdige Rolle
gespielt haben, und dieses Kapitel mit der Bemerkung schließen,
daß am Anfange des 16. Jahrhunderts die spanischen Seefahrer, indem sie Kreuze und Altäre errichteten, Tedeums
sangen, die Länder mit Merkzeichen stempelten, zeichneten
und firmirten, Kräuter rupften, wilde Beeren aßen und Seewasser dazu tranken, schon von vielen hundert Meilen der
amerikanischen Küste bis einige Grade südwärts vom
Aequator herab, Besitz ergriffen hatten. Ueber die große
weit nach Osten hinaustretende Bastei oder Brustwehr Südamerikas, die wir das Cap St. Augustin nennen, war aber
noch kein Spanier hinaus gekommen. Wie dies unter der
Fahne des Königs von Portugal geschah, wie dann das
schöne Brasilien entdeckt wurde, und wie man endlich so weit
südwärts gelangte, daß unter Magellan dieses weitgestreckte
Land und mit ihm zum ersten Male die ganze Welt umsegelt werden konnte, werde ich im nächsten Kapitel mittheilen.

⚓

IV.

Magellan und die erste Umsegelung der Welt.

Vasco da Gama umsegelt Africa Anno 1497. — Pedro Alvarez Cabral entdeckt Brasilien (Ostern 1500). — Francisco Serrano entdeckt die Molukken (1511). — Juan Diaz de Solis entdeckt den La Plata-Fluß (1516). — Fernando de Magalhaes segelt ab von San Lucar (Sept. 20. 1519). — Magellan überwintert im St. Julians-Hafen (April bis August 1520). — Magellan entdeckt die Patagonische Straße (Oct. 21. 1520). — Magellan fährt über die Südsee (December, Januar und Februar 1520/21). — Magellan wird auf der Insel Mactan erschlagen (April 27. 1521). — Sebastian del Cano kehrt mit dem Schiffe La Victoria nach Spanien zurück (Sept. 6. 1522).

Schon seit mehr als 100 Jahren vor Columbus hatten die Portugiesen angefangen, in die dunklen Räume des At-lantischen Oceans südwärts vorzudringen. Indem sie die Mauren aus Portugal vertrieben und dieselben nach Afrika verfolgten, wurden sie auf die Bahn der Entdeckungen und Eroberungen längs den Küsten dieses Continents geführt.

Die Tempel der Mauren zerstörend, ihre Städte plün-dernd und Negersklaven fangend, — so waren die Portugiesen von Marocco zu den Canarischen Inseln, von Cap Bojador zum Grünen Vorgebirge, von der Sklavenküste zur Elfenbein-küste im Laufe der Jahre weiter gesegelt.

Je mehr sie süd- und ostwärts gekommen waren, desto mehr verloren sie ihr anfängliches Ziel, die Verfolgung der Mauren aus dem Auge, desto schöner ging ihnen die große Hoffnung auf, daß das wüste Afrika umsegelt und das reiche Indien auf diesem Seewege erreicht werden könne.

Anfänglich hatten sie sich nach alter Weise stets ängstlich
längs des Randes der Küsten gehalten. Allmählich erlernten
sie die Schifffahrt in den oft von ihnen durchkreuzten Afrikanischen Gewässern. Schon Vasco da Gama, der erste
Ostindienfahrer, hatte sich ganz von den Küsten losgesagt
und Afrika direkt durch den weiten Ocean schneidend, in
einem Bogen umsegelt.

Sein Nachfolger, der Admiral Don Pedro Alvarez
Cabral, der in den ersten Monaten des 16ten Jahrhunderts
mit einer Flotte von 13 Schiffen von Lissabon auslief, um
die Eroberung des neu endeckten Ostindiens zu beginnen,
hatte noch weniger in Afrika zu suchen als sein Vorgänger.
Er dachte den ganzen Continent, seine gefährlichen Küsten,
seine weit in den Ocean hinausragenden Inselgruppen und
die Gegend der Windstillen in ihrer Nähe, in einem noch
größeren Kreise zu vermeiden. Er griff daher noch weiter
nach Westen aus, als Gama, um ganz mit der vollen Kraft
des freiwaltenden Oceans zu fahren.

Doch wurde er von den gewaltigen ihm unbekannten
Strömungen dieses Oceans, die sich in der Tropenzone mit
der Sonne bewegen, unbewußt noch mehr westwärts getrieben. Und zur heiligen Osterzeit des Jahres 1500, da er
sich so recht mitten in den Wasserwüsten der Welt wähnte,
sah Cabral plötzlich zu seinem Erstaunen, hohe Gipfel,
waldige, lieblich duftende Berge, eine ganz weitgedehnte
Küste aus den salzigen Wogen emportauchen.

Er segelte eine Strecke weit längs des Saumes dieses
schönen bis dahin unbekannten Landes hin, stieg ans Ufer,
hielt daselbst mit seiner ganzen Armee eine feierliche Messe
und errichtete auf einem Berge ein Kreuz.

Er selbst mußte freilich nach Ostindien weiter segeln,
doch sandte er eins seiner Schiffe nach Europa zurück, um
seinem Könige Don Manuel die frohe Botschaft von der

Findung der „Isla de la Santa-Cruz" (der heiligen Kreuz-
insel) zu bringen. Denn so nannte er das neue Land, das
er für eine große Insel hielt.

Die Seefahrer, die Don Manuel gleich in den folgenden
Jahren aussandte, um die Entdeckungen des Cabral fortzusetzen, erkannten zwar bald, daß dieselben mit den von den
Spaniern gefundenen Ländern in Verbindung ständen. Nichts
desto weniger aber nahmen sie doch für ihre Nation und
ihren König Besitz davon, sowohl in Folge des Rechts, das
ihnen die erste Entdeckung gab, als auch in Folge der vom
Pabste gezogenen Welttheilungslinie, welche beide Parteien
in dem berühmten Vertrage von Tordesillas mit einigen
Abänderungen adoptirt hatten. Diese Linie sollte nach dem
besagten Vertrage in einer Entfernung von 370 spanischen
Meilen von den Cap verdischen Inseln von Pol zu Pol
laufen, den Globus wie einen Apfel theilen und alle neuen
Länder im Osten dieser Linie sollten den Portugiesen, alle
Länder im Westen der spanischen Erdhälfte zufallen.

Obgleich die damaligen Astronomen noch nicht im
Stande waren, diesen Schnitt genau zu bestimmen und auf den
Karten niederzulegen, so war doch so viel gewiß, daß durch sie
jenes Heiligekreuzland und ein großes Stück von der weit
nach Osten hervorragenden Brust von Südamerika für
Portugal abgeschnitten wurde.

Die dem Cabral zunächst folgenden Seefahrer erforschten
die schönen Häfen, Baien und Flußmündungen des langgestreckten Landes und fuhren viele hundert Meilen längs seines
Randes hin, ohne sein Ende zu erreichen. Mit ihnen segelte
wiederholt der fleißige und in der Astronomie nicht unkundige
Italiener Amerigo Vespucci, der diese Striche in umständ-
lichen Briefen und Schriften zuerst beschrieben hat.

Da diese in italienischer Sprache geschriebenen Werke
in Italien, und bald darauf in französischen und lateinischen

Ueberſetzungen auch in Frankreich und Deutſchland viel geleſen wurden und alle Leute faſt nur aus ihnen ihre Kunde
von der neuen Welt ſchöpften, ſo kam dabei auch der Name
Amerigo in Aller Mund, und es verbreitete ſich die Vor-
ſtellung, daß der ſo viel genannte Amerigo eigentlich die
Hauptrolle bei der Entdeckung der neuen Welt geſpielt habe.
Daher machte denn auch ſchon wenige Jahre nach des
Columbus Tode ein deutſcher Gelehrter, ein gewiſſer Pro-
feſſor Waldſeemüller in Elſaß den Vorſchlag, daß man dieſe
weſtlichen Gegenden mit Fug und Recht dem Amerigo zu
Ehren „Amerika“ nennen könne. Vielen Kartenmachern in
Deutſchland und Italien ſchien dies plauſibel und ſie ſetzten
daher den Namen „Amerika“ auf ihre Karten, zuerſt jedoch
bloß auf die Küſte von Braſilien, ſpäter in die Mitte von
Süd-Amerika. Und allmählig wurde er über den ganzen
Continent ausgedehnt.

Die Spanier ſelbſt nahmen wenig Notiz, ſowohl von
den Schriften des Amerigo als von dem ihm zu Ehren erfundenen Ländernamen. Sie haben bis auf die neueſten
Zeiten herab die weiten Gebiete im Weſten des atlantiſchen
Oceans nie anders als „Mondo Nuevo“ (die neue Welt) oder
„las Indias Occidentales“ (das weſtliche Indien) genannt.
Und die Portugieſen fuhren wenigſtens eine Zeit lang fort,
das ihnen davon durch Cabral’s Entdeckung zugefallene
Stück das „Heiligekreuzland“ zu nennen.

Da ſie aber keine großen Städte und keine reichen
Völker, nichts als nackte Wilde und dichte Wälder in dieſem
Lande fanden, ſo ſchätzten ſie es anfänglich wenig. Sie betrachteten es nur als eine bequeme Station für ihre Flotten
auf dem Wege nach Oſtindien, wo man friſches Waſſer,
Holz und Zufluchtshäfen finden könne. Die einzige preis-
würdige Waare, die ihre Schiffe nach und nach anfingen
von da heimzubringen, war das feuerrothe Färbeholz, das die

Portugiesen „Brasil" (von „Brasa", glühende Kohle) nannten und daß sie in den Wäldern des Heiligenkreuzlandes in Menge fällten. Mit der Einführung dieser Waare schlich sich denn auch allmählig der Name „Terra do Brasil" (das Land des Färbeholzes) oder Brasilien ein, indem auf diese Weise (wie ein frommer portugiesischer Historiker bemerkt), auf eine Eingebung des Teufels ein ganz weltliches und ganz gemeines Holz, welches bloß Tuch roth färbt, die Erinnerung an jenes heilige und geweihte Marterholz, das dem Heile unserer Seele diente, verdrängte.

Die Diamantgruben, die mineralischen Schätze, die reichen Fluren und gesegneten Gefilde von Brasilien öffneten sich erst zu einer viel späteren Zeit, besonders seitdem die Portugiesen ihre reichen Besitzungen in dem östlichen Indien wieder verloren hatten.

Im Anfange des 16. Jahrhunderts hatten aber die Portugiesen weder Zeit das Innere ihres wilden „Färbeholz-Landes" zu erforschen, noch konnten sie sich aufgefordert fühlen nach der Erreichung seines südöstlichen Endes zu streben. Ihr Interesse mußte es vielmehr wünschenswerth machen, daß, wo möglich, ein solches Ende nie erreicht werde. Jeder Seeweg südwestlich um Amerika herum, führte sogleich in die vom Pabste den Spaniern zugetheilte Welthälfte. Es mußte den Portugiesen als das Beste erscheinen, daß dort der Länderraum ohne Unterbrechung bis zum Südpol hinabginge. Es gab dann nur den einen Weg nach Ostindien um Afrika herum, den sie schon in ausschließlichem Besitze hatten.

Das Interesse der Spanier verlangte gerade das Umgekehrte.

Die langgestreckte Ostküste Amerikas lief ungefähr in der Linie hin, welche den östlichen Saum der spanischen Welthälfte bezeichnete. Ihre Schiffe sahen sich durch denselben

von dem vermuthlich reichen Inhalt der westlichen Partien
ihrer Hemisphäre ausgeschlossen. Sie mußten auf alle Weise
trachten diese Mauer zu durchbrechen oder zu umsegeln, um
von ihrem Patrimonium Besitz nehmen zu können.

Dies war um so dringlicher, da die Fortschritte ihrer
Nebenbuhler, der Portugiesen, auf der östlichen Weltbahn
äußerst schnell waren. Dieselben hatten mit raschen Schlägen
eine südliche Halbinsel und Insel Asiens nach der andern,
Arabien, Vorderindien, Hinterindien, Malacca, Sumatra,
ergriffen. Im Jahr 1511 drangen sie unter Anführung des
Francisco Serrano in den großen Irrgarten der indischen
Inseln ein und erreichten auch schon die Molukken, oder wie
sie damals noch allgemein genannt wurden „las islas de
las especerias" (die Gewürzinseln). Innerhalb 10 Jahren
hatten die Portugiesen sich mit ihren siegreichen Flotten und
glänzenden Eroberungen um den halben Globus geschwenkt.
Sie hatten schon fast von Allem was der Schnitt des
Pabstes ihnen von der Welt zutheilte, Besitz ergriffen. Sie
standen an den östlichen Grenzen ihres Patrimoniums.
Gingen sie noch weiter, so mochten sie bald in das der
Spanier einbrechen.

Der König von Spanien glaubte, daß dieser Einbruch
bereits bei den Molukken, sobald ihr Name anfing genannt
zu werden, geschehen sei. Diese kleinen Inseln sind von
jeher die einzigen Erzeuger einiger kostbaren Produkte, der
Gewürznelken und Muskatnüsse, gewesen. Diese vielgepriesenen Waaren hatte man in Europa freilich schon lange
vor dem Zeitalter der Entdeckungen durch die Vermittelung
des Handels der Chinesen, Araber, Genuesen und Venetianer
erscheinen sehen. Wo das Land selbst aber läge, welches
diese begehrten Dinge erzeuge, das wußte, bevor der Portugiese Serrano dahin gelangte, Niemand. Da man sich einbildete, daß da, wo die heiße Sonne die kräftigen und

aromatiſchen Gewürze reif brenne, ſie zugleich auch Gold
und andere Koſtbarkeiten in großer Fülle erzeugt haben
müſſe, ſo ſchmückte denn die Phantaſie der Völker die kleinen
Moluffen wie ein Paradies heraus. „In den Moluffen",
ſo ſagt ein alter ſpaniſcher Schriftſteller, „da giebt es Gold=
und Silberminen, Goldſand, Perlen und Edelſteine in Menge.
Von daher kömmt der Canel und der Pfeffer, die Gewürz=
nelken und die Muskatnüſſe, Ingwer, Rhabarber, Sandelholz,
Kampfer, Bernſtein und andere unzählbare Dinge von un=
ſchätzbarem Werthe ſowohl für die Medizin als auch für
den Luxus." — Es ſcheint faſt, als habe man die Moluffen
gewiſſermaßen für den Fokus alles Glanzes gehalten, und
als es nun hieß, die Portugieſen ſeien im Jahre 1511 zu
dieſem Urquell irdiſcher Koſtbarkeiten vorgedrungen, und als
der König von Spanien, der noch nichts von der unſäglichen
Breite des ſtillen Oceans wußte, ſich einbildete, dieſe Inſeln
fielen ganz in ſein Dominium hinein, lägen dicht hinter
Amerika, da wurden ſie denn alsbald für eine zeitlang das
Feldgeſchrei, und der Streit um die Moluffen wurde für
eine Reihe von Jahren ſo zu ſagen der Dreh= und Angel=
punkt der Schifffahrten ſowohl, als der diplomatiſchen Ver=
handlungen der Könige von Spanien und Portugal. —
Und er bewirkte es denn auch, daß die ſüdlichen Partien
des amerikaniſchen Continents, ihre Umriſſe und Beſchaffen=
heit aus dem Dunkel hervortraten, in dem ſie bis dahin
geſteckt hatten.

Schon im Jahre 1508 und wieder im Jahre 1516
hatte der König von Spanien kleine Flotten in dieſer Rich=
tung ausgeſandt, beide unter dem Commando ſeines be=
rühmten Seefahrers Juan Diaz de Solis. Er hatte dieſem
Solis den Auftrag gegeben, er ſollte trachten, im Süden
um das Land des Färbeholzes herumzuſegeln, auf die
Schatten= und Rückenſeite (las espaldas) der neuen Welt

zu gelangen und dann nach einem Wege zu den Gewürz=
inseln zu forschen.

Keine von diesen Expeditionen war sehr weit gekommen.
Auf der letzten hatte Solis den breiten Mund des jetzigen
Silberstromes (des Rio de la Plata) entdeckt, den er in der
Meinung, es möchte eine westwärts durchbrechende Meer=
enge sein, erforschte, in welchem er aber, von den Wilden
erschlagen, ein tragisches Ende gefunden hatte. Die Seinen
waren mit der Trauerkunde nach Hause geschifft, nachdem
sie dem mächtigen Strome nach ihrem verlorenen Anführer,
den Namen „Rio de Solis" beigelegt hatten. Dieser Solis=
fluß, unheilvollen Andenkens — der seinen mehr lockenden
Namen „Silberstrom" erst später bekam, als man merkte
und Sebastian Cabot bewies, daß er ein schöner Wasserweg
zu den Silberminen des südlichen Peru sei, — dieser Solis=
fluß blieb für einige Jahre das südliche nec plus ultra
der spanischen Schifffahrt. Endlich erschien in Spanien
der Mann, der die von andern vergebens versuchte Aufgabe
glücklich lösen sollte.

Fernando de Magalhaens war ein portugiesischer Edel=
mann, von einem alten Hidalgo=Geschlechte aus Oporto,
von hochfliegendem Ehrgeize und unternehmendem Geiste,
der, noch ein Jüngling, als ein kühner Offizier an den
Kriegszügen seiner Landsleute in Ostindien theilgenommen
hatte. Mit ihnen hatte er schon die äußersten Grenzen der
bekannten Welt, den großen indischen Inselarchipel berührt,
und auch von der Lage der Gewürzinseln vernommen, von
denen er glaubte, daß sie schon tief in die spanische Welt=
hälfte hinein lägen.

Da er in Portugal, wo der König Emanuel eine von
ihm geforderte Erhöhuug seines Ranges und Gehaltes ver=
weigerte, seine Dienste schlecht belohnt sah, so sagte sich der
tiefgekränkte Hidalgo feierlich von seinem undankbaren Vater=

lande los und ging, den Kopf voller Pläne, nach Sevilla,
wo damals eine Menge unzufriedener und ausgewanderter
Portugieſen ſich ſammelten. Dort aſſociirte er ſich mit
einem Aſtronomen Namens Ruy Faleiro und mit ihm zuſammen conſtruirte er einen Erdglobus, auf dem er die Umriſſe der Continente ſo hinmalte, theils wie er ſie ſelbſt auf
ſeinen Reiſen kennen gelernt hatte, theils wie er ſie ſich
dachte.

Er ſtellte auf ſeinem Globus vor allem das Ziel ſeiner
Pläne, die Gewürzinſeln, dar, und legte ſie weit von Aſien
weg ins Meer hinaus. Mit Purpurfarbe zog er auf ihm
die große Welttheilungslinie des Pabſtes und zeigte, daß
die Molukken innerhalb der ſpaniſchen Hälfte fallen müßten.
Von der ſüdlichen Fortſetzung von Amerika ſagte er, ſei es
ſehr wahrſcheinlich, daß es nicht eine ununterbrochene Mauer
bis zum Eiſe des Poles ſei. Aus dem Stück, das man
kenne, ſagte er, ſähe man ſchon, daß es immer weiter nach
Weſten rücke, als ob es ſich zuſpitzen wolle. Es nähme vermuthlich damit, ſo meinte er, einen ähnlichen Verlauf, wie mit Afrika
und mit den andern nach Süden ins Waſſer hinausragenden
Enden der Welt. Und ſollte man da in Amerika auch kein
neues Cap der guten Hoffnung finden, ſo wäre es doch
beinahe außer Zweifel, daß der Continent bei ſeiner Zu-
ſpitzung und Abſchmählung nach Süden irgendwo von einer
Meerenge durchbrochen ſei.

Er ſeiner Seits ſei überzeugt, daß eine ſolche Meerenge exiſtire, durch die man weſtwärts hinaus ſegeln könne,
mit deren Hülfe man dann die Molukten auf dem ſpaniſchen Wege, (ſo nannte man damals die Weſtfahrt um
die Welt) eben ſo gut erreichen würde, als auf dem portugieſiſchen Wege, (ſo wurde die Oſtfahrt um Afrika
herum genannt).

Magellan ſoll ſich dabei auch auf die Autorität des

berühmten deutschen Ritters und Seefahrers Martin Behaim
berufen haben, der, wie er sagte, ebenfalls an die Existenz
einer Straße im Süden von Amerika geglaubt habe und
von dem er sogar, wie er sagte, im Cabinet des Königs
von Portugal eine Weltkarte gesehen habe, auf welcher diese
Straße wirklich schon dargestellt gewesen sei. Ich mag hierbei bemerken, daß wir in der That einige alte Darstellungen
der Welt besitzen, auf denen Amerika schon vor der Fahrt
des Magellan im Süden von einer Meerenge durchbrochen
erscheint. Es ist deswegen aber keineswegs nöthig anzu-
nehmen, daß schon vor Magellan ein Martin Behaim oder
sonst ein Seefahrer diese Straße wirklich gesehen habe. Diese
Karten mochten vielmehr von Leuten herrühren, die ebenso
dachten und raisonnirten, wie Mangellan und die dann ihre
Ideen und Hoffnungen auf gleichsam prophetischen Bildern
auch schon darstellten.

Mit seinen Ansichten, seinem Globus und seinen darauf gebauten Projecten kam Magellan zu den Beamten und
Ministern des Königs von Spanien, und erklärte ihnen seine
Idee. Es hatten darüber viele Versammlungen statt und
wie einst Columbus, so wurde auch Magellan von den Gelehrten examinirt und „mit vielen Fragen und Queerfragen
bestürmt." Da die Sache ruchbar geworden war und da es
hieß, daß der König von Portugal dem Magellan nach dem
Leben trachte und sein Gesandter Leute in Sold habe, um
ihn aus dem Wege zu räumen, so wurden jene Berathungen bei Nacht angestellt, und die spanischen Minister gaben
dem Magellan, wenn er spät Abends mit seinen Karten,
Documenten und Papieren zu Hause ging, Waffen und
Trabanten zu seinem Schutze mit.

Wahrscheinlich erhöhten die Portugiesen in den Augen
der Spanier dadurch noch den Werth des Magellan und
der Geheimnisse, die er über die portugiesischen Weltangele-

genheiten verrathen konnte, und er erhielt daher bald eine
Audienz bei dem jungen König Karl, der damals eben
aus Flandern nach Spanien gekommen war, aber noch
nicht die Kaiserkrone trug. Dem Könige gefiel begreiflicher
Weise das Project, auch mochte er in dem kleinen, aber
stämmig und kernig gebauten, krausbärtigen, männlich
und ernst blickenden, bestimmt und überzeugungsvoll reden=
den Portugiesen einen Mann von Entschiedenheit und That=
kraft erkennen, wie er ihn brauchen konnte. Er approbirte
alsbald sein Projekt, bekleidete ihn mit dem Ehrengewande
eines Ritters von St. Jago, ernannte ihn im Voraus
zum erblichen Gouverneur der Gewürzinseln und gab zur
Ausrüstung einer Flotte Befehl, deren Commando er ihm
anvertraute. Magellan verpfändete dagegen dem Könige
sein Wort und seine Ehre, daß er als ein treuer Vasall
seiner Majestät, das Ende von Amerika — die „ame=
rikanische Straße" — und die Molucken für ihn heraus=
finden werde.

Bis zur wirklichen Ausrüstung und zum Auslaufen der
Flotte gab es nichts desto weniger noch manche Hindernisse
zu überwinden. Unter den spanischen Beamten selbst waren
viele, die den vom Könige mit Gnaden überhäuften Fremd=
ling beneideten und die königlichen Befehle nur langsam
und widerwillig ausführten.

Die schlimmsten Schwierigkeiten kamen von dem über
das ganze Unternehmen sowohl erzürnten als erschreckten
Könige von Portugal, Don Manuel, der bei jedem Gerüchte
von einer amerikanischen Meerenge, die spanischen Waffen
schon in Ostindien eindringen sah. Don Manuel hatte damals
gerade um die Hand der Doña Leonor, der Schwester
Karl's V., angehalten, und es befand sich deswegen ein
portugiesischer Gesandte, Dom Alvaro da Costa, in Spanien.
Dieser Diplomat brachte die vom Kaiser gewünschte Heiraths=

8

angelegenheit mit der seinem Könige verhaßten Meerengen-
Unternehmung in Verbindung und gab dem spanischen Hofe
zu verstehen, daß wenn die Meerenge gefunden, die Prinzessin
vielleicht sitzen bleiben könnte. Auch stellte er dem Magellan
vor, daß er mit seinen Projecten ein großes Unglück in der
Christenheit anrichten, einen Zwiespalt zwischen den beiden
Höfen und Königreichen veranlassen könne, daß er dabei
seinen eigenen angestammten Monarchen aufs höchste belei-
dige, seines Vaterlandes Interesse verletze und wie es seine
Ehre erfordere, daß er davon abstehe und nach Portugal
zurückkehre, wo ihm der Gesandte einige lockende Vortheile
in Aussicht stellte. Allein Don Alvaro fand den Magellan
so standhaft wie Karl den Fünften. Jener erwiderte, seine
Ehre erfordere es jetzt noch weit mehr, daß er dem Könige
von Spanien sein Wort, welches er ihm als Edelmann ver-
pfändet habe, halte, und dieser antwortete mit freundlichen
Worten, daß er nicht die Absicht hege in des Königs von
Portugal Besitzungen einzudringen, daß die Gewürzinseln
dem zufallen sollten, dem sie nach der päpstlichen Welttheilungslinie gehörten, worüber man sich noch erst auseinan-
andersetzen müsse und daß die Sache nun so weit gediehen
sei, daß sie ihren Verlauf haben müsse.

Und so wie der Kaiser es gesagt hatte, so kam es denn
auch schließlich. Die Meerenge wurde in der That gefunden.
Die Prinzessin Leonor wurde nichts desto weniger Königin
von Portugal. Die Molucken aber blieben lange Zeit ein
Zankapfel zwischen den beiden Kronen.

Im August des Jahres 1519 war die Ausrüstung
der Flotte des Magellan's beendigt. Seine Flagge wurde
in einer der Kirchen von Sevilla eingeweiht. Er lei-
stete dabei dem König den feierlichen Vasallen-Eid, als
zukünftiger Gouverneur aller der Länder, die er „im Rücken"
von Amerika entdecken würde, während ihm selber wieder

seine Offiziere als schon im Voraus ernannten Commandanten der zu entdeckenden Städte und Festungen Lehnstreue
schworen.   Er hatte 5 Schiffe, die auf zwei Jahre mit
Lebensmitteln versehen, und mit Zwieback, Mehl, Linsen,
Käse, getrockneten Fischen, Wein, Honig, Oel, Pulver und
zahllosen Waaren zum Tauschhandel mit den Wilden befrachtet waren.   Eines derselben, dessen Name in der Welt
fast so berühmt geworden ist, wie die Argo der Griechen,
hieß „la Victoria".

Magellan hatte 240 Offiziere, Soldaten, Steuerleute und
Matrosen an Bord, unter ihnen viele erfahrene Seecapitaine,
einen gelehrten Astronomen Andres de S. Martin, der die
Sterne des südlichen Himmels beobachten und die erreichten
Grade und Positionen bestimmen sollte und einen gebildeten
Italiener, Pigafetta, welcher der Geschichtsschreiber der Unternehmung geworden ist.   Seine Artilleristen, oder wie man
damals sagte „Bombardiere" waren fast lauter Flamländer
und Deutsche, wie denn zu jener Zeit in Spanien die
Kanonen ebenso, wie die Druckerpressen meistens von Deutschen dirigirt wurden.   Unter andern begleitete den Magellan
als einer seiner Bombardiere ein „Maestro Ance" (Meister
Hans).   Unsere niederdeutsche Sprache ist also neben der
spanischen gleich von vornherein mit um die Welt gesegelt.

Ohne viel Rücksicht auf das Gerücht zu nehmen, daß
der König von Portugal eine Kriegsflotte nach Brasilien
und eine andere nach Afrika gesandt habe, um ihn aufzu-
fangen, und daß er auch seinem Generalgouverneur von
Indien befohlen habe, mit 6 Kriegsschiffen ihm bei den Molucken
entgegen zu gehen, segelte der unerschreckte Magellan in den
Ocean hinaus und steuerte auf dem ihm vorgezeichneten
Wege längs der Küste von Afrika und von da nach Brasilien hinüber südwärts bis zum großen Flusse des Solis

oder dem Silberstrom, der, wie gesagt, das nec plus ultra des damals bekannten Amerika war.

Schon hier fing er die Nachsuchungen nach seiner Meerenge an. Er recognoscirte und sondirte den weiten Mund jenes Stromes noch einmal genau, und fuhr tief hinein, überzeugte sich aber wie Solis, daß es nichts als ein Süßwasserstrom sei. Darnach setzte er seinen Cours südwärts fort und kam nun in völlig unbekannte Gewässer und Gegenden.

Der kalte und unwirthliche Süden Amerika's beginnt, auf der Seite des atlantischen Oceans, gleich bei der Mün= dung des Rio de la Plata. Alle Verhältnisse der Nachbar= schaft deuten darauf hin, daß die Natur hier einen scharf markirten Abschnitt in dem Organismus des ganzen Con= tinents gemacht hat. Die warmen südöstlich gerichteten Meeresströmungen, welche längs der Küste Brasiliens hin= laufen, verlieren sich gegen den La Plata zu gänzlich und statt ihrer kommen hier kalte Strömungen von Süden längs der Küste Patagoniens herab.

Wie die letzten Ausflüsse des Aequatorialstroms so hören auch die Einwirkungen der mit ihm kommenden westlich gerichteten Passatwinde in der Nähe des la Plata völlig auf. Sie bestreichen, die Dünste des atlantischen Oceans mit sich führend, die Küsten Brasiliens und schütten ihre be= fruchtende Feuchtigkeit über das ganze Land, bis tief ins Innere bis an den Fuß der Anden aus und sind die Haupt= ursache der reichlichen Bewässerung und der dichten Bewal= dung dieser Länder. Südlich vom La Plata findet man keine Spur mehr von diesen feuchten Ostwinden.

Hier ist die Luft trocken, der Himmel heiter aber rauh und das Land, zum Theil in Folge dessen, fast vollkommen wald= und baumlos. Auch die granitischen Gebirgs= und Hügelländer, die den ganzen Osten Südamerika's, das weite

Brasilien erfüllen, nehmen bei demselben Strom ihr Ende. Ihre südlichsten Ausläufer gehen gerade bis an die Mündung des Rio de la Plata vor. Im Süden des letzteren beginnen alsdann jene merkwürdigen, der Herrschaft der kühlen Südwinde unterworfenen Ebenen, die viele hundert Meilen weit in großer Einförmigkeit bis zum Südende des Continents hinabgehen, und die in Bezug auf ihre ganze geologische und klimatische Beschaffenheit sowie in Bezug auf ihre Bedeutung für den Menschen im schärfsten Contraste zu den Hügellandschaften im Norden stehen. Sie stellen vollkommen flache und ebene Plateaus dar, die auf unermeßliche Strecken mit dem dichten Trümmergestein der Anden bedeckt sind. Nur hie und da ernähren sie die Büschel eines harten und braunen Grases. Selbst niedrige Dorngesträuche sind eine Seltenheit.

Während in den anmuthigen Thälern des Nordens Flora und Fauna eine reiche Fülle mannigfaltiger Pflanzen und Geschöpfe ausgeschüttet haben, während dort in neuerer Zeit der ackerbauende Mensch an den kräftigen Adern der Ströme seine Städte und Märkte gebaut hat, haben hier auf dem schutzlosen unter Steintrümmern begrabenen Boden des Südens sich nur wenige Thiergeschlechter ausgebreitet und mit ihnen einige wilde und jagende Völkerstämme, die noch heutiges Tages aller Cultur widerstreben.

Es ist bemerkenswerth genug, darauf mag ich im Vorbeigehen aufmerksam machen, daß es auch in Nordamerika einen Strommund und Thaleinschnitt giebt, der den rauhen, unbewohnbaren Norden von dem milden Süden auf ähnliche Weise scharf abschneidet. Nördlich vom mächtigen St. Lorenzo contrastirt das wüste, eisige und fast unbekannte Labrador mit den städte= und anbaureichen Ländern von Neu=Braunschweig und Neu=Schottland ebenso, wie südlich vom La Plata die öden Pampas mit den gefälligen Land-

schaften der Banda Oriental und Monte Video's. Von der
warmen Zone aus sind in Amerika Anbau, Civilisation
und Colonien=Stiftung südwärts und nordwärts bis zu jenen
Strömen fortgerückt und haben sie nicht überschritten.

Längs der unbekannten und gefährlichen Küste dieser
ungastlichen Gegend segelte nun Magellan mit seiner kleinen
Flotte weiter. Da von nun an jeder Ufereinschnitt, jede
Bucht seine gesuchte Meerenge sein konnte, so untersuchte er
alles genau, und lief immer so dicht als möglich im Ange=
sicht des Landes hin. Tags in dem Abstande einer Legua,
Nachts in der Entfernung von 4 bis 5 Leguas. So drang
er während des Verlaufs eines Vierteljahres nur langsam
vor. In jeden Fluß oder Hafenmund setzte er mit der Er=
wartung seine Hoffnung erfüllt zu sehen ein. Jedes Cap
umsegelte er in der Aussicht, es sei das Ende der neuen
Welt. Aber überall trat ihm die finstere Stirn des öden
Landes entgegen. Doch gab er allen diesen Gegenständen, die
er auf seinen Karten verzeichnete, diejenigen Namen, die sie
zum Theil noch jetzt in unserer Geographie tragen. Manche
dieser Namen, z. B. „die Bahia delos Trabajos" (die Bai
der Strapazen) deuten noch heutiges Tages auf die Mühselig=
keiten, die Magellan und die Seinen damals zu überwinden
hatten, um sich aus ihren inneren, an Untiefen und rissen=
reichen Verstecken wieder glücklich ins Freie hinaus zu retten.

Darüber verstrichen die südlichen Sommermonate,
Januar und Februar, und schon spürten sie im März die
Kälte des nahenden Winters. Nun hatten sie bei der
Weiterfahrt mit wüthenden Stürmen und Unwettern zu
kämpfen, und täglich Gelegenheit die Gnade des heiligen
Jacob von Galicien und der lieben Frauen von Guadalupe
und Monteserrato anzurufen.

Im Anfange April wurde wieder ein tiefer Einschnitt
gefunden. Es war zwar wieder nicht die Meerenge. Aber

es war ein bequemer Hafen, den Magellan einem Heiligen zu Ehren den St. Julians Hafen nannte. Er beschloß daselbst zu überwintern, um dann im folgenden Frühling seine Nachsuchungen fortzusetzen. Seine Leute jedoch erschraken bei dieser Idee und beim Anblick der melancholischen Hafengegend. — Ueberwinterungen in arktischen oder antarktischen Gegenden waren damals noch etwas ganz Ungewöhnliches. Es war in der That das erste Mal, daß den Spaniern eine solche Zumuthung gemacht wurde. Sie sollten sich dem Winter in die kalten Arme werfen, zu derselben Zeit, da sie in ihrer Heimath den schönsten Sommer genießen konnten. Sie kamen in Deputationen vor ihren Admiral und stellten ihm vor: „daß es nun Zeit sei nach Spanien heimzukehren. Sie seien jetzt schon dahin gekommen, wohin vor ihnen noch Niemand vorgedrungen. Dies sei Ruhms genug. Das Ende von Amerika, oder seine gehoffte Straße würden sie doch nie finden. Es sei wohl offenbar, daß dieses Land unermeßlich weit so fortliefe, wie es auch andere vernünftige Männer stets geglaubt hätten. Da durchzudringen sei unmöglich, und das Unmögliche zu thun habe sie doch ihr König nicht ausgesandt. Bisher hätten sie der Himmel und seine Heiligen aus manchen intricaten Verstecken wieder gnädig herausgerettet. Aber der nahe Südpol werde sie sicherlich in ein Loch bringen, aus welches keiner wieder herauskäme. Dazu wären ihre Lebensmittel bereits knapp und schon mancher der Ihrigen sei vor Mangel und Elend umgekommen." Dies und Anderes brachten sie zu wiederholten Malen vor, wie ein spanischer Historiker sagt, unter heftigen Seufzern und mit vielen Thränen.

Aber Magellan hatte schon bei früheren Gelegenheiten bewiesen, daß er nicht leicht gerührt, daß er ein energischer und eifriger Charakter, ein Mann von Eisen war, und er erwiederte seinen Leuten: „Sehr wundere er sich wie Männer,

die den Namen Castilianer führten, solche Verzagtheit blicken
lassen könnten. Er seinerseits sei fest überzeugt, daß man
sehr bald das Ende dieses Landes oder doch einen Durch=
bruch nach Westen finden würde. Der König habe ihm
diese Entdeckung befohlen, und er seinerseits sei entschlossen,
so weit südwärts zu segeln, bis da wo die Nacht 3 Monate
dauere und eher zu sterben als feige den Heimweg zu suchen.
Der Winter sei hier zwar rauh aber vermuthlich kurz, und
im bald erscheinenden Frühlinge würde alles leicht sein und
sie würden dann die warmen Länder, in denen die Specereien wüchsen, sehen und erobern, und dann ihrem Könige
und Vaterlande sich um so angenehmer machen. Und was
die Lebensmittel beträfe, so wäre auch diese Schwierigkeit
nicht so groß wie sie sich vorstellten. Sie hätten noch
manches gute Faß Wein und Mehl an Bord, und dann,
um sparsamer als bisher damit umzugehen, wolle er so=
gleich anordnen, daß sowohl er selbst als auch alle seine
Offiziere und Leute auf halbe Rationen gesetzt würden.
Außerdem aber gäbe es in der St. Juliansbai eine Fülle
von Fischen und ringsumher sei reichliche Jagd auf Vögel
und Wild, auf das sie während des Winters fleißig Jagd
machen wollten. Uebrigens aber empföhle er seinen Leuten
noch dieses: sie sollten sich um weiter nichts bekümmern,
als das zu thun, was er ihnen im Namen ihres Königs
befehle, und namentlich, wenn es im Frühling weiter ginge,
fleißig nach der Laterne seines Mastbaumes sehen und still=
schweigend dahin folgen, wo diese ihnen voranleuchte."

Aber leider drang dies Mal Magellan mit bloßer Be=
redsamkeit nicht durch. Er mußte sich seine Winterquartiere
so zu sagen erst mit Gewalt erobern. Es brach unter den
Spaniern, die nicht nur den Südpol fürchteten, sondern auch
die Herrschaft eines Portugiesen nur sehr unwillig ertrugen,
eine Verschwörung aus. „Dieser tollkühne Fremdling, in

deſſen Klauen ſie ſich befänden", ſo ſprachen die Offiziere und Soldaten, ähnlich wie die Begleiter des Columbus, "habe keine Barmherzigkeit mit Caſtiliſchen Leuten. Er wolle ſie alle umkommen laſſen, um ſich dadurch bei ſeinem Könige Don Manuel ein Verdienſt zu erwerben."

Die ganze Flotte theilte ſich in zwei Parteien. Zwei Schiffe blieben dem Magellan treu. Der drei übrigen bemächtigten ſich die Verſchwörer, indem ſie die Fahne der Rebellion aufzogen. Da ſie ſich in der Mehrzahl befanden, ſo forderten ſie den Magellan auf, zu ihnen zu kommen, um an ihrem Bord zu berathen, was ferner für den Dienſt des Königs als förderlich zu beſchließen ſei. Magellan dagegen, obwohl einſtweilen der Schwächere, wies alle Unterhandlungen ab, antwortete, daß er Niemanden kenne, der in dieſen Regionen im Namen des Königs von Spanien gebiete, als ſich ſelber, und er citirte die rebelliſchen Offiziere an ſeinen Bord, wo alsdann geſchehen ſolle, was recht ſei.

Und da ſie nicht kamen, ſo ſchritt er alsbald zum Angriff des einen der rebelliſchen Schiffe, das Winde und Strömungen glücklicherweiſe von den übrigen trennten und ihm zutrieben. Mit gezogenem Säbel ſprang er an Bord deſſelben, entfaltete die Fahne des Königs Carl von Spanien und fragte mit lauter Stimme die überraſchte Mannſchaft: "Für wen ſeid ihr?" — "Für den König und Ew. Gnaden", riefen die meiſten aus einem Munde, da ſie ſich die Frage ſo nahe gelegt ſahen, und die Rädelsführer wurden gefangen genommen.

Mit Liſt und Gewalt bemächtigte er ſich auch der beiden anderen Fahrzeuge und hielt nun ein ſtrenges Straf- und Blutgericht. Mehrere wurden mit dem Tode beſtraft. Einige Offiziere, Juan de Carthagena und Sanchez de la Reina aber zu größeren Leiden und einem traurigen Schickſale aufgeſpart. Sie wurden zur Verbannung und zur

Aussetzung an den wüsten Küsten des neuen Landes ver=
urtheilt, und dies wurde dann auch später, als die Flotte
im Frühling weiter segelte, ausgeführt, indem dann Ma=
gellan und die Seinen „unter vielen Thränen, Seufzern
und Zärtlichkeitsbeweisen" zwar, aber doch ohne den Lauf
der Gerechtigkeit zu hemmen, von ihren unglücklichen Ge=
fährten Abschied nahmen.

Während des Winters in der St. Juliansbai, der
mit Jagd und Fischfang und mit Ausbesserung der Schiffe so
verbracht wurde, wie Magellan es angeordnet hatte, ent=
stand denn auch der berühmte, noch jetzt übliche Name des
amerikanischen Südlandes, der Name Patagonien und die
so lange geglaubte Sage, eines dies Land bewohnenden
Geschlechts von Riesen. Die Indianerstämme des südlichen
Amerika's, mit Ausnahme der Pescheräs oder Feuerländer,
sind in der That Leute von hohem Wuchse. Der Zufall
mochte es fügen, daß bei dem Stamme, mit welchem Ma=
gellan zusammen kam, einige solche Riesen waren, wie es
deren bei allen Völkern ausnahmsweise giebt. Er sah die
breiten Fußtapfen, die ihre mit dicken Fellen umwickelten
Füße im Sande machten. Und er nannte sie daher Pata=
gones, d. h. Großfüße und ihr Land erhielt den Namen
Patagonien. — Einige dieser Patagonier kamen an Bord
der Schiffe. Sie verschlangen die ihnen dargereichte Speise
in Masse, wie die Löwen und sie wunderten sich über die
Kleinheit der Spanier. Wenn sie sprachen, klang es wie
Ochsengebrüll. Sie waren in Thierfelle gehüllt, hatten gelbe
Ringe um die Augen und einen eben solchen gelben Ring
um das ganze Gesicht. Einen dieser Leute` wollten die
Spanier fangen, um ihn nach Europa zu bringen, aber
8 Männer hatten Mühe ihn zu bändigen, und er starb bald
in der Gefangenschaft. Um doch wenigstens etwas von ihm
heim zu bringen, streckte man seinen langen Körper auf den

Boden aus und nahm sein Maaß. Man fand ihn 11 Fuß lang. Es waren aber Andere, die 13 Fuß Länge hatten. So erzählten nachher die heimgekehrten Gefährten des Magellan.

Dies Alles klang so, als wäre es aus den poetischen Geschichten des Homer von den Abentheuern des Ulysses genommen. Jene Kinder des 16. Jahrhunderts hatten immer weit mehr als die prosaische Wirklichkeit, ihre klassischen Erinnerungen vor Augen. Sie konnten nirgends in der Neuen Welt die Berichte des Plinius, des Ptolemäus und des Salomo vergessen. Sie suchten und fanden auch dort überall die Amazonen des Herodot, die Titanen des Homer und die Cyclopen des Odysseus. Sogar noch lange nach Magellan erzählte ein anderer Weltumsegler, die Patagonen hätten einmal seine Schiffe, wie Polyphem, mit Felsen bombardirt und hätten sie fast zerschmettert. Es ist erst der neuesten Zeit gelungen, die Sage von diesem südamerikanischen Riesengeschlechte, an die alle unsere Vorväter glaubten, auf das rechte Maaß herabzubringen.

Endlich kehrte die Sonne und der Frühling wieder und mit ihm, Ende August, gab Magellan seine Befehle zum Aufbruch. Diese magellanschen Befehle lauteten fast wieder so unfreundlich wie ein Gewitter. Es ginge weiter zum Süden, ließ er seinen Mannschaften verkünden, um „die Straße" zu finden. Erst wenn er sie beim Südpol nicht gefunden habe, und erst wenn seine Schiffe zwei Mal entmastet seien, erst dann wolle er von der Unternehmung abstehen. Dies sollten sie sich zur Nachachtung gesagt sein lassen.

Glücklicher Weise indessen, bedurfte es solcher Anstrengungen nicht mehr. Denn ohne es zu wissen, hatte Magellan nicht gar weit von seiner Straße überwintert, und als er im October noch einige wenige Tagereisen weiter fuhr und das Vorgebirge der 11,000 Jungfrauen umsegelte, hatte er wirklich den Mund dieses merkwürdigen und später nach ihm benannten Erdspaltes vor Augen.

Die Magellan's-Straße ist die berühmteste aller Meerengen Amerika's. Es ist die einzige, welche von dem östlichen Ocean zum westlichen queer durchgehend, eine Verbindung der atlantischen und pacifischen Gewässer und Schifffahrt anbahnt. Es ist eine der wunderbarsten Länderklüfte der Welt. Sie ist über 70 deutsche Meilen lang und durchweg von außerordentlicher Tiefe. Fast überall steigen in ihr wie auch in allen ihren Nebenzweigen die Felsen aus einer Tiefe von 1000, 2000 und mehr Fuß senkrecht empor. Könnte man sie vom Wasser entleeren, so würden sie einen finstern Bergriß von colossalen Proportionen darstellen. Sie ist meistens eine oder eine halbe Meile breit. Stellenweise aber verengt sie sich zwischen hervorragenden Caps zu schmäleren Passagen, so wie sie sich hie und da auch bei zurückweichenden Ufern seeartig erweitert. Sie hat daher mehrere Kammern oder Becken, welche die Seefahrer als die erste, zweite, dritte Enge zu bezeichnen pflegen. Ihr Hauptkörper, — denn sie hat eine zahllose Menge von Nebenzweigen, die sich zu beiden Seiten durch das in allen Richtungen zerklüftete und zerrissene Südende Amerika's labyrinthisch hindurch schlingen — ihr Hauptkörper, sage ich, besteht aus zwei ganz verschiedenen Hälften, einer östlichen und einer westlichen. Die östliche läuft in südwestlicher Richtung bis zum jetzt sogenannten Cap Froward der allersüdlichsten Spitze der continentalen Ländermasse von Amerika, und die westliche schwingt sich um diesen centralen Wendepunkt in etwas mehr nördlicher Richtung herum.

Die östliche Hälfte durchschneidet noch das oben geschilderte einförmige Land der Pampas und theilt seinen heiteren Himmel. Die westliche Abtheilung dagegen schneidet mitten durch das hohe und wilde Berglabyrinth hindurch, in welchem sich die äußersten Ausläufer der Anden verlieren. Dort ist die Straße zwischen mächtigen, von undurchdringlichen Wäldern bedeckten Bergen eingefaßet, die von beständigem Regen und endlosen Stürmen gepeitscht werden und über denen hie und da einzelne hohe Schneegipfel emporragen.

Der mächtige Kanal ist arm an guten Häfen, weil die Einschnitte und Schluchten zur Seite wegen der Tiefe des Wassers keinen Ankergrund darbieten und außerdem sind diese Schluchten auch deswegen unsicher, weil in sie von den höheren Gipfeln plötzliche Bergwinde senkrecht herabfallen und wie einfallende Luftlawinen das Wasser in gefährlichen Wogen und Wirbeln aufregen.

Viele Thalmündungen und Sunde, welche in sie ausmünden, sind mit Gletschern verstopft, welche zuweilen große Eismassen in die Straße hinausstoßen. Von beiden Seiten, sowohl vom Atlantischen als vom Stillen Ocean dringen die Fluthen und Strömungen in die Straße ein und veranlassen viele gefährlichen Wasserwirbel und Zusammenstöße. Der Hauptstrom aber kommt aus Osten und ehemals dachte man sich diesen Strom so stark, daß man glaubte, die Straße gar nicht in der umgekehrten Richtung befahren zu können.

Trotz seines im Allgemeinen nicht einladenden Charakters ist dieser gewaltige Canal nicht ohne Reize. Strichweise ist die Landschaft zu beiden Seiten einer Reihe wilder Naturparks vergleichbar. Ihre stets befeuchtete Vegetation schimmert von einem fast beständigen Grün. In den Nebenbranchen und Sunden ist die Natur so großartig wie in den Hochthälern der Schweiz, und hebt sich einmal die stets träufelnde Nebelhülle und schweigen eine Zeitlang die wilden Stürme, so eröffnen sich liebliche Aussichten in malerische Hintergründe und großartige Gebirgszüge.

Die nördliche Seite der Straße wird zuweilen von Heerden der hübschen Guanakos und anderen zum Hirschgeschlechte gehörenden Thieren belebt. Auch kommen die Strauße aus Patagonien bis an ihren Rand und zuweilen fliegt eine Gattung buntgefiederter Papageien, aus den wärmeren Regionen wandernd, so weit. Ja nicht selten hat man sogar das goldige Geflügel der Colibris mitten in den Schneegestöbern dieser Meerenge wie Feuerfunken blitzen sehen.

Viel mehr Leben und Naturwunder als das Festland dieser Gegend birgt das Wasser in seinem Schooße.

In dieser Beziehung will ich nur an die berühmte Riesenpflanze der Magellanstraße erinnern, an den sogenannten Fucus Giganteus, der zuweilen eine Länge von 400 Fuß erreicht und der, wenn er von seinen felsigen Standorten losgerissen wird, einer Riesenschlange ähnlich, in der Straße umherschwimmt. Ein neuerer Naturforscher sagt, daß auf den Blättern dieser Pflanze, allein hundert Gattungen von Geschöpfen leben und daß er nie ihre Zweige untersuchte, ohne immer neue und merkwürdige Thiergestalten zu entdecken. Wenn man ihre großen, verflochtenen Wurzeln schüttelt, so entfällt ihnen ein Haufen von Fischen, Muscheln, Sepien, Krabben von allen Ordnungen, schönen Holothurien und kriechenden Nereiden von der größten Formenmannigfaltigkeit.

Es war im Anfang November des Jahres 1520 als Magellan zwischen den beiden Thorpfosten oder Caps dieses merkwürdigen Wasserschlundes ankam, und erwartungsvoll in ihn hineinblickte. Er ging innerhalb des Thores vor Anker und sandte eines seiner Schiffe zum Recognosciren voraus, das nach einigen Tagen mit der Nachricht zurückkehrte, es müßte eine Durchfahrt sein. Drei Tage lang seien sie westwärts gesegelt, ohne das Ende der Wasserbahn ge-

sehen zu haben. Auch hätten sie trotz fleißigen Sondirens
nirgends eine Abnahme der Tiefe wahrnehmen können. Und
ferner hätten sie die Bemerkung gemacht, daß die Strömungen und Fluthen, die bei der Oeffnung einzögen, viel stärker
seien als die Ebbe, die daraus zurückkäme, was entschieden
auf eine Verbindung mit einem andern Ocean hindeute.

Magellan war nun frohen Muthes, da er den Gegenstand aller seiner Erwartungen und Hoffnungen vor sich
sah, und am Vorgebirge der 11,000 Jungfrauen berief er
eine Rathsversammlung aller seiner Capitaine, Offiziere,
Piloten und Astronomen. Es wurde darin ausgemacht und
festgestellt, daß man noch auf drei Monate mit Lebensmitteln versehen sei, und manche waren der Meinung, daß
dies hinreiche, sie durch die Straße und zu den Molukken
zu führen. Andere aber, unter ihnen Estevan Gomez, ein
Seefahrer, der später noch durch seine Entdeckungen in
Nordamerika, wo er nach einer zweiten Magellanstraße
suchte, berühmt werden sollte, waren der Meinung, es sei
besser, jetzt, da man die Existenz und die Lage der Straße
bestimmt habe, zuerst wieder nach Spanien zurückzukehren
und das Werk mit frischen Kräften und reichlicher versorg-
ten Schiffen anzugreifen. Jenseits Amerika's würde man
vermuthlich noch weite Meere zu durchsegeln finden und
dem seien ihre jetzigen Zustände nicht gewachsen.

„Was ihn selber beträfe," sagte darauf Magellan,
nachdem er diese und andere Aeußerungen seiner Leute mit
angehört, „so müsse es, bevor er dies Unternehmen auf-
gäbe, mit dem Mangel auf den Schiffen erst so weit kommen, daß auch das Lederwerk an den Masten schon in die
Küche gewandert sei. Er wünsche auch, daß Niemand in
Zukunft — und zwar bei Todesstrafe — von Mangel
an Lebensmitteln rede, und so möge Gott ihnen beistehen!"
Und hiermit ließ er alsbald wieder seine Admirals-Flagge

für den Tag und seine Laterne für die Nacht an seinem
Maste aufziehen, segelte in die finstere Kluft hinein und
befahl, daß jeder diesem Lichte durch die Straße zu fol=
gen habe.

Der Schrecken vor dem Magellan, diesem unerbittlichen
„Admiral Vorwärts", der, wie ein Berichterstatter bemerkt,
jedesmal wenn nur einer das Wort „Umkehr" aussprach, die
Stirne wie eine Wolke runzelte und die Zähne verbiß, trieb
die ersten spanischen Seefahrer durch die stürmischen Pforten
des Stillen Meeres.

Eines seiner Schiffe, der „San Antonio", an dessen
Bord sich der obengenannte Capitain Gomez befand, ent=
wischte ihm aber doch. Magellan schickte dasselbe eines
Tages beim weiteren Vordringen zur Recognoscirung eines
Seitenarmes aus. Es kehrte nicht zurück. Magellan ließ
vergebens in allen bereits besegelten Partien der Meerenge
nachspüren. Die Offiziere und Leute des Schiffes hatten
rebellirt, das Weite gesucht und sich auf den atlantischen
Ocean nach Spanien hinausgemacht, wo sie dem Könige
von Spanien, der mittlerweile zum Kaiser Karl V. erwählt
war, verkündeten, der Tyrann Magellan, den er ihnen gesetzt
habe und den sie verlassen hätten, um dem Vaterlande wenig=
stens ein Schiff zu retten, habe sich in solche Wagnisse ein=
gelassen und habe des Kaisers Leute in so wilde Erdwinkel
verlockt, daß weder er noch sonst irgend Jemand daraus
sich würde retten können. Man brauche seine Rückkehr in
Spanien nie zu erwarten.

Mehrere Wochen lang segelte Magellan in dem Irr=
garten der Wasserwege der Südspitze Amerika's umher, bis
er überall den Hauptcanal herausgefunden und bis er sich
durch die Beobachtung der Fluthen und Strömungen fest
überzeugt hatte, daß derselbe einen Ausgang im Westen
haben müsse. Da er aber selbst die Weiterfahrt durch den

westlichen Ocean für kein leichtes Unternehmen hielt, und da er
wünschte, seine Leute nicht bloß durch Furcht, sondern wo-
möglich auch durch ihre eigene freiwillige Zustimmung an
sich zu fesseln, so schlug er, ehe er zum schließlichen Durchsegeln schritt, noch ein Mal eine gemeinsame Berathung vor.

Weil er jedoch, wie alle Autokraten, keine persönlichen Berathungen und Discussionen um sich herum liebte,
über Dinge, über die er für sich selbst schon seine Entschlüsse gefaßt hatte, und da es ihm eigentlich nur darauf ankam, seinen Offizieren ein aussöhnendes Compliment
zu machen, so arrangirte er die Sache dies Mal anders.
Er erließ einen Flottenbefehl, gezeichnet den 21. Nov. „im
Canal aller Heiligen", (denn das war der Name, den er
seiner Straße gegeben hatte), in welchem er sagte: „er sei
nicht der Mann, der vernünftige Meinungen und Rathschläge
Anderer verachte, und er fordere daher alle seine Capitaine,
Pilotos, Maestros und Contra-Maestros auf, die eigenthümliche Lage, in der sie sich hier, in diesem Weltende
befänden, in Erwägung zu ziehen, und dann ihre Meinung,
jeder für sich darüber niederzuschreiben, ob sie es für besser
hielten, in den westlichen Ocean einzusegeln, oder vorläufig
zurückzukehren. Er wolle dann nachdem er diese Gutdünken alle
gelesen, seine eigene Meinung und Entschlüsse kund geben."

Die Offiziere, denen diese „eigene Meinung" des Magellan's und sein unbeugsamer Sinn hinlänglich bekannt
war, schrieben — nach einigen ihrer interessanten Gutdünken,
die uns noch aufbewahrt sind zu schließen — ziemlich schüch-
tern und mit vielen Umschreibungen und sandten ihre Briefe
ein. Magellan aber ließ bald darauf die Kanonen lösen,
die Anker lichten und westwärts steuern. Er sagte, er habe
aus der Lectüre der Briefe mit Befriedigung ersehen, daß
seine Offiziere wie er gesonnen seien, und er schwor bei

dem Rittergewande des St. Jago das seine Brust bedecke,
er wolle, nun die Sache in Erfüllung bringen.

Nach einer Fahrt von einigen Tagen lichtete sich endlich der Wald von Inseln, Felsen und Bergen, der Horizont
erweiterte sich und endlich lag die Flotte mitten zwischen
den beiden Vorgebirgen des westlichen Ausgangs, von denen
das eine den Namen Cabo Deseado (das ersehnte Cap),
das andere den des Cabo de la Victoria erhalten hat,
und sie hatten das weite Meer vor Augen, das ihnen mit
gewaltigen Wogen entgegen rollte. Magellan (sagt ein
alter Schriftsteller), war bei diesem Anblick so von Freuden
ergriffen, daß ihm die Thränen in die Augen traten. Er
dankte Gott und hielt sich für den glücklichsten und ruhm-
reichsten der Menschen. „Denn," so sagte er, „er habe den
Westen erschlossen, er habe für Spanien und dem Kaiser
ein neues Weltthor eröffnet, er habe den Schlüssel zu der
den Spaniern vom Papste gegebenen Erdhälfte gefunden."

Er selbst und seine Zeitgenossen noch lange nach ihm,
hielten diese Straße für den einzigen Verbindungsweg der
beiden großen Oceane des Globus. Und auf vielen alten
Karten aus jener Zeit findet man neben der Magellan's
Straße das berühmte Wappen und die Devise Kaiser
Karl's V. gemalt, die beiden Säulen, die auf die Herkulessäulen der Straße von Gibraltar anspielten und über ihnen
das Wort plus ultra (darüber hinaus).

„Plus ultra!" (darüber hinaus!) Das war wie seines
Kaisers auch die Devise des Magellan und nach einem feierlichen Dankgebete ließ er seine kleine Flotte in die finstere
und zürnende See hinausgleiten. Um mildere Zonen und
den Aequator, unter dem die Gewürzinseln lagen, zu gewinnen, steuerte er alsbald nordwestlich. In dieser Richtung
erreichte er nach einigen Wochen jene merkwürdige Welt-

region, in welcher zu beiden Seiten des Aequators milde Lüfte ruhig und ohne Unterbrechung stets nach Westen fließen.

Mit diesen Lüften fuhren seine Schiffe auf Wegen, die seit dem Anbeginn der Welt noch nie von einem Kiele durchfurcht waren, ohne Stürme, ohne Wogengebrause unter einem freundlichen Himmelsdache auf glattem Meere dahin. Erstaunt über den constanten, über unermeßliche Strecken hin herrschenden Frieden, nannten sie das Meer „den Stillen Ocean" (el Oceano Pacifico), ein Name, den es noch heute trägt, obwohl wir jetzt so viele stürmische Partien desselben kennen gelernt haben, auf die dieser Name wenig paßt.

Doch entdeckten sie monatelang nichts als stets neue und neue Wasserwüsten. Sie segelten glücklich Tag und Nacht, und jeden Morgen lag wieder ein unbegrenzter Horizont vor ihren Augen. Niemand hatte eine richtige Vorstellung von der Größe dieses Meeres gehabt. Viele hatten sich gedacht, die Molukken lägen nicht gar weit von Panama. So weit die Geschichte gedenkt, hat sich noch keine Gesellschaft von Europäern in solcher Isolirung von dem Reste der Welt befunden, wie die kleine Schaar des Magellan und der Seinen. Sie mochten sich Luftschiffern vergleichen, deren Ballon wie ein Pünktchen über allen Höhen und über den Wolken frei und einsam im Aether schwebt.

Magellan hätte, wenn er bei der Ausfahrt aus seiner Straße mehr direkt westlich gesegelt wäre, eine ganze Welt paradiesischer Inseln entdecken können. Allein durch seine Wendung nach Norden ging er jenen zahlreichen Gruppen, die wie eine Milchstraße von Inseln den Süden des stillen Oceans anfüllen, aus dem Wege. Obgleich von Aeolus und seinen Winden unangefochten, gerieth er doch aus Mangel an frischen Getränken und Lebensmitteln in die größte Noth, und es kam so weit, daß seine früher ausge-

stoßene Drohung von der „Verspeisung des Lederwerks" fast
eine erfüllte Prophezeihung genannt werden mußte.   Der
Zwieback war in Staub zerfallen, der gute spanische Wein
war längst verdampft.   Selbst das Trinkwasser war so rar,
daß jeder die Handvoll Reis, die er als seine tägliche Ration
bekam, mit Seewasser kochen mußte.   Von der Hitze der
tropischen Sonne klafften die Fugen der Schiffe.   Krankheit schwächte und decimirte die Mannschaft, und da statt
der hingerafften Menschen die Ratzen und anderes Ge-
thier sich übermäßig gemehrt hatten, so hätten Magellan
und die Seinen fast den Tod des Bischofs im Mäusethurm
am Rhein erlitten.

Eine Gruppe lieblicher, frischbegrünter, mit Cocos-
palmenhainen und Zuckerrohr geschmückter Inseln, die endlich
in Sicht kamen, errettete die Spanier aus dieser ver-
zweifelten Lage.   Es waren die ersten jener zahlreichen
Inselketten, die hier im Südosten den alten Continent von
Asien umgrenzen.   Es waren dieselben Ländergruppen die dem
Columbus vorgeschwebt hatten und die er, von dem großen
amerikanischen Continente in der Mitte nichts ahnend,
glaubte erreicht zu haben, als er die Antillen vor sich sah.

Auf eine Erzählung der ferneren Irrfahrten und Abentheuer des Magellan unter diesen asiatischen Ländern muß
ich hier, wo wir nur hauptsächlich Amerika und seine Nachbarschaft im Auge haben, verzichten.   Nur so viel will ich
noch bemerken, daß die Spanier in jener asiatischen Inselwelt für ihre an Entbehrungen und Gefahren reiche Fahrt
die vollste Entschädigung fanden.   Sie entdeckten die La-
bronen, die Philippinen und viele andere schöne Inselländer,
auf denen sie ihre Kanonen ertönen und hölzerne Kreuze auf-
pflanzen ließen.   Die Könige dieser Inseln mußten dem Könige
Karl von Spanien den Vasalleneid leisten.   Auch erntete

Magellan taufend und predigend die Seelen haufenweise für
den christlichen Himmel.

Aber mitten in den Triumphen dieser Ernte erreichte
ihn selber das Schicksal. Unvorsichtig, übermüthig mischte
er sich in die innern Kriege jener Inselkönige unter einander, und zog mit dem zahlreichen Heere des einen, den
er getauft hatte, des Königs von Zebu gegen seinen noch
heidnischen Feind, den König der Insel Mactan, einer der
starkbevölkerten Philippinen, in den Streit. Hier kam es
zu einer Schlacht, in der sich der tollkühne Magellan un-
erwartet von einer gewaltigen Uebermacht umgeben sah.
Unter einem Regen von Steinen, Pfeilen und Wurfgeschossen
kämpfte er muthig die Seinen ermunternd. Aber ein un-
heilvoller Speer flog ihm in die Schläfe und er sank zu
Boden, rasch und heldenmüthig, wie er gelebt und gehandelt
hatte, seinen Geist aufgebend.

Der Stille Ocean, den er der Welt eröffnet hatte, wurde
sein Grab, wie denn nach ihm, bis auf den Russen Bering,
den Engländer Cook und den edlen Franzosen la Peirouse
herab, in diesen Gewässern noch viele berühmte Erdumsegler
als Märtyrer ihrer Bestrebungen, zum Theil auf ähnliche
Weise wie Magellan enden oder verschwinden sollten.

Magellan's Gefährten erreichten endlich zwar wirklich
die Molukken. Doch geriethen sie hier sowohl mit den
Eingeborenen, als mit den Portugiesen in Collision und
es gelang am Ende nur einem Schiffe der Magellan'schen
Flotte, der weltberühmten „Victoria," commandirt von dem
einen der noch übrig gebliebenen Offiziere, Sebastian del
Cano, den Heimweg nach Spanien um Afrika herum
zu finden.

Auf einer langen und noch von vielen Gefahren um-
lauerten Fahrt, führte endlich dieser Sebastian del Cano
sein von Würmern zerfressenes, vielfach geflicktes, mit einem

verstümmelten Reste von Masten und Segelwerk, gleich einer
aus hitziger Schlacht heimkehrenden, zersetzten Regiments-
fahne geschmücktes, allerdings aber mit Gewürznelken und
vieler wunderbaren Kunde aus den fernsten Weltgegenden
befrachtetes Schiff in den Hafen von Sevilla, wo es nach
einer Erdumsegelung von drei Jahren, mit 13 lebenden
Castilianern, den einzigen die von der ganzen Flotten-
bemannung übrig geblieben waren, vor Anker ging.

„Groß", so drückt sich ein alter spanischer Historiker
über dieses Ereigniß aus, „war die Schifffahrt der Flotte
des Königs Salomon nach Ophir, aber viel größer war die
Reise der Schiffe des Kaisers Karl. Die Gefahren und
Abentheuer, welche Ulysses erduldete, waren Kinderspiel im
Vergleich mit dem, was Magellan und Sebastian del Cano
bestanden. Die Fahrten der Argo des Jason, die man
unter die Sterne versetzte, waren nichts im Vergleich mit
denen der Victoria, die man zum ewigen Gedächtniß wenigstens in den Arsenälen von Sevilla hätte aufbewahren sollen,
denn wie die Sonne bewegte sich dies Schiffchen um die
Erde, und bewies zum ersten Male der ganzen Menschheit,
die noch daran zweifeln konnte, auf ganz handgreifliche und
sinnliche Weise, daß sie eine Kugel bewohne.

Magellan und Sebastian del Cano hatten dieses Problem
gelöst. Sie haben zwar beide nur e i n e That in ihrem
kurzdauernden Leben verrichtet, aber sie haben diese glänzende That mit außerordentlicher Energie und Standhaftigkeit
und mit nie vorher und nachher übertroffener nautischer
Geschicklichkeit vollführt. Sie nahmen, so zu sagen, die Erde
von den Schultern des alten Atlas und, und lösten sie von
den alten imaginären Postamenten, auf denen Unwissenheit
sie niedergelegt hatte. Sie ließen dieselbe vor den Augen
der erstaunten Welt frei wie die Mondscheibe sich in den
Aether erheben. Sie und ihr Zeitgenosse Copernicus waren

gewiſſermaßen die Werk= und Glockenmeiſter dieſer Umge=
ſtaltung. Sie machten die ſchöne Weltwölbung ſich bewegen,
ſchweben. Wie ein goldener Stern, aus der Hülſe, blank
und eben, ſchälte ſich der metallene Kern. Von ihrer That
datiren die weiteren Blicke, welche die Aſtronomen nun ins
Weltall thaten. Von ihrer That ſchreibt ſich die Allgegen=
wart europäiſcher Wimpel an allen bewohnbaren Geſtaden
der Erde her. Denn nach ihnen durfte nun nichts mehr
als unerreichbar gelten. Beiden wurde dafür ein unſterb=
licher Name. Doch erntete nur Sebaſtian del Cano, der
Lebende, einſtweilen noch die perſönlichen Vortheile, die
eigentlich dem Magellan hätten zukommen ſollen, königliche
Gunſt, allgemeine Bewunderung, eine lebenslängliche Penſion
von 500 Dukaten und ein reichbegabtes Wappen, in welches
Kaiſer Karl ihm eine ſo großartige Deviſe ſetzte, wie ſie
zuvor nie ein König einem Ritter ertheilen konnte. Manche
Ritter haben wohl einen ſilbernen Balken ins Wappen be=
kommen, oder zwei rothe oder weiße Roſen. Dem Columbus
ſetzte König Ferdinand einen kleinen Kranz von Inſeln ins
Schild, ein anderer Conquiſtador erhielt einen feuerſpeienden
Berg. Sebaſtian del Cano aber übertraf ſie alle. Denn
ihm ertheilte Kaiſer Karl das Bild des ganzen Erd=
globus zum erblichen Familienzeichen und dazu die denk=
würdige Inſchrift: „Primus circumdediſti me.“ (Du warſt
der erſte, der mich umfing.)

Dem Magellan ſelbſt wurde weiter kein Denkmal
geſetzt, als daß man bald nach ſeinem Tode anfing, das
mächtige Weltthor, das er gefunden hatte und das, wie ſein
berühmter italieniſcher Gefährte und Geſchichtsſchreiber Pi=
gafetta bezeugt, ohne ſeine Ausdauer und ohne die Energie
ſeines Commandos von den Spaniern nie erreicht worden
wäre, nach ihm benannte. Der Name Magellan's=Straße trat
ſchon nach wenigen Jahren allgemein an die Stelle des von Ma=

gellan selbst gegebenen Namens des „Allerheiligen-Canals".
Die wüsten Gebiete aber, welche diesen Canal zu beiden
Seiten umgeben, die langgestreckte patagonische Länderspitze
und das unwirthliche Feuerland, mit dem der amerikanische
Continent im Süden ausläuft, sind noch heutiges Tages
fast in demselben wilden und primitiven Zustande, in
welchem die Spanier im sechszehnten Jahrhundert sie erblickten.

V.

Mexico und Cortes.

Sebastian de Ocampo segelt durch die beiden Thore des Golfs von Mexico Anno 1508. — Diego Velasquez erobert und besiedelt Cuba (1511—14). — Franc. Hernandez de Cordova entdeckt die Halbinsel Yucatan (1517). — Juan de Grijalva besegelt die Ostküste von Neu-Spanien (1518). — Fernando Cortes segelt von Cuba ab (Februar 1519). — Cortes gründet Vera Cruz (Juli 1519). — Cortes kommt in der Stadt Tenochtitlan an (8. Nov. 1519). — „Die traurige Nacht" (1. Juli 1520). — Cortes vollendet die Zerstörung von Tenochtitlan (13 Aug. 1521). — Cortes entdeckt Californien (1535 36). — Cortes geht zum letzten Male nach Spanien (1540). — Cortes stirbt (2. Dec. 1547).

Wie das mittlere Europa sich südwärts allmälich in die schöne schlankgestalteten Halbinseln von Griechenland und Italien zusammenzieht, wie Asiens weit gedehnter Körper von Norden her in die von Natur und Geschichte reichbegabte Halbinsel von Vorder- und Hinterindien ausläuft, so schmälert sich auch der weite Continent von Nordamerika gegen den Aequator hin, zu dem an Wundern reichen Halbinsel- oder Isthmuslande ab, das in alten Zeiten „Anahuac" (das Land zwischen den beiden Meeren) genannt wurde, und welches wir jetzt Mexico nennen.

Meerumgebenheit zeigt sich in allen Theilen der Welt als der Entstehung und dem Fortschritte der Bildung günstig. Fast alle die ältesten Culturwiegen in Europa, wie in Asien und auch Amerika haben auf Halbinseln gestanden.

Der breite und kalte Norden Amerika's war erfüllt
theils mit rauhen Felsengebirgen, theils mit unabsehbaren
Graswüsten und endlosen Wäldern, ein einförmiges Paradies
für barbarische Jägerstämme. Indem sein Riesenleib, nach
Süden vorschreitend, sich zierlicher zu gliedern anfängt,
nimmt er auch in anderen Beziehungen eine immer gün-
stigere Gestalt an. Die rauhen Felsengebirge fangen an in
hohe Plateaus von mäßigem Umfange auseinander zu
gehen. Von diesen Plateaus fällt das Land in mehren
Abstufungen, nach beiden Seiten zum Meere hinab, und es
zeigt sich auf engem Raume die größte Mannigfaltigkeit der
klimatischen Zustände und eine correspondirende Fülle von
Bodenproducten. Während einige der höchsten Gipfel des
Landes bis in die Regionen des ewigen Schnees hinauf-
ragen und während tropische Hitze über dem tief herabge-
drückten Küstenstreifen und seiner Pflanzenfülle brütet, lächelt
ein fast ununterbrochener Frühling in den mittlern Thälern.
Der reiche Natursegen dieser Gegenden, welche das Vaterland des Cacaos, des Tabacks, des Mais und vieler anderer
Culturpflanzen, — aus denen fast ein Drittel aller anmuthigen
und prachtvollen Blumen und Zierstauden unserer jetzigen
Gärten stammen, — und die in ihren Bergschluchten Silber,
Gold, Kupfer und andere edle und nützliche Metalle in
Ueberfluß darboten, — mußte bald die vom Norden herein-
bringenden Wandervölker zur Errichtung bleibender Wohn-
sitze einladen.

Die merkwürdigen antiquarischen Untersuchungen, die
man in der Neuzeit auf dem großen centralamerikanischen
Isthmuslande angestellt hat, haben uns bewiesen, daß zur
Zeit als die Europäer über den Ocean zu schiffen anfingen,
schon eine Reihe von Civilisationen auf dem Boden von
Mexico aufgetreten und verschwunden waren. Zu wiederholten Malen waren die Barbaren aus dem Norden ein-

gebrungen und hatten zu wiederholten Malen, nachdem sie
Alles verwüstet, doch wieder, wie die Tartaren in China,
die an diesem Boden haftende Cultur sich angeeignet. Wir
erkennen jetzt schon vier oder fünf solcher abwechselnder
Blüthe- oder Verfallperioden, die auf diesem Schauplatze
wechselnden Glanzes, in diesem Winkel der Erde, ohne daß
die übrige Welt davon etwas erfuhr, ihre Tragödien durch-
spielte. — Den Tolteken folgten die wilden Chinchimeken
und diesen die Acolhuaner und die kriegerischen Azteken.
Diese letzteren hatten zur Zeit der Kreuzzüge in Europa die
Fundamente ihres Reichs gelegt, das am Ende einen großen
Theil des jetzigen Mexico umfaßte.

Als Columbus die erste Furche durch den Ocean zog, stand
dieses Reich eben in der vollsten Kraft seiner Entwicklung
und gehorchte den Winken weithingebietender Monarchen.
Columbus selbst schon war auf seinen Reisen zwei Mal
diesen viel verheißenden Küsten so nahe gekommen, daß es
geschienen, die Lorbeeren eines Eroberers von Mexico müßten
auch ihm zu Theil werden. Ein Mal im Jahre 1494, als
er die Südküste der schönen Insel Cuba entdeckte, segelte er
fast bis in die Thore des Meerbusens von Mexico hinein,
kehrte aber so zu sagen mitten in dieser goldenen Pforte um,
weil Lebensmittel und der Muth ihm ausgingen. Und ein
zweites Mal im Jahre 1502, da er die Länder von Honduras entdeckte, offenbarte sich ihm der Westen noch deutlicher.
Ein großes Indianerschiff mit zahlreichen Waaren, fremdartigen Naturgaben und zierlichen Kunstprodukten aus dem
Lande der Azteken, so schön, wie er sie selber noch nie in
seiner neuen Welt zu sehen bekommen, fiel in seine Hände
und die Schiffer, die er nach ihrer Heimath fragte, hatten ihm
dieselbe verständlich genug angedeutet. Aber Columbus,
dessen Phantasie damals noch größere Wunder im Süden
erwartete, folgte dem Winke nicht. Statt zu jenem reichen

Westen, wo er seinem sinkenden Sterne einen neuen Aufschwung hätte geben können, war er damals südwärts
gesegelt, wo er einer Reihe von Unglücksfällen und Leiden
entgegenging, die ihn bald ans Ende seiner Laufbahn führten.
Die Spanier, die den Fußtapfen des Columbus folgten,
hatten bereits alle Verstecke des caraibischen Meeres und den
größten Theil der atlantischen Küste von Süd-Amerika
erforscht, als es noch Keinem von ihnen gelungen war, in
das große Becken der mexicanischen Gewässer einzudringen.

Auch der Schlüssel und Thorwächter dieses Meeres, die
schöne Insel Cuba, blieb lange von den Spaniern vernach-
lässigt. Erst im Jahre 1511, fast 20 Jahre nachdem Columbus sie entdeckt hatte, wurde die Besiedlung, Besitzergreifung und völlige Eroberung Cubas beschlossen, und dem
Ritter Diego Velasquez aufgetragen. Derselbe landete mit
einem kleinen Heere im Osten von Cuba, unterjochte, bis
an das äußerste Westende marschirend, alle Stämme der
Eingeborenen und übersäete ihr Land mit Ansiedelungen
und Städten.

Kaum hatte Velasquez dies mit Glück und Geschick
vollbracht, so richtete er von Cuba aus seine Blicke auf die
unbekannten Gegenden des Westens, von denen ihm bald
einige Kunde zukam.

Da sein Ruhm viele Leute herbeigelockt hatte, die nach
neuen Unternehmungen verlangten, so sandte er im Jahre
1517 einige Schiffe aus und stellte sie unter das Commando des Franzisco Hernandez de Cordova, eines wohlhabenden und tapferen Edelmannes, der in Cuba schon viel
Land und Indianer besaß. Hernandez und die Seinen von
der westlichen Spitze Cuba's aussetzend, erblickten nach
wenigen Tagen eine neue Küste und segelten westwärts längs
derselben hin.

Sie sahen, daß es ein schönes Land sei, bevölkert von

halbcultivirten Stämmen, die in volkreichen Städten, mit
Tempeln, Straßen und hohen Häusern wohnten. Sie fragten
die Eingeborenen, wie sie ihre Heimath nenneten. Diese
antwortete „Yucatan", was in ihrer Sprache so viel heißen
sollte als: „Ich verstehe Dich nicht!" Die Spanier aber
glaubten, es sei der einheimische Name des Landes, und so
kam das Wort Yucatan als Ländername auf. Der vielen
Städte und Gebäude wegen, verglichen die Spanier das
neue Land mit ihrem Vaterlande und nannten es daher
auch wohl „ein neues Spanien". Nachher wurde dieser
Name Nueva España (Neu Spanien) auf das ganze bald
darauf entdeckte Mexico ausgedehnt. Hernandez kam an der
Küste von Yucatan nicht viel weiter hinab, als bis zur
kleinen Bai von Campeche.

Bei einer andern benachbarten Stadt, Pontonchan, lie=
ferte er den Einwohnern ein blutiges Treffen. Zum Tode
verwundet und mit geschwächter Mannschaft kehrte er von
jenem Punkte, nach Ueberstehung vieler Drangsale nach
Cuba zurück, schrieb einen glänzenden Bericht an den Gou=
verneur Belasquez und gab dann, seinen Wunden und
Strapazen erliegend, nach zehn Tagen seinen Geist auf.

Belasquez war entzückt über die erhaltenen Nachrichten,
über die gemauerten Städte, über die baumwollenen Ge=
webe, die zierlichen Idole und Goldarbeiten, von denen die
Heimgekehrten Proben brachten.

Bei allen Entdeckungen, welche die Spanier bis dahin
gemacht hatten, war noch nichts ähnliches unter den ame=
rikanischen Wilden gesehen und das Gerücht von reichen
Culturländern im Westen, lief alsbald durch alle Inseln.
Wie der Strom der goldgierigen Abentheurer und unter=
nehmungslustigen Seefahrer sich denn gewöhnlich nach der
Gegend hinwandte, wo ein neues Land auftauchte, so wan=
derte nun Alles nach Cuba und begab sich unter die hoch=

flatternde Fahne des Velasquez, der daher sehr bald wieder
im Stande war, eine größere Armee und Flotte auszurüsten
und im folgenden Jahre auslaufen zu lassen.　Juan de
Grijalva, ein junger Edelmann von großen Hoffnungen und von
achtbarem Charakter, wurde zu ihrem Generalcapitain ernannt.

Grijalva landete unterwegs wie sein Vorgänger Hernandez bei Campeche und bei anderen Punkten der Küste
von Yucatan und empfing von den Eingeborenen kostbare
Geschenke, oder schlug sich tapfer mit ihnen herum, je nachdem er sich mit ihnen verständigte oder entzweite. Er segelte
über das non plus ultra seines Vorgänger hinaus und sehr
bald offenbarten sich ihm die hohen Gebirge von Mexico.

Nach einer Westfahrt von mehreren Tagen fand er
einen einigermaßen bequemen Hafenplatz, bei dem er vor
Anker ging.　Die Eingeborenen nannten diesen Punkt
„Ulloa" und Gijalva adoptirte den Namen, indem er noch
seinen eigenen Vornamen Johann hinzufügte, und daraus
„San Juan de Ulloa" machte.　Es ist ein Name welcher
noch heutigen Tages als Benennung des Forts, das den
berühmten Hafen von Vera Cruz schützt, geblieben ist.

Die Spanier waren hier an dem Punkt angelangt,
von dem aus die nächsten Wege durch bequeme Bergpässe
zu dem hochgelegenen Gebirgskessel, dem Sitze des großen
Königs des Binnenlandes, führten, und von dem nachher
Cortes seinen glänzenden Entdeckungs- und Eroberungsmarsch
begann.　Hier vernahmen Grijalva und die Seinen die
erste Kunde von diesem Herrscher, der, wie ihnen berichtet
wurde, von Kopf bis zu Fuß in einem goldenen Panzer
gekleidet sei.　Auch hatten sie hier zum ersten Male das
Schauspiel des Menschenopfers, auf den Altären des schrecklichen Kriegsgottes der Azteken. Sie entsetzten sich darüber,
obwohl sie selbst längst gewohnt waren, ihrem Gold- und
Länderdurste zahllose Menschen zum Opfer zu bringen.

Wäre der ehrliche und sehr vorsichtige Grivalva von dem Feuergeiste und den heftigen Leidenschaften eines Cortes beseelt gewesen, so hätte er vermuthlich hier gleich zugegriffen und hätte auf der Stelle, jener Zaubermähr folgend, eine Erobe- rung versucht. Als ein pflichttreuer Beamter aber, hielt er sich streng an seine Instructionen, die nur dahin zielten, „daß er die Küsten erforschen und ihre Häfen und Gelegenheiten recognosciren solle." Er ging daher nicht ans Land, sondern segelte weiter, und nachdem er die Küste Mexicos bis weit nach Norden hinauf untersucht hatte, kehrte er zurück nach Cuba, wo ihm sein Chef aber seine Gewissenhaftigkeit schlecht dankte. Velasquez, welcher fürchtete, daß einer der andern Gouverneure der westindischen Inseln ihm zuvor- kommen könne, schalt sogar den Grijalva, daß er nach so günstigen und lockenden Auspicien nicht seine Instruction gebrochen und nicht auf der Stelle vom Lande oder doch von einem festen Küstenpunkte Besitz ergriffen habe. Und für eine neue und größere Flotte und Armee, die dies aus- richten sollte, suchte er nun nach einem neuen Anführer, von mehr unternehmenden Geiste. Unter den vielen talentvollen und aufstrebenden Rittern und Anführern die ihn umgaben, fiel seine Wahl bald auf diesen, bald auf jenen. Endlich fixirte er seine Gedanken auf Einen, welcher zur Durchfüh- rung des großen Unternehmens zwar allerdings der geeig- netste, für ihn selbst aber zugleich der gefährlichste war, auf den Fernando Cortes nämlich, von dessen Leben, Charakter und Thaten, ich nun einen kurzen Ueberblick zu geben habe.

Cortes, wie die meisten der spanischen Abentheurer, die diesseits des Oceans in engen Verhältnissen geboren, bei der Eroberung der Neuen Welt eine so große Figur machten, stammte aus einem kleinem Orte, in der Nähe von Sevilla, das so zu sagen der Centralpunkt und Sammelplatz aller der Westwelt zugewandten Bestrebungen war. Sein Vater

gehörte einem alten Adelsgeschlechte an, dessen Stammbaum
man später zu den früheren gothischen Königen von Spanien
hinaufgeführt hat. Bei seiner Geburt war er von so schwäch-
licher Leibesbeschaffenheit, daß man für seine Erhaltung
fürchtete. Doch wuchs er bald zu einem lebhaften, talentvollen und vielversprechenden Jüngling heran. Seine Eltern
bestimmten ihn der Carriere eines Rechtsgelehrten und auf
dem Wege zu diesem Ziele sammelte er einige Kenntnisse,
lernte Lateinisch und soll sich sogar in schriftstellerischen Com-
positionen und Versen versucht haben. Sein unruhiger Geist
und sein Thatendrang ließen ihn jedoch nicht weit auf dieser
mühsamen Laufbahn kommen und im neunzehnten Lebens-
jahre ging er mit dem Gouverneur Ovando, dem Nachfolger
des Columbus, nach der Neuen Welt, wo sich damals der
weiteste Schauplatz zu Ruhm und Auszeichnung darbot.
Zuerst machte er dort die Feldzüge seines Chefs ins Innere
von Española mit, und lernte den Indianerkrieg kennen.
Dann im Jahre 1511 setzte er mit Velasquez als einer
seiner Offiziere nach Cuba hinüber und half diese Insel
unterjochen. Nach Beendigung dieses Unternehmens ver-
heirathete er sich mit einer schönen Spanierin Catalina de
Xuarez, erhielt eine Anzahl Indianer als Sklaven und dazu
ein Stück Land als sein Eigenthum. Eine Zeitlang lebte
er nun ruhig als westindischer Pflanzer, ließ den Boden
bebauen, führte von Spanien Schafe und Rindvieh nach
Cuba ein, und erwarb sich ein Vermögen von einigen
Tausend Dukaten. Sein offenes und affables Wesen, seine
stets muntere Laune, sein heiterer Witz hatten ihn schon
längst zum Liebling seiner Umgebung gemacht und auch
unter den Anführern und reichen Pflanzern einen großen
Anhang verschafft. Dabei hatte er noch wenig von einem
ernsten, selbstwilligen und ehrgeizigen Streben gezeigt. Fast
erschien er etwas flatterhaft, oberflächlich und tändelnd. Auch

gegen seine Obern war er bis dahin gehorsam und nachgiebig
gewesen. Einen solchen Mann wünschte sich Velasquez als Commandeur seiner neuen Armee. Er glaubte ihn leicht leiten zu
können. Auch das baare Geld und die vielen Freunde, die Cortes
besaß, dachte er für seine Ausrüstung zu benutzen.

Aber kaum sah sich dieser durch seine Ernennung zum
Chef einer Flotte auf einen hohen Posten erhoben, und kaum
erblickte er ein lockendes, großes und der Anstrengung würdiges
Ziel vor Augen, so schien sich sein ganzes Wesen zu ändern.
Es ergriff ihn ein gewaltiger Ernst. Er entfaltete auf der
Stelle eine Alles überflügelnde Thätigkeit bei der Ausrüstung
der Armada und wurde alsbald die Seele des ganzen Unternehmens und der kleinen sich sammelnden Truppe von
500 Soldaten und Edelleuten, für deren sorgfältige Equipi-
rung er nicht nur sein baares Vermögen aufwandte, sondern auch noch seinen Landsitz verpfändete. Velasquez, den
seine Anhänger auf das so schnell veränderte, enthusiastische
und fast leidenschaftliche Benehmen des Cortes aufmerksam
machten, erschrak und seine Wahl bereuend, beschloß er,
wieder eine andere Verfügung zu treffen. Der gewandte
Cortes, der dies bald erfuhr, kam ihm aber zuvor und entschlüpfte ihm. Er ließ sofort die Anker der noch nicht
völlig ausgerüsteten Flotte lichten, und nahm längs der
Südküste von Cuba segelnd, gelegentlich an verschiedenen
Punkten die noch fehlenden Vorräthe, Lebensmittel, Munition
und Pferde ein. Vergebens sandte Velasquez ihm Leute
und Befehle zu seiner Arretirung nach. Cortes legte alsbald den ersten Beweis seiner Gewandtheit dadurch ab, daß
er sich allen ihm gestellten Schlingen und Hemmnissen glücklich entzog und im Februar des Jahres 1519 nach bestmöglichster
Vervollständigung seiner Ausrüstung bei der äußersten West-
spitze von Cuba mit 11 Schiffen in die freie See stach, um
dem Neuen Goldlande zuzusteuern. Velasquez, der in Kummer

und ohnmächtigem Aerger zurückblieb, bekam ihn nie wieder
zu sehen. Nur noch ein höfliches Briefchen sandte ihm Cortes
im letzten Augenblicke zu, in welchem er ihn bat, „er möchte
doch ja nicht all das Böse von ihm glauben, welches tückische
und neidische Menschen ihm einzugeben schienen."

Derselbe berühmte spanische Seefahrer, der die Flotten
des Hernandez und Grijalva geleitet hatte, Antonio de
Alaminos, der in den Gewässern des mexikanischen Meerbusens erfahrenste Pilote, diente auch dem Cortes als Wegweiser. Mit seiner Hülfe wurde bald der Hafen von „San Juan
de Ulloa", der Küstenpunkt, wo Grijalva das Jahr zuvor gelandet war und wo er zuerst von dem großen und goldbedeckten
Herrscher im Innern gehört hatte, wieder erreicht. Cortes
ließ zwar die Küste weiter nach Norden untersuchen; da er
aber keinen bessern Hafen fand, so ging er an dem besagten
Punkte vor Anker, landete mit seiner Armee und beschloß
daselbst die erste feste spanische Ansiedlung zu gründen. Er
bildete unter seinen Begleitern eine kleine Commune, ernannte im Namen des Königs von Spanien die Magistrats-
personen dieser militärischen Colonie, ließ sie als Bürger
und Besatzung in die errichteten Befestigungen und Häuser
einziehen und nannte die so entstehende Stadt „Villa rica
de la Vera Cruz" (die reiche Stadt des wahren Kreuzes).

Diese von Cortes gegründete Stadt Vera Cruz veränderte zwar nachher noch einige Male ein wenig ihre
Position, doch blieb sie die Wurzel aus der das ganze
spanische Reich in Mexico hervorwuchs, gleichsam der Mund
und das Thor von Neu Spanien, durch welches Alles ein-
wanderte, was es aus dem Osten empfing und durch das es
stets mit dem Mutterlande zusammenhing, so wie denn auch
die Marschroute, welche Cortes von hier aus ins Innere
einschlug, für alle Folgezeiten die Hauptstraße vom östlichen
Meere nach Mexico geblieben ist.

Cortes verweilte an der Küste nur so lange, bis er sich einigermaßen orientirt hatte. Er erfuhr, daß der große, allgemein gefürchtete König im Innern des Landes Montezuma heiße und daß er im Stande sei, zahlreiche Armeen zusammenzubringen. Er bemerkte aber zugleich, daß die Unterthanen und Vasallen dieses mächtigen Gebieters sich über seine Tyrannei beklagten, daß keineswegs große Einigkeit im Lande herrsche, und daß es ihm durch geschickte Unterhandlungen wohl möglich werden könne, im Lande selbst eine Partei für sich zu gewinnen und durch Spaltung seiner Feinde zu siegen. Der durch unheilvolle und auf den Untergang seiner Herrschaft gedeutete Ereignisse geängstigte Montezuma, den schon seit zwei Jahren die Berichte über die an seiner Küste erschienenen, mit Donner und Blitz bewaffneten Fremdlinge allarmirt hatten, sandte eine Botschaft nach der andern mit reichen Geschenken, schönen Stoffen, kostbaren Perlen, raren Edelsteinen und zierlichen Gold- und Silberarbeiten, alles so prächtig, daß, wie ein Zeitgenosse sagt, „die Spanier dies für einen Traum hielten." Er hoffte die Habgier der Eindringlinge dadurch zu befriedigen und sie so zur Rückkehr zu bewegen. Aber bei Cortes und den Seinen, denen sich so auf einmal der ganze Reichthum des Landes offenbarte, wuchs dabei natürlich nur die Begierde, die eigentliche Quelle aller dieser Schätze selbst zu finden.

Cortes versicherte seinen Leuten in einer enthusiastischen Rede, er wolle sie zu den reichsten Menschen der Welt machen, ließ dem Montezuma sagen, er käme nur auf kurzen und freundschaftlichen Besuch mit einer friedlichen Botschaft seines Königs zu ihm, verbrannte nach dem Beispiele anderer energischer Eroberer, die wie er, mit dem Entschlusse zu siegen oder zu sterben, an fernen Küsten gelandet waren, seine Flotte und rückte ins Innere des unbekannten Landes vor. — Aehnlich wie Napoleon auf seinem Marsche nach

10*

Moskau, ließ er den unwilligen Unterthanen des Montezuma
die Freiheit proklamiren, und befahl ihnen, sie sollten demselben keinen Tribut mehr bezahlen.   Der Ruf hiervon
ging ihm voraus und bereitete ihm als einem Befreier die
Gemüther.   Die aztekischen Vasallen der Nachbarschaft von
Vera Cruz schlossen sich an ihn an und zeigten ihm die
Wege.   Zu dem Montezuma aber sandte er insgeheim Botschaft mit Freundschaftsversicherungen und mit der Bitte, er
solle nichts glauben von Allem, was man von ihm erzähle, bis
er ihn selber sähe.   Er schickte ihm auch einige seiner Ab-
gesandten zurück, die von den aufgeregten Unterthanen arretirt
worden waren und die Cortes befreite.   Er handelte in
allen Dingen äußerst diplomatisch, denn er war eben so
tapfer und kraftvoll, als fein und listig.   Nur in einem
Punkte zeigte sich Cortes steif und unnachgiebig, nämlich
im Punkte des Glaubens und der Religion.   Er war, wie
sich einer seiner Gefährten und Berichterstatter ausdrückt, „ein
sehr frommer Cavalier, sehr pflichttreu in allen seinen De-
votionen und in seinen Gebeten an die Jungfrau, an den
Apostel St. Peter und an die andern Heiligen."   Wohin er
kam, unter Freunden oder Feinden ließ er die Tempel zerstören oder ausräumen und sie zu christlichen Kirchen ein-
weihen.   Und es ist wunderbar genug, daß an diesem einen
nichtdiplomatischen Eigensinne des Cortes und seiner Genossen nicht das ganze Unternehmen gescheitert ist.   Hatten
sie einen heidnischen Tempel von dem Blute der Menschen-
opfer gereinigt, Alles abgewaschen, überkalkt und dann einen
Altar und das Bildniß der Jungfrau errichtet, so machten
sie mit Weihrauch und Kerzen in der Hand eine Prozession.
Die Soldaten selbst halfen den Priestern beim Verrichten
der Messe, schwangen die Räucherfässer und zogen das Glöck-
lein, weinten und vergossen viele Thränen vor Rührung
und vor Freude über den Sieg des Kreuzes.   Obgleich

Cortes nur ein Häuflein von 500 Bewaffneten bei sich hatte, so konnte er freilich mit so Gestimmten viel ausrichten. Es waren 500, von den stärksten Antrieben, die es im Menschen giebt, von glühender Geldgier und feurigem Glaubenseifer begeisterte Helden.

Durch die heißen Ebenen an der Westküste des mexicanischen Meerbusens marschirend, erklommen sie in wenigen Tagen die mächtigen Höhen des Centralplateaus, wo ihnen die riesigen Berggipfel des Orizaba, des Coffre de Pirote und die anderen Bergcolosse, die sie bisher nur vom Meere aus gesehen hatten, nun nahe zur Seite standen. Auf diesem Plateau, mitten zwischen Gebirgen eingeschlossen, bestand seit alten Zeiten ein Staat tapferer Republikaner, die sich ihre Unabhängigkeit von den Azteken bewahrt hatten. Ihre Hauptstadt und ihr wohl angebautes Land hieß Tlascalla, d. h. der Ort, wo Getreide wächst. Cortes sah sich nach vielen vergebenen Versuchen zur Anknüpfung von Friedensunterhandlungen mit den Tlascaltelen genöthigt, sie anzugreifen. Er besiegte sie in einer blutigen Schlacht, rückte in Tlascalla ein und gewann nun diesen Ort und seine ihm von jetzt an treuergebenen Bewohner als einen gewichtigen Haltpunkt zu seinen ferneren Operationen gegen Montezuma und dessen Hauptstadt. Doch half ihm auf seiner ganzen glänzenden Laufbahn noch mehr als seine Siege der Umstand, daß er durch sein anziehendes Wesen und sein huldvolles Benehmen, ebenso wie durch seine persönliche Tapferkeit und seinen unzerstörbaren Muth, Aller Herzen zu gewinnen wußte. Er besaß viele Eigenschaften, die besonders den halbwilden Eingeborenen imponiren mußten: das Talent der Rede, — eine Scharfsinnigkeit, wodurch er Alles voraussah, — eine Standhaftigkeit, die ihn nie zurückweichen ließ, — eine Gegenwart des Geistes, welche die außerordentlichsten Vorfälle nicht irre machen konnten, — einen

Enthusiasmus für Ruhm, wie er aller Zeiten und aller
Orten des Helden erste Tugend gewesen ist, — mit einem
Wort, die Kunst die Gemüther zu unterjochen im höchsten
Grade. Er behandelte die Besiegten mit Güte und Groß=
muth und machte ihnen glauben, er nehme ihr Interesse eben
so gut wahr, wie das der Spanier. Er hatte in seinem
ganzen Wesen und Geiste etwas von dem Macedonier Alexan=
der dem Großen. Man hat ihn daher auch wohl den
Alexander des Westens genannt. Und man hat daher auch
von ihm, wie von dem Eroberer des Orients gesagt, daß seine
Person bei allen Unternehmungen mehr ins Gewicht gefallen
sei, als eine Armee. Daher lernten selbst die Eingeborenen ihn
als einen großen Anführer verehren, nannten ihn ihren
„Malinche," ihren „Calchichutl", d. h. ihren Smaragd. Der
bald überall verbreitete Ruhm und der große Name des Cor=
tes sowie seine fesselnde Persönlichkeit zeigten sich bei der
Eroberung Mexico's wirksamer, als die Kanonen und das
Eisen der Spanier.

Durch die gehorsam gewordenen und mit ihm nun
verbrüderten Tlascalteken, welche seit uralten Zeiten erbit=
terte Feinde der Azteken gewesen waren, und die Cortes
sogar überredet hatte, sich zu Christen machen zu lassen,
verstärkte sich seine Armee um viele Tausende. Er ordnete
sie in Compagnien, stellte spanische Offiziere an ihre
Spitze und so rückte er nun auf den Kranz hoher Berge zu,
die den Centralkessel der Hauptstadt des Montezuma umgaben.
Zwei der höchsten dieser Berge nannten die Tlascalteken
„Popocatepetl" und „Iztaccihuatl", den Feuerberg und den
Berg der weißen Frau. Beide sind Vulkane. Der erstere,
der Popocatepetl, hatte vor Kurzem zum Schrecken der gan=
zen Bevölkerung, gleichsam im Wetteifer mit den spanischen
Donnergeschützen, furchtbar gewüthet und höhere Flammen
ausgespieen, als lange zuvor.

Im Vorübermarschiren wandelte einen von den Capitänen des Cortes, den kühnen Diego Ordas, Lust an, dies
Wunder der Natur bei dieser Gelegenheit in der Nähe zu
beschauen, und die Lust reizte ihn um so mehr, da die Indianer sagten, daß nie ein Mensch den Gipfel jenes Berges
erreicht habe. Cortes, der den Eingebornen gern zeigen
wollte, daß das was sie für schwierig oder unmöglich hielten,
den Spaniern ein Spiel dünke, ließ ihn ziehen. Die indianischen Wegweiser, welche Ordas mitgenommen hatte, verließen ihn bald, und küßten ihm und seinen Begleitern die
Kleider, weil sie da hinauf zu gehen wagten, wo ihrer
Meinung nach der Eingang zur Hölle sei. Auch die Spanier
wollten im Weiterklimmen verzagen, aber Ordas sagte ihnen,
daß es unehrenvoll für Castilianer sei, eine angefangene
Unternehmung unvollendet zu lassen, selbst wenn es dabei
um's Leben gehen sollte, und so kamen sie auf den Gipfel
des Kraters. Hier entdeckten und überschauten sie nun zum
ersten Male rings umher die Landschaft von Mexico, welche
der Herzpunkt des Reichs der Azteken war, ihre Seen, die
vielen Städte und Dörfer darin, die zusammen einen zauberischen Anblick gewährten. Es schien dem Ordas, als könne
er dreißig große Städte zählen, und er sagte den Seinen,
dies wäre das verheißene Land, das ihr gutes Glück ihnen
aufgespart habe. „Je mehr Ungläubige es enthalten mag,"
äußerte er im Herabsteigen, „desto besser für uns, desto
mehr Gewinn giebt es für uns zu machen."

Cortes rückte darnach aus den Engpässen zwischen den
beiden genannten Bergen hervor und sah nun selber das
reizende Bild, das Ordas schon von seinem hohen Standpunkte aus der Vogelperspective überblickt hatte, mehr in
der Nähe: die anmuthigen Seeufer, die angebauten Fluren,
die blumenreichen Gärten, und das ganze große mit Bevölkerung erfüllte Thal, von dessen Existenz weder seine Zeitgenossen,

noch die Alten nur eine Ahnung gehabt hatten, obgleich in
seinem Schooße bereits viele unbekannte Geschlechter von
Menschen ihre Laufbahnen vollendet und ihre Geschichte
abgespielt hatten.

Dieses merkwürdige Thal, das 70 Stunden im Umkreise hat, scheint von der Natur zu einem Centrum des
menschlichen Verkehrs, zu einem Anhaltspunkte der Cultur, zur
Ausbildung von Macht und zur Ausübung von Herrschaft
nach allen Seiten hin fast wie vorgerichtet. Der Boden
ist fruchtbar, das Klima milde. Die Seen mit den zahlreichen in sie herabfallenden Bergflüssen gewähren eine fort-
dauernde Bewässerung. Der hohe Bergkranz rings umher
bildet einen Schutzwall für den, der von dem Thale Besitz
ergriffen hat. Und die Hauptflüsse der mexicanischen Halbinsel entspringen entweder in diesem Becken selbst oder doch
in seiner Nähe und führen nach allen Richtungen, zum
stillen wie zum atlantischen Ocean hinab.

Fast alle die Volksstämme, die von Norden her in das
Land Anahuac herein gebrochen waren, waren endlich in
dieser schönen Wiege der mexicanischen Cultur zur Ruhe
gekommen, hatten dort feste Städte gebaut und Königs-
residenzen gegründet, und dann von da aus mehr oder
weniger weit ihre Herrschaft und ihren Einfluß ausgedehnt.

Als Cortes hier ankam, saßen daselbst, wie gesagt, seit
etwas mehr als 300 Jahren jene Azteken in ihrer an einem
der Seen gegründeten Stadt Tenochtitlan, die allmählich,
gleich dem alten Rom durch glückliche Kriege mit den Nach-
baren, sich innerhalb des ganzen Thales, und am Ende im
ganzen Lande, zwischen beiden Meeren, zur weitgebietenden
Herrscherin erhoben hatte. Gleich den alten Römern scheinen
die Azteken zu Anfang eine Art aristokratischer Republik
unter kühnen Stammhäuptern gebildet zu haben, und, wie
jene, verfielen sie endlich bei Ausdehnung ihrer Eroberungen,

der Herrschaft eines Einzigen. Cortes traf ihre Macht und
Größe gerade auf ihrem Gipfelpunkte und fand einen mächtigen Despoten an der Spitze. Dies war seinem Unternehmen in doppelter Beziehung förderlich, denn erstlich fand
er in Folge dessen auch die Eifersucht der benachbarten und
unterbrückten Völker gegen die Azteken und die Ungeduld
ihrer Vasallen auf dem Gipfel und konnte so um so leichter
die Rolle eines Befreiers spielen, und zweitens vermochte
er nun seine ganze Kraft und Thätigkeit auf e i n e n Punkt
zu richten, um durch dessen Gewinnung Alles auf einmal
zu erreichen. Brachte er das mächtige Staatsoberhaupt, den
Montezuma, sei es durch Gewalt oder List, auf seine Seite,
so konnte er in seinem Namen Befehle, die weithin respectirt
wurden, erlassen. Das ganze Anahuac war für ihn gleichsam
wie ein wohlorganisirtes großes Schiff, das er ganz besaß,
sowie er das Steuerruder in die Hand bekam. Die Spanier
haben, überall wo sie in Amerika einen großen fest begründeten Staat fanden, in Mexico, Peru, Bogota, äußerst
rasche Eroberungen gemacht. Wo aber die Eingeborenen
in viele kleine, wilde Stämme zersplittert waren, da waren
die Fortschritte der Europäer weit langsamer.

Cortes führte seine Aufgabe auf eine höchst listige und
in gewisser Beziehung bewunderungswürdige Weise durch.
Er ließ dem Montezuma wiederholt versichern, er sei kein
Eroberer, sondern nur ein Abgesandter eines Königs, der im
Osten des Meeres alle Länder beherrsche und der ihn, zur
Begrüßung des mächtigen Herrschers auf der andern Seite
des Oceans, hergesandt habe. Er verleitete ihn auf diese
Weise zu freundschaftlichem Entgegenkommen, zu einer feier-
lichen Zusammenkunft, bei welcher der indianische Monarch
ihn willkommen hieß, schlich sich so als ein Botschaf-
ter in die Hauptstadt des Landes ein, und nahm sofort
Besitz von einer großen Gesandtenwohnung, die Montezuma

ihm anwies, die aber Cortes alsbald in der Stille in Ver-
theidigungszustand versetzen und mit Kanonen schmücken
ließ. Dann, da er sein Häuflein in Sicherheit wußte, besah
er sich gleichsam wie ein wißbegieriger Reisender, die Residenz, ihre Lage, ihre Gebäude und die großen Damm-
chausseen, welche die Mexikaner in verschiedenen Richtungen
durch ihren See gelegt hatten, um ihre Inselstadt, ihr Venedig,
mit dem Festlande zu verbinden. Auf den Marktplätzen
fand er vor seinen Augen alle Waaren und Producte der
benachbarten Landschaften ausgebreitet und die Boutiquen
der Kaufleute voll von zierlichen Geweben, bewundernswürdig
gearbeiteten Federteppichen und Federgemälden, auf denen
die aztekischen Künstler vermittelst des Prachtgefieders der
Colibris Blumen, Thiere, Bäume, Felsen, ganze Landschaften
so geschickt, wie die spanischen Maler mit dem Pinsel darstellten und von denen einige sogar in der Hauptstadt aller
Künste der Welt, in Rom vom Papste, den man später
damit beschenkte, bewundert wurden. Die Kaufläden waren
voll von allerlei Erzeugnissen der mexicanischen Handwerker.
Am meisten reizten die Arbeiten aus Gold und Silber, die
so kunstvoll gemacht und bei denen so eigenthümliche Ver-
fahrungsweisen beobachtet waren, daß selbst die spanischen
Goldschmiede, die nachher Einiges davon in die Hände
bekamen, nichts Gleiches hervorzubringen im Stande waren.
Sogar Apothekerläden mit allerlei bis dahin unbekannten
Specereien und Arzneimitteln gab es in Tenochtitlan. In
seinen Palästen, seinen Gärten, seinen Menagerien und auf den
Gipfeln der hohen Tempelgebäude führte Montezuma selbst
die Fremdlinge umher. In dem merkwürdigen Thiergarten
des Königs fand Cortes alle Vögel und vierfüßigen Geschöpfe des Landes in reicher Auswahl vereinigt und er
schilderte selbst davon mehrere dem Kaiser Karl V. in seinen
Briefen an ihn.

Von dem Gipfel des pyramidenartigen Haupttempels
der Stadt herab aber übersah er die ganze schöne Nachbarschaft. Es schien ihm der reizendste Anblick von der Welt.
Er wurde nicht müde, seine Augen daran zu weiden, und
sagte zu seinen Begleitern: „Was scheint Euch, Ihr
Herren, von der überschwänglichen Gnade Gottes, die uns
nach so vielen überstandenen Arbeiten und Drangsalen und
nach so mühevollen Siegen, hierher geführt hat? In Wahrheit, ich glaube, daß wir von diesem Punkte aus weite
Herrschaften müssen erobern können, denn nur von solchen
kann eine so große Stadt die Capitale sein. Wenn wir
diese einmal sicher haben, so muß alles Uebrige leicht zu
erlangen sein."

In unbegreiflicher Verblendung und Nachgiebigkeit folgte
Montezuma der Aufforderung des Cortes, seine eigene
Wohnung zu verlassen und seinen Sitz in dem zu einem
Fort umgewandelten Palaste der Spanier zu nehmen, wo
er sich alsbald von den Künsten des schlauen Fremblings
umstrickt fühlte, und ein Gefangener in seiner eigenen Residenz ward. Man glaubt ein Vorspiel der Dinge zu sehen,
die sich zu einer andern Zeit in der Hauptstadt eines europäischen Fürsten (ich meine Warschau) ereigneten, wo auch
der von Truppen begleitete Gesandte eines mächtigen Kaisers
den Untergang eines großen Staates und Königs, auf ähnliche Weise einfädelte.

Kaum hatte Cortes den Montezuma, den er täglich
besuchte, den er durch Truppenübungen, Paraden, Musik und
andere ihm neue Schauspiele bei guter Laune zu erhalten
wußte, in Händen, so fing er an, in seinem Namen und
durch seine Vermittlung das weite, noch unbekannte Land
zu regieren, und vor allen Dingen sich Kenntnisse von der
Ausdehnung und den Hülfsmitteln desselben zu verschaffen.
Er ließ sich von Montezuma eine Beschreibung und ein

Bild von Anahuac machen. Der Beherrscher Mexico's selbst
wurde für uns Europäer der erste Geograph und Kartenzeichner dieser Gegenden.   Denn aus seinem Munde sind
die ersten Berichte über Mexico genommen, die Cortes an
Kaiser Karl V. sandte und aus denen dann die damaligen
Geographen Europas zum Theil wieder ihre Schilderungen
schöpften. In seinen Unterhaltungen mit Montezuma erfuhr
Cortes von ihm die Namen der verschiedenen Provinzen,
die ihm unterworfen seien.   Er hörte von ihm, daß auf
der entgegengesetzten Seite von Anahuac, zehn oder zwölf
Tagereisen weit, ein anderes großes Gewässer sei, von dem
Cortes alsbald vermuthete, daß es dasselbe Meer sein müsse,
welches Balboa vor 6 Jahren entdeckt habe, nämlich die Südsee.
Namentlich aber fragte er auch seinen Gefangenen, wo das
viele Gold und Silber, welches man in Tenochtitlan sehe,
gewonnen würde, und Montezuma gab ihm einige gold-
führende Flüsse und mehrere Stellen, wo man Silber fände,
an.   Cortes examinirte den Kaiser auch über die Beschaffenheit der Küsten des mexikanischen Meerbusens und Montezuma überreichte ihm ein Stück baumwollenen Gewebes,
auf welchem eine Küstenstrecke von 140 Stunden dargestellt
war, mit den Vorgebirgen und auch mit den Flüssen, die
dort ausmündeten.

Nachdem Cortes das Alles erfahren hatte, sandte er
zur näheren Recognoscirung und Ausforschung aller dieser
entlegenen Gegenden einige seiner Capitäne aus, die Montezuma von mexicanischen Wegweisern und Beschützern begleiten ließ, indem er zugleich den Gouverneuren, Grenz-
soldaten und Wächtern seines Reiches den Befehl gab, die
Sendlinge seines Freundes Cortes auf alle Weise zu fördern.

Ueberall wurden dieselben wie geehrte Gäste und fast
wie Götter bewillkommnet und selbst da freundlich aufge-

nommen, wo bei feindlichen Stämmen die Azteken selber
sich nicht zeigen durften.

Es schien fast, als wolle sich das ganze Land zwischen
Nord= und Südsee dem Cortes schmiegsam, gefügig und
ohne alles Blutvergießen zu Füßen legen. Er selber thronte
in Tenochtitlan neben dem Montezuma und ordnete mit
ihm und in seinem Namen Alles an. Von allen Seiten
strömten ihm, dem angestaunten, aus dem Meere hervor=
gegangenen und geheimnißvollen Wundermanne, Geschenke,
Gesandtschaften und Freundschaftsversicherungen zu. So
bestürzt und gleichsam bezaubert waren die Mexicaner von der
Neuheit der Menschen und Dinge, die ihnen dieser urplötzliche
Einbruch brachte, daß sie sogar die Aeußerung der Spanier, die
Götter, die sie verehrten, seien nicht Götter, sondern Dämonen
und Teufel, gelassen anhörten und es duldeten, daß ihre
Gäste die heidnischen Opfer verboten und mitten in dem
Haupttempel der Residenz sofort eine Capelle der Mutter Maria
bauten und daselbst für eine Gottheit, die in Mexico unbe=
kannt war, feierliche Ceremonien verrichteten.

Eine solche Nachgiebigkeit, die Folge des ersten betäu=
benden Staunens und Schreckens der Eingeborenen über die
Erscheinung so außerordentlicher Fremdlinge, ein solcher
tiefer Frieden, wie er den Cortes bei seinem ersten Ver=
weilen in Mexico umgab, hat alle europäischen Entdecker
bei ihren ersten Schritten in der Neuen Welt, in Mexico wie
in Peru, auf Guanahani wie auf Española, ebenso wie später
in Birginien und am Lorenzo empfangen. Aber auch fast
überall ist dann auf die anfängliche Windstille ein Sturm
nachgefolgt, eine allgemeine Verschwörung und Erhebung
der Eingeborenen, und eine Zeit des Kampfes, der zuweilen
die Europäer an den Rand des Verderbens brachte, den sie
aber dann doch fast überall glücklich, obwohl blutig bestan=
den, und nach dessen furchtbarer Schlichtung sie zuletzt

auf den Trümmern der zerstörten Landesstaaten und auf den Gräbern der ausgerotteten Eingeborenen ihr mit neuen Kräften begonnenes Werk vollendet haben.

Hätte Cortes auf Cuba nicht Feinde im Rücken gehabt, die gefährlicher waren als die Mexicaner selbst, hätte er von dort e i n kleines Hülfschor nach dem anderen auf friedlichem Wege über Vera Cruz und Tlascalla nach Mexico hinüberziehen und seine Trupps dann nach und nach in der angefangenen Weise sich ausbreiten und überall festen Fuß fassen lassen können, so wäre vielleicht Alles ohne große und zerstörende Convulsionen abgegangen. Aber sein gereizter Chef Velasquez, dem Cortes gleichsam die Braut, die er selber zu umarmen gedachte, vor den Augen weggeführt hatte, störte alle die so geschickt angesponnenen Fäden. Da der Ruhm von des Cortes Thaten bereits im ganzen Antillen-Archipel erscholl, so stieg der nicht ganz unbegründete Zorn des Velasquez aufs höchste. Er enrollirte und vereinigte auf Cuba, wo er, wie gesagt, mitten im Thore von Mexico saß, alle die herbeiströmenden Abentheurer, die jene Gerüchte anlockten, und die Cortes, wenn er Cuba gehabt hätte, eben so gut für sich hätte gewinnen können, zu einer Armee. Er stellte sie unter das Commando des bei den Soldaten beliebten Capitäns Pamfilo de Narvaez und sandte sie dem Cortes nach, um demselben seine Beute wieder abzujagen.

Narvaez landete mit seinen Leuten, die fast zwei Mal so zahlreich waren als alle spanischen Begleiter des Cortes, bei Vera Cruz und rückte ins Land. Cortes, der so etwas längst gefürchtet hatte und bald davon Nachricht bekam, sah sich genöthigt, ihm entgegen zugehen. Er ließ seinen Capitän Alvarado mit einer kleinen Truppe in der Hauptstadt bei Montezuma zurück. Diesem letzteren, der seiner Seits auch davon vernommen hatte, daß andere Spanier

gekommen seien, die von dem allverehrten „Smaragden"
sehr verächtlich sprächen, und die ihn sogar im Namen
desselben Königs, für den Cortes zu handeln vorgab, als
einen Rebellen gefangen nehmen wollten, versicherte Cortes
zwar, daß dies nichts zu bedeuten habe, daß jene Gerüchte
auf Mißverständnissen beruhten, daß er selber Alles bald
schlichten wolle. Allein alle jene Dinge, die er sich nicht
erklären konnte, „verwirrten doch", wie Herrera sagt, „dem
Montezuma den Kopf." Und eben so zerstörten sie bei allen
übrigen Mexikanern, welche nun die „Sonnensöhne" selbst
unter einander in Streit gerathen sahen, einen Theil des
Zauberwahns, in dem sie bis dahin in Bezug auf dieselben befangen gewesen waren.

Cortes überraschte zwar mit Blitzesschnelle die zahlreiche Armee des Narvaez in der Nacht, schlug sie, nahm
den Anführer selbst gefangen, und kehrte mit den übrig
gebliebenen Truppen, die sich an ihn anschlossen, als Sieger
nach Mexiko zurück. Allein hier hatte sich unterdeß der
Anblick der Dinge sehr geändert. Was dem Montezuma
„den Kopf verwirrt" hatte, hatte eben so alle seine Unterthanen aus dem Schlafe geweckt. Daß Cortes, wie er
vorgegeben, nicht ein friedlicher Abgesandter seines Königs
sei, mußte nun wohl Allen klar werden, da seine eigenen
Landsleute mit ihm auf mexikanischem Grund und Boden
blutig stritten. Sein Capitän Alvarado, dem mit seiner
geringen Mannschaft in der volkreichen Stadt bange geworden war, hatte sich zu einer unüberlegten und grausamen
Handlung, zu einem Ueberfall der Mexikaner und einem
voreiligen Blutbade unter ihnen, verleiten lassen. In Folge
dessen war die allgemeine Mißstimmung gegen die Spanier
im Steigen. Daß Montezuma, ihr Herrscher, dennoch
immer bei den Ausländern weilte, entfremdete ihm die
Gemüther seiner Unterthanen, die unter einander conspirirten

und beschlossen, ein anderes Oberhaupt zu wählen. Montezuma war also fernerhin als ein Werkzeug zum Befehlen
im Lande nutzlos geworden, und da die Empörung endlich
ausbrach, wurde er dabei von seinen eigenen Leuten, bei
denen die Spanier sich seiner als Vermittlers bedienen
wollten, getödtet. Die befestigten Häuser des Cortes wurden
von vielen Tausenden erbitterter Patrioten, welche die Wirkung
seiner furchtbaren Geschütze jetzt nicht mehr achteten, erstürmt,
und er mußte seinen Rückzug aus Tenochtitlan antreten.

Er führte ihn zwar unter heroischem Kampfe aus,
aber mit bedeutendem Verluste und unter entsetzlichem
Blutvergießen in jener schrecklichen Nacht, welche die Geschichtschreiber vorzugsweise „die traurige Nacht" (la noche
triste) nennen, und in welcher die kleine Armee der Spanier
von den Massen der empörten Völker umbräut war, wie
eine Insel von der Brandung des aufgeregten Meeres. Er
verließ das schöne Seebecken von Mexiko und ging hinter
die Berge zu den Republikanern von Tlascalla zurück, die
ihm — ein seltenes Beispiel in der Geschichte der Indianer
und überhaupt aller Völker! — selbst im Unglücke treu
ergeben blieben. Und nun mußte er von hier aus noch
einmal, jetzt freilich aber auf ganz andere Weise und mit
ganz anderen Mitteln, das Werk der Erforschung und Eroberung von Mexico von vorne beginnen. Er mußte nun
gleichsam stückweise wieder zusammensuchen, was er Anfangs
mit einem Griffe packen zu können geglaubt hatte. Da
vorher seine Boten fast ganz Mexico in völliger Sicherheit
durchstreiften, war er jetzt nur auf zwei Punkte im Lande
reducirt. auf den Hafen von Vera Cruz, in welchem die
Besatzung sich tapfer hielt, und auf die Nachbarschaft von
Tlascalla, dessen bewundernswürdige Bewohner in uner-
schütterlicher Ergebenheit an ihm fest hielten, und das auch
nachher von dem spanischen Kaiser mit anerkennenden

Privilegien belohnt wurde. Selbst die Straße zwischen
beiden Punkten, zwischen Tlascalla und dem Meere, hatte
er anfänglich verloren. Die überall aufgestandenen Indianer
streiften raubend und mordend in ihrer Nähe und machten
mehrere kleine Trupps von Spaniern, welche längs dieser
Straße zogen, nieder. Zunächst eroberte Cortes durch einige
Streifzüge, wobei er die benachbarten Stämme züch=
tigte, diesen wichtigen Verbindungsweg zurück und stellte
seinen Zusammenhang mit dem Meere wieder her, von wo
er allein Hülfe erwarten konnte, und von wo auch wirklich
einige glückliche Zufälle ihm während seiner Bedrängnisse
Sukkurs von Schiffen, Mannschaften und Munition ver=
schafften.

Alsdann führte er wiederholte Einfälle in die Umgegend
des Plateaus von Tlascalla aus, hob durch kleine Siege
den gesunkenen Muth seiner Soldaten und machte sich am
Ende alle Bewohner dieses Plateaus wieder unterwürfig.
Sie vermehrten die Größe seiner indianischen Hülfsarmee
und mußten für ihn arbeiten.

Vor allen Dingen war er darauf bedacht, in den
Wäldern von Tlascalla Material zum Bau einer kleinen
Flotte zu sammeln. Tenochtitlan war, wie gesagt, gleich
Venedig eine Wasserstadt, umschwärmt von zahllosen Canoes
der Eingebornen. Ohne Schiffe war sie nicht zurück=
zugewinnen. In jener „traurigen Nacht" hatten die Spanier
bei ihrem Rückzuge gerade auf den Dammwegen, welche
die Stadt mit dem Lande verbanden, die größte Noth ge=
litten, die sie mit Hülfe von Schiffen wohl hätten mindern
können. Cortes schickte seine spanischen Matrosen mit Indianer=
begleitung in die Wälder, um Holz zu fällen und Theer zu
brennen, errichtete Anker= und Nagelschmieden und ließ
Stricke anfertigen. Als diese Arbeiten einigermaßen fort=
geschritten, der Muth seiner Leute von neuem belebt, seine

11

indianischen Hülfstruppen wieder angewachsen waren, rückte
er mit dem Hauptcorps seiner Armee abermals über die
hohen Gebirge in den Thalkessel von Mexico ein, und gewann hier endlich nach unsäglichen Drangsalen und nach
vielen mühevollen Siegen über die der Residenz benachbarten
Städte eine feste Position am See, der Hauptstadt gegenüber. In meilenlangen Processionen von vielen Tausenden
von Indianern wurden die Schiffsmaterialien Stück für
Stück, Balken für Balken über die Gebirge geschafft, am
Ufer zusammengesetzt, und endlich unter Absingung eines
Tedeums ins Wasser gelassen. Die abermalige Erscheinung
des Cortes in ihrem Thale, und das neue Wunder der
großen „Brigantinen", die auf dem Wasser mit schwellenden
Segeln sich leicht hin und her bewegten, imponirte den
Eingebornen, und fast alle erschreckten Stämme des Thales
schlossen sich den Spaniern an, mit Ausnahme der eigent-
lichen Azteken in der Stadt Tenochtitlan selbst, an deren
Spitze nach Montezuma's Tode ein junger patriotischer
Prinz, Guatimozin, als Anführer und Herrscher getreten war.

Dieser Guatimozin hatte zwar in alle westlichen und
nördlichen Theile des Reichs Boten gesandt, hatte die
aztekischen Unterthanen zur Beihülfe aufgefordert und
ihnen, wenn sie kämpften und siegten, Tributfreiheit ver-
heißen. Viele waren auch erschienen, und die Stadt
Tenochtitlan war angefüllt mit Tausenden von Kriegern.
Aber fast eben so viele waren auch aus eingewurzeltem
Hasse gegen ihre alten aztekischen Unterdrücker und Feinde
nach und nach wieder auf die Seite des Cortes getreten,
besonders seitdem er seine Flotte so glücklich zu Stande
gebracht hatte und seitdem sein Banner von Neuem an den
Ufern des Sees von Mexico flatterte. Es war dem Cortes
abermals gelungen, seine Feinde völlig und nachhaltig zu
spalten und die ganze eine Hälfte des Reichs gegen die

andere unter die Waffen zu bringen. Er stand dem Guatimozin fast mit gleicher Zahl von Streitern gegenüber. Ja,
seine Bundesgenossen von Tlascalla, von Cholulo, von Testufo
und anderen Orten, die zum Theil noch ältere Traditionen
und Ansprüche auf die Herrschaft als die Azteken hatten,
und in denen erst jetzt, da sie sich kräftig und entschieden
unterstützt sahen, die ganze Gluth, des alten lange unter-
drückten Hasses wieder aufloderte, diese bisherigen Unterthanen der Azteken kämpften noch hartnäckiger und
unbarmherziger gegen ihre früheren Tyrannen, als die
Spanier selbst.

Die dreimonatliche Belagerung und allmählige Eroberung der großen Stadt Tenochtitlan, an die sich Cortes
nun, nachdem er ringsumher dem Hauptkörper alle Arme
und Canäle so zu sagen abgeschnitten hatte, machte, gehört
zu den außerordentlichsten und zugleich zu den furchtbarsten
Ereignissen, welche die Geschichte der Entdeckung Amerikas
darbietet. Man hat sie mit der Eroberung und Zerstörung
Jerusalems durch den Kaiser Titus in Parallele gestellt.
Cortes wünschte die merkwürdige Stadt zu erhalten und
das Blutvergießen möglichst zu mindern. Er ließ daher
den Guatimozin, während er ihn von allen Seiten, vom
Lande und Wasser aus bedrängte, zu wiederholten Malen
zur Uebergabe auffordern. Allein dieser junge Fürst hatte
die Seinen mit einem so patriotischen Heldenmuthe erfüllt,
daß Cortes nie eine andere Antwort bekam, als die:
„Guatimozin und die Seinen wollten entweder siegen oder
sterben, und so lange kämpfen als noch ein Spanier oder
ein Aztefe am Leben sei.“

Tagtäglich brach Cortes in die große Stadt ein,
in der jeder Tempel, jeder Thurm, jedes Haus eine
Festung geworden war. Hunderte zog er jeden Tag todt
oder lebendig aus diesen Häusern hervor, und überließ sie,

zum Theil gezwungen, der Wuth seiner Bundesgenossen.
Da immer noch Tausende übrig blieben, die sofort die Stelle
der Getödteten einnahmen, so sah er sich genöthigt, eine
gründliche und gänzliche Zerstörung zu beginnen. Er
eroberte während einer hunderttägigen Vernichtungsarbeit
Quartier für Quartier, Straße für Straße, jeden Tempel,
jeden Marktplatz, jedes Wohnhaus der Stadt, und machte
sofort Alles dem Boden gleich, indem er sämmtlichen Schutt
und Ruin zur Ausfüllung in die Canäle warf. Diese
Canäle bildeten den Hauptschutz der Mexicaner. Cortes
konnte mit seinen großen Brigantinen nicht in alle engen
Einlässe hinein, während die kleinen Canoes der Indianer
leicht sich überallhin bewegten.

Dann und wann stieg Cortes auf einen Thurm oder eine
Tempelpyramide, um zu sehen, wie viel ihm noch zu erobern und
zu zerstören übrig bliebe. Eines Tages sah er, daß er schon neun
Zehntel der alten Residenz dem Erdboden gleich gemacht hatte
und daß alle Azteken unter Guatimozin in dem noch übrigen
Zehntel zusammengedrängt waren. Er wünschte nun wenigstens
noch dieses Stück zu retten, und ließ abermals zum Frieden
auffordern. Er kannte noch von seinem Zusammensein mit
Montezuma her mehrere der vornehmen aztekischen Anführer,
die um Guatimozin waren, persönlich. Er unterredete sich
mit ihnen, er nannte sie bei Namen, und legte ihnen mit
so beredten Worten die Sache des Friedens ans Herz,
schilderte ihnen mit solcher Wärme die entsetzliche und jetzt
schon längst offenbar ganz vergebliche Kriegsnoth und
Waffenmühe, von der sie nicht ablassen wollten, daß diese
Leute „Thränen vergossen.“

Sie weinten, — aber ergeben wollten sie sich nicht. Cortes
sah sich daher zu einem allgemeinen und letzten Sturme gezwungen. Er und seine beiden tapferen Capitäne Sandoval und
Alvarado, die bei der ganzen Belagerung sich stets würdig

gezeigt hatten, einem Cortes zur Seite zu stehen und als
seine Mitarbeiter genannt zu werden verdienen, griffen von
verschiedenen Seiten an. Die indianischen Hülfstruppen,
deren Erbitterung und Rachgier während der Dauer des
Kampfes zur größten Höhe gestiegen war, gingen mit Wuth
und Todesverachtung in den mit Feinden gefüllten Straßen
vor. 50,000 von diesen wurden erschlagen und der Rest
der Stadt der Art in einen Trümmer- und Aschenhaufen
verwandelt, daß, wie Cortes selbst sagt, in dieser alten
Metropole nicht zwei Steine über einander blieben. Der
junge Held Guatimozin aber, der letzte Kaiser der Azteken,
den die Seinen in einem Canoe über das Wasser zu retten
suchten, wurde gefangen. Als man ihn vor Cortes brachte
und dieser ihn mit schmeichelndem Zuspruche aufzurichten
versuchte, wies er inmitten seines patriotischen Schmerzes
alle Freundlichkeit von sich und griff nach dem Dolche,
den Cortes im Gürtel trug, indem er sagte, die größte
Wohlthat könne ihm Cortes nicht mit der Zunge, sondern
mit dem eisernen Instrumente geben, nämlich den Tod, der
das einzige sei, was er nach dem Untergange seines Volkes
noch begehre.

Wenige große Städte und Völker sind so heldenmüthig
und dann auch so mit einem Schlage untergegangen, wie
die Azteken und ihr großes Tenochtitlan.

Cortes residirte eine Zeit lang unfern des rauchenden
Trümmerhaufens, den er geschaffen hatte, in einem Städtchen
Namens Cuyoacan. Daselbst entwarf er den Plan zum
Wiederaufbau einer neuen großen Hauptstadt des Landes. Er
wählte für diese neue Stadt Mexico dieselbe Position des
alten Tenochtitlan. Auf eine große Zukunft hoffend legte
er sie sofort nach einem großartigen Plane an und prophe-
zeite dem Kaiser Carl V. in seinen Briefen aus dem Lager

von Cuyoacan, daß sie sehr bald die schönste und größte
Stadt in der neuen Welt werden würde.

Wie früher aus seinem Gesandschaftshotel beim Montezuma aus, so sandte er auch jetzt von seinem Lager aus
sofort wieder Spanier nach allen Richtungen ins Land hinein,
um Besitz zu ergreifen. Doch waren es jetzt nicht mehr wie
damals, einzelne kundschaftende Boten, die da kamen, freiwillige
Gastgeschenke zu empfangen und sich wie Himmelsboten bewundern und feiern zu lassen. Es waren vielmehr mit Lorbeer
gekrönte Feldherren, der tapfere Sandoval, der gefürchtete
Alvarado und andere, die von kleinen Armeen, von einigen
spanischen Reitern und Geschützen und großen Trupps indianischer Bundesgenossen begleitet waren, und die nun entschieden
Gehorsam, Tribut und Unterwürfigkeit verlangten, und in
den verschiedenen Plateaus und Thälern, die sie besuchten
als Herren und Besitzer sich niederließen.

Durch eine Reihe höchst merkwürdiger und ereigniß-
reicher Feldzüge wurde innerhalb weniger Jahre das ganze
Land zwischen den beiden Meeren den Spaniern unterwürfig
gemacht, südwärts bis zu den feuer- und wasserspeienden
Vulkanen von Guatemala, nordwärts bis in die Nähe der
Prärienländer des Mississippithales und ostwärts bis an den
stillen Ocean und längs seiner Küsten bis zu dem Meerbusen von Californien. Und kurze Zeit schon nach der
Zerstörung der Hauptstadt konnte Cortes an Carl V. schreiben,
er habe nun in der neuen Welt weit größere und schönere
Provinzen für ihn erobert, als seine Vorfahren je in Europa
besessen, und konnte ihm den Vorschlag machen, daß er neben
seinem Titel eines Kaisers von Deutschland auch nun den
eines Kaisers von Merico annehmen solle.

Dies war in der That sehr wahr. Nur zu wahr! Die
Verdienste des Cortes waren wirklich über die Maaßen
glänzend. Er war damals das außerordentlichste Indivi-

duum, der einflußreichste Unterthan in den Domänen Carls V.
Allein die Könige haben sehr mächtige Unterthanen nie
lange geliebt. Cortes hatte am spanischen Hofe bald Feinde
und Neider genug. Da sein Einfluß auf die Gemüther
so groß war, daß seine Freunde oft wiederholten, er allein
sei in Mexico im Frieden wie im Kriege wichtiger, als alle
anderen Spanier zusammengenommen; da er zugleich so
großmüthig, prachtliebend und verschwenderisch war, und
noch viele andere Eigenschaften besaß, die einen Mann zum
Völkerfürsten qualificiren, so war man in Spanien sehr
geneigt, den ausgesprochenen Befürchtungen und Anschwär-
zungen seiner Feinde Glauben zu schenken, welche versicherten,
daß Cortes, wie er früher dem Gouverneur von Cuba ungehorsam geworden, jetzt auch darauf dächte, sich ganz von
der Autorität seines kaiserlichen Oberherrn loszusagen und
in Mexico ein Reich für sich zu stiften. Es fehlte in der
That in Mexico nicht an Leuten, die dem Cortes diese Idee
nahe legten und eine Trennung von Spanien geradezu
anriethen. Unter allen Entdeckern und Eroberern Amerikas
ist nie einer gewesen, dem es so leicht geworden wäre, so
etwas durchzuführen, weil keiner je über die Gemüther so
vieler Millionen Eingeborner und Eingewanderter in dem
Grade Gewalt übte. Aber Cortes war und blieb loyal.
Er setzte, wie sich dies überall in seinen Briefen an Carl V.
genugsam ausspricht, seinen Ruhm darein, nicht sich allein,
sondern vor allen Dingen seinen König groß zu machen,
und der christlichen Kirche ein neues Reich zu erwerben. Da
ihm indeß seine Feinde und Neider das Leben zu sauer
machten, entschloß er sich endlich, selbst nach Spanien zu
gehen, und dem Kaiser in Person seine Huldigung dar-
zubringen.

Er führte dieß im Jahre 1528 aus. Seine Aufnahme
in Spanien bei Hofe wie beim Volke war glänzend. Wie

in Mexico Aufruhr und Zwietracht, so verschwand in
Spanien bei seinem persönlichen Erscheinen Verdacht und
Eifersucht. Seine Reise durch sein Vaterland glich einem
Triumphzuge. Der Hof überhäufte ihn mit Gunstbezeu-
gungen, Titeln und Lehnsvertheilungen, und der Kaiser
Carl V., der stolze Beherrscher beider Indien, Spaniens,
Italiens und Deutschlands, besuchte seinen Feldherrn und pflegte
ihn sogar, als er einmal unpäßlich war, am Krankenbette.

Nichtsdestoweniger hielt die Politik es nicht für angemessen, dem mächtigen Vasallen die volle Autorität,
die er bisher in Mexico besessen hatte, zurückzugeben. Die
Könige von Castilien hielten fest an dem Grundsatz, eine
besondere Classe von Männern zu neuen Entdeckungen und
Eroberungen zu verwenden, und eine andere zur Regierung
der erworbenen Länder zu benutzen. Die Entdecker und
Conquistadoren waren meistens junge energische Empor-
kömmlinge, die Alles daran setzten, sich eine Stellung in
der Welt zu erringen. Als Leute von eigenem Verdienste,
als von ihrem ungewohnten Glück berauschte, hielt man
sie dann aber für verdächtig, gefährlich, und suchte sie sobald
als möglich, wenn sie ihren Dienst verrichtet hatten, durch
ältere Mitglieder aristokratischer Familien, die schon an
Macht und Reichthum gewöhnt, und in denen Vasallentreue
und Regierungskünste erblich geworden waren, zu ersetzen.

So wurde denn nach einiger Zeit der Sprößling einer der
ausgezeichnetsten Familien Spaniens, Don Antonio de
Mendoza, zum Regenten von Neu-Spanien bestimmt und
mit dem prächtigen Titel eines „Vicekönigs“, den man
weder dem Cortes noch dem Columbus, noch sonst einem
Entdecker oder Eroberer je zugestanden hat, nach Mexico
hinübergesandt. Cortes aber mußte sich mit dem militärischen Commando und dem Titel eines „Admirals der
Südsee“ begnügen. In dem darüber ausgestellten könig-

lichen Patent wurde er als „Admiral der Südsee" insbesondere bevollmächtigt und beauftragt, noch fernere Entdeckungen jenseits Mexicos zu machen. Die neuen und
reichen Länder und Inseln, die er da in der Südsee noch
auffinden würde, die, so versprach man ihm, sollte er dann
auch selber verwalten und regieren. Man warf den goldenen
Becher mit lockenden Verheißungen noch ein Mal in den
Schlund, und Cortes, der darnach haschte, ging, wie jener
Taucher, darüber zu Grunde. Anfangs freilich vergoldete
man ihm die Pille auf das schönste. Man erhob ihn in
den Stand der Granden von Spanien. Die große Landschaft von Oaxaca, eines der reizendsten Thäler von Mexico,
schenkte man ihm als erblichen Besitz und ertheilte
ihm und seiner Familie den Titel eines „Marques del
Valle" (eines Markgrafen vom Thale). Auch gab ihm
eine der reichsten und vornehmsten spanischen Erbinnen, die
schöne und junge Donna Juana de Zuñiga, ihre Hand.

Mit dieser liebenswürdigen Gattin über den Ocean zurückgekehrt, zog sich Cortes nun zunächst auf seine Besitzungen
auf dem Südabhange der mexicanischen Gebirge zurück
und spielte daselbst wieder, wie er es schon einmal in Cuba
gethan, die Rolle eines reichen Pflanzers. Er baute seiner
Gemahlin einen prächtigen Pallast und in sein schönes Thal
von Oaxaca führte er von Cuba aus das Zuckerrohr, den
Maulbeerbaum und andere nützliche Pflanzen ein, beförderte
den Seidenbau und ließ große Heerden von Merinoschafen
und Rindern herüberbringen, deren gedeihende Nachkommen-
schaft sich bald über ganz Mexico ausbreitete.

Auch schon früher hatte er mit großer Umsicht, mitten
im Geräusche der Waffen und Reisen, der Erforschung und
Ausbeutung der Bodenreichthümer des Landes seine Aufmerksamkeit zugewandt. Er hatte alsbald reiche Kupfer-
und Zinn-Minen in Mexico entdeckt. Auch Salzwerke hatte

er anlegen und ausbeuten lassen. Und eben so waren noch
von seinen Gefährten und Leuten schon die reichen Silber=
minen von Zacatecas aufgefunden, deren Ueberfluß an
köstlichem Metall noch zu Cortes Zeit anfing, sich über
Europa und Asien zu ergießen, den Preis aller Dinge zu
ändern und den Luxus der Menschen auf eine unerhörte
Weise zu steigern. Auch wandte Cortes schon dem Anbau der=
jenigen aromatischen Pflanze seine Aufmerksamkeit zu, von deren
Frucht die Mexicaner seit alten Zeiten das angenehme, auch
bei uns jetzt so beliebte Getränk Chocolade bereiteten. Cortes
hatte selbst bei Montezuma die erste mit Vanille gewürzte
Tasse Chocolade getrunken, mit der je ein Europäer erquickt
wurde.

Es wäre nun allerdings kein so ganz übles Loos ge=
wesen, wenn Cortes in dieser Weise bis an sein Lebensende
fortgefahren hätte, wenn er gleich manchem Helden des
Alterthums im Kreise seiner Familie auf seinen Lorbeern
ruhend, den dankbaren Boden bebaut und ein Geschlecht
glücklicher und angesehener Nachkommen gepflanzt hätte.
Allein um solche Gedanken fest zu halten war er damals
noch zu thatkräftig. Die Welt jenseits Mexicos lag noch
zu weit und lockend vor ihm. Auch war dies nicht die
Weise der spanischen Conquistadoren, von denen fast keiner
zum ruhigen Genusse der Resultate seiner Bestrebungen ge=
kommen ist. Die Laufbahnen dieser rastlosen Männer von
Columbus an gleichen sich fast alle. Mit mächtigem
Schwunge, mit gewaltig entzündeter Phantasie, mit über=
triebenen Erwartungen von Dem, was die neue Welt
Unerhörtes gebären sollte, tauchten sie auf wie Meteore,
verrichteten eine Zeit lang ritterliche Thaten, und indem sie
unbefriedigt nach noch Größerem rangen, geriethen sie auf
unüberwindliche Schwierigkeiten und es entsanken ihnen
dann zuletzt die unzulänglichen Kräfte und das engbegrenzte

Leben, das fast bei allen tragisch oder gar in tiefem Elende sich abspielte.

Als stiller „Markgraf des Thales" lebte Cortes nur wenige Jahre. Bald gedachte er wieder des anderen ihm zu Theil gewordenen Titels „eines Admirals der Südsee", der für seinen nach Ruhm begierigen Sinn weit mehr Reize darbot. Die Südsee war damals (um 1530) in Spanien das Tagesgeschrei. In ihren östlichen Partien hatten unterdessen die Portugiesen und Magellan die langersehnten Gewürzinseln entdeckt, an ihren südöstlichen Ufern hatte der Freund des Cortes, Franz Pizarro, angefangen, das goldene Reich der Incas zu erobern. Es schien eine Eroberung, die selbst das, was Cortes gethan hatte, in Schatten zu stellen drohte. Cortes heftete seine Blicke daher auf den Nordwesten. Daß in dieser Richtung Alles bis nach China hin eine wilde Wasserwüste sei, konnte er nicht wissen. Seine Phantasie mochte sich bis nach Asien hin noch eine ganze Reihe reicher Inselgruppen und Länder ausmalen. Da durch versprengte Pioniere, die ein wenig nach Nordwesten vordrangen, Nachrichten und Proben von den Perlen des californischen Meerbusens heimgebracht waren, so verbreitete sich bald die Kunde von einem nach jener Richtung hin gelegenen Perlenlande. Cortes hoffte auf ein zweites Mexico oder Peru.

Alsbald rüstete er auf seine Kosten eine kleine Flotte aus, mit der er als Commandeur seinen Vetter Hurtado zum Kundschaften aussandte, und da diese Expedition unglücklich auslief, sandte er ihm eine zweite Flotte unter seinem Capitán Fernando Grijalva nach. Endlich, da auch diese Flotte, obwohl sie das Land Californien erreichte, ohne Großes verrichtet zu haben und nach Verlust ihres Anführers zurückkehrte, stellte er sich selbst an die Spitze einer neuen Expedition. Da er selber von dem Perlenlande Californien so große Erwartungen hegte, da er den Berichten seiner

zurückgekehrten Leute, die versicherten, daß es ein wildes
Felsenland sei, nicht glaubte, so nahm er eine Ausrüstung mit,
die derjenigen sehr ähnlich war, mit welcher er zur Eroberung
des Reichs der Azteken ausgezogen war, eine kleine Armee
von Kriegern, die er besoldete, eine Menge Arbeiter, Sclaven,
Weiber, 130 Pferde, Vieh und Vorräthe aller Art. Er war
darauf erpicht, dort im Nordwesten einen zweiten Montezuma
herauszufinden. Er wollte ihm sogleich mit Kanonen vor
die Thore seiner Hauptstadt rücken, und sofort durch Errichtung eines neuen Vera Cruz und einer Festung von
dessen Lande für Spanien Besitz ergreifen. Er gab auch
dem californischen Hafen, in welchem er eine Landung seiner
Mannschaft zu Stande brachte, einen ähnlichen Namen. Er
nannte ihn „Santa Cruz.“ Da in seinem Lager in dem
völlig unkultivirten Lande bald Noth und Hunger ausbrachen,
so segelte er selber, um bessere Aspekten zu finden, im
Frühling 1536 in den bis dahin noch von keinem europäischen Kiele durchfurchten klippenreichen Gewässern des
californischen Meerbusens hinauf. Nordweststürme trieben
ihn bald wieder zurück und trennten ihn von seinen Schiffen,
die er nach vielem Hin= und Hersegeln, das eine hier, das
andere dort, an den gegenüberliegenden Küsten des Festlandes wieder fand. Lange schlug er sich mit widrigen
Stürmen, unter Bestehung mannigfaltiger Gefahren und
Bedrängnisse vergebens in diesen rauhen Gegenden umher.

Darüber verstrichen zwei volle Jahre. Er konnte sich
nur schwer entschließen, seine Niederlage einzugestehen und
die Heimkehr zu verfügen. Seine Freunde in Mexico wurden
besorgt um ihn. Es hieß dort, Cortes sei verschwunden
und verloren. Donna Juana, seine junge Gemahlin, wandte
sich in Verzweiflung an den Vicekönig Mendoza und beschwor
ihn, dem Cortes eine Expedition nachzusenden, und ihn zur
Rückkehr zu bewegen. Mendoza schickte einige Schiffe aus,

auch ließ die Marquisin des Thales selbst, gleich wie dies in unsern Tagen die Frau eines anderen viel betrauerten Entdeckers gethan hat —, auf ihre eigenen Kosten ein Paar Caravelen auslaufen, ihren Gatten heimzubringen. Cortes traf nach und nach mit allen ihn suchenden Schiffen zusammen, und lief endlich mit einer Flotte von 6 Fahrzeugen in den Hafen von Acapulco wieder ein. Dahin kehrten auch alsbald die traurigen Ueberreste seiner in Californien bei Santa Cruz gestifteten Colonie, die daselbst nicht hatten ausdauern können, zurück.

Er hatte nun für seine californische Phantasie mehr als 200,000 Ducaten verausgabt und nur Noth und Mühe dabei geerntet, nichts erreicht, als einige sehr unvollkommene Kenntnisse eines trostlosen Felsenlandes und eines eben so klippenreichen als stürmischen Meerbusens. Aber er war nicht der Mann, der ein angefangenes Unternehmen leicht aufgab.

Auch bei Tenochtitlan war er oft genug zurückgeschlagen, und doch endlich zu glorreichen Zielen durchgedrungen. Wer mochte damals bestimmen, zu welchem Eldorado der californische Golf den schreckenvollen Eingang bilde! Vielleicht kam man gleich dahinter zum Reiche des Kaisers von Japan, das damals alle Karten in diese Gegend, ganz nahe bei Mexico und Amerika, verlegten. Cortes entschloß sich daher sofort zu einer neuen Expedition, und da er nicht mehr Geld genug in Händen hatte, so verpfändete seine Gemahlin ihre Juwelen und Kostbarkeiten für ihn, wie dasselbe die Königin Isabella von Spanien in einem ähnlichen Falle einst für ihren Columbus hatte thun wollen.

Zu seinen pecuniären Schwierigkeiten gesellten sich jedoch noch Mißverständnisse mit dem Vicekönig Mendoza. Diesem hatte ein wunderlicher und einbildungsreicher Franziskaner-Mönch Marco de Niza, über seine großen Pilger-

fahrten und Missionsreisen zu den Indianerstämmen des
Nordwestens berichtet. Der Mönch behauptete, dort in
weiter Ferne das mährchenhafte „Land der Sieben Städte",
von dem man schon lange vor Columbus gefabelt hatte,
civilisirte Nationen, volkreiche Ortschaften mit goldge-
schmückten Königen gefunden zu haben. Für solche Dinge
hatten damals alle Spanier ein offenes Ohr, ein gläubiges
Gemüth und eine höchst fruchtbare Phantasie. Der Vicekönig
Mendoza fing daher wie Cortes an, an ein Eldorado im
Norden zu glauben und wie Cortes für die Entdeckung und
Eroberung desselben zu arbeiten. Wie einst Velasquez, aber
mit weit mehr Nachdruck und entschiedener Uebermacht, trat
er dem Cortes in den Weg und ließ zwei große Expeditionen zu Lande und zu Wasser vorbereiten. Cortes
behauptete, als General der Südseeküsten und als Admiral
des stillen Oceans habe er allein dazu die Befugniß. Auch
gerieth er mit Mendoza noch über einige andere Punkte in
Conflikt, und inmitten aller dieser Verlegenheiten entschloß
er sich endlich im Jahre 1540, abermals nach Spanien zu
gehen, um bei seinem Könige gegen seinen Rivalen Recht
zu suchen und seine Ansprüche auf Entschädigung geltend
zu machen.

Seine angefangenen und unvollendeten Schiffe, seine
Güter, alle seine im Thale von Oaxaca begonnenen Anpflanzungen und Werke und seine Frau und Familie ließ
er in Mexico zurück, um dieses mit seinen Thaten und
seinem Ruhm überall erfüllte Land nun nicht wieder zu
betreten. Nur seinen hoffnungsvollen Sohn, den Don
Martinez, den spätern zweiten Marques del Valle, führte
er mit sich, und dieser junge Mann theilte alle letzten
bittern Schicksale seines Vaters, dessen Lebenslauf längst
sich zum Niedergange gewandt hatte.

In dem undankbaren Spanien wurde Cortes nun sehr

kühl aufgenommen. Er erschien dort jetzt nicht mehr wie ehemals vom Glanze der Jugend, vom Zauber des Reichthums
und von frischen Lorbeeren geschmückt und umgeben. Ehemals
hatte man von ihm gesagt, er sei in seinem Wesen so
stürmisch wie der März und doch zugleich so lieblich wie
der Mai. Beides war jetzt nicht mehr der Fall. Er war
ein gealterter und mehrfach gebrochener Held, der nicht mehr
wie sonst nach allen Seiten hin reiche Gunst und Gaben
spendete. Seine letzten Unternehmungen hatten kein gedeihliches Ende gehabt und er kam nun, selbst die Gunst und
Gaben Anderer in Anspruch zu nehmen. Andere Sterne,
die den Tag beherrschten, waren leuchtend aufgegangen.

Vergebens schrieb Cortes lange Briefe an den taubgewor-
denen Kaiser, der sehr wenig Sympathie für Californien
haben mochte, für das Cortes seine letzte Baarschaft hingegeben hatte. — Briefe schreibend, um Audienzen bittend,
um Vorschüsse. Rückzahlung und Gerechtigkeit petitionirend,
folgte Cortes dem Kaiser sieben Jahre lang auf Schritt
und Tritt, begleitete ihn auch auf seinem unheilvollen Zuge
gegen Algier, wo der Sieger von Tlascalla und Tenochtitlan
seine letzten Heldenthaten verrichtete. Bald nachher schrieb
er auch seinen letzten Brief an den Kaiser, dem er noch
einmal die enormen Summen vorrechnete, die er in seinem
Dienste und zum Ruhme Spaniens verwendet habe, und
den er nochmals bat, den Beamten seines Rathes von Indien
bei Untersuchung und Befriedigung seiner Ansprüche mehr
Schnelligkeit zu empfehlen. Allein er fand den Streit mit
diesen zähen Büreaukraten schwieriger, als den Kampf mit
ganzen Armeen von Azteken. Nach einigen Jahren, zwischen
Furcht und Hoffnung schwebend, fühlte er endlich seine
Energie ermatten, seine Kräfte abnehmen. Seine Gedanken
wandten sich nun von Spanien ab und seine Schritte dem
Meere zu. Er machte sich auf den Weg nach Sevilla, um

sich einzuschiffen, zu den Seinen zurückzukehren, und
vielleicht nun, wie er es schon längst hätte thun können, in
stiller Zurückgezogenheit im Thale von Oaxara den Rest
seines Lebens zu verbringen.

Allein dazu war es jetzt zu spät. Ein heftiges Fieber
ergriff ihn in Sevilla und als er fühlte, daß sein Ende
nahe, ließ er sich von dort auf ein benachbartes Dorf
hinausbringen, und daselbst starb er am 2. December 1547
in den Armen seines Sohnes Don Martin im Alter von
63 Jahren.

Sein letzter Lebensabschnitt war dem Ende des Columbus
ganz ähnlich, dem er auch darin gleicht, daß sein Name an
keinem der von ihm enthüllten weit gestreckten Erdabschnitte
haften blieb. Nur das wilde und stürmische Meer, an dessen
Klippen und öden Felsenküsten sein Stern untergegangen, und
auf dem er so lange auf trostlosen Wegen umhergeschleudert
war, nannten die Spanier eine Zeit lang „el Golfo de Cortes."
Aber auch diese Erinnerung an ihn ist aus der Geographie
verschwunden. Doch sind allerdings von der Nachwelt dem
Cortes bleibende und nicht verächtliche Monumente anderer
Art gesetzt worden. Einige der besten spanischen Historiker,
Solis und andere, haben das Drama seines Lebens ge=
schildert. Auch Dichter und Musiker haben es verherrlicht.
Der vortrefflichste Maler Spaniens, Velasquez, überlieferte
uns in einem schönen Bilde, das jetzt in Versailles auf=
bewahrt ist, die einnehmenden und edlen Züge unsers
Helden. Einer der geübtesten Bildhauer des achtzehnten
Jahrhunderts, Tolsa, verherrlichte ihn in Erz und Marmor
und seine leiblichen Ueberreste selbst wurden schließlich in
einem krystallenen von Silberbarren eingefaßten Sarge mitten
auf dem merkwürdigen Erdflecke deponirt, auf welchem er
eine alte Königsresidenz zerstörte, die seit 300 Jahren da=
selbst gestanden hatte, und auf welchem er eine andere

noch prächtigere wieder aufbaute, — die jetzt schon eben so lange dort blüht, — und in der die Nachkommen des Cortes und seiner Begleiter einige Jahrhunderte lang unter dem Könige von Spanien in müssigem Luxus und fast mährchenhafter Pracht, und seit einigen Jahrzehnden als ihre eigenen Herren in trostloser Zwietracht und Parteiung gelebt haben.

VI.

Die Pizarros in Peru.

Columbus hört von einem „Andern Meere". Anno 1503. — Vasco Nuñez de Balboa erblickt die Südsee (24. Sept. 1513). — Andagoya geht nach „Biru" (Peru) (1522). — Francisco Pizarro, Almagro und Luque stiften ihr Triumvirat (1524). — Francisco Pizarro besiegt und ergreift den Inca Atahualpa bei Caramalca (16. Nov. 1532). — Atahualpa's Hinrichtung (29. Aug. 1533). — Die alte Hauptstadt Cuzco erobert (1534). — Die neue Hauptstadt Lima begründet (1535). — Almagro entdeckt das nördliche Chili (1536). — Almagro's Hinrichtung (Juli 1537). — Benalcazar, Quesada und Federmann treffen sich auf dem Plateau von Bogota (1538). — Franc. Pizarro's Ermordung (26. Juni 1541). — Gonzalo Pizarro's Zug nach Osten und Orellana's Fahrt auf dem Marañon (1541, 1542). — Pedro de Valdivia entdeckt das südliche Chili bis Patagonien (1540 — 1544).

Schon Columbus, als er im Jahre 1503 längs der Nordküste der Isthmusländer Centralamerikas hinsegelte, hatte bei den Eingeborenen dieser Gegenden gehört, daß das Land sehr schmal sei, und daß es im Süden wieder bald ein anderes weites Meer gäbe. Dies „andere Meer im Süden" (die Südsee) wurde daher bei den Spaniern schon genannt und berühmt, ehe es ein Auge erblickt, noch eines ihrer Schiffe befahren hatte.

So schmal der Damm war, der beide Meere trennte, so schwierig war er zu überschreiten. Ein wildes Gebirge und dichte Urwälder, in denen jedem Schritte eine Oeffnung mit dem Eisen bereitet werden mußte, bedeckten ihn. Wilde

Stämme, unter denen das Schwert eben so aufräumen mußte, wie die Axt unter den Bäumen, bevölkerten ihn.

Nach vielen vergeblichen Versuchen (erst 11 Jahre nach Columbus) drang der kühne Eroberer Vasco Nuñez de Balboa mit einer Truppe Spanier bis an den Fuß der Centralberge des Isthmus durch, auf deren Höhen, wie die Indianer sagten, man das „andere Meer" erblicken könnte. Balboa, sein Schwert in der Hand, bestieg diese Höhen allein, und war der erste Europäer, der des langersehnten Oceans ansichtig wurde. Wie Xenophon seine Griechen, rief er seine Genossen herauf „zum Meere, zum Meere!" und mit ihnen, denen sich eine neue große und noch unberührte Section der Schöpfung aufthat, sang er auf den Knien ein Tedeum. Da sie auf der andern Seite die Berge hinabstiegen, die Salz-fluthen kosteten, die hochrollenden Wellen und noch mehr die mächtige Fluth und Ebbe beobachteten, erkannten sie als-bald, daß es ein sehr weitreichendes Gewässer, daß es eine Partie des Weltmeeres sein müsse. Von welchen reichen Küstenländern mochte es umgeben, von wie vielen schönen Inseln erfüllt sein!

Balboa schritt ins Wasser hinein, so weit er waten konnte, streckte sein Schwert über das Meer aus und nahm für seinen König feierlichst Besitz von demselben und von allen Ländern und Reichen, die in, an und um sein Gestade herum lägen. Auch wiederholte er diese Feierlich-keit zum Ueberfluß noch mit einigen indianischen Rinden-canoes, die er am Ufer fand, und auf denen er, längs des Strandes fahrend, die mit dem Bilde der Jungfrau ge-schmückte Fahne Castiliens über der Brandung der Südsee flattern ließ.

Obwohl schon Balboa bei dieser ersten Fahrt in der Südsee mit einem indianischen Caziken zusammentraf, der ihm von einem mächtigen Reiche im Süden erzählte, der

12*

ihm sagte, daß die Leute dort im Süden aus goldenen
Gefäßen Wasser schöpften, der ihm auch mit einem Stock
im Sande ein Bild von dem merkwürdigsten Thiere Peru's,
von dem Lama, zeichnete, und obwohl daher die Gedanken und die Pläne Balboa's sich besonders auf den Süden
richteten, so gingen doch, nach seinem bald erfolgten tragischen Ende, die ersten Südsee-Unternehmungen der Spanier
nicht in dieser Richtung. Vielmehr wandten sich dieselben alle
zunächst west- und nordwärts, wo das Land schmaler schien,
wo es vielleicht noch möglich war, eine bequemere Durchfahrt,
eine Meerenge zu finden, und wo es freilich auch an lockenden Sagen von reichen Indianerländern nicht fehlte. Hunderte
von Meilen weit, bis nach Guatemala und Mexico hin,
waren die Küsten der Südsee bereits bekannt, befahren und
auf den spanischen Karten verzeichnet, während nach Süden
hin sich noch Niemand versucht hatte. Endlich, da der
spanische General-Gouverneur dieser Gegenden, Don Pedro
Arias de Avila, seinen Sitz vom atlantischen an den stillen Ocean verlegte, da die Stadt Panama und andere
Colonien gebaut waren, und die europäische Bevölkerung
an den Küsten sich mehrte, fanden sich denn auch unternehmende Männer, die sich wieder der Dinge erinnerten, von
denen jener Cazike dem Balboa gesprochen hatte.

Zuerst trat ein rüstiger Cavalier Namens Pascal de
Andagoya auf, der im Jahre 1522 eine Strecke weit süd-
wärts segelte, bis zu einem Flusse und Caziken, die beide
Biru hießen. Daselbst hörte Andagoya ähnliche Dinge vom
Süden, wie sie schon Balboa vernommen hatte. Doch hin-
derte ihn ein unglücklicher Sturz vom Pferde an der Fort-
setzung seiner Reise. Seine Krankheit zwang ihn von dem
Schauplatz seiner Thaten abzutreten und er begnügte sich,
Alles was er beim Flusse „Biru" erlebt und gesehen hatte,
in einem Büchelchen zu beschreiben, welches uns noch jetzt

als eine Rarität erhalten ist. „Durch ihn wurde der Name „Biru" aufgebracht. Es wurde nach ihm Gewohnheit, alle südwärts gerichteten Unternehmungen „Fahrten zum Flusse und Cazifen von Biru" oder kurzweg „Fahrten nach Biru oder Peru" zu nennen, und dieser von einer ganz beschränkten Lokalität anfangende Name, wurde endlich von den Spaniern auf große Reiche ausgedehnt, in denen er früher völlig unbekannt gewesen.

Der Nachfolger des invaliden Andagoya in der Carriere der Süd- oder Birufahrten war ein reicher Pflanzer aus Hayti, Juan de Bazurto. Derselbe beabsichtigte auf eigene Kosten eine glänzende Expedition nach dem Süden zu führen. Doch überraschten ihn Krankheit und Tod mitten in seinen großen Zurüstungen, und die Erben seines Eifers für den Süden, seiner und Andagoya's Kunde und Erfahrungen daselbst, wurden nun die drei Männer, die endlich auf derselben Laufbahn, auf welcher den Bazurto das Fieber, den Andagoya sein Sturz vom Pferde und den Balboa das Henkerbeil abberufen hatten, von besserem Glücke begünstigt werden sollten.

Diese drei Männer waren Francisco Pizarro, Diego de Almagro und Hernando de Luque, alle drei schon seit mehreren Jahren Bewohner des Isthmus von Panama, wo sie als wohlhabende Pflanzer lebten. Sie beschlossen mit vereinten Kräften sich der Entdeckung, Eroberung und Theilung des Südens zu widmen. Und obgleich sie alle drei schon im Alter vorgerückt waren, so war doch ihr Enthusiasmus für ihr Unternehmen so glühend, daß sie gleich Jünglingen ein Freundschaftsbündniß am Altar beschworen und gleich Kreuzfahrern die Weihe der Kirche empfingen.

Den merkwürdigen Bund, den diese drei spanischen Abentheurer stifteten, hat man zuweilen, und nicht mit Unrecht, dem Triumvirate jener drei römischen Imperatoren

verglichen. In der That waren die Personen und die Ver=
theilung der Rollen in beiden Triumviraten etwas ähnlich.
Hernando de Luque, der Lepidus unter den Dreien, ein
reicher und friedliebender Geistlicher, „kein so großer Feind
der Ruhe," wie es sein Bundesgenosse Pizarro war, sollte
daheim in Panama bleiben, um die Interessen des Trium=
virats dort wahrzunehmen, ihr Vermögen zu verwalten,
ihre Angelegenheiten mit den Oberbehörden zu ordnen, die
nöthigen Einkäufe zu besorgen und dem Unternehmen durch
Ueberredung neue Freunde zu verschaffen. Luque trat,
wie Lepidus, bald vom Schauplatze ab, ohne daß ihm
etwas Großes von der Beute und vom Ruhme zu Theil
geworden wäre.

Pizarro, der rastloseste und leidenschaftlichste von den
Dreien, sollte mit den Schiffen voransegeln. Er blieb immer
im Felde und an der Spitze. Ihn hielt kein Hinderniß
auf. Er entwickelte bald hervorragende militärische wie
staatsmännische Talente und da er der erste war, der am
Ziele anlangte, so war er der erste, der zugriff und sich der
Herrschaft bemeisterte.

Dem Almagro wurde von vornherein der Auftrag, den
in der Avantgarde streitenden Pizarro mit der Arrieregarde
des Luque als Mittelglied zu verknüpfen. Er führte dem
Pizarro die neuen Mannschaften, frische Lebensmittel und
Kriegsmaterialien zu und brachte die Botschaften von seinem
glücklichen Vordringen nach Panama. Er kam dadurch von
vornherein gleichsam in die Stellung eines Adjutanten des
Pizarro. Er mußte ihm später, nachdem er ihm gedient,
wie Antonius seinem überlegenen Gegner Octavian, weichen.

Francisco Pizarro, ein Zeitgenosse und ein persönlicher
Freund des Fernando Cortes, war auch ein Landsmann
desselben. Wie dieser, war er auf dem heißen Felsenplateau
von Estremadura geboren. Wie Romulus, soll er als

Säugling an der Brust eines Thieres seine erste Lebens-
nahrung empfangen haben. Wie der Kaiser Dioclettian wuchs,
er als ein rauher und unwissender Hirtenknabe in den
Thälern seiner heerdenreichen Heimath heran, und wie zahllose andere seiner Landsleute, entschlüpfte er als ein zwar
unwissender, aber phantasievoller und thatenlustiger Jüngling diesem ruhmlosen Leben, da von Sevilla aus die Wun-
dermähr von den Schätzen und Ereignissen in der Neuen
Welt sich verbreitete. Wie und wann dieser Zögling der
Hirten von Estremadura zuerst nach der Neuen Welt gekommen, hat Niemand der Mühe werth gefunden aufzu-
zeichnen. Wir finden ihn dort zuerst im Jahre 1510 unter
den Begleitern der Capitäne, die um diese Zeit zur Besetzung
des Isthmus von Darien, auszogen und alsbald auch unter
den Genossen des Balboa, mit dem er auf jenen Bergen
das Tedeum für die Entdeckung der Südsee sang. Bei
allen Gelegenheiten, wo man ihn brauchte, bei zahlreichen
Expeditionen die man von einem Meere zum andern unternahm, um die Indianerstämme auf dem Isthmus zu brechen
und zu plündern, hatte er sich ausgezeichnet. Auch hatte er
bei diesen Razzias nicht vergessen für sich zu sorgen. Wie
den Ruhm eines unerschrockenen Soldaten, so hatte er sich
auch eine beträchtliche Summe Geldes erworben und dies
war selbst für die angesehensten und talentvollsten Conquistadoren, die sich an die Spitze neuer Unternehmungen stellen wollten, immer ein Hauptpunkt, da wie ich
sagte, die Könige von Spanien solchen Unternehmungen selten ihre Reichskasse öffneten, vielmehr von ihren
Vasallen erwarteten, daß sie in dieser, wie in jeder andern
Beziehung selbst für sich sorgten, wenn die Regierung sie
nur mit Privilegien und Titeln schmückte und ihre Unternehmungen approbirte.

Auf ihre eigenen Kosten also bauten die drei Verbündeten

ein Schiff und warben Mannschaften. Pizarro übernahm
das Commando und im Jahre 1524 setzte er in der Richtung nach Süden aus. Die Schwierigkeiten auf dem Wege
zu seinem Ziele waren unermeßlich. Um sie zu überwinden
und um auf den unbekannten Seewegen zu dem Eingangs-
thore des Reichs der Incas zu gelangen, gebrauchte Pizarro
so viel Jahre, als man später Wochen nöthig hatte, um
dahin zu segeln.

Die Länder zunächst im Süden von Panama waren
im höchsten Grade ungastlich. Himmelansteigende Gebirge
und undurchbringliche, finstere Urwälder kommen bis ans
Ufer hinab und wo etwa eine kleine Ebene sich darbietet, da gestaltet sie sich zu einem unergründlichen Sumpfe,
denn es ist hier zugleich der neblichste, feuchteste und heißeste
Regenwinkel der Welt, ein Paradies für Schlangen, Kroko-
dile und andere Amphibien. Die unbevölkerten Küsten
sind ohne gute Häfen, — und Winde und heftige Strömungen, die sich nach Norden bewegen, sind fast beständig einer
Südfahrt entgegen.

Hunger, Noth, Krankheit und Plage aller Art kamen
bald über die kleine Schaar von Männern, die in dieser
wässrigen Vorhölle von Peru, in welcher Donner, Blitz und
Gewitter nie aufhörten, eindrangen.

Pizarro bestand mit diesen Schwierigkeiten einen vierjährigen Kampf auf eine höchst ausdauernde Weise. Er war
die Seele des ganzen Unternehmens. Zuweilen war er der
einzige Gesunde und Muthige. Er pflegte die Kranken, er
tröstete die Sterbenden, er ermunterte die Ueberlebenden.
Mehr als ein Mal starb die fast völlig aufgeriebene Mannschaft um ihn weg und mußte durch frische von Panama
her ersetzt werden. Mehr als ein Mal wurde ihm sein
Schiff unter den Füßen von den Würmern zerfressen, von
den Stürmen zerbrochen. Wie ein Feldherr, dem das Pferd

unter dem Leibe erschossen wurde, bestieg er stets wieder ein neues Schiff, das Almagro ihm nachführte. Von Monat zu Monat erreichte er immer etwas südlichere Stationen. Zurück wich er nie, und drohten ihn alle zu verlassen, so pflanzte er seine Standarte auf irgend einer wüsten Insel oder einem Vorgebirge auf, behielt die Unverzagtesten bei sich, und sandte den Rest heim nach Panama, wo man sich dann gezwungen sah, ihm wieder neuen Succurs nach-zusenden.

Den besten Beistand fand er in seinem geschickten Ober-piloten Bartholomäus Ruyz, der (wenn Pizarro am Festlande die Gegend ausforschte, die Indianer befragte oder bekriegte und jagend, fischend, plündernd Subsistenzmittel verschaffte) — stets mit seinem Schiffchen als Pionier auf dem Seewege voraus war. Diesen Mann, den der König von Spanien nachher zum Admiral der Südsee ernannte, gelang es end-lich, im dritten Jahre der Unternehmung, den Aequator zu passiren, und aus dem nördlichen Regen= und Gewitter-winkel in ein mehr heiteres Klima hinaus zu kommen. Auch begegnete er dort den ersten Unterthanen des großen südlichen Königreichs. Er stieß auf eine der großen mit Segeln ver-sehenen „Balsas" oder Flöße, mit denen dieselben den Ocean seit alten Zeiten zu befahren wagten, und fand an Bord desselben Proben von den schönen Produkten und Waaren des Südlandes und Leute, die ihm von den Königen, die jenes Land beherrschten, und ihren großen Städten Kunde gaben.

Ruyz kam mit diesen ermuthigenden Nachrichten zum Pizarro in einem Augenblicke zurück, da derselbe gerade am we-nigsten in der Verfassung war, davon Vortheil zu ziehen, da wieder sein ganzes Unternehmen gleichsam an einem Faden hing. In Panama, wo man bisher aus dem Süden nichts als In-validen, verrottete Schiffe, Todes= und Schreckensnachrichten hatte zurückkehren sehen, war Pizarro und sein Triumvirat in den höchsten Mißcredit gerathen. Das Publikum nannte die Drei: „eine Gesellschaft von Narren", die ihr Vermögen, Leben und Alles weggaben, um nichts zu ernten als Plage. Und die königlichen Behörden waren erschreckt über die Menge in dem Unternehmen hingeopferter königlicher Unter-thanen, die der hartherzige Tollkühne gleichsam zur Schlachtbank führte.

Der damalige neue Gouverneur der Isthmusländer, Don Pedro de los Rios, der Nachfolger des oben ge- nannten Pedro Arias, hatte daher ein Schiff, unter dem Commando eines gewissen Tafur mit dem Befehle ausge- sandt, den Pizarro und seine Bundesgefährten zurückzuführen, dem ganzen unheilvollen Unternehmen desselben ein Ende zu machen und alle ferneren Fahrten nach dem die Spanier wie ein Irrlicht verführenden Peru zu verbieten. Dieser Tafur traf den Pizarro und die Seinen auf einer kleinen wüsten Küsteninsel, der sie den Namen die „Hahneninsel" (Isla del Gallo) gegeben und auf der sie eben eine Winter- saison unter beständigen Regengüssen und unaufhörlichem Lärmen des nie endenden Donners verbracht hatten. Fast alle freuten sich über die von Tafur verkündete Erlösung und segneten die Beschlüsse des Gouverneurs wie eine Ein- gebung des Himmels, „als wären sie Christensklaven, die man aus dem Lande der Mohren erlöste".

Pizarro aber las mittlerweile einen Brief seiner Freunde Luque und Almagro, den diese insgeheim mit den Leuten des Tafur expedirt hatten, und in welchem sie ihn auffor- derten, troß aller Gegenbefehle nicht zu wanken und zu weichen, indem sie ihm zugleich verhießen, sie wollten unge- achtet aller Verbote doch trachten, ein Schiff auszurüsten und mit demselben auf irgend eine Weise zu ihm zu gelan- gen. Nach der Lesung dieses Briefes trat Pizarro mitten unter seine Leute, zog mit dem Schwerte auf dem Boden

einen Strich, stellte sich auf die andere Seite desselben und
sagte: dieser Strich scheide den Süden und den Norden.
Er seiner Seits bleibe auf der Südseite und keine Gewalt
der Erde solle im Stande sein, ihn lebend aus der Nachbarschaft des so lange erstrebten Zieles zurückzubringen und
wenn er noch gleichgesinnte Freunde unter ihnen hätte, so
sollten sie hervortreten und auf seine Seite des Striches
kommen. — Von der Rede und Standhaftigkeit ihres Anführers gerührt, kamen darauf aus dem Haufen 12 Männer
hervor und gesellten sich zu ihm, indem sie versprachen, mit
ihm ausharren zu wollen, es komme was da wolle. Tafur
wagte, nicht gegen diese Zwölfe, deren Namen alle in den
spanischen Annalen verzeichnet stehen und die später der
König von Spanien in den Ritter- und Adelstand erhob,
Gewalt zu gebrauchen und segelte ohne sie nach Panama
zurück. Jene blieben beim Pizarro, nährten sich mit ihm
von der Jagd und dem Fischfang, gelegentlich auch von
Schlangen, Seekrebsen und Krokodilen, sangen mit ihm alle
Morgen ein Dankgebet für Gott und alle Abende ein Salve
Regina, hielten mit ihm auch alle Freitage und Sonntage
die Fasten und wußten alle kirchlichen Feiertage auswendig,
bis sie endlich nach fünf langen Monaten des Schwankens
zwischen Furcht und Hoffnung eines Tages über dem Wasser-
horizonte das Erlösungssegel auftauchen sahen.

Der unermüdliche Pilote Bartholomäus Runz, den
Almagro sandte, stieg unter dem Jubel der Befreiten ans
Land und sofort wurde unter seiner Leitung die Fortsetzung
der Fahrt nach Süden beschlossen und angetreten. Sie
passirten abermals den Aequator und mit günstigem Winde
weiter segelnd, gelangten sie bald zu der Bucht, die wir
jetzt die Bai von Guayaquil nennen. Pizarro nannte sie die
Bai von Tumbez, nach der ersten peruanischen Stadt, die
er sich dort ansah. Dieselbe ist der einzige bedeutende Einschnitt

und Golf der Küste von Peru. Sie birgt in ihrem Busen
Inseln und Häfen und tief ins Land eindringend bezeichnet
und bewirkt sie eine natürliche Abtheilung des Landes, die
auch stets eine politische gewesen ist. Auf der einen Seite
lag das nördliche Peru oder Quito, auf der andern das
südliche Peru oder das alte Land der Incas oder Quichuas,
mit der alten Königsstadt Cuzco.

Pizarro erkannte bald, daß er hier in dem eigentlichen
Eingange zu dem Lande seiner Bestimmung sei. In diesem
Thore beschloß er seine erste Festung zu bauen, von da aus
seine Eroberung zu beginnen.   Doch fand er die Küsten
von vielen Ortschaften und Städten und von einer dichten
Bevölkerung bedeckt, er selbst aber, hatte auf seinem Schiffe
nur Matrosen, die außer ihren Fäusten wenige Waffen besaßen. Einiger Pferde, einiger wenigen Scharfschützen und
Kanonen glaubte doch selbst auch ein tollkühner Pizarro zum
Angriffe auf ein indianisches Königreich zu bedürfen. Er kehrte
daher um, segelte nach Panama und von da nach Spanien
und machte überall den Erfolg seiner Entdeckungen an der
großen „Bai von Tumbez" bekannt, beschrieb sie auch dem
Kaiser Karl V., dem er zu Toledo vorgestellt wurde, und
dem er einige peruanische Lamas und viele Produkte des
neuen Wunderlandes, vor allen Dingen aber Proben von
seinen Gold- und Silberschätzen präsentirte.

Der erfreute Kaiser machte den Pizarro zum Ritter von
San Jago, zum Gouverneur, zum höchsten Richter und
Militärchef der neuen in der Südsee zu stiftenden spanischen
Provinzen, seinen Freund Luque zum Bischof und den Almagro
zum Festungscommandanten, auch ließ er von seinen Heral-
dikern ein neues Wappen für den Pizarro componiren. Im
Uebrigen aber mußte dieser für den Nerv der Dinge, — für
Geld und Soldaten, selber sorgen.

Den besten Beistand fand er dabei in seinem kleinen

Geburtsorte Truxillo in Estremadura, wohin er sich begab, um unter seinen Jugendfreunden und Verwandten das goldene Evangelium von Peru und „Tumbez" zu verkünden. Unter den letzteren befanden sich nicht weniger als vier Brüder und Halbbrüder, Fernando, Gonzalo, Juan und Martin Pizarro, die unter die Fahne ihres Francisco traten und die nun sämmtlich in der Neuen Welt außerordentlichen und theils höchst tragischen Schicksalen entgegengingen. Denn nachdem sie alle von illegitimen Kindern eines armen Landedelmanns sich zu fast königlicher Macht erhoben und eine Zeitlang die Rolle großer Herren gespielt hatten, endeten diese Gebrüder Pizarro später ihr Leben theils im Gefängnisse, theils unter dem Beile des Henkers, oder den Dolchen erbitterter Verschwörer.

Eine Flotte von drei Schiffen mit einigen kleinen Kanonen, 25 Pferden und 180 Infanteristen, von denen nur wenige mit Flinten bewaffnet waren, brachten die Pizarro's endlich auf dem Isthmus von Panama zu Stande. Die Erinnerungen der vierjährigen Nöthe und Leiden, die man auf dem Seewege von Panama nach Peru bestanden hatte, wirkten nicht günstig auf die Unternehmungslust der Colonisten. Auch kamen die Pizarros bald mit dem Almagro und seinen Anhängern in Widerspruch, die sich bei den kaiserlichen Gnaden- und Titelvertheilungen zurückgesetzt fühlten. Pizarro verhütete jetzt noch den Bruch, indem er seinem Bundesgenossen, der erst später sein Nebenbuhler wurde, vorstellte, das Land Peru, welches sie nun erobern würden, sei so groß, daß man bald auch für ihn dort eine eigene Provinz herausschneiden könne. In der Hoffnung darauf versprach Almagro seinem nach Süden absegelnden Genossen bald mit frischen Mannschaften und Schiffen nachfolgen zu wollen.

Widriger Südwinde wegen konnte Pizarro nicht gleich

wieder seine Bai von Tumbez erreichen. Er stieg 100 Meilen
nördlich von ihr ans Ufer und marschirte über Land zu ihr
heran. Es war nun seine erste Sorge, hier in diesem Ein-
gangsthore von Peru eine feste Stellung und einen guten
Hafen zu gewinnen. Er stiftete daselbst die erste spanische
Colonie und Festung in Peru, die er dem Erzengel Michael
widmete.

Von hier aus sandte er die Smaragde, das Gold
und das Silber, das er in den benachbarten peruanischen
Ortschaften erbeutete, nach Panama, und sammelte dann
daselbst die kleinen Kriegertrupps, welche nun von dort, von
Nicaragua, von Guatemala und den andern spanischen Provinzen an der Südsee aus, sich allmählich in Bewegung
setzten, um an seinen nun überall gepriesenen Erfolgen Theil
zu nehmen.

In seiner Festung San Miguel, von wo aus er das
Land weiter durchspähete, vernahm Pizarro bald von einem
mächtigen und reichen Fürsten, Namens Atabalipa oder Atahualpa, der mit einem großen Heere in dem Thale von Caxamalca
hinter den Bergen im Lager stehe, und dessen Herrschaft sich
weithin nach Süden erstrecke. Als er so viel Mannschaft
beisammen hatte, daß er an der Küste Besatzung lassen und
noch mit einer kleinen Armee von 60 Pferden und 120 Infanteristen ins Feld rücken konnte, machte er sich auf den
Weg, die hohen Gebirge zu erklimmen und den „Atabalipa"
in seinem Thale aufzusuchen.

Wer dieser Atabalipa eigentlich sei, wie das Innere
des Landes beschaffen, und wie die Dinge, Zustände und
Ereignisse dort zusammen hingen, wußte Pizarro damals
noch so wenig, wie Atabalipa seinerseits wer diese auf langhaarigen und hochbeinigen Ungeheuern reitenden, mit Donner
und Blitz bewaffneten, bärtigen Männer seien, die über die
Berge zu ihm heraufkletterten. Erst nach und nach, stück-

weise und sehr allmählich brachten die Spanier darüber Alles
das in Erfahrung, was sich ungefähr so zusammenfassen
läßt:

Die hohen Gebirge, die mit mehreren parallelen Ketten
längs der ganzen Westküste von Südamerika laufen, die
Cordilleras de los Andes (die Kupferberge), bilden einen
erhabenen und sehr bunt gestalteten Länderstreifen, eine Ver-
kettung vielfach verknüpfter Hochthäler, Bergplateaus und
fruchtbarer Gelände. Die außerordentlich mannigfaltigen
Abstufungen der Höhen, zu welchen vulkanische Kräfte diesen
merkwürdigen Gebirgsgürtel emporgetrieben haben, bringen
eine eben so große Mannigfaltigkeit der klimatischen Beschaffenheit und der davon zunächst abhängenden Vegetation
hervor. Es giebt gerade unter dem Aequator jeden Wechsel
der Jahreszeiten und alle Abstufungen des Klimas, von
tropischer Hitze bis zu dem Eise Grönlands hinauf. Es
giebt dort weitgedehnte Hochflächen, auf denen ein stets
lauer Frühling herrscht, und die mit einem stets grünen
Wiesenteppich bekleidet sind und gleich unseren Alpen die
schönsten Weiden darbieten. Eine Menge culturfähiger Nah-
rungspflanzen, unter ihnen die Kartoffel, knüpften ihre Existenz
an die Andenthäler, und in ihnen lebte das Lama, das
einzige zähmbare uud gezähmte Lastthier, das wir bei den
Völkern der Neuen Welt gefunden haben. Die Existenz
dieses Thieres und seine Benutzung war allein schon im
Stande, die Andenbewohner als vor allen anderen Völkern
des weiten, flachen, mit undurchdringlichen Wäldern bedeckten
Ostens Südamerikas bevorzugt erscheinen zu lassen. Eben
dahin wirkte auch der mineralische Reichthum der Gebirge,
die vor allen das nützliche Metall in Fülle darboten, nach
welchem sie ihren Namen bekamen, und das ein so wesent-
liches Element der ganzen Culturbasis der Andenvölker
wurde. Dieselben lernten das Kupfer, das in den weiten

Ebenen des Ostens fehlte, gewinnen, schmelzen und mit einer
Beimischung von Zinn zu äußerst harten, festen und brauch-
baren Werkzeugen gestalten. Mit diesen Werkzeugen bewaffnet, konnten sie sich manches Naturschatzes bemeistern
und viele natürliche Hindernisse beseitigen. Neben dem
Ackerbau entwickelten sich Künste und Handwerke. Es mehrte
sich das Eigenthum und mit ihm erwuchs eine Art bürgerlicher Gesellschaft. Es traten Machthaber, Gesetzgeber und
Religionsstifter hervor, welche das Volk durch Furcht vor
der Strafe und den Göttern in Zaum hielten, und es
entstanden große Communitäten und Reiche. Und wenn
auch diese halbcultivirten Andenreiche tief unter der Gesittung
der Staaten und Völker der alten Welt standen, so ragten
sie doch eben so hoch wie die Anden selbst, über die völlig
barbarischen Zustände der Ebenen im Osten hervor, die in
ihrer Einförmigkeit gleichsam ein tropisches Sibirien bildeten, — in denen auf Gebieten, die so groß wie das halbe
Europa sind, nicht ein Baustein gefunden wird!

Durch den ganzen Anden-Strich hin hat seit alten
Zeiten eine gewisse indianische Cultur geblüht, und als
die Spanier diese Berge zu erstürmen anfingen, gab es
daselbst schon mehrere halbcivilisirte Völker. Im Norden
das Reich der Moscas oder Muiscas in dem obern Becken
des Magdalenenflusses und auf dem reichen und fruchtbaren
Plateau des heutigen Santa Fé de Bogota. Weiter südlich
um den Aequator herum, am Fuße des Chimborazo, wo
die Anden in zwei parallele Ketten sich spaltend und in
ziemlich gleichem Abstande 100 Meilen weit hinlaufend,
eines der schönsten und größten jener der Cultur günstigen
Hochthäler bilden, das von dem Volke der Scyris gestiftete
Reich von Quito.

Endlich noch südlicher das größte und berühmteste aller
Anden-Reiche, das der Incas, dessen Wiege jenes colossale

und tief zwischen himmelanstrebenden Bergcolossen ein-
gesenkte Gebirgsbecken des Titicacasees gewesen zu sein
scheint. An den Ufern und auf den Inseln dieses großen
Süßwassermeeres liegen die ältesten und zahlreichsten Ruinen
des ganzen südamerikanischen Continents. Aus ihm, sagten
die Peruaner, wäre das Licht und die Sonne hervorgegangen. Es mag im Laufe der Jahrhunderte der Ausgangspunkt mehrer Staaten gewesen sein, von denen das
Reich der sogenannten Incas (d. h. der „Großherrn") das
letzte war. Anfangs beschränkte sich die Herrschaft, die
Gesetzgebung, die Sprache und der Religionscultus dieser
Incas bloß auf das Becken des genannten Sees und auf
einige benachbarte Hochthäler, in denen sie ihre berühmte
Hauptstadt „Cusco", welches Wort so viel bedeuten soll als
Nabel- oder Angelpunkt, stifteten. Durch lange fortgesetzte
Eroberungen dehnten sie dasselbe aber allmählig über eine
Menge benachbarter Völker aus. Sie bauten Brücken über
die Schluchten und Ströme der Anden, sie bahnten hunderte
von Meilen lange Wege, sowohl über den Rücken der Gebirge als am Fuße derselben hin, und errichteten ihre
steinernen Tempel und Festungen in vielen Thälern und
Orten. Nach Westen war ihre Herrschaft vom Meere
begränzt, nach Osten stand ihnen aber die wilde Barbarei
und unzähmbare Natur der endlosen Urwaldungen entgegen.
Das Reich der Incas wurde daher ein von Süden nach
Norden langgestreckter Gebirgs= und Küstenstaat. Zur Zeit,
als die Spanier Amerika entdeckten, hatte dieser Staat seine
höchste Blüthe und Ausdehnung erreicht. Zwei rasch auf=
einander folgende Incas Yupanqui und Huayna Capac,
waren südwärts durch die Wüste von Atacamo und nord=
wärts über die Bai von Tumbes oder Guayaquil hinaus
vorgedrungen und hatten dort das Küstenland Chile und
hier das alte Reich der Scyris von Quito ihren Besitzungen

13

zugefügt. Der Inca Huayna Capac herrschte mithin, zur Zeit
als die drei lecken Europäer jenes gegen ihn gerichtete
Triumvirat stifteten, über einen Länderstrich, der fast längs
der Andenkette nicht minder weit ausgedehnt war, als das
Reich, welches einst Kaiser Theodosius längs des mittelländischen Meeres besaß. Unglücklicher Weise hatte Huayna
Capac auch wie einst Theodosius kurz vor seinem Tode die
Idee, sein Reich unter zwei seiner Söhne zu vertheilen. Dem
einen, Huascar genannt, gab er den Süden oder den Kern
des alten Incareichs, die Umgegend von Cusco, dem andern
aber, Atahualpa, den Norden oder das neu eroberte Reich
von Quito. Die Folge war, daß beide Reiche wie Neu-
Rom und Alt-Rom mit einander zu rivalisiren und die
beiden Brüder sich zu bekriegen begannen. Die Spanier
trafen das Land eben mitten in diesem Bruderstreite begriffen. Atahualpa hatte den Huascar in einer blutigen
Schlacht besiegt, und zum Gefangenen gemacht, und er
ruhte eben mit seinen Truppen in jenem Thale von Caxamalca aus, darauf sinnend was weiter zu thun sei, wie
er die Partei seines Bruders völlig ausrotten und das
ganze Reich schließlich und dauernd unter seine Botmäßigkeit
bringen könne, als Pizarro mit seinen Feuermännern, seinen
Donnerröhren und seinen »langhaarigen Ungethümen mit
eisernen Füßen« die Berge erstürmte und mit einem Male
den Inca in seinen Plänen unterbrach, und den Faden der
alten hundertjährigen Geschichte von Peru zerriß.

Die Art und Weise, wie Pizarro diesen Schlag ausführte, glich dem Einbruche eines Tigers in eine Heerde
von Lämmern. Sein blitzschneller Sieg mit 200 Ueber-
müthigen über ein Heer von vielen Tausenden, die selber
Kampf gewohnt und so eben noch vom Blutvergießen kamen,
ist einzig in seiner Art und fast unbegreiflich, wenn man
nicht annimmt, daß die Peruaner den Namen von »Sonnen-

kindern" und „Göttersöhnen", den sie den Fremdlingen
gaben, ganz buchstäblich verstanden und daß sie in dem
panischen Schrecken, der über das ganze Volk kam, in der
That glaubten, daß übermächtige Götter und nicht sterbliche
Menschen mit ihnen stritten.

Pizarro scheint sich die Politik des Cortes zum Muster
genommen und vor allen Dingen, wie dieser, gestrebt zu haben,
das Haupt des Landes in seine Gewalt zu bekommen,
um dann, wie er, mit Hülfe desselben dem ganzen Volke die
Fesseln anzulegen. Nur führte er Alles noch viel stürmischer
und mit rauherer Hand aus, als sein Vorgänger.

Er rückte mitten in das Lager des Incas. Daselbst stellte
er seinen Leuten vor, daß ein jeder aus seiner Brust eine
Festung machen müsse. Sie sollten sich überzeugt halten,
daß in diesem heidnischen Lande Gott mit ihnen sein werde,
wie mit den drei Männern im feurigen Ofen, und daß St.
Jago, der große Schutzheilige von Spanien, selber in ihren
Reihen kämpfe. Als die Stunde der Entscheidung kam,
fiel dann das spanische Eisen vernichtend auf die goldenen
Schilder und Panzer der Peruaner, und in dem unbarmherzigen Blutbade, welches nach einem zuvor verabredeten
Plane ausgeführt wurde, spielte jeder die ihm übertragene
Rolle so gut, daß man das Ganze einem furchtbaren, Akt
für Akt pünktlich abgespielten Drama vergleichen kann.
In dem rechten Momente, als eben der Inca Atahualpa
und die Seinen in der ganzen barbarischen Pracht ihres
kriegerischen Hofstaates aufgezogen waren und wie geschmückte
Opfer dastanden, krachten die beiden kleinen Kanonen, welche
die Spanier zu den Bergen hinaufgeschleppt hatten, — es
schmetterten die Trompeten, — es blitzten die blanken Schwerter
und wiehernd und schäumend setzten die Rosse auf die vor
Schreck erstarrten Peruaner ein, denen zu Muthe sein mochte,
als wenn eine Pulvermine unter ihnen platzte. Die Spanier,

13*

Beides, die Größe des Preises und die Dringlichkeit der
Gefahr empfindend, kämpften wie Berauschte und jeder einzelne jagte seine Cohorte von Feinden in die Flucht. Sogar
die 60 Pferde, so sagt ein beobachtender Augenzeuge, die
an den Tagen zuvor reisemüde und von der Gebirgskälte
gelähmt schienen, zeigten sich bei dieser merkwürdigen
Aktion „auffallend munter und wie von der blutgierigen
Leidenschaft ihrer Reiter inspirirt“. Pizarro aber selbst hatte
seinen Falkenblick nur auf den geheftet, dem die ganze
Schreckensscene galt. Er sprengte durch das Getümmel auf
den Inca los, riß ihn mit eigener Faust von seinem goldnen
Sessel herunter, und indem er ihn mit seinem Arm und
Schwerte vor den unvorsichtigen Stößen der spanischen Soldaten schützte, machte er ihn lebendig zu seinem Gefangenen.
Den Rest der Peruaner ergriff ein solches Entsetzen, daß sie
auf der Flucht einen Theil der Mauer von Caxamalca,
des Ortes, auf dessen Marktplatze diese Scene vor sich ging,
niederrannten.

Der panische Schrecken, der das um Atabalipa ver-
sammelte Heer zerstäubte, fiel wie ein elektrischer Schlag
auch auf das ganze Land und Volk und legte dasselbe mit
einem Stoße gehorsam und fügsam zu Pizarro's Füßen.
So weit der Inca Atahualpa als Volksherrscher verehrt
wurde, so weit konnte nun auch Pizarro durch ihn gebieten;
denn ihr König schlief ja unter den Dolchen der Spanier
und jeder Ungehorsam mochte sein Leben bedrohen.

Frei und unbehindert, oder vielmehr überall wie königliche Boten aufgenommen und rasch befördert, zogen daher
die kleinen Reitertrupps, welche Pizarro sogleich zur Erforschung
und zugleich auch zur Brandschatzung des Incareiches aus-
schickte, von einem Ende des Landes zum andern. Seinen
Bruder Hernando sandte er westwärts, um das Gold aus den
Gräbern und Tempelstädten zu holen, die dort längs der

Meeresküste lagen. Der muthige Ritter Fernando de Soto aber war der erste, der mit zwei andern Spaniern längs des hohen Gebirgskammes der Anden und auf der großen Kunststraße, die über Brücken und Viadukten und über längs den Thalabhängen ausgemeißelten Treppen dahinführte, nach der alten Incaresidenz, dem berühmten Cusco reiste, deren Tempel er auf Befehl des Pizarro und des Inca ihres goldenen Schmuckes berauben ließ.

Atahualpa, der nach Freiheit lechzte, hatte den Spaniern, die nach Golde dürsteten, als Lösegeld versprochen, einen großen Zimmerraum mit jenem edlen Metalle zu füllen, und es zogen nun aus Cusco und aus den Tempelstädten der Küste ganze Karawanen von Lamas heran, die mit goldenen und silbernen Platten, Gefäßen und Schmucksachen beladen waren. Auch kamen Unterthanen des Inca, Generäle und Große des Reichs herbei, ihre Beisteuer zu zollen. Der Saal füllte sich auf bis zu der Höhe des berühmten Strichs, der an den Wänden bezeichnet war; allein das Gefängniß des Inca öffnete sich nicht. Vielmehr fühlte er sich allmählig mit immer engerer Haft umsponnen, von seinen Unterthanen, die ihn bisher besuchen durften, getrennt, eines Tages sogar sah er sich eiserne Ketten an Hals und Händen geschmiedet und endlich — vor ein Blutgericht geschleppt.

Pizarro's Gedanken und Verhältnisse hatten sich im Verlaufe der Zeit geändert. Gold hatte er nun hinreichend, um seine Soldaten damit zu belohnen und andere dafür zu werben. Viele neue Krieger waren unterdeß auch angelangt und mit ihnen sein Freund Almagro, und er fühlte sich stark genug, um nun mit Gewalt die Länder und Städte festzuhalten, in die er sich mit Beistand seines königlichen Gefangenen bisher sozusagen nur eingeschlichen hatte. Dieser hatte jetzt seinen Dienst gethan und war nicht viel mehr werth. Gold schien man vorläufig wenig mehr von ihm

erpreſſen zu können. Die Unterthanen wurden es auch
überdrüſſig, einem beim Feinde gefangenen Könige zu gehorchen. Atahualpa und ſeine Bewachung erſchien dem
Pizarro nun eher eine Laſt. Sollte er doch noch ein Mal
entſchlüpfen, ſo mochte unter ſeinem einflußreichen Namen
ganz Peru mit vereinten Kräften gegen die Spanier ſich
erheben. Wurde er jetzt aus dem Wege geräumt, ſo war
der Zauber ſeines Namens gelöſt und der Zwietracht unter
ſeinen Unterthanen das Thor geöffnet. Unter den Prinzen,
die ſich zu Incas aufwerfen würden, mochte Pizarro dann
ſich den wählen, der ihnen am meiſten geſiel. Die Generäle,
die ſich mit ihren kleinen Armeen, einer Oberleitung ent-
behrend, widerſetzen würden, mochte er einzeln aufreiben.
Man ſagt, daß auch eine perſönliche Abneigung und eine
Privatrache des Pizarro dabei eine Rolle geſpielt habe. Der
gefangene Inca hatte im Umgange mehr Sympathie für
den Bruder des Pizarro, Hernando, für den edlen Ritter
de Soto und andere Officiere gezeigt, und einmal, da der
ſchlecht unterrichtete Pizarro ihm ſchamroth geſtehen mußte,
daß er weder leſen noch ſchreiben könne, ſogar ſeine Verachtung gegen ihn zu erkennen gegeben. Kurz, Pizarro ließ
dem Atabalipa den Prozeß machen. Er beſchuldigte ihn,
daß er geheime Befehle ins Land ſende, Truppen gegen die
Spanier zuſammen rufe und Aufruhr predigen laſſe. Sein
Militärgericht verurtheilte den unglücklichen Fürſten zum
Feuertode und Pizarro begnadigte ihn dann, nachdem er ſich
hatte taufen laſſen, zur Erdroſſelung.

Was Pizarro erwartet hatte, erfolgte nach dieſer
Kataſtrophe. Da auch der andere rechtmäßige Inca, der
oben erwähnte Bruder des Atabalipa, Huascar, längſt nicht
mehr lebte, ſo wußten die Peruaner nicht, wem ſie gehorchen
ſollten. Es boten ſich manche Kronprätendenten dar. Mehre
Generäle aus der Schule des Atahualpa, die ſich an der

Spitze nicht unbedeutender Truppenkorps befanden, agirten
auf eigne Hand, marschirten in diese oder jene Provinz, in
der sie sich zu halten hofften, ähnlich wie die Generäle des
Königs Darius von Persien, den Alexander der Große vernichtete. Das alte Incareich zerfiel wie ein von einem
Erdbeben erschüttertes Gebäude.

Pizarro aber brach nun mit zehnfach verstärkter Macht
von Caxamalca auf, setzte mitten durch die sich kreuzenden
Wogen dieses Aufruhrs hindurch und marschirte auf die
Hauptstadt Cusco. Um ihn und in seinem Lager war ein
entschiedener starker Wille und eine concentrirte und einige
Kraft. Unterwegs schlug er ohne Schwierigkeit einige
Indianerhaufen, die Widerstand wagten, in die Flucht, ließ
an wichtigen Punkten spanische Besatzungen zurück, und hielt
seinen triumphirenden Einzug in die Hauptstadt, die sich
ihm ohne Schlacht und Vertheidigung ergab, und in der
er alsbald das Kreuz der christlichen Kirche errichtete und
ein spanisches Gouvernement organisirte. Um indeß mit
der rohen Gewalt wenigstens etwas Huld und Schmeichelei
zu verbinden, und um den Peruanern den Uebergang von
der alten zur neuen Ordnung der Dinge zu erleichtern, gab
er ihnen noch ein Mal einen Inca. Einen legitimen Sohn
des alten Inca Huayna Capac, einen Bruder des gemor-
deten Huascar, den Prinzen Manco ließ er zum Großherrn
ausrufen und gewährte den Einwohnern der alten Residenz
zum letzten Male das Schauspiel der Krönung eines Inca.
Sie wurde mit dem altherkömmlichen Pompe aufgeführt,
nur daß dieß Mal die christlichen Priester und ihre Meß-
gesänge sich schon mit den heidnischen Gebräuchen vermischten,
und daß Pizarro selber dem jungen Prinzen das Diadem
auf das Haupt setzte und ihn dadurch von vornherein zu
seinem gehorsamen Werkzeuge stempelte, dem er seine Brüder

Gonzalo und Juan Pizarro zu Wächtern und Mitregenten
setzte.

Nachdem Pizarro so den ganzen Hauptkörper des Innern von Peru von der Bai von Guayaquil bis Cusco
innerhalb dreier Jahre unterworfen hatte, wandte er seine
Gedanken der Meeresküste und der Verknüpfung des eroberten Landes mit Europa zu. Der Genius der schiff-
fahrtslosen Völker der Anden war dem Ocean ganz abgewandt
gewesen. Alle ihre volkreichen Städte hatten sie im Gebirge
gebaut. An der Seeküste hatten sie nur ihre Gräberstädte
gebaut und einige durch ihre Orakel und Tempel berühmte
Ortschaften. Die Spanier, die aus dem Meeresschaum an's
Land gestiegen waren, und die nur auf dem salzigen
Wasserwege sich mit ihrer Heimath in Verbindung erhalten
konnten, von der sie Alles zu erwarten hatten, fingen nun an,
den Strand als das Hauptstück ihres neuen Reichs zu betrachten. Pizarro besäete ihn mit einer Reihe von Hafen-
städten, von denen er eine der bedeutendsten nach seinem
Geburtsorte Truxillo nannte. Vor allem suchte er dort auch
nach einer wohlgelegenen, centralen und hafenreichen Localität,
in welcher er eine neue und schöne spanische Hauptstadt für
sein Reich bauen könne. Er fand dieselbe in der Nähe
eines jener Gräber- und Tempelorte in einem schönen Thale,
das die Peruaner „Rimac" nannten. Hier legte er die große
Stadt an, welche er „La Ciudad de los Reyes" (die Stadt
der heiligen drei Könige) taufte, die aber bei den Spaniern
alsdann unter dem populären Namen des Thales „Rimac" (in
„Lima" verwandelt) berühmt wurde. Da Pizarro bald mit
der Vermehrung seiner beinahe königlichen Einkünfte auch
einen großen Geschmack für Bauten bekam, und da er
während des Restes seines Lebens in Perioden der Muße
immer nach Lima zurückkehrte, um diese seine Pflanzung zu
pflegen und zu entwickeln, so wurde daraus bald die schönste

und reichste Stadt des spanischen Südamerikas, die noch heutigen Tages als die angenehmste Capitale des ganzen Continents betrachtet wird.

Seinen Bruder Hernando sandte er nach Spanien mit einem Berichte über alles Geschehene an den Kaiser, und auch mit seinem Bundesgenossen und Nebenbuhler Almagro einigte er sich dahin, daß dieser, nun von Pizarro unterstützt und ausgerüstet, ausziehen solle, die bisher noch nicht berührte südliche Provinz des Incareiches, welche die Peruaner „das kalte Land" oder „Chile" nannten, zu erobern und dann als ein selbstständiges Gouvernement für sich zu behalten. (Diese spanischen Conquistadoren gingen mit Reichen um, und warfen sich die großen Provinzen einander zu, wie Soldaten die Kuchen und Brodlaibe eines geplünderten Bäckerladens.) Auf die besagte Weise schien alles geschickt und glücklich eingeleitet und ausgeglichen. Allein es sollte nicht lange auf diesem ebenen Gleise fortgehen. So willig und auf ein Mal, so ohne alle weitere Zuckungen und Versuche zur Befreiung, ließen sich doch selbst die weichen Peruaner die Ketten nicht anlegen. Wie die Stiftung des Cortes, wie alle spanischen Colonienländer, so mußte auch Pizarro's Werk noch harte Proben bestehen. Es brach ein heftiger Sturm, ein allgemeiner Aufruhr der kaum unterworfenen Unterthanen los, und was das Schlimmste war, selbst mitten in dieser Alle bedrohenden Gefahr erreichte auch die Feindschaft der Spanier unter einander, die Rivalität der beiden Triumvirn, ihren Höhepunkt.

Almagro trat zwar seinen Zug nach „Chile", bei dem derselbe zum ersten Male als ein commandirender Länderentdecker agirte, wirklich an. An der Spitze eines großen Heeres von Spaniern und Peruanern marschirte er durch das von den größten Berggipfeln der Anden umgebene Becken des Titicacasees und im Süden desselben setzte er über den

erhabenen und rauhen Rücken dieser Kette zu dem lieblichen
Küstenlande hinüber.   Er und seine Leute erlitten auf dem
Marsche unsägliche Drangsale von der Unbill der Witterung
und dem Mangel an Lebensmitteln.

Die armen, als Lastthiere benutzten Peruaner sanken
zu Hunderten unter ihrer Bürde zusammen, und selbst von
den Spaniern und ihren Pferden erfroren viele auf den
eisigen Höhen.   Noch mehre Jahre nachher, als ein Mal
wieder andere Spanier dieses Weges zogen, fanden sie die
steifen und unverwesten Körper ihrer Landsleute und ihrer
Rosse an vielen Orten an Steine und Felsen gelehnt, wie
Bildsäulen aus Fleisch, in voller Kleidung und Rüstung mit
der Lanze in der Hand dastehen.

Chili, obwohl eine der mildesten, fruchtbarsten und an
nützlichen Metallen und anderen Producten reichsten Provinzen Südamerikas, mißfiel dem Almagro und nachdem
er es eine Strecke weit nach Süden durchstreift hatte, kehrte
er unzufrieden wieder um.   Die reichsten Länder befriedigten
diese beutegierigen und zur Arbeit unlustigen spanischen
Abentheurer nicht, wenn nicht der Reichthum fertig aus-
gemünzt dalag, wenn sie ihn nicht gleich von der Oberfläche
des Bodens abschöpfen konnten, wenn es da keine volkreichen
Städte und mit Gold bedeckten Tempel, die man plündern
möchte, gab.

Dazu kam, daß Almagro von Freunden, die ihm nach-
eilten, vernommen hatte, wie aus Spanien unterdeß ein
Brief des Kaisers angelangt sei, der ihn förmlich zum
Statthalter seines südlichen Gouvernements, welches das
Königreich „Neu-Toledo" genannt werden sollte, installirte.
Die Gränzen dieses seines Dominiums im Süden von der
Provinz des Pizarro — so hörte Almagro — seien
vom Kaiser so bestimmt, daß ganz offenbar nicht bloß
Chili, sondern auch noch der südliche Theil von Peru,

und namentlich die Stadt Cusco, innerhalb derselben fielen.
Auf diese Stadt hatte Almagro längst sein Augenmerk ge-
richtet. Er schenkte daher natürlich jenem Gerüchte willigen
Glauben und eilte längs der Küste, über alle die zahlreichen
Bergströme und Thal-Einschnitte, von denen Chili wie ein
gefurchtes Ackerland eingekerbt ist, so wie durch die öde Sand-
wüste von Atacama, welche Chili und Peru trennt, nach
Norden zurück.

Hier fand er seine Landsleute inmitten weitverbreiteter
Indianer-Aufstände und Verschwörungen in der äußersten
Bedrängniß, den Franz Pizarro in seiner neuen „Stadt
der Könige" fast abgeschnitten, und dessen Brüder in der
alten Incastadt Cusco ebenso umringt. Einem gemeinsamen Feinde gegenüber pflegt sonst unter Landsleuten aller
Parteienstreit zu schwinden. Aber diese übermüthigen Castilianer scheuten sich nicht, schon in einer noch nicht einmal
gesicherten Eroberung Bürgerkriege zu führen und gleichsam
wie jene Feuersprützenmänner der Städte unserer jetzigen
Vereinigten Staaten, mitten in der öffentlichen Calamität
einer Feuersbrunst unter einander zu hadern. Almagro mit
seinen „Chili-Männern" (diesen Parteinamen führte schon
seine Truppe) schlug anfänglich beide, die Peruaner und
die Spanier, bemächtigte sich Cusco's, machte Pizarro's
Brüder zu Gefangenen, und setzte sich an ihre Stelle als
rechtmäßigen, und vom Kaiser installirten Regenten des
Südens. Doch genoß der alte ehrgeizige Greis seine Herrlichkeit nicht lange. Denn auch der rastlose Pizarro seinerseits, indem er frische Truppen aus dem Norden heranlockte,
schlug wiederum beide, die Peruaner und bald darauf auch
die Spanier. In einem blutigen Treffen, in der berühmten
sogenannten „Schlacht bei den Salzwerken", in der aber
keiner der beiden Rivalen selbst commandirte, unterlagen die
„Chili-Männer", und der gefangene Almagro selbst wurde

wie Atabalipa in Ketten gelegt, als ein Aufrührer vor Gericht gestellt und erdrosselt (1537).

Da er nun auch dieß glücklich überstanden, da er keinen, weder spanischen noch eingeborenen Nebenbuhler mehr im Felde sah, so führte jetzt Pizarro die letzten Jahre seines Lebens ein mehr gedeihliches und ruhigeres Regiment, fuhr fort, sein Lima mit Kirchen und Gärten zu verschönern, gründete Arequipa und andere Städte, die noch jetzt blühen, ließ Pflanzen, Thiere, Ackerbauer und Handwerker aus Europa kommen und richtete so auf der alten indianischen Grundlage ein europäisches Staatsgebäude auf.

Auch ließ er die Entdeckung und Erforschung der weiten Nachbarländer in allen Richtungen fortsetzen.

Seinen Capitän Pedro de Valdivia schickte er nach der von Almagro zuerst eröffneten südlichen Gegend, nach Chili, und dieser Valdivia, einer der thätigsten und ehrenwerthesten Eroberer, unterjochte und colonisirte dann im Verlaufe mehrer Jahre dieß schöne Land durch eine Reihe merkwürdiger Expeditionen, bis weit nach dem Süden hinab, bis zu den Gränzen der wilden und freiheitliebenden Araucanen, die in der Nähe von Patagonien wohnten, und die dem Valdivia, wie dann auch noch Jahrhunderte lang den ihm nachfolgenden spanischen Gouverneuren von Chili, einen so heldenmüthigen Widerstand leisteten, wie in unserer Zeit die Tscherkessen den Russen. Ein spanischer Dichter, Ercilla, besang sie dafür in einem langen Epos.

Aber auch nach Norden und Westen ergossen sich alsbald, gleich wilden Strömen, die losbrechenden Schaaren der spanischen Eroberer. Das römische Reich wurde sehr allmählig, Stein für Stein im Laufe der Jahrhunderte aufgebaut. Die Unternehmungen der spanischen Conquistadoren von Amerika hatten mehr von dem ungestümen Geiste der Entdeckungen und Eroberungen, die der Macedonier Alexander in Asien

machte. Der Name Peru war am Himmel Spaniens wie
eine Aurora Borealis aufgegangen. In allen Richtungen
und weit hinaus in die Räume spielten die bunten und
goldenen Hoffnungsstrahlen. Auch jenseits der Berge der
Anden, in dem weiten, noch unbekannten Osten, ließ ihre
Phantasie sie auf dunkle Gerüchte hin mehr als ein reiches
Land erkennen. Dahin in den östlichen Wäldern sollten sich
bei der Unterjochung Perus die letzten Sprößlinge der
Incas mit unermeßlichen Schätzen gerettet haben. Dort
sollten „die Amazonen" wohnen, deren Königin die reichste
Besitzerin von Perlen und Edelsteinen genannt wurde, und
als ihr Nachbar ein König, der sich mit seinen Genossen
jeden Morgen bei seiner Toilette den ganzen Leib mit
Goldstaub pudern ließ, und der die Dächer seiner Paläste
und Stadtmauern mit Zinnen aus purem Golde schmückte.

Ungeduldig, dieß Alles zu erlangen, ließen sich die
Offiziere und Brüder des Pizarro Commandos über kleine
Schaaren von Spaniern ertheilen, und eine Weltrichtung
anweisen, in die sie alsbann hinausmarschirten. Jeder
dieser Soldaten wurde ein Chef von hundert gehorsamen
indianischen Begleitern, Gehülfen und Lastträgern, und so
zählten ihre Armeen oft viele Tausende. Dazu kamen noch
lange Caravanen von Llamas, welchen die schwerern Gegenstände aufgebürdet wurden. Auch spielte bei diesen aben-
theuerlichen Zügen ein nützliches, eben nicht sehr edles Thier,
nämlich das Schwein, das sich in allen Theilen Amerikas
von vornherein auf unglaublich schnelle Weise vermehrt
hatte, eine bedeutende, man möchte sagen, historische Rolle.
Das Schwein ist ein unermüdlicher und ausdauernder
Marschirer. Es gedieh in allen Klimaten der neuen Welt,
befand sich in den Sümpfen und Waldungen derselben sehr
wohl. Fast alle spanischen Entdeckungszüge, auch die späteren
in Nordamerika, waren daher von großen Schweineheerden

begleitet. Ohne sie wäre manche Unternehmung gar nicht
möglich gewesen. Noch jetzt ist dieses Thier in vielen
Strichen Amerikas die vornehmste Stütze und Ressource des
Hinterwäldlers. Auch mit Pferden stattete man diese Züge
so reichlich aus, als es die anfängliche Seltenheit dieses
edlen Thieres erlaubte. Man zahlte für ein gewöhnliches
Roß zuweilen den Preis von 3000 Ducaten, aber freilich
war auch ein Reiter zu Pferde, ein spanischer Centaur,
im Stande eine ganze Armee Amerikaner in die Flucht zu
schlagen. Nicht minder kostbar und rar war ein anderer
höchst werthvoller Artikel, das Eisen. Der Preis eines
eisernen Säbels war in den ersten Jahren der Eroberung
50 Ducaten und oft beschuhte man die Pferde statt mit
Eisen lieber mit Silber, und gab ihnen goldene Zäume.
Meistens gab freilich die Heimkehr dieser prächtig und
reichlich ausgerüsteten Kriegerschaaren ein ganz anderes Bild.
Ohne Pferde, ohne indianische Bedeckung, baarfuß, in zer-
lumpten Gewändern, oder in Tiger= und Katzenfelle, wie
die Barbaren gekleidet, elend, bleich und krank, in allen
ihren Hoffnungen getäuscht, sah man oft die zusammen-
geschmolzenen Reste dieser Armeen zu den Bergen oder an die
Küste von Peru zurückkommen. Ausnahmsweise freilich
übertraf auch die Wirklichkeit alle gehegten Erwartungen.
Dieß war z. B. mit dem reichsten Silberlande der Welt,
im Südosten von Peru, an den Quellen des Silberstromes
(La Plata) der Fall. Durch diese Gegend, nahe bei dem
grandiosen Silberberge Potosi vorüber, ritt schon Almagro
auf seinem Marsche nach Chili im Jahre 1535, unbefriedigt,
das Land verachtend, von wilder Begier nach der Ferne
getrieben, und nicht ahnend, daß er Alles, was seinen
Hunger nach Schätzen stillen konnte, in so reichem Maaße
unter seiner Pferde Hufen hatte. Auch noch vier Jahre
später verschenkte Pizarro in diesem Silberlande, der

sogenannten Provinz „Charcas", große Districte an einige
seiner Offiziere, ohne zu ahnen, wie viel er aus den Händen
gebe. Doch wurden bald darauf noch zu seiner Zeit viele
Silberminen in diesem Striche eröffnet. Mitten in den
Wäldern wurden ganze aus der Erde hervorragende Silber-
felsmauern entdeckt. Pizarro selbst noch baute die „Ciudad
de la Plata" (die Silberstadt), der bald das reiche und
luxuriöse Potosi folgte. Schon jetzt begann der gewaltige,
von Humboldt geschilderte Silbererguß, der von Potosi
aus zunächst zu dem benachbarten, noch von Pizarro gebauten Südseehafen Arequipa floß und von da über Lima
und den Isthmus von Panama seinen Weg zum atlantischen Ocean und nach Europa fand, in die Kassen des
Königs von Spanien oder in die Kajüten und Säckel der
französischen, englischen und holländischen Piraten, welche
den spanischen Silberflotten auflauerten, und zuletzt in die
Taschen und den Haushalt der Bürger der europäischen
Städte, deren ganze Lebensweise er umgestaltete, indem er
den Werth der edlen Metalle und den Preis aller Dinge
änderte.

Unter den vielen anderen kühnen Unternehmungen der
Offiziere des Pizarro muß ich außer der des Valdivia nach
Chili, vor allen Dingen noch zweier erwähnen, weil sie das
Gebiet der amerikanischen Entdeckungen auf bedeutende
Weise erweiterten und zwar zunächst der Märsche und Reisen
des Sebastian Benalcazar, den Pizarro schon im Jahre 1534
nach dem Norden in der Richtung von Quito ausgesandt
hatte, und dann der benachbarten Expedition des Gonzalo
Pizarro zu dem Riesenstrom der Amazonen.

Die beiden Andesketten, welche das Land Quito ein-
schließen, setzen sich noch weit nach Norden fort und laufen
in lange dauerndem Parallelismus nebeneinander hin.
Zwischen ihnen bleiben ähnliche Plateaus oder Hochthäler,

wie das von Quito, ausgespannt, die nur dann und wann
von Querarmen der großen Cordilleras getrennt und
unterbrochen werden. Zuerst das Hochthal von Ibarra,
dann das von Pasto, endlich das von Popayan. Sie
hängen alle wie Abschnitte einer und derselben gewaltigen Thalreihe unter sich zusammen. Schon die Feldherren
der peruanischen Incas hatten von Quito aus in dieser
Richtung weiter gekriegt. Die ungestümen Spanier, die
nicht bloß das ganze Stammland der Incas verschlangen,
sondern auch die von diesen angefangenen und eingeleiteten
Eroberungen vollendeten, waren glücklicher.

Der genannte Benalcazar hatte sich kaum in Quito festgesetzt,
so zog er (1536) in den besagten Thälern weiter aufwärts. An
der Spitze von 300 auserlesenen Soldaten erstürmte er alle von
den Indianern besetzten Defileen, rückte zuerst in das Thal
von Ibarra, alsdann in das zweite von Pasto, in dem er
die noch jetzt bestehende Stadt gleiches Namens stiftete, und
gelangte endlich in das weite schöne Thal, in welchem ein
angesehener Curaca (Chef) der Indianer, Namens Popayan,
waltete und sich ihm an der Spitze einer großen Armee
zur Wehr setzte. Benalcazar schlug ihn nach mehreren Gefechten in einer entscheidenden Hauptschlacht (1536) und
gründete in der Mitte des fruchtbaren Thales den Haupsitz
der spanischen Herrschaft in diesen Gegenden, dem er den
Namen des besiegten Caziken „Popayan" beilegte. Während
er selber diese genannte Stadt im Jahre 1537 baute, sandte
er seine Capitäne mit kleinen Trupps in allen Richtungen
aus, um die benachbarten Thäler zu erforschen. Da sie
ihm die vortheilhaftesten Berichte von der Beschaffenheit der
Gegend gaben, und da er zugleich bemerkte, daß schon im
Lande Popayan die Gewässer nach Norden zu fließen
begannen, so erwachte in ihm die Hoffnung, daß das nördliche Meer (Mar del Norte) hier nahe sein müsse, und

daß er auf der betretenen Bahn bis dahin vordringen könne. In der That befand sich Benalcazar in Popayan, ohne es zu wissen, schon in der Nähe der Quellen des großen Magdalenenstromes.

Berauscht von den Reizen der schönen, fruchtbaren Landschaften, in denen ein ewiger Frühling herrscht, inspirirt von dem ländergierigen Geiste, der alle spanischen Capitäne spornte, und trunken von den Siegen, die er über die Indianer erfochten, vergaß er Quito und Peru, und Alles, was er hinter sich gelassen hatte, dazu auch die Pizarros und Almagros, die unterdeß unter sich in Zwiespalt und mit den Peruanern ins Gedränge gerathen waren. Benalcazar dachte, daß die von ihm entdeckten Regionen gar nicht mehr zu Peru und Quito und zu dem Reiche des Pizarro gehörten, so wie sie auch früher nicht zu dem Reiche der Incas gehört hatten. Aus ihnen wollte er daher nun ein eigenes Reich für sich bilden.

Am Magdalenenflusse nordwärts hinabmarschirend, erreichte er das produktenreiche Plateau von Bogota, auf dem die Muyscas jenes uralte Indianerreich gestiftet hatten, und auf diesem Plateau fand dann die berühmte Begegnung dreier Eroberer statt, die in demselben Zeitpunkte aus den verschiedensten Richtungen heranmarschirend dasselbe Ziel erreichten. Zuerst der besagte Benalcazar aus Süden und von den Quellen herab, dann der berühmte Conquistador Quesada, der vom Meere und vom Norden her sich längs des Magdalenenflusses in einer Reihe mühseliger Expeditionen herauf gearbeitet hatte, und endlich der Commandeur der deutschen Truppen, Nicolaus Federmann, der auf Befehl Kaiser Karls V. und auf Kosten der reichen Kaufleute Welser von Augsburg aus dem Orinoco Bassin von Osten her die Berge und das Plateau von Bogota erklommen hatte. Unter dem Zusammenstoße dieser drei Eroberer wurde das alte Reich der Muyscas von

14

Bogota zerstört und zertreten. Ueberrascht standen sie sich nach dem Siege selber eine Zeit lang mit gezücktem Schwerte und entgegengesetzten Ansprüchen einander gegenüber. Doch besannen sie sich zur rechten Zeit noch eines Besseren, reichten sich die Hände, und reisten vereint nach Spanien, dem Kaiser die Schlichtung ihrer merkwürdigen Streitfrage überlassend.

Benalcazar war ohne Zweifel einer der großartigsten spanischen Entdecker. Er eröffnete von der Bai von Guayaquil aus nach Norden fast eben so viele schöne Landschaften, wie Pizarro selbst von dieser Bai nach Süden. Er verschaffte der Welt die Kenntniß der ganzen 200 Meilen langen Andenzweige, die von dieser Bai aus in nordnordöstlicher Richtung fortstreichen. Als Eroberer des Reiches von Quito, als Stifter der Städte San Franzisko de Quito, Ibarra, Popayan, Cali, Timana, als erster Entdecker der Quellen der großen Ströme Cauca und Santa Magdalena wird sein Name in der Geschichte der Entdeckungen unvergeßlich sein. Er brachte selbst die ersten Schilderungen dieser Gegenden nach Europa. Von allen den Capitänen aus der Pizarroschen Schule verrichtete er neben dem Pedro de Valdivia das Meiste, welcher letztere eben so weit nach Süden hinabstürmte, wie Benalcazar nach Norden.

Endlich führte Benalcazar nicht nur selbst alle die genannten großen Entdeckungen zu Ende, sondern er leitete auch mehrere andere Unternehmungen ein, die alsdann von folgenden Capitänen aufgenommen und fortgesetzt wurden, und zwar insbesondere mit auch jenen dritten großen Entdeckerzug aus dieser Periode, die so berühmte und vielfach gefeierte Fahrt des Gonzalo Pizarro ins sogenannte Zimmetland und hinab zu dem mächtigsten Strome der neuen Welt, zum Marañon.

Die Veranlassung zu dieser Expedition gaben in zweifacher Beziehung die vorgängigen Unternehmungen des Benalcazar.

Da dieser Quito erobert hatte, und dann immer weiter nach
Norden gegangen war, so gerieth der Marquis Franz Pizarro
wegen seiner Treue in Sorgen, und sandte seinen Bruder Gonzalo,
nach dem Norden ab, um Quito im Rücken des Benalcazar
zu besetzen und als sein Statthalter fest zu halten. Gonzalo,
so heißt es, empfing diesen Auftrag mit besonderer Freude,
und marschirte alsbald nach den nördlichen Provinzen ab.
Da er als ein muthiger, großmüthiger, liberaler und tüch=
tiger Anführer bei den Truppen sehr beliebt war, so schlossen
sich ihm eine Menge Soldaten und Ritter an. Jedoch galt
ihre Freude nicht sowohl dem ewig grünenden Quito selber,
als vielmehr der Aussicht auf eine neue großartige Unter=
nehmung, die sich seit einiger Zeit von Quito aus eröffnet
hatte. Die spanischen Conquistadoren jener Zeit hatten wenig
Behagen an dem schon Erlangten und Bekannten. Eben
das Unbekannte, mit seinen möglicher Weise unermeßlichen
Schätzen schwebte ihnen als das lockendste Ziel, als gelobtes
Land vor Augen. Sie blickten, wie ich sagte, von den
Höhen der Anden mit Verlangen und gespannter Erwartung
in die unermeßlichen Gefilde des Innern von Südamerika
hinaus, zu denen die großen von den Bergen herabströmenden
Gewässer hinabgingen. Sie konnten nicht glauben, daß der
schmale Andengürtel der einzige reiche Culturstreifen des
Continents, und daß Alles Uebrige von nackten Indianern
bevölkerte Wildniß sei. Sie glaubten, es müsse dort noch
andere Perus geben, und ihre entzündbare Phantasie suchte
nun in jenen Gegenden neue, wundervolle Länder, Völker
und Königreiche. Wie die Angloamerikaner auf der Ost=
küste des nördlichen Continents den „weiten Westen“ (the far
West), so hatten die Spanier in Peru, deren Hauptcoloni=
sation längs der Westküste begonnen hatte, den „großen Osten“
vor sich, aus dem sie neue Wunder auftauchen zu sehen
erwarteten.

14*

Während Benalcazar die Stadt Popayan baute, war
einer seiner Offiziere, Gonzalo Diaz de Pineda, von den
Anden von Popayan und Quito ostwärts hinabgestiegen
und war hier in eine Gegend gekommen, welche die alten
Peruaner nach einem Stamme von Eingebornen „los
Quixos" nannten. Er hatte hier indianische Kaufleute gefunden, welche mit einer dem Zimmet ähnlichen Baumrinde
handelten, und sagten, daß weiter ostwärts die Wälder voll
von Zimmet- oder Caneelbäumen seien. Auch glaubten die
Spanier des Pineda aus den Gesprächen dieser Kaufleute
zu entnehmen, daß es weiter hinten im Osten Völker gäbe,
bei denen alle Menschen von Kopf bis zu Fuß in goldenen
Rüstungen gewappnet einhergingen. Pineda commandirte
von der kleinen Armee des Benalcazar nur eine kleine Abtheilung und fühlte sich nicht stark genug zur Vollendung
dieser Unternehmung. Doch verbreitete sich alsbald nach
seiner Rückkehr nach Quito und Popayan der Ruhm des
Landes „Quixos", das die Spanier, da sie noch immer wie
Columbus, nach orientalischen Specereien jagten, das Land
des Caneels (la Canela) nannten. Sie hegten davon um
so größere Erwartungen, als dieses Land in der Nähe des
Aequators und unter demselben Breitengrade mit den Gewürzinseln lag.

Gonzalo Pizarro nun, „ein großer Feind der Ruhe",
wie Herrera sagt, war kaum in Quito angekommen, als er
zur Lust seiner Anhänger und Begleiter die Trommel rühren
ließ. Er übergab sein schönes Gouvernement Quito in die
Obhut seines Capitäns Puelles, und traf alle Anstalten zu
einer „Entrada" in das Caneelland. Er brachte 350 aus-
erlesene Krieger zusammen, darunter 150 Reiter, und als
Troßknechte, Jäger und Viehtreiber nicht weniger als 4000
Indianer. Auch an Vieh ließ er in Quito beitreiben, was
er vorfand. Er soll 5000 Schweine, Schafe und Ziegen,

und mehr als 1000 Hunde auf diesem Zuge mitgenommen
haben, von welchem er nach zweijährigen Märschen und Be-
drängnissen nichts zurückbringen sollte, als die Erinnerung
an hundert furchtbare Scenen und ein kleines Häuflein
kranker, müder, in Lumpen gehüllter Invaliden.

Als Gonzalo mit seiner langen Caravane schon unterwegs war, und bereits einige der östlichen Andenzweige
überschritten hatte, da eilten ihm immer noch einige Commandeure mit kleinen Trupps nach. Unter anderen auch
Francisco de Orellana mit 30 Pferden. Von dem Verlangen gespornt, an dem Caneelzuge Theil zu nehmen, sprengte
dieser Ritter über Berg und Thal in Eilmärschen ihm
nach, bahnte sich mit Beil und Säbel directe Wege durch
die Wälder und erreichte 50 Meilen ostwärts von Quito
das Hauptcorps, das ihn mit Jubel empfing, nicht ahnend,
daß gerade dieser Mann der rücksichtsloseste Verräther war,
der vornehmlich den Fluch der ganzen Armee auf sich laden
würde. Er wurde freilich zugleich auch derjenige, durch dessen
Ungehorsam und Entdeckungseifer die ganze Expedition erst
ihre geographische Bedeutung gewinnen sollte. So lange
Gonzalo Pizarro und die Seinen noch im alten Gebiete der
Incas reisten, ging Alles ziemlich gut. Die Bewohner der
Anden waren friedlich und gehorsam, und thaten als Wegweiser und Führer, was sie konnten, die Unternehmung zu
fördern. Als sie aber die Ebene erreichten, kamen sie
zu den wilden und nackten Barbarenstämmen, die stets in
Feindschaft mit den Incas gelebt hatten und diese Feindschaft auf die Spanier ebenso übertrugen, wie die Andes-
bewohner ihre Freundschaft.

Als sie von den äußersten Andenketten herabstiegen,
erbebte die Erde, die Berge sogar schwankten. Der Boden
öffnete sich an hundert Stellen. Wie aus den Wolken, so
schossen auch aus den Klüften und Spalten der Felsen Blitze

und Feuer hervor, und mehrere indianische Dörfer wurden
vor den Augen der Europäer verschlungen. Es war eines
der furchtbarsten Erdbeben, das man bis dahin in. der
Neuen Welt erlebt hatte, und es scheint fast, als ob die
Natur jede der memorablen Unternehmungen der Spanier
durch einen solchen gewaltigen Aufruhr bezeichnen wollte.
Auch als Benalcazar nach Quito hinauf marschirte, spieen
die Berge der Anden, die seit vielen Jahren geruht hatten,
Feuer und Flammen. Auch in Mexico regte sich bei dem
Einmarsche der Spanier die ganze Natur. „Den Spaniern,
die nichts erschreckte, wuchs im Gegentheil nur der Muth,
wenn sie so durch Feuer und Wasser, durch Eis und Gluth
in die Wildnisse hinausmarschirten." Auf den Bergen hatte
ihnen die Kälte schon viele hundert arme Peruaner getödtet,
in der Ebene überkam sie nun eine erstickende Hitze und dazu
eine Ueberfülle von Gewässern, Morästen und Sümpfen.
Sie fanden daselbst so sehr Alles in Schlamm und Schmutz
aufgelöst, daß sie sagten, es sei dort die Kloake des ganzen
Erd-Globus. Einmal gossen unaufhörliche Regenströme 50 Tage
lang vom Himmel herab, und die kleine Armee war nahe daran,
in dieser weit und breit überschwemmten Regengegend, wie
Pharao im rothen Meere umzukommen. Aber Gonzalo und
seine Spanier waren härter als Pharao und seine Egypter.

Sie kamen durch, und fanden endlich ihre Caneelbäume,
glaubten auch aus den Gesprächen der armen Waldbewohner
zu entnehmen, daß es weiter im Osten mächtige Reiche,
mit sehr zahlreicher Bevölkerung und großen Städten, Caneelbäumen und Gold in Fülle — und gewaltige Könige und
Herren gäbe. Hiermit sehr zufrieden, setzten sie ihre Reise
fort. Sie ließen, um leichter und schneller zu marschiren,
einen großen Theil ihrer Heerden zurück. Gonzalo war immer
spürend mit einem Trupp der Bestberittenen voran und er
entdeckte auf einer seiner Recognoscirungen einen großen

Strom. Die Anwohner desselben — es war der sogenannte
Rio Napo, einer der größten oberen Zuflüsse des Marañon,
— bedeuteten ihm, daß dieser Fluß einem andern viel mächtigeren Gewässer zufließe, welches sie „das süße Meer" nannten.

Da die Spanier glaubten, daß in der Nähe dieses
süßen Meeres alle gewünschten Dinge zu finden sein müßten,
so concentrirte Gonzalo hier seine ganze verstreute Armee
und beschloß längs des Napo hinab zu rücken. Sie fanden
sich hier, bereits in ziemlich betrübten Umständen zusammen
und auf dem Marsche längs des Flusses, an dem die Lebensmittel und der Anbau immer dürftiger wurden, verbesserten
sich ihre Verhältnisse nicht. Brücken, wie über die Flüsse der
peruanischen Anden, gab es hier nicht. Auch war der Fluß
in seinem oberen reißenden Laufe weder schiffbar noch furt-
bar. Sie mußten daher ohne Wahl über Felsen, Sümpfe
und Wälder hindurch, und wo sie einen Uebergang versuchen wollten, da mußten sie ihn gegen die zahlreichen
Schaaren von Indianern, die sich zusammen gerottet hatten,
erkämpfen. — Brod und Nahrung fanden sie nirgends, aber
eine Fülle von Naturwundern, für deren Betrachtung sie
selbst mitten in ihren Nöthen doch noch immer die Fähigkeit
sich bewahrt zu haben schienen. Einen prachtvollen Wasserfall, der mit dem gesammten Gewässer des Napo „mehrere
hundert Fuß" hoch von einem Felsenriff herab kam, weiter-
hin eine außerordentliche Gebirgsenge, wo die gesammten
Gewässer des Riesenstromes in einer tiefen Schlucht zusammengedrängt wurden. Die 200 Klafter hohen Steinwände
engten sich hier mit ihren Gipfeln bis auf einen Zwischen-
raum von 30 Fuß zusammen.

Die Spanier, die sehen wollten, ob das Land auf der
andern Seite des Napo nicht besser sei, machten sich daran
eine Brücke über jenes Felsenthor zu bauen. Unter hitzigen
Scharmützeln mit den Eingeborenen brachten sie dieselbe

zu Stande. Aber leider war es auf der andern Seite nicht
besser. Der Hunger setzte ihnen so zu, daß sie bald ihre Pferde
und auch ihre Hunde zu schlachten anfingen. Hunderte von
Peruanern und selbst viele Spanier starben. Aber die,
welche übrig blieben, gingen doch immer weiter vor, in der
Nähe des heißen und regnerischen Aequators fort, und fan=
den zuweilen einen Mais bauenden Indianer=Stamm, mit
dessen Vorräthen sie sich ferner für eine Weile das Leben
fristeten.

Endlich hörte die Gegend der Cascaden und Felsen=
thore auf, und sie beschlossen nun ein Schiff zu bauen, das
den Rest ihrer Vorräthe und Utensilien führen und zugleich
als Fähre von einem Ufer zum anderen dienen könne. Weil
der Regen unaufhörlich in Strömen vom Himmel goß,
so errichteten sie für ihre Schmieden und anderen Werk=
stätten zuerst große Hütten. Unter ihnen wurden dann die
Bäume, die sie fällten, zusammengeschleppt, bearbeitet und
möglichst getrocknet. Dabei mußten ihnen die Säbel als
Beile dienen. Viel Noth und Mühe machte es ihnen, etwas
Kohlen für die Schmieden zu bereiten. Statt des Pechs und
Theeres sammelten sie große Quantitäten von Gummi, das
aus der Rinde der Bäume tröpfelte, zusammen und pichten die
Bretter und Fugen damit aus. Da wenig Taue und kein
Werg vorhanden war, so bedienten sie sich zum Kalfatern
ihrer alten Kleider und zerfetzten Mäntel. Jeder gab das
Seine für das allgemeine Beste her, und „je zerrissener ein
altes Gewand war, desto mehr wurde es für den Zweck
gepriesen." Sie schlachteten auch den Rest ihrer Pferde und
schmiedeten Nägel und Klammern aus ihren Hufeisen. —

Gonzalo war bei allen Verrichtungen der erste, und
schmiedete, sägte, hobelte und fällte Bäume wie die anderen.
So kam endlich nach Monate langer Arbeit die Brigantine zu
Stande, die bestimmt war, gleich der Argo, mit der die Gefährten

Jason's die Donau befuhren, eine der merkwürdigsten Fluß-
fahrten zu machen, welche je auf Erden ausgeführt wurden.

Sie warfen in das Schiff den Rest des ihnen lästigen
Gepäcks, alle übrigen Hufeisen und Nägel, sowie auch ihr
Gold und ihre Edelsteine, die sie jetzt weniger schätzten als
das Eisen, und dazu schafften sie ihre Kranken hinein und
arbeiteten sich damit wieder zwei Monate lang weiter,
die Armee zu Lande und das Schiff nebenher mit den
Kranken zu Wasser. Als sie nach dieser Zeit einmal wieder
einige Eingeborene einfingen, und sie befragten, ob nun nicht
bald endlich ein schönes, fruchtbares und volkreiches Land
komme, sagten diese, was sie gewöhnlich zu sagen pflegten,
die Spanier seien schon nicht weit mehr davon, etwa drei
oder vier Tagereisen, wo der Fluß Napo sich mit dem
fließenden Süßwasser-Meer verbinde. Dies gab den Spaniern
wieder frischen Muth, und nun machte Gonzalo Pizarro
den Francisco Orellana zum Commandanten der Brigantine
mit noch 50 wohlbewaffneten Soldaten dazu und gab ihm
den Auftrag, den Napo bis zum „großen Strome" hinab zu
gehen, dort möglichst viele Lebensmittel zu sammeln und
dann so schnell als er könne, wieder herauf zu kommen,
und der Armee die längs des Ufers hinab marschiren solle,
Sukkurs zu bringen.

Orellana fuhr ab und gelangte, da der Napo sehr
reißend war, schnell innerhalb drei Tagen zur Mündung.
So rasch, wie er davon getragen wurde, so langsam konnte
nur Gonzalo mit den Seinen nachfolgen. Sie marschirten
Wochen, Monate lang in Sümpfen und Gebüschen vorwärts, geriethen in immer ärgere Noth und überließen sich
am Ende der größten Sorge in Bezug auf ihre Brigantine,
auf die sie alle ihre Hoffnung gesetzt hatten, die aber nicht
zurückkehrte.

Viele, die noch mit einigen ihrer Lieblingspferde und

treuen Hunden gespart hatten, mußten sich nun entschließen, auch diese zu schlachten. Sie sahen sich zuletzt auf fremd- artige Wurzeln und Kräuter und auf Blätterknospen der Palmen reducirt.

An der Mündung des Napo in den Marañon endlich fanden sie zu ihrem Schrecken auch nichts weiter als einen eben so wilden und uncultivirten Strom. Dies und die Erzählung eines halbnackten und eben so wie sie verhun- gerten Spaniers, dem sie hier begegneten, setzte ihrem Jammer die Krone auf. In diesem, wie ein Gespenst in den Wäldern umherirrenden Landsmanne, erkannten sie den Edelmann Hernando Sanchez de Vargas, der mit dem Orellana die Brigantine bestiegen hatte und der ihnen nun die Geschichte von dem unerhörten Verrathe des Schiffscommandanten überbrachte.

Orellana hatte bei der Mündung des Napo, wo er weder Gold noch Caneel, noch auch Brod fand, seine Situa- tion in Ueberlegung gezogen, und war in Folge dessen zu dem Entschlusse gekommen, auf dem gefundenen „großen Strome“ weiter zu fahren und dem atlantischen Ocean, wohin derselbe wahrscheinlich führen würde, zuzusteuern. Er war zwar den reißenden Napo in drei Tagen abwärts gekommen, aber dieselbe Fahrt aufwärts, so dachte er, würde er kaum in so vielen Monaten zu Stande bringen. Und selbst wenn ihm diese gelänge, was habe er dann dem Gonzalo für Nachricht zu geben, keine andere, als daß am Marañon eben so wenig Trost zu finden sei, als am Napo. — Zwar hätte er sie auch mit der Ueberbringung ihres Eisens, ihrer Kleider und anderer Utensilien wesentlich erfreuen mögen. Aber von dem unbekannten Lande, das vor ihm lag, ver- lockt und Alles übrige vergessend, machte es Orellana wie fast alle spanischen Capitäne in ähnlicher Lage. Er erhob die Fahne des Aufruhrs, lüftete die Segel der Brigantine, welche seine zurückgebliebenen Freunde auf die besagte Weise

gebaut hatten und segelte ostwärts den großen Strom
hinab, der nun in Folge dessen der Welt bekannt wurde
und der auch noch für lange Jahre den Namen jenes Rebellen
Orellana trug. — Einige rechtdenkende Männer am Bord seines
Schiffes, wollten gegen das Beginnen ihres Commandeurs
Einsprache thun. Da er aber die Masse der Mannschaft
für seine Meinung gewann, so brachte er jene Männer zum
Stillschweigen. Einigen, weil er glaubte, sie noch gebrauchen
zu können, verzieh er, aber dem edlen Cavalier Vargas von
Badajoz, der ihn am lautesten verklagt und am heftigsten
opponirt hatte, setzte er am Ufer des Marañon in der Wildniß
aus, wo er dann wie gesagt, den Leuten des Gonzalo die
beklagenswerthe Geschichte erzählte.

Diese letzteren sahen sich nun im Centrum des südamerikanischen Continents mehrere hundert Meilen von
allen spanischen Niederlassungen, in der Mitte jenes Landes,
das statt einen bessern Anblick zu verrathen, noch immer
wilder geworden zu sein schien. An die Construction neuer
Schiffe konnten sie nicht denken, da kein Stück Eisen mehr
übrig geblieben war. Der Rückzug nach Quito schien eben
so schwierig; hatten sie doch ein ganzes Jahr gebraucht, um
bis zu dem Jammerorte, an dem sie sich jetzt befanden, zu
gelangen. In jeder Beziehung schwächer, wie sie es jetzt
waren, gebrauchten sie zur Heimkehr wieder mindestens ein
Jahr. Und doch blieb ihnen nichts anderes übrig, als sich
zur Umkehr zu entschließen und ihr Anführer Gonzalo
Pizarro, ein Mann von unerschütterlichem Muthe, bewog
sie in einer tröstlichen und ermunternden Rede, sich geduldig
darein zu finden.

Mit den Händen und Säbeln sich Wege durch die
dichten Urwälder bahnend, zahllose Ströme durchschwimmend,
von der Jagd lebend, — es war aber eine Jagd, bei der
selbst Schlangen, Kröten und Heuschrecken nicht verworfen

wurden, — so mußten sie sich abermals ein ganzes Jahr
ab. Endlich fanden sie zu ihrer unaussprechlichen Freude Steine
und Felsen in dem Thale eines Stromes, erkannten daraus,
daß sie sich den Gebirgen näherten und als sie nach abermals einigen Wochen mühseligen Marsches die hohen Gipfel
der Cordilleren erblickten, fielen sie gerührt auf ihre Knie
und dankten Gott, als wenn sie ihr eigenes Geburts- und
Heimathsland wieder vor sich sähen.

Sie strandeten an diesen Bergen, aus den wilden
Kräutermeeren und Waldebenen des Ostens kommend, wie
Schiffbrüchige an. Von ihrer Heerde schöner Pferde und
den übrigen Thieren brachten sie nichts zurück als bloß
zwei Hunde, von denen der eine dem Gonzalo selbst, der
andere einem seiner Offiziere gehörte. Ebenso waren auch
fast alle die 4000 armen Peruaner in den Sümpfen, Wäldern oder auf den Schneebergen des Todes verblichen. Und mit
ihnen starb auch ein braver Eingeborener, der dem Gonzalo
als treuergebener Haussklave oder Kammerdiener diente.
Gonzalo (derselbe Mann, der unterwegs viele arme Indianer aus wenig stichhaltigen Gründen ohne Erbarmen nieder-
machen ließ), „hatte diesen e i n e n Indianer so zärtlich lieb,
daß er bei seinem Tode so viele Thränen vergoß, als ob
es sein Bruder gewesen wäre.“

Das spanische Bataillon selbst war auf ein Häuflein
von 80 Mann zusammengeschmolzen, die nicht besser und
mehr bekleidet waren, als die Barbaren des Marañon.
Einige hatten Tiger- und Katzenfelle um die Schultern;
andere trugen nichts als Blätter und Schilfhemden um die
Lenden. Baarfuß waren sie Alle. Die meisten hielten
zwar noch ihre bloßen Schwerter fest in den Händen, aber
die ledernen Scheiden dazu hatten sie längst verloren und
die Klingen waren fast völlig verrostet. Dabei waren sie

alle so schwarz gebrannt, und so voll Narben und Wunden,
daß einer den andern nicht kannte.

Als sie in den Bergthälern erschienen, verbreitete sich die
Kunde ihrer Rückkehr bald nach Quito, wo damals nur
ganz wenige und sehr trübe gestimmte Spanier hausten.
Denn während der zwei Jahre ihrer Abwesenheit (1540 —
1542) hatten sich die Dinge in Peru auf sehr traurige
Weise geändert. Das ganze Land war unterdeß in einen neuen
Bürgerkrieg verfallen. Der Sohn Almagro's, der junge
Diego Almagro, hatte sich mit dem Anhange seines Vaters
gegen den Marquis Pizarro verschworen, und hatte sich,
nachdem er diesen in seinem Palaste in Lima ermordet, auf
eine Zeit lang an die Spitze der Angelegenheiten geschwun=
gen. Gegen ihn waren aber viele Pizarristen unter die
Waffen getreten, und mit ihnen war auch der vom Könige
gesandte neue Gouverneur Vaca de Castro ins Feld gezogen.
Quito und alle benachbarten Pflanzstädte waren demnach
entvölkert und mittellos, weil alle Mannschaften dem Schau=
platze des Krieges, den Städten Lima und Cuzco zugezogen
waren. Von Gonzalo Pizarro war bei ihnen schon lange
nicht mehr die Rede gewesen. Man hatte ihn längst in
den wilden Ebenen des Ostens mit den Seinen verloren
geglaubt. Da nun auf einmal die Bewohner von Quito hörten,
daß er in der besagten Weise über die Berge heranziehe,
wurden sie zugleich von Freude und von tiefem Mitleiden
ergriffen. Sie vermochten in der Eile nur wenige Pferde,
Kleider und Lebensmittel zusammenzuraffen, und ein kleiner
Trupp Leute ging damit dem Gonzalo entgegen, den sie
endlich 30 Meilen von Quito trafen.

Beim Wiedersehen waren beide Parteien bis zu Thränen
gerührt. Da nur für 12 Mann Kleider und Pferde vorhanden
waren, so boten sie diese dem Gonzalo und seinen noch lebenden
Offizieren an. Aber weder diese noch Gonzalo selbst, wollten jene

Auszeichnung annehmen. Sie wollten nichts vor ihren treuen
Soldaten voraus haben, und so in Felle gehüllt wie sie
waren bleiben, bis sie sich alle auf einmal bekleidet und
beritten machen könnten. Da die zwölf von Quito gekommenen Deputirten diesen Edelmuth sahen, so fingen sie auch
selbst an, sich ihrer Kleider zu schämen. Sie wollten sich
einigen Antheil an dem Ruhm jener Märtyrer verschaffen,
und zogen sich deshalb ihre Siefeln und Mäntel aus, um-
hüllten sich wie die Andern mit Fellen, packten Alles übrige
auf ihre Pferde, die sie am Zügel führten, und gingen bar-
fuß während des Restes der Reise neben den Leuten des
Gonzalo her.

In diesem Aufzuge hielten sie ihren Einmarsch in
Quito, wo sie, so wie sie waren, in die Kirche zogen, um
Gott für ihre Errettung zu danken. — Und mit Beendigung
dieses denkwürdigen Zuges des Gonzalo Pizarro, der wie
ich zeigte, die Entdeckung der größten Wasser- und Lebens-
ader Südamerika's zur Folge hatte, mögen wir auch unsere
kurze Darstellung der Geschichte der Entdeckung Peru's be-
schließen. Denn nun war das ganze weite Land, wenigstens
in seinen Hauptumrissen und vornehmsten Richtungen nach
Osten, Norden und Süden so zu sagen aufgeackert und von
dem caraibischen Meere bis zu der patagonischen Straße
bekannt geworden.

VII.

Die Seehelden der Königin Elisabeth und die Ostküste der Vereinigten Staaten.

John Cabot entdeckt Nordamerika Anno 1497 Juni 24. — Ponce de Leon entdeckt Florida (1513). — Coligny's Hugenotten in Florida (1562—1568). — Sir John Hawkin's Fahrten (1562, 1565, 1567). — Sir Francis Drake's Fahrt um die Welt (1577, 1579). — Sir Humphrey Gilbert's erster Colonisationsversuch (1583). — Sir Walther Raleigh's Fahrten nach Virginien (1564—1602). — John Smith besiedelt die Chesapeake-Bai (1607). — Die Holländer entdecken »Neu-Belgien« (Newyork) (1609). — Die Puritaner bauen Boston (1630). — Orenstierna gründet »Neu-Schweden« am Delaware (1638). — Die Engländer erobern Neu-Belgien (1664. — Penn stiftet Pennsylvanien (1682). — Oglethorpe stiftet Georgien (1732).

Die Ostküste der Vereinigten Staaten erstreckt sich von Florida nach Canada etwa 400 Meilen weit. In derselben Richtung und mit der Küste parallel laufen sechs- oder siebenfache Gebirgsreihen, die Allegany, (das heißt „die endlosen Bergzüge") genannt. Das Gebiet, welches zwischen diesen Bergwällen und der besagten Küstenlinie bleibt, ein schöner Streifen Landes von 50 bis 80 Meilen Breite wird von den Amerikanern wohl „the Atlantic Slope" (der atlantische Abhang) genannt, weil seine zahlreichen Ströme alle dem atlantischen Ocean zufließen.

Dieser „atlantische Abhang" ist heutzutage der bei weitem wichtigste Abschnitt von ganz Amerika. Längs seines Ufers liegen jetzt die größten und blühendsten Handelsstädte des Continents, und es knüpfen sich an ihn bedeutendere

Interessen und Hoffnungen, als an irgend einen anderen amerikanischen Küstenstrich von gleicher Ausdehnung. Er zieht sich durch die ganze gemäßigte Zone, wie das mittlere Europa und kehrt diesem sein Angesicht zu. Sein Klima ist den besten Partien unseres Continents am ähnlichsten, und hat am willigsten seine Naturprodukte sowohl als seine Völker angenommen und gedeihen lassen.

Columbus gab dem von ihm entdeckten tropischen Amerika den Namen des westlichen Indiens. Den Nordwesten der neuen Welt (die Hudsonsbailänder) hat man das amerikanische Sibirien, den Nordosten (Grönland und Labrador) das amerikanische Skandinavien genannt. Unsere Ostküste mit den an sie geknüpften Landschaften könnte man mit Recht als das amerikanische oder das neue Europa bezeichnen.

Den Engländern gebührt das Verdienst diese Bedeutung jener Gegend recht erkannt, diesen Gedanken recht fest gehalten und schließlich zu gedeihlicher Durchführung gebracht zu haben.

Sie waren auch die ersten, welche überhaupt die Existenz dieser Küste bewiesen, und ihre Fahnen und Segel längs derselben entfalteten. Dies geschah schon sehr bald nach des Columbus erster Reise noch vor dem Schlusse des fünfzehnten Jahrhunderts, unter der Regierung König Heinrichs des Siebenten. Columbus hatte diesen König durch seinen ihm gesandten Bruder Bartholomaeus von seinen Ideen und Plänen benachrichtigen und ihm vergebens die Entdeckungen im Westen antragen lassen, und hatte ihm dadurch ein Verlangen nach der transatlantischen Welt eingeimpft.

Heinrich VII., gestachelt von Verdruß über die verlorene Gelegenheit, machte sich auf, seinen Antheil an den im Westen eröffneten Aussichten zu gewinnen, und sandte wenige Jahre nach des Columbus erster Fahrt, eine Entdeckerflotte

über den Ocean, die in Ermangelung geschickter englischer
Seefahrer, wie fast alle frühesten Expeditionen der Europäer
von einem Italiäner, dem Venetianer Giovanni Caboto
kommandirt wurde.

Um den Spaniern aus dem Wege zu gehen und auch
aus andern Gründen wandte sich Cabot nicht dem Süden
zu, sondern ging vielmehr in nordwestlicher Richtung über
das Meer und entdeckte hier die große Insel Neufundland,
ihre fischreichen Bänke, und am 24. Juni d. J., am Tage
des heiligen Johannes den Continent von Nordamerika (an
einem Punkte des jetzigen Labrador).

Er segelte längs der Küsten desselben südwärts so weit
hinab, bis er sich, wie er sagte, auf dem Breitengrade der
Straße von Gibraltar glaubte, d. h. bis ungefähr zu den
Grenzen des jetzigen Staates von Nord-Carolina, und kehrte
dann nach England zurück. Er hatte dabei das Hauptstück
derjenigen, damals noch ganz wilden und barbarischen Küsten,
auf denen die Engländer später eine so bedeutende Rolle
spielen sollten, in Sicht gehabt.

Hätte man schon damals die Augen und die Mittel
dafür besessen, so hätte diese Entdeckung wohl großartig
genug genannt werden können. Aber wilde Küsten, die
man im Schweiße seines Angesichts cultiviren müsse, waren
noch nicht nach dem Geschmacke der Engländer. Sie, wie die
Spanier, und wie alle ihre Zeitgenossen, suchten große, von
Ueberfluß triefende Reiche, mit prächtigen Schlössern und
wohlhabenden Städten, mit denen man sogleich einen vor-
theilhaften Handel anfangen könne.

Was für ein Land sie eigentlich gesehen hatten, wußten
auch Cabot und seine Engländer nicht. Sie dachten wie
Columbus, es sei eine Partie von Asien, die nördlichen
und östlichen Zipfel der, wie sie meinten, weit nach Europa
hin vorstoßenden nördlichen Tatarei. Auf den ältesten

15

Weltkarten, die wir haben, werden Labrador, Neufundland
u. s. w. als Anhängsel von Asien, etwa wie die Halbinseln
von Kamtschatka und Corea dargestellt.

Kein Wunder daher, daß der Jubel über diese Entdeckung in England nicht groß war, daß die Engländer,
die damals weder eine bedeutende Marine, noch einen
Ueberfluß von Colonisten besaßen, nicht sogleich zugriffen,
vielmehr glaubten, diese armseligen Länder ständen ihnen
bei ihren Plänen im Wege, — kein Wunder, daß Cabot keine
Nachfolger erhielt, daß seine sehr bald fast völlig vergessene
Reise so isolirt dastehen blieb, und daß noch beinahe ein
Jahrhundert darüber vergehen mußte, bis die Engländer
sich ihres alten Cabot wieder erinnerten, und dann auch
seine nun erst berühmt werdende Reise dazu benutzten, um
aus Prinzipien des Entdeckerrechtes ihre Ansprüche auf diese
Küste zu begründen. Unmittelbare praktische Folgen hatte
jenes Unternehmen weiter keine, als die Bekanntwerdung
des Fischreichthums auf den Bänken von Neufundland, die
bald nach Cabot von europäischen Fischern besucht und ausgebeutet wurden, obwohl auch hier sich die Engländer anfänglich von andern Völkern, namentlich von den Franzosen
das Praevenire spielen ließen.

Mit rohen und unsicheren Strichen angedeutet, als
wollte man eine Wolke oder einen Felsblock zeichnen, und
dazu die vage Inschrift: „Hier haben die Engländer Land
gesehen", so sehen wir die nördliche Partie der Küste der
Vereinigten Staaten auf den ältesten Weltkarten niedergelegt.

Im äußersten Süden haben die kleinen seit vorsünd-
fluthlichen Zeiten thätigen Korallenthiere diesem atlantischen
Abhange einen achtzig Meilen langen Auswuchs, ein großes
und wunderbares Halbinselland angesetzt. Dasselbe greift
nahe zu der tropischen Zone und zu den von den Spaniern

besetzten Antillen hinaus, und mag schon eine uralte Brücke für amerikanische Völkerwanderungen gewesen sein.

Es konnte nicht fehlen, daß die Spanier bald von diesem Lande im Norden von Cuba durch ihre Insulaner etwas hörten. Dieselben erzählten ihnen nach indianischer Weise Mährchen und Wunderdinge, und berichteten unter anderm, in jenem Nordlande befände sich die Quelle von Bimini, ein weitberühmter Lebensborn, in welchem die Kranken gesund und die Alten wieder jung würden.

Sechszehn Jahre nach Cabot segelte der Spanier Ponce de Leon, Gouverneur von Portorico nach dem Norden, um das „Wunderland der Lebensquelle und des Jugendbrunnens von Bimini" zu suchen. Er entdeckte es an einem Oster=sonntage, den die Spanier mit einem populären Namen „Pascua Florida" (den Festtag der Blüthen), nennen, und sowohl deswegen, als auch, weil ihm das Land in seinem vollen Frühlingsblüthenschmucke entgegen duftete, nannte er es „La Florida" (die blumige Insel). Ponce de Leon umsegelte es und seinen Spuren folgten dann bald noch mehrere spanische Seefahrer, welche seine Entdeckungen sowohl auf der West= als auf der Ostseite der Korallen=halbinsel fortsetzten.

Schon im Jahre 1525 hatten die Spanier die ganze Küste der vereinigten Staaten von Neufundland bis Cuba befahren und für ihren König, wenigstens durch solche Demonstrationen, wie es Errichtung von Kreuzen und Wappen, Königsnamen in die Bäume schneiden, Seewasser=trinken, Flaggen wehen lassen, waren, in Besitz genommen. Auch hatten sie schon Namen für einige der vornehmsten Caps, Häfen und Baien an dieser Küste. So nannten sie z. B. New=York und den Hudsonsfluß den „Hafen von San Antonio", unsere Chesapeake=Bay, an der Baltimore liegt, die „Bai der heiligen Maria", die Bucht und den Fluß

15*

unseres jetzigen Philadelphia, die „Bai des heiligen Christophorus."

Ueber das ganze Land, über das gesammte Territorium der jetzigen Vereinigten Staaten dehnten sie den von Ponce de Leon erfundenen Namen La Floriba aus, und haben es 200 Jahr lang so genannt. Es ist schade, daß ihm dieser hübsche Name nicht geblieben ist, denn dann hätten die Bürger der Vereinigten Staaten, von denen ein Geograph kaum weiß, wie er sie kurz bezeichnen soll, doch einen ordentlichen Namen für ihr Land und Volk. Sie, die da glauben, daß das von ihnen altersschwach genannte Europa sich in ihrem Vaterlande verjüngt habe, könnten dann dabei auch noch die Geschichte von der Jugendquelle als eine artige oder gar sehr bedeutsame Prophezeiung benutzen.

Jene spanischen Namen, die auf allen Weltkarten paradirten, blieben aber hohle Worte, aus denen nichts Substantielles, keine Pflanzstadt, kein Emporium, keine wohlorganisirte Provinz hervorwuchs. Die Spanier waren zwar auf Alles, was die ihnen vom Pabste zugetheilte Welthälfte enthielt, eifersüchtig genug, um allen Fremden, so lange sie konnten, auch zur wilden Ostküste den Zutritt zu versagen. Aber warum sollten sie dort im Norden bauen und pflanzen, so lange sie noch im Süden, auch ohne zu arbeiten, ärndten konnten.

Die Ostküste lag brach bis nach der Mitte des sechszehnten Jahrhunderts. Zu ihr, die kein Silber, kein Gold und keine Specerein versprach, konnte man nur mit Gewalt und, wenn nichts anderes übrig blieb, getrieben werden. Es war kein Land, um die Kronen der Könige mit Edelsteinen und Perlen zu schmücken. Es war ein Land für die Exilirten, die Vertriebenen, die Flüchtlinge. Erst allmählich ist aus dem Verworfenen der Eckstein geworden!

Die ersten Flüchtlinge und Vertriebenen, die nicht ein

Reich, das ſie plündern, ſondern ein Stück Erde, das ſie bebauen und auf dem ſie frei hauſen konnten, ſuchten, empfing dieſe Oſtküſte aus Frankreich, wo um die beſagte Zeit die Reformationskriege zu wüthen begannen.

Als die Kirchenreform in Frankreich einbrang, ſcheint ſie ſich von vornherein mit den maritimen Unternehmungen der Franzoſen aſſociirt zu haben. Sie faßte gleich Wurzel in einigen der franzöſiſchen Häfen. La Rochelle, St. Malo und andere Seepläße wurden die Hauptbollwerke der Huguenotten. Ihr größter und eifrigſter Patron und Führer Coligny war Oberadmiral von Frankreich, unter König Carl IX. Die Huguenotten mögen von Anfang herein auf den freien Ocean und nach dem neuen Lande als dem Felde für eine neue Religion geblickt haben. Die franzöſiſchen Corſaren und Freibeuter, welche gegen die Mitte des ſechszehnten Jahrhunderts auf den Seewegen der Spanier und Portugieſen ſchwärmten, waren nicht ſelten von Huguenotten kommandirt, denen es weniger Skrupel als den franzöſiſchen Katholiken machte, gegen katholiſche Könige zu kreuzen.

Den erſten Verſuch zu einer proteſtantiſchen Colonie in der neuen Welt, machten Admiral Coligny und ſeine Anhänger im Jahre 1554. Er zielte auf die Küſte von Braſilien und auf die ſchöne Bai von Rio Janeiro, die von franzöſiſchen Seefahrern auf der Fährte der Portugieſen längſt erſpäht war. Doch ſcheiterte dieſer Verſuch vollſtändig. Die in dem Weichbilde der jeßigen kaiſerlichen Hauptſtadt Braſiliens angeſiedelten Franzoſen geriethen in Uneinigkeit und Zwietracht, und ihre Ueberreſte wurden von einer Kriegsflotte, die der König von Portugal gegen ſie ausſandte, von der Bai von Rio Janeiro im Jahre 1560 vertrieben.

Darauf wandte ſich Admiral Coligny, mit ſeinen Plänen, der von den Spaniern nicht beſeßten Küſte von

Floriba zu. Er sandte dahin im Namen des Königs ver=
schiedene protestantische Seehelden. Dieselben untersuchten
den südlichen Theil der Küste genauer, als es bisher ge=
schehen war und bauten daselbst auch ein Paar Forts, in
denen sich die Huguenotten einige Jahre gegen Hungersnoth
und Indianer hielten.

Auch machten sie von diesen Forts aus Entdeckerzüge
ins Innere, längs der Flüsse des Landes. Es war dies
in dem Territorium der jetzigen Staaten von Süd=Carolina,
Georgia und Florida, die damals von Franzosen zuerst
erforscht wurden. Sie entwarfen auch Landkarten und ein=
ladende Schilderungen von dem anmuthigen Lande, die nach
Frankreich wanderten, dort gedruckt und später auch in
England übersetzt und publicirt wurden.

Diese Colonie der Huguenotten, von ihnen selbst „La
Floride Françoise" genannt, ist die erste feste Ansiedlung,
welche Europäer auf dem Territorium der Vereinigten
Staaten gehabt haben, und sie ist überhaupt das erste
Colonisationsprojekt von derjenigen Gattung, von welcher
die Engländer später so viel ähnliche ausgehen ließen. Leider
nahm sie aber ein höchst tragisches Ende.

Der König von Spanien ließ die von seinem katho=
lischen Bruder Carl IX. schlecht unterstützten Huguenotten
von einer übermächtigen Flotte und Armee überfallen, und
die Gefangenen (Männer und Weiber) sämmtlich hinrichten
oder vielmehr ermorden. Der spanische Admiral Menendez,
der dieses grausame Blutbad anordnete, ließ auf dem Richt=
platze, wo noch die Opfer auf dem Boden lagen oder an
den Bäumen hingen ein Monument errichten und darauf
die Inschrift setzen: „Dies geschah ihnen, nicht als Fran=
zosen, sondern als Ketzern."

Die Buße folgte zwar auf dem Fuße, denn da der
König Carl IX. von Frankreich, von dieser für seine Nation

so schmählichen Begebenheit keine Notiz nahm, so rüstete
ein französischer Edelmann, Gourgues, auf eigene Kosten
eine Flotte aus, überfiel eben so unversehns die Besatzungen,
welche die Spanier in die kleinen Forts des französischen
Florida gelegt hatten, nahm sie gefangen und ließ sie
sämmtlich über die Klinge springen, indem er statt jenes
spanischen Monuments ein französisches errichtete und darauf
die Inschrift setzte: „Dieß geschah ihnen, nicht als Spaniern,
sondern als Mördern."

Aber das französisch-protestantische Projekt zur Erforschung und Colonisirung der Ostküste fiel doch damit zu
Boden. Denn über die Huguenotten in Frankreich selbst
kamen auch bald finstere Tage. Der Admiral Coligny und
die Seinen erlitten in jener Schreckensnacht, die Pariser
Bluthochzeit genannt, von der Hand ihres eigenen Königs
dieselbe Art des Todes, die der König von Spanien ihren
Seekapitänen und Colonisten in Amerika bereitet hatte.
Was diese dort jenseits des Oceans gesehen hatten; lebte
nur noch in ihren oben erwähnten hinterlassenen Schriften
und Karten fort, und diese wurden nachher als eine Erb-
schaft den Engländern zu Theil, denen sie vielfach als Vor-
bilder, als Leuchtfeuer und Tonangeber dienten.

Es ist in der Geschichte der Entdeckungen und geographischen Kenntnisse, wie überhaupt in der Geschichte aller
menschlichen Ideen eine der interessantesten Aufgaben nach-
zuweisen, wie diese Ideen von Individuen zu Individuen,
von Volk zu Volk forterben, wie und unter welchen Umständen Einer dem Andern sie so zu sagen einimpft, wie die
ein Mal gegebenen Impulse durch die Geschlechter und
von Nachbar zu Nachbar fortwirken und wie dem vom Schauplatz Abtretenden ein Nachfolger die Fackel aus der Hand
nimmt und sie weiter leuchten läßt.

Die Engländer sind in Bezug auf das größte

Werk, das sie in Amerika vollführt haben, — die Erforschung und Besiedlung der Ostküste der Vereinigten Staaten — vielfach die Schüler und Nachfolger der Franzosen gewesen. Die Schilderungen, welche diese von der Schönheit, Fruchtbarkeit, Bewohnbarkeit, dem Häfen- und Flußreichthume und dem temporirten europaartigen Clima derselben entwarfen, erwärmte zuerst die Phantasie der Engländer für dieses Unternehmen. Nicht bloß durch Druckerpresse und Bücher empfingen sie diese Kunde, sondern auch von Mund zu Mund. Denn viele der französischen Flüchtlinge und Hugenotten aus Florida kamen in Person nach England hinüber, und wurden dort auch der Königin Elisabeth vorgestellt. Französische Piloten und Steuerleute, die damals auf dem atlantischen Ocean besser als die Engländer Bescheid wußten, haben sie vielfach als ihre Lootsen und Schiffsführer die nassen Wege kennen gelehrt. Ich könnte hier näher nachweisen, wie die Engländer bei ihren ersten weiten Ausflügen immer sehr begierig waren, einige dieser französischen Wegweiser an Bord zu haben. Ja, auch der berühmte englische Staatsmann Sir Walter Raleigh, der nachher für die Ostküste am meisten that, holte seine Inspirationen selber aus Frankreich, wo er in seiner Jugend an der Seite der Hugenotten focht und vermuthlich auch den Admiral Coligny, dessen Leben und Wirken dem Seinigen so ähnlich sah, persönlich kennen lernte.

Bevor die Königin Elisabeth das Scepter ergriff, hatten sich die Engländer nur wenig an den transoceanischen Unternehmungen betheiligt. Gerade während der Blüthezeit der spanischen und portugiesischen Entdeckungen herrschte in England 40 Jahre lang ein engherziger Despot, der vorzugsweise mit häuslichen Angelegenheiten und inneren Zwistigkeiten beschäftigt und wenig geeignet war, seine Unterthanen mit rührigem Unternehmungsgeiste zu inspiriren. Auch hatte England damals, als sogar sein Seehandel noch

meiſtens in Händen der Hanſeaten war, weder eine ſo
bedeutende Handels- noch Kriegsmarine, wie die Spanier
und wie ſogar die Franzoſen ſie ſchon längſt beſaßen.
Heinrich VIII. konnte einſtweilen nichts weiter thun, als
den Handel ſeines Landes von der Vormundſchaft der
Fremden befreien und die Grundlage zu einer ſpätern
Kriegsmarine legen. Auch in der nächſten Zeit nach dem
Abtreten jenes Despoten, war der Zuſtand des Landes,
obwohl die Marine im Stillen fortwuchs, großen Unternehmungen wenig günſtig. Es folgten mehrere Herrſcher
ſchnell aufeinander. Und gerade in der Zeit, wo die Franzoſen als erklärte Nebenbuhler und Feinde der Spanier ſo
viele Entdeckungen in Amerika einleiteten, verband ſich die
Königin von England Maria mit Philipp II. von Spanien
durch eine Heirath, die zunächſt den Engländern wieder alle
Gelegenheiten abſchnitt, auf einem Terrain, welches der
König von Spanien von einem Ende zum andern als ſein
Dominium betrachtete, als Entdecker und Eroberer aufzutreten.

Solche Gelegenheiten konnten ſich ihnen erſt eröffnen,
als ſie wie vor ihnen Frankreich in das Verhältniß einer
recht offenen Feindſchaft mit den Beſitzern der neuen Welt
eintraten. Dieſe heilſame Feindſchaft verſchaffte den Engländern die antikatholiſche Königin Eliſabeth, die ſeit 1558
das Regiment führte. Unter dieſer energiſchen, von der
Nation geliebten Regentin, entfaltete ſich raſch die lange
gehemmte, aber lange im Stillen vorbereitete Energie des
Volks und ſie führte die erſte Jugend und Blüthezeit der
engliſchen Seefahrten und Entdeckungen herbei. Sie war
es, die Albions hölzerne Wälle erbaute. Die huldvolle
Königin war oft, wie Peter der Große, perſönlich dabei
thätig. Sie kam ſelbſt an Bord der neugebauten Schiffe,
ſie drückte ihren rauhen Seekapitainen beim Abſchiede die

Hand und trank mit ihnen den letzten Becher, sie weihte
ihre Fahnen. Sie, die Jungfrau-Königin, stand auf dem
Balkon ihres Palastes von Greenwich an der Themse, mitten
unter den donnernden Grüßen der Geschütze und winkte mit
dem Tuche, zum Zeichen ihrer guten Wünsche, wenn ihre
abreisenden Seefahrer vorübersegelten. Wenn sie siegreich
heimkehrten hing sie ihnen auch eigenhändig goldene Ketten
um und schlug sie zu Rittern. So erfüllte sie sie mit auf-
opferndem Diensteifer und Heldenmuth und mancher britische
Seeheld, für seine energische Maiden Queen wie ein Columbus für seine sanfte Königin Isabella schwärmend,
fühlte dadurch seine Thatkraft und seinen Muth in fernen
Landen und bei schwierigen Unternehmungen erhöht.

Der erste bedeutende Seeheld aus Elisabeth's Zeit, von
dem man sagen kann, daß er sich an die Spitze der Bewegung stellte, war Sir John Hawkins. Man könnte ihn den
englischen Entdecker von Westindien oder den englischen
Columbus nennen. Sein Leben, seine ersten Versuche, seine
endlichen Erfolge bieten manche Parallelen mit dem Leben,
den Versuchen und Erfolgen des Columbus dar. Wie man
denn überhaupt bemerken kann, daß fast alle seefahrende
Nationen der Reihe nach, so wie sie sich bei der Entdeckung
Amerikas betheiligten, Schritt vor Schritt ähnliche Phasen
durchgemacht haben, wie die Spanier. Die Franzosen, die
Briten, die Holländer, sie brachten alle ihre eigene Entdeckung von Amerika zu Stande, die sich nach dem Muster
der spanischen entwickelte. Sie fanden alle erst die Wege
zu den Azoren, zu den Canarien, dann zu den Antillen und
von da aus endlich weiter.

Auch Hawkins fing mit kleinen Reisen zu den canarischen Inseln an. Dort erkundigte er sich, wie es heißt,
eifrig nach den Zuständen auf den westindischen Inseln. Im
Jahre 1562 überschritt er von den canarischen Inseln aus

den Ocean durch die Passatwinde auf der alten Route des Columbus und kehrte von da auch wie Columbus über die Azoren nach England zurück. Auf einer zweiten Reise im Jahre 1565 dehnte er das Feld seiner Operationen aus und segelte (ebenfalls wie Columbus) mitten in den central-amerikanischen Archipel hinein, fand seinen Weg durch alle die spanischen Besitzungen, um Cuba herum und erreichte die Küste von Florida zu einer Zeit, als daselbst noch die französischen Hugenotten saßen. Er besuchte sie und erntete von ihnen die erste Kunde über die Gelegenheiten und Vortheile des Landes ein, die je ein Engländer empfing und nach Hause brachte.

Freilich waren es zum Theil sehr übertriebene Berichte, aber desto lockender mußten sie den Engländern erscheinen. Die Ostküste Amerika's wurde darin wie ein zweites Eden beschrieben. Myrrhen, Weihrauch, Storax, Gummi, Specereien wüchsen dort in Fülle. Gold, Perlen und Silber fänden sich dort selbstverständlich und unter seinen Thieren fehlte fast kein Geschöpf des Paradieses. Selbst nicht das Einhorn! „Denn," sagte der Berichterstatter über Hawkin's Reise, „da es bewiesen ist, daß es Löwen und Tiger in diesem Lande giebt, und da die Natur überall das Princip befolgt, zwei stark unter einander verfeindete Thierracen in dieselbe Gegend neben einander zu setzen, den Hund neben die Katze, den Falken neben den Sperling, das Rhinoceros neben den Elephanten, so muß es in Nordamerika auch den tödtlichen Feind der Löwen und Tiger das Einhorn geben." — „Und man kann sich denken," setzt er hinzu, „daß in dem Lande, in welchem es leibhaftige Einhörner giebt, noch viele andere Wundersachen und Schätze entdeckt werden mögen, die mit Gottes Hülfe die Zeit uns alle enthüllen wird."

Durch dergleichen Raisonnement und Berichte sind die

Engländer zu ihrem späteren ruhmvollen Colonienlande ange-
lockt worden.

Wie der ersten Spur des Columbus so folgten auch als-
bald der Bahn des Hawkins wieder eine Reihe von Seehelden.
Ihre Expeditionen glichen sich anfänglich im hohen Grade,
sowohl in Bezug auf ihre Route, als in Bezug auf ihren
Zweck. Gewöhnlich gingen sie von England aus zunächst
nach den canarischen Inseln und zur Küste von Afrika.
Dort machten sie Jagd auf Negersklaven und füllten ihre
Schiffe mit dieser bedauerlichsten, aber bei den spanischen
Colonisten beliebtesten Waare. Diese führten sie; indem sie
sich zwischen den spanischen Flotten hindurch schlichen, nach
Westindien hinüber und verhandelten sie dort an die spanischen Colonisten oder zwangen sie ihnen auch mit Gewalt
und Drohungen zu den von ihnen selbst gesetzten Preisen
auf. Nebenher machten sie Jagd auf spanische Schiffe, lauerten, wenn sie sich stark genug zu einem Angriff fühlten, der
königlichen Silberflotte auf, und kehrten gewöhnlich mit
Beute beladen durch das westindische Gibraltar, den Canal
von Florida, nach Europa zurück.

Da das Helden-Zeitalter der Portugiesen und Spanier
schon vorüber war, so griff die jugendliche englische Marine
mit reißender Schnelligkeit um sich. Sie drang auch bald
in den südatlantischen Ocean ein, bereits im Jahre 1577
machte sich der englische Magellan auf den Weg.

Sir Francis Drake, der erste englische Weltumsegler,
fand die von jenem Portugiesen entdeckte Meerenge wieder,
entfaltete die englische Flagge im Stillen Ocean, und um-
fuhr den ganzen weitgestreckten Continent von Amerika bis
nach Californien hinauf, das er „Neu-Albion“ nannte und
wo er viel weiter nördlicher gelangte, als je ein Spanier
vor ihm gekommen war.

Die amerikanischen Entdeckungen, die diese Hawkins,

diese Drakes und ihre Zeitgenossen ausführten, waren theils Wiederentdeckungen von Strichen, welche die Spanier schon zu vernachläſſigen angefangen hatten, theils aber auch ganz neue Enthüllungen von vorher noch nie geschauten Gegenden. Sie brachen über die ganze ſpaniſche Welt, wie ein Ungewitter herein. Sie waren auch wie die Orkane mehr zerſtörend als ſchaffend. Sie überſchoſſen auch, wie alle erſten Aeußerungen einer kräftigen und übermüthigen Jugend, ſo zu ſagen ihr Ziel. Wie die Spanier ſelbſt zuerſt die damals den Azteken und Incas gehörige Neue Welt plünderten, bevor ſie neue Stiftungen machen konnten, ſo plünderten nun zuerſt die Engländer die jetzt den Spaniern gehörende Welthälfte und verſäumten über den leicht errafften Gewinn das Näherliegende. Es verſtrichen noch mehr als zwanzig Regierungsjahre der Königin Eliſabeth, bis man den Gedanken zu einer feſten, nützlichen, bleibenden und ackerbauenden Anſiedlung faßte.

Dieſe Idee kam zuerſt zur Reiſe und Klarheit in den Gemüthern zweier Brüder des Sir Humphrey Gilbert und des Sir Walther Raleigh, von denen der eine für die Realiſirung derſelben den Tod erlitt, und der andere ſein ganzes Leben hindurch große Anſtrengungen machte.

Beide waren in der Familie und auf dem Landſitze eines Edelmanns auf einem der weſtlichen Landesenden des ſüdlichen Englands geboren, wo der Ocean von Kindheit auf ihre Phantaſie und ihre jugendlichen Uebungen beſchäftigt hatte. Beide machten ſich durch eifrige Lectüre mit der Geſchichte des Oceans (d. h. mit der Geſchichte der ſpaniſchen Entdeckungen in Amerika) bekannt, und beide erkannten, wo dort für engliſche Coloniſirungs- und Eroberungspläne noch der größte Spielraum zu finden ſei.

Als ſie zu Männern erwachſen waren, componirten beide Schriften über dieſen Gegenſtand und publicirten ſie.

Der ältere Bruder Sir Humphrey Gilbert erlangte endlich von der Königin eine Unterstützung, eine ihn autorisirende Ernennung und eine kleine Flotte. Es war die erste Flotte, welche England nicht mit Sklavenfängern und räuberischen Helden, sondern mit Arbeitern, Handwerkern, Bergleuten, Ingenieuren, Gelehrten bemannt, und mit dem Gesäme zu einer Colonie befrachtet, aussandte. Ihre Bestimmung war die wüste, aber von den Franzosen so lockend beschriebene Ostküste des Landes, das man damals noch Florida nannte und das Sir Humphrey nicht von Süden her durch die Antillen auf dem spanischen Wege, sondern von Norden her über die Neufundlandbänke erreichen wollte.

Er kam aber leider nicht weit über diese Bänke hinaus. In einem Sturme ging sein größtes Schiff mit dem gesammten Anpflanzungsapparate zu Grunde. Es scheiterte und zerstreute seinen Inhalt an der Küste jener öden und ihrer Schiffbrüche wegen berühmten Insel Neuschottlands, welche die Engländer „Sable-Island" nennen.

Sir Humphrey Gilbert selber aber, der sich und den Rest der Seinen in zwei kleinen Fahrzeugen nach England zurück retten wollte, wurde ebenfalls in der Mitte des Oceans von einem Sturme überfallen nnd — von den Wellen verschlungen. Es war in diesem Sturme und kurz vor seinem Untergange, wo er den erschreckten Gefährten die auf allen späteren englischen Flotten so berühmt und sprüchwörtlich gewordenen Worte zurief: „Brüder, seid getrost, wir sind auf den Wellen dem Himmel so nahe wie auf dem Festlande!" wobei man denn überhaupt die Bemerkung machen kann, daß eine Menge der Schlag- und Kernsprüche der englischen Marine, in dieser heroischen Zeit der frühesten englischen Unternehmungen nach Amerika, von den Seehelden der Königin Elisabeth zuerst ausgesprochen wurden. Nur ein Schiffchen kam mit der Nachricht von dem Untergange des

Vaters des nordamerikaniſchen Coloniſations-Projectes nach
England zurück.

Sir Humphrey Gilbert's oben genannter Bruder, der
noch viel berühmtere Sir Walther Raleigh, der ritterliche
Geliebte und mächtige Günſtling der Königin Eliſabeth, der
Förderer aller oceaniſchen Unternehmungen, der Coligny
von England, ließ den Plan des Untergegangenen nicht
fallen. Er wandte vielmehr während einer Reihe von
Jahren alle ſeine Thätigkeit, ſeinen Einfluß und ſeine von
der Königin reichlich vermehrten Einkünfte auf, um dieſen
Plan durchzuſetzen.

Jahr für Jahr entſandte und dirigirte Raleigh ſo viele
kleine durch ihn ausgerüſtete Flotten nach der Oſtküſte von
Amerika zu ihrer Erforſchung und Bepflanzung hinüber, daß
der engliſche Dichter Spencer ihm dafür in einer Ode den
Titel „der Schäfer des Oceans" (the sheperd of the Ocean)
gegeben hat.

Seine Capitaine entdeckten und beſegelten vorzugs-
weiſe denjenigen Strich der Küſte, der jetzt dem Staate
Nord-Carolina gehört. Und in den großen Buchten und
Sunden dieſer Küſte, die wir jetzt Pamlico- und Albemarle-
ſund nennen auf einer kleinen Inſel Roanoke gründeten ſie
die erſte engliſche Colonie in Amerika „the City of Sir
Walther Raleigh" (die Raleigh Stadt) genannt und durch-
ſpürten von da aus das Land, die Flüſſe, Einläſſe und
Häfen umher.

Ihre Schilderungen der Gegend, wie alle erſten Schilderungen der Entdecker von Amerika waren äußerſt anziehend und verlockend. Es ſchien als hätten ſie ein Paradies
gefunden. Die jungfräuliche Königin Eliſabeth, der Raleigh
dies blos noch von Naturkindern bewohnte, von keinem
gierigen Spanier geſtörte Eden zu Füßen legte, nannte es
„Virginia", das Land der Jungfrau, und widmete es unter

dieser Benennung ihrem Geliebten, der es weiter erforschen, erobern, besiedeln und regieren sollte.

Jener Name wurde alsbald über die ganze Ostküste nördlich bis nach Neufundland und südlich bis nach der Halbinsel Florida ausgedehnt, denn diesen ganzen Strich, ohne ihn weiter als an einem Punkte zu kennen, nahmen die Königin und Raleigh, als das den Engländern seit Cabot's Zeiten zukommende Gebiet von Amerika in Anspruch. Es ist schade, daß auch dieser wohlklingende Name, der an allerlei schmeichlerische Hoffnungen und gefällige Umstände seines Ursprungs erinnert, den gesammten Vereinigten Staaten nicht für immer geblieben, sondern jetzt nur auf ein kleines Terrain beschränkt worden ist. Er würde ihnen, die ihr Vaterland so gern „a virgin country" nennen und in vieler Beziehung ein Recht dazu haben dies zu thun, noch besser als der Name Florida gepaßt haben.

Es sollte aber mit den ersten Fortschritten der Engländer in diesem jungfräulichen Lande sehr langsam gehen. Weder Raleigh noch Königin Elisabeth sollten noch irgend welche Vortheile von ihren kostspieligen Anstrengungen, schönen Erfindungen und Städtepflanzungen ernten. Ehe sie Tochterländer stiften konnten, hatten sie noch das Mutter= land selbst gegen einen mit Vernichtung drohenden Angriff der Spanier zu schützen. König Philipp rüstete seine große Armada, um die britischen Inseln zu erobern und dort die Quellen so vielen Unheils für das ihm gehörende Amerika zu verstopfen. Er zog gegen die Engländer aus, wie in jetziger Stunde die Spanier gegen die Riff=Piraten. Die Königin mußte ihre Drake's, ihre Frobisher's, ihre Gren= ville's und ihre übrigen Seehelden aus allen Theilen des Oceans herbeirufen, und dann als es ihr mit Hülfe dieser Tapferen und der von Gott gesandten Stürme gelungen war die spanische Seemacht zu brechen, da bemächtigte sich der englischen Seefahrer, die überall den Spaniern auf den Fersen waren, eine solche Leidenschaft im Kapern oder Zerstören der Schiffe, Häfen und Colonien des Feindes, daß darüber die eigene stille Colonie in Virginien für den Rest des Jahrhunderts und der Regierungszeit Elisabeths gänzlich vergessen wurde.

Raleigh selbst gedachte zwar mitten in den Stürmen beständig seiner „Raleigh-City" auf Roanoke, aber es wurde ihm schwer, die Gelder für neue Ausrüstungen, für den ihr so nöthigen Succurs aufzubringen. Alle Schiffsrheder und Capitalisten fanden es viel vortheilhafter, Kaperschiffe auszurüsten, welche alsbald reichbeladene spanische Gallionen hereinbrachten, als ihre Gelder für den Ankauf von Ackergeräthen, Colonisten, Vieh und Sämereien herzugeben, die erst nach Jahren einige Interessen aufbringen konnten. Selbst die Anführer der neuen Expeditionen und Mannschaften, welche Raleigh inmitten des Tumultes zu Stande brachte und absandte, wurden schon unterwegs oder doch beim Anblick der wüsten Ufer Nordamerikas anderen Sinnes. Von der Alle beseelenden Leidenschaft hingerissen, arteten sie von Colonisten zu Seeräubern aus, wandten das Steuer und segelten nach dem Süden, um an dem Wettrennen auf spanische Silberschiffe Theil zu nehmen.

Hierüber gingen seine Colonisten und Pioniere in Virginien in Hunger, Noth und unter den Angriffen der von ihnen gereizten Landeskinder zu Grunde. Man erfuhr erst 20 Jahre später, daß sie sämmtlich von den Indianern in einem allgemeinen Aufstande und Kriege, wie einst, in einer etwas südlicheren Gegend der Küste, die Hugenotten des Coligny von den Spaniern, erschlagen worden seien.

Wie die Schicksale ihrer Colonien, so glichen sich auch die Lebens-Ausgänge dieser beiden großen Männer. Wie Coligny von seinem Könige (Carl IX.) als Protestant ermordet wurde, so brachte den Raleigh der seinige, Jacob I.,

16

als einen angeblichen Verschwörer unter das Henkerbeil.
Trotzdem, daß sein Virginien im Anfange des 17. Jahrhunderts wieder nur ein bloßer Name war, eine barbarische,
unbesiedelte, von Schiffswracks und den Leichnamen der
europäischen Colonisten bedeckte Küste, hatte aber Raleigh
doch nicht vergebens für sie gelebt und gestrebt. Er hatte
sein und seines Bruders Ansiedlungsprojekt vielen Gemüthern
eingeprägt; er hatte in seinem Vaterlande ein allgemeines
Interesse dafür geweckt, das sich bald wieder regen mußte,
sobald die Stürme und Leidenschaften des Kampfes mit
Spanien etwas beruhigt waren. Hatte er auch keine Ableger
und Stecklinge in der Neuen Welt groß ziehen können, so
hatte er doch die Wurzeln in der alten Welt gestärkt, aus
denen nun unter günstigen Umständen frische Schößlinge
allmählig auf leichtere Weise hervorgehen konnten.

Man hat die Engländer häufig wegen ihrer Tüchtigkeit
zum Erforschen und Colonisiren neuer Länder gerühmt. Es
wird zwar jetzt Niemandem einfallen, ihnen diese Eigen-
schaft abzusprechen, doch muß man dabei wenigstens gestehen,
daß sie diese Tüchtigkeit nur sehr gemach und nach vielen
mißglückten Versuchen erlangt haben und fast langsamer
dabei gewesen sind, als andere Völker. Die erste spanische
Colonie, welche Columbus auf Haiti gründete, hatte zwar
auch ein so unglückliches Schicksal, wie fast alle ersten An-
pflanzungsversuche der Europäer in Amerika; allein die
Spanier stifteten gleich im folgenden Jahre neue Colonien
und dieselben geriethen alsbald in ein so gedeihliches Wachsthum und in einen so stetigen Fortschritt, daß an ein Aufgeben derselben gar nicht wieder gedacht wurde und Haiti,
Cuba und andere Striche Westindiens schon drei Jahrzehnte
nach des Columbus erster Landung nicht nur mit Bergwerken und Perlenfischereien, sondern auch mit Anpflanzungen,
Gärten, Zuckerplantagen, Viehtriften und einer Menge viel-

verſprechender kleiner Städte erfüllt waren.　Noch 113 Jahre
nach der erſten Reiſe ihres Cabot längs der Küſte der Vereinigten Staaten, und noch 40 Jahre nachdem ihre Königin
dieſem Lande den Namen „Virginien" gegeben hatte, war
das Beſtehen des engliſchen Werks auf dieſer Küſte häufig
in Frage geſtellt und waren die Engländer ſelbſt noch oft
in der Lage, in Verzweiflung alles Angefangene wieder
aufzugeben, und es dauerte darnach noch mehr als 200 Jahre,
bis man vom Küſtenſaume aus nur irgend welche erkleckliche
Fortſchritte ins Innere des Landes gemacht hatte. · Die
ſpaniſchen und portugieſiſchen Entdeckungen waren im Vergleich mit den erſten Fortſchritten der Engländer ein Adler-
flug.　Auf dieſe aber kann man mit größerem Rechte
anwenden, was unſer Dichter von dem Bau des römiſchen
Reiches ſagt:

> Aber Lavinium wurde nur erſt, dann Alba gepflanzet,
> Keiner der Sterblichen noch hatte von Roma gehört.
> Langſam reifte zum Licht die Geburt; es verſuchte das
> 　　　Schickſal
> 　Vieles darum: nie gab's eine gewaltigere!

Außer den bereits angeführten Urſachen erklärt ſich dieſe
Langſamkeit und die ganze eigenthümliche, ſtückweiſe vor
ſich gehende Ausbildung der engliſchen Macht auf der Oſtküſte auch aus der natürlichen Beſchaffenheit und urſprünglichen politiſchen Verfaſſung dieſer Gegend.

Den Spaniern wurde, wie ich ſagte, ihre Ausbreitung
oft dadurch erleichtert, daß ſie hie und da ſchon organiſirte
Staaten von größerem Umfange fanden, deren weitgebietende
Oberhäupter und Lebenspunkte ſie dann nur zu unterwerfen
brauchten, um ſchnell eben ſo weit wie ſie zu reichen.　Die
Engländer fanden dagegen auf ihrer Oſtküſte eine Menge
kleiner, unverbundener wilder Stämme, deren verſchiedene
·Sitten und Sprachen ſie einzeln lernen und mit denen ſie

　　　　　　　　　　　　　　　　　　16*

sich auf einen Guerillas-Krieg einlaffen mußten, ohne daß große regelrechte Feld= und Eroberungszüge gegen sie möglich gewesen wären.

Die Spanier am Orinoco und am La Plata und auch die Franzosen am St. Lorenzo und Miffifippi waren auf große mächtige, schiffbare Ströme getroffen, die, wenn einmal entdeckt, sogleich die Wege hundert Meilen weit ins Innere eröffnet hatten. Derselbe Entdecker, der die Mündung erreichte, segelte auch alsbald aufwärts und erwarb mit Einem Schlage ein Kaiserthum.

An der Ostküste der Vereinigten Staaten dagegen giebt es nirgends einen solchen vorherrschenden, tief einbringenden Strom. Sie ist, so zu sagen, von Natur in lauter kleine Parzellen zerstückelt. Da sind eine zahllose Menge kleiner Flüffe, die noch dazu zum Theil nicht weit von der Küste durch Katarakten unterbrochen sind. Es bieten sich überall kleine Baien, Buchten und Häfen dar, von denen der eine anfänglich so gut erscheinen mochte, wie der andere, und von denen keiner mit dominirender Uebergewalt alle Blicke auf sich ziehen konnte, wie z. B. die Bai von Guayaquil an der Küste von Peru, oder wie der Mündungsbusen des La Plata an der Küste von Brasilien. Und gleich hinter der Küste kam alsbald ein sechsfacher Damm von wilden, dichtbewaldeten Gebirgen.

Dieser ganze zerstreuende und parcellirende Einfluß des Charakters der Küste war nicht dazu gemacht, daß ein König oder Held sie auf einmal für sich dahin nehmen könne. Sie war schon von der Natur so zu sagen republikanisch organisirt, sie war, wie die eingekasteten Thäler der Schweizer-alpen, der Anpflanzung v i e l e r kleiner Gemeinwesen günstig, und diese kleinen Gemeinwesen konnten lange an dem Saume des Meeres wurzeln, bevor sie erstarkten' und reiften, und darnach zu einem Ganzen zusammenschmelzend, auch im Stande waren, die Dämme nach Innen zu durchbrechen. .

Deingemäß sehen wir während des Laufes des 17. Jahrhunderts eine ganze Reihe von Expeditionen — oft sind es kleine Flottillen von wenigen Fahrzeugen, oft ist es gar nur ein vereinzeltes Segel — mit Entdeckern und Colonisten und dem ihnen nöthigen Apparate auslaufen, und sich bald an diesem, bald an jenem Punkte der Küste festsetzen und wie Schwalben an einem langen Gesimse ihre Nester bauen. Meistens gehörten diese bewimpelten Wiegen, deren eine jede mit dem Ei eines neuen Staates an Bord über den Ocean schaukelte, den Engländern an, die das Werk zuerst begonnen hatten und am Ende auch das Ganze für sich behalten sollten. Doch drängten sich auch andere Völker hinzu, wie die Holländer, die Schweden, die Deutschen und überhaupt vornehmlich alle die Stämme germanischer Race und protestantischen Glaubens, welche politischer und religiöser Freiheitsbrang am stärksten dazu antrieb, der alten Heimath gänzlich zu entsagen.

Es ist hier nicht mein Geschäft, auf alle die interessanten Details dieser allermerkwürdigsten und folgenreichsten amerikanischen Expeditionen, ihre sehr mannigfaltigen Motive und Zwecke einzugehen, doch will ich, soweit es die Vervollständigung des Bildes der Entdeckungsgeschichte nöthig macht, die Hauptmomente der Reihe nach so viel als möglich in chronologischer Ordnung und kurz der Erinnerung des Lesers vorführen.

Die erste feste, zwar oft dem Untergange nahe, aber doch am Ende bleibende Colonie stifteten die Engländer am Eingange des schönen Hafen-, Buchten- und Fluß-Complexes, welchen wir jetzt die „Chesapeake-Bay" nennen.

Die tiefe Mündung dieser Bai war schon von den Capitainen des Sir Walter Raleigh erspäht, und es hatte sich für ihre Besiedlung unter Londoner Kaufleuten und einigen einflußreichen Herren eine eigene Compagnie gebildet.

Es wurden seit dem Jahre 1606 auf Kosten dieser Compagnie mehrere Expeditionen hinübergesandt und daselbst am sogenannten Königsflusse die „Jacobs-Stadt" (Jamestown) zu Ehren des Königs Jacob I. gebaut, die hundert Jahre lang die Hauptstadt des Landes blieb, welches die Engländer „das südliche Virginien" nannten.

Einer der herübergekommenen Colonisten, John Smith, kam in den ersten Jahren an die Spitze der Angelegenheiten dieser Colonie und rettete sie durch seine Energie und Staatsweisheit vom Untergange. Er war auch der rührigste Erforscher der Umgegend. In kleinen Böten, mit einigen wenigen englischen Edelleuten und Matrosen eingeschifft, besegelte und sondirte er alle zahlreichen Arme, Ströme und Häfen jener 50 Meilen langen unvergleichlichen Bai, gab ihnen die Namen, die sie noch heute tragen, verzeichnete sie auf einer Karte, die noch 100 Jahre nachher die beste ihrer Art war und beschrieb sie in Schriften, die in Tausenden von Exemplaren durch England verbreitet wurden.

Dieser Gouverneur John Smith wird als der Vater des jetzigen Staates von Virginien betrachtet, dessen Lebensadern alle jener Bai zuströmen und der sich nachher um jenes Jamestown und um die Gewässer der Chesapeake-Bay wie um seinen Kern ausbildete. Schon er bezeichnete und verzeichnete auch auf seiner Karte die Erdflecke, auf denen jetzt rings um die Bai herum die blühenden Städte Baltimore, Washington, Richmond, Norfolk gebaut sind und weihte sie gewissermaßen ein.

Zu derselben Zeit, als dies im Süden vorging, hatte sich auch für die Erforschung und Besiedlung des Nordens der langen Küste, oder für das, was man damals „Nord-Virginien" nannte, was man aber schon bald darauf „Neu-England" zu nennen begann, eine besondere Compagnie von Kaufleuten und Staatsmännern in der Stadt Plymouth

im weſtlichen England gebildet. Dieſe Compagnie ſandte
12 Jahre hindurch Jahr für Jahr Schiffe und Mannſchaften
nach dem kalten, felſigen und wenig fruchtbaren Lande aus,
ohne daſelbſt eine bleibende Anpflanzung zu Stande bringen
zu können, machte aber dadurch doch alle Häfen, Baien,
Flußmündungen und Gelegenheiten der Küſte in England
bekannt und die Fahrt dahin geläufig.

Endlich aber gelang im Jahre 1620 einem kleinen
Häuflein verfolgter Auswanderer, die mehr der Zufall als
Abſicht zu dieſer Küſte führte, was weder Könige noch
Compagnien hatten zu Stande bringen können. Es waren
die 102 Puritaner, die an Bord des in Amerika wie eine
zweite Arche Noah berühmten Schiffs „May-flower" („die
Maiblume") vor den Bedrückungen der anglikaniſchen Kirche
in der Neuen Welt eine Zuflucht ſuchten.

Da ſie ſchon ſeit Jahren aus ihrem Vaterlande vertrieben auf der Wanderſchaft waren und auch in Holland
vergebens nach einem ſtillen und unangefochtenen Aufent-
halte geſucht hatten, ſo nannten ſie ſich „die Pilger." —
Dieſe Pilger, die ſich wie Schiffbrüchige, wie Vaterlandsloſe
an den Felſen des neuen Landes anklammerten, und welche
die äußerſte Noth wie ihr innerer feſter Entſchluß auf gleiche
Weiſe ſpornte, haben dann endlich das „Neu-Plymouth"
gebaut, das im Norden die erſte feſte und bleibende engliſche
Stadt, wie im Süden das genannte „Jamestown" geweſen iſt.

Dort auf dem berühmten „Pilgerfelſen", mitten in
allen den Bedrängniſſen, welche die „amerikaniſche Pandora"
gewöhnlich auf alle erſten Anſiedler ausſchüttete, flatterte
ihre kleine Fahne hoch. Und da die Bedrückung der „Non-
Conformiſten und Puritaner" im Mutterlande fortging, ſo
folgten bald neue Einwanderer den Fußſtapfen der erſten
Pilgerväter und verſtärkten ihre kleine Zahl. Zuerſt kam
im Jahre 1628 eine Partie herüber, welche Salem, die

zweitälteste Stadt von Neu-England gründete, und zwei
Jahre darauf eine zahlreichere, welche die jetzige große
Capitale des amerikanischen Nordens, das reiche Boston, baute.

Bald nachher, da der Erzbischof von Canterbury strenge
Maßregeln gegen sie ergriff, flohen die Puritaner zu Tausenden
über den Ocean, um sich in den Wildnissen Amerikas eine
Kirche nach ihrem Sinne oder, wie sie sagten, „nach der
Vorschrift der Bibel" zu schaffen und um den Glaubens-
Edikten und Kirchen-Satzungen eines Königs und seiner
Bischöfe zu entgehen.

Sie alle empfing die weite „Massachusetts-Bay", welche
in Neuengland ebenso wie die Chesapeake-Bai im südlichen
Virginien die Wiege aller Staatenstiftung, der Ausgangspunkt aller Entdeckungen und Eroberungen geworden ist.

Da es an der Meeresküste bald an Raum und acker-
barem Boden gebrach, so fing man an, das Innere zu
erforschen, den Indianern neue Striche abzuhandeln und die
Pflanzungen längs der Flüsse der Bai vorzuschieben. Am
meisten aber trugen zu dieser ferneren Ausbreitung im
Innern die Zwistigkeiten bei, welche unter den Colonisten
selber ausbrachen.

Die puritanischen und oft überpuritanischen Pilgrim-
Väter von Plymouth, Salem und Boston waren weit davon
entfernt, die Cultus- und Gewissensfreiheit, die sie von den
englischen Bischöfen vergebens für sich verlangt hatten, auch selbst
Anderen in ihrer Mitte zuzugestehen. Sie wollten die Kirche
und Religion so, wie sie sie für sich erdacht und geschaffen
hatten, in völliger Reinheit erhalten, und excommunicirten
mit Unerbittlichkeit diejenigen Mitglieder ihrer Gemeinde,
die sich den von ihnen beliebten Satzungen nicht unbedingt
unterwarfen.

Und dies gab denn Veranlassung zu ferneren Wanderungen, zur Verstreuung einzelner Partieen im Lande, zur

Entdeckung anbaufähiger Landschaften, vortheilhafter Flüsse und Häfen und zur Begründung neuer Gemeinden, aus denen dann endlich diejenigen verschiedenen Staaten Neuenglands erwachsen sind, die wir jetzt Rhode Island, Connecticut, New-Hampshire 2c. nennen, die aber noch lange das alte Massachusetts an der Bai als ihre Mutter-Colonie verehrten.

Wie der Anfang der Erforschung und Besiedlung des ganzen Neuenglands, so hatte also auch diese weitere Ausbreitung derselben, diese Stiftung neuer blühender Staaten durch Zersplitterung der alten ihren Ursprung in religiösen Zwistigkeiten und meistens waren die Anführer der Zweig-Colonien und der westwärts und nordwärts vordringenden Entdeckungs-Expeditionen schismatische und vertriebene Geistliche der Puritaner. Da sich dann das mit ihnen ausziehende Volk wie Sand am Meere vermehrt hat, so sind jetzt diese staaten-gründenden Prediger wie die Patriarchen Abraham und Jacob oder wie Lykurg und Solon bei Millionen hoch verehrt.

Man kann sagen, daß dieser eigenthümliche Geist des Puritanismus, der aber natürlich auch mit andern Eigenheiten der spröden und rastlosen anglo-sächsischen Race vergesellschaftet ist, noch bis auf den heutigen Tag fortgewirkt und viele neue Schöpfungen bis fern in dem Westen Amerikas in's Leben gerufen hat.

Die nördlichen und südlichen Entdeckungs- und Colonisations-Felder der Engländer standen für lange Zeit in keinem Zusammenhange mit einander. Sie waren durch breite Striche, welche noch nicht von Engländern besetzt waren, von einander getrennt; ja, zu jedem der beiden Colonienabschnitte ging nicht nur ein verschiedener Auswandererstrom, sondern es führten dahin auch besondere oceanische Wege. Nach Virginien schiffte man sogar noch zu Cromwells Zeiten auf der alten spanischen Straße von Süden her über die Antillen; nach Neu=England aber gelangte man von Norden her über die Neufundland=Bänke.

Der Mittelraum war den Engländern unbekannt und hier nistete sich denn inzwischen eine andere europäische Nation, die Holländer, ein.

Dem Kriege der Engländer mit Spanien unter der Königin Elisabeth und dem ersten Aufschwunge englischer Schifffahrt ging der Aufstand der ebenfalls bereits von Rom getrennten Niederlande gegen dasselbe Spanien parallel, und der Erfolg dieses Aufstandes war derselbe, eine außerordentliche Blüthe der niederländischen Seefahrt, Entdeckungen und transoceanischen Eroberungen.

Die Niederländer brachten dies zunächst zum Theil im Verein mit den Engländern und zum Theil als ihre Schüler zu Stande. Wie die Engländer, sandten auch die Holländer zuerst Corsaren aus, welche die spanischen Geschwader umschwärmten und verfolgten, und wie die Engländer erhoben sie sich von Seeräubern zu Seehelden. Mit englischen und französischen Abenteurern zugleich erschienen sie schon frühzeitig in dem südlichen Theile des atlantischen Oceans. Zuweilen hatten die ersten holländischen Befahrer des Meeres englische oder französische Lootsen an Bord.

Wie den ersten Spaniern und Portugiesen und wie überhaupt allen schifffahrenden Nationen schwebten auch den Holländern die Schätze des östlichen Indiens als das Hauptziel ihrer Bestrebungen vor und sie gründeten daher schon am Ende des 16. Jahrhunderts ihre orientalische Compagnie, welche alsbald die Portugiesen aus einer ostindischen Position nach der andern zu vertreiben anfing.

Wie die Spanier und Portugiesen fanden auch die Holländer Amerika auf ihrem Wege zum Oriente, und ihre amerikanischen Interessen gediehen dann im Anfange des

17. Jahrhunderts zu solcher Bedeutung, daß sie der Ost-Compagnie eine West-Compagnie oder eine sogenannte „Westindische Gesellschaft" an die Seite setzten. Es schien eine Zeit lang, als sollten diese beiden holländischen Handels-Compagnien die Welt unter sich ebenso theilen, wie der Pabst sie unter Portugal und Spanien getheilt hatte.

Wie die Spanier unter Magellan, wie die Engländer unter Drake, drangen auch die Holländer um das Südende von Amerika herum in den stillen Ocean ein und entdeckten hier unter ihrem Capitain Le Maire die äußerste Spitze des Continents, das „Cap Horn", so genannt nach dem holländischen Städtchen Hoorn. Auf dem Wege dahin fingen sie auch an, Brasilien für sich zu beschauen und zu erobern, und die Portugiesen, damals Unterthanen des Königs von Spanien, von dort ebenso zu vertreiben, wie aus Ost-indien.

Wie die Engländer und mit ihnen fast gleichzeitig, warfen sich die Holländer endlich auch auf die Ostküste von Nord-amerika und entdeckten hier den schönsten Hafen und den wichtigsten Strom des ganzen Abhangs, den die Engländer bis dahin noch übersehen hatten. Diesen merkwürdigen Fund machte im Jahre 1609 einer der in holländischen Diensten stehenden Seehelden aus den Zeiten der Königin Elisabeth, der große Seefahrer Henry Hudson, der die Küste für die Holländer da untersuchte, wo sie seinen Landsleuten unbekannt geblieben war. Es war der Fluß, der noch jetzt seinen Namen trägt, der schöne „Hudson's-Fluß" von Newyork.

Von allen Flüssen und Flußthälern des atlantischen Abhangs hat keiner eine so bedeutsame Weltstellung wie dieser. Es ist ein breiter, tief ins Land eingeschnittener und mit Wasser erfüllter Bergspalt, der aus Süden nach Norden gerade gestreckt, wie ein künstlicher Canal hinauf-geht und schiffbar ist bis in die Nachbarschaft der Gewässer

des großen Lorenzostromes, mit dem er sich durch zwei Thal-
und Flußbranchen in innige Verbindung setzt.

Hudson segelte, indem er die neugierigen Uferbewohner
mit holländischem Bier regalirte, den ganzen Fluß mehr
als 200 englische Meilen weit hinauf und erkannte, wie
äußerst geeignet er sei für Handel und Ansiedlung. Er
that dies in seinem kleinen Schiffe „der Halbmond", das
im heutigen Newyork eben so berühmt ist, wie die obengenannte „Maiblume" der „Pilgerväter" in Boston und
wie einst die „Victoria" des Magellan in Sevilla.

An der Mündung des Stromes, an einem der schönsten Häfen der Küste, bauten die Holländer zwischen den
englischen Colonien im Norden und Süden in der Mitte
ihr „neues Amsterdam" und stifteten daselbst ihre nordamerikanische Provinz „Neu-Belgien", welche mit Virginien
und Neu-England gleichzeitig emporblühte und die Grundlage des jetzigen Staates von Newyork geworden ist.

Kaum war diese holländische Stiftung ein wenig in
Gang gekommen, so segelten schon wieder ein Paar Schiffchen mit europäischen Sämereien, mit Ackergeräthen, mit
arbeitslustigen Fäusten und mit protestantischen Ideen befrachtet, zu unserer Küste heran, um auch an ihr ein Asyl
zu finden.

Diese Schiffe, die im Anfange der dreißiger Jahre des
17. Jahrhunderts kamen, führten die schwedische Flagge
und sie versuchten es, sich mitten zwischen den Holländern
und Engländern in den Strommund einzudrängen, an dessen
Ufern sich jetzt das weitläufige Philadelphia gelagert hat.
Der große König Gustav von Schweden und nach ihm sein
Kanzler Oxenstierna hatten, wie der ganze protestantische
Norden, ihr Auge auf Nordamerika geworfen, um dort
ihren Armen, namentlich aber auch den im dreißigjährigen
Kriege nothleidenden und bedrängten Protestanten Deutsch-

lands, an die sie eine sehr merkwürdige Proklamation erließen, eine Aussicht zu eröffnen.

Ihre besagten Schiffe brachten daher sowohl Deutsche
als Schweden und auch Finnländer herbei. Sie erfüllten
das Land am Delawareflusse mit kleinen Forts, erforschten
seine Beschaffenheit und nannten es „Neu-Schweden."

Sie schalteten darin etwa 20 Jahre und ihre kleinen
Gemeinden und Kirchen haben die Grundlage zu dem jetzigen
Staate Delaware gelegt. Von den benachbarten Holländern
wurden sie aber als Usurpatoren und Eindringlinge betrachtet. Dieselben sandten im Jahre 1655 ihren General
Stuyvesant aus, der das neue Schweden unter neubelgische
Botmäßigkeit brachte. Nicht lange darauf wurde freilich
dies so vergrößerte Neubelgien selber als ein Usurpatoren-
reich wieder von den Neuengländern verschlungen.

England, der anfängliche Bundesgenosse der Holländer,
hatte sich endlich gegen seine gefährlich wachsenden Nachbarn
erhoben und war unter Cromwell ihr erbitterter Feind geworden. In einer Reihe von Kriegen und blutigen See-
schlachten wurde die Macht der Holländer auf dem atlantischen Ocean gebrochen. Im Friedensschlusse von 1654
mußten sie die Uebermacht der Engländer anerkennen. In
demselben Jahre gaben sie alle ihre brasilianischen Eroberungen den Portugiesen, die sich unterdessen vom Joche der
Spanier befreit hatten, zurück und 10 Jahre später verloren
sie auch ihr Neubelgien sammt dem ihm angehefteten Neu-
schweden.

Schon Cromwell hatte daran gedacht, es ihnen zu
nehmen, und unter Cromwell's Sohn ward dieser Plan
wieder aufgefrischt, aber die unsichern Zustände in England
selbst verhinderten seine Ausführung. Erst als Carl II.
das Königthum und die Ruhe wiederherstellte, und als
darnach sowohl von Norden aus Neu-England als von Süden

aus Virginien die englischen Entdeckungen und Pflanzungen
auf die Neuholländer in der Mitte eindrangen, wurde die
Sache reif, und im Jahre 1664 wurden dann die weiten
Gebiete am Hudson und Delaware ohne viel Blutvergießen
von einer englischen Flotte genommen.

Die Holländer waren nun fast aus allen ihren ameri-
kanischen Positionen verdrängt, von dem ganzen großen
Continente vertrieben und sie haben dort bis auf unsere
Tage nur ein Paar kleine westindische Inseln und einige
Striche an der Küste von Guyana behalten, deren Aus-
beutung und Auskundschaftung ihnen überlassen geblieben ist.

Da aber die Niederländer zur Zeit ihrer vorwaltenden
Blüthe und Macht auch die gelehrtesten Geographen, Natur-
kundigen und die besten und fleißigsten Kartenzeichner in
Europa waren, so gehören ihre historischen, nautischen,
physikalischen, kosmographischen Werke für die Entdeckungs-
geschichte dieser Zeit und namentlich auch für die Urgeschichte
Amerikas zu den wichtigsten; sie nehmen nach den spanischen
Arbeiten den zweiten Rang ein. Auch sind holländischer
Charakter und Sitte in dem Leben des großen Staates
Newyork, den die Engländer auf holländischer Grundlage
bauten, noch bis auf die neueste Zeit herab von nicht
geringer Bedeutung und Wirkung geblieben.

Die Neuschweden an der Mündung des Delaware
waren von der Küste aus nicht tief in das Innere des
Landes hineingekommen. Es lagen da noch diesseits der
Alleghanys große unbekannte Striche und Flußgebiete, auf
die nicht lange nach der englischen Eroberung ein in der
Geschichte der Entdeckung und Besiedlung Nordamerikas sehr
berühmter Engländer, William Penn, sein Augenmerk richtete,
und die von ihm den Namen „Penn's Waldland" (Pennsylvanien) erhalten haben.

Dieser Penn, ein wohlhabender englischer Privatmann, der Sohn eines ausgezeichneten Admirals, der frühzeitig eine besondere Vorliebe für die verfolgten Quäker gefaßt und der zugleich von seinem Vater eine Forderung von 16,000 Pfd. Sterl. an den König Carl II. geerbt hatte, bat diesen, ihm für jene Summe das besagte Waldland an dem Flusse Susquehanna und Delaware abzutreten. Carl II., der oft in Geldverlegenheit war, schenkte dem Penn und seinen Quäkern das Eigenthum und das Regiment des ganzen Landstrichs zwischen dem 40. und 43. Grade vom Flusse Delaware westwärts, und der „Quäker=König" landete im Jahre 1682 an den Küsten der Neuen Welt, wohin er nicht weniger als 2000 seiner Religionsgenossen auf einmal hinüberbrachte, die sich jedoch später überall im Lande zerstreuten.

Von den schwedischen und holländischen Ansiedlern, die er im Lande vorfand, ließ er sich als ihrem Lehnsherrn huldigen, ergriff Besitz von der Umgegend, bestimmte seine Hauptstadt in Coaquanock, einem kleinen von Schweden und Indianern bevölkerten Orte, der von nun an „die Bruder= stadt" oder „Philadelphia" genannt wurde, und schloß mit den Indianern am Delaware und Susquehanna Contracte, denen zufolge auch sie ihre ursprünglichen Rechte an das Land, das sein König ihm schon verliehen hatte, abtraten.

— Und darnach gab er seinem Staate so eigenthümliche und menschenfreundliche Gesetze, daß, wenn dieses „fromme Experiment" gelungen und nicht später wieder über den Haufen gestürzt wäre, Pennsylvanien einer der glücklichsten, weisesten und christlichsten Staaten der Welt geworden sein müßte.

Penn, „der große und gute Miquon," wie die ihm ergebenen Indianer ihn nannten, war selbst ein unermüd-

licher Reisender und hatte schon, bevor er nach Amerika
kam, Deutschland, Frankreich und andere Theile von Europa
kennen gelernt. Auch in seinen amerikanischen Dominien
unternahm er mehrere Entdeckungsreisen. Er erforschte beinahe den ganzen Fluß Delaware, den er bis 300 englische
Meilen oberhalb seiner Mündung hinauffuhr. Er streifte zu
wiederholten Malen in die Gebiete der Indianer am Susquehanna hinein und seinen später publicirten Schriften verdankte die Welt damals die ersten authentischen Nachrichten
und umfangreichen Kenntnisse von jenen Strömen.

Die Kunde, daß William Penn jenseits des Meeres
„ein neues Asyl für die Armen, für die Guten und Unter-
drückten aller Völker" eröffnet habe, wurde bald durch ganz
Europa verbreitet, und von Schottland und Irland, von
den Niederlanden und vom Rhein, wo Penn selbst die dort
herrschende Noth und Armuth in Augenschein genommen
hatte — gerade in dieser Zeit hatten die Franzosen aus
einer der schönsten Provinzen Deutschlands eine Wüstenei
gemacht — eilten zahlreiche Schaaren herbei zu dem Lande
der Verheißung und ließen sich am Delaware und Susquehanna nieder, zuerst in der Nähe ihrer Mündungen und
dann bis zu ihren Wasserfällen, welche ihren mittleren
Abschnitt bezeichnen, und von da aus gingen sie dann
immer mehr, wie sie sich ausdrückten, „rückwärts in den
Wald" hinein.

Im Anfange des 18. Jahrhunderts wurden „die Wälder"
immer weiter aufwärts gelichtet, das Wild und die Indianer
immer weiter westwärts zurück gedrängt, zuerst bis zu der
sogenannten „Blue Ridge," der östlichsten Bergkette der
Alleghanys, welche den Horizont der Mündungsgebiete des
Susquehanna und Delaware umzingeln, dann immer weiter
in das Thallabyrinth der Gebirge hinein. Die Deutschen,

welche zu dem mehr ackerbauenden als handelnden Pennsyl=
vanien in größerer Anzahl als zu irgend einem der anderen
Küstenstaaten kamen, und welche ganze schöne Ortschaften
Pennsylvaniens mit glücklichen und reichen Dörfern erfüllten,
haben einen hervorragenden Antheil an der Erschließung
des Susquehanna.

Während auf die besagte Weise über die hafen= und
buchtenreichen Nord= und Mittelstriche der atlantischen Küsten=
länder längst ein helles Licht aufgegangen war, und während
diese bis an den Fuß der Alleghanys aufwärts nicht nur
schon ziemlich bekannt, sondern auch besiedelt und zum Theil
mit rasch aufblühenden Städten versehen waren, blieb der
Süden dieser selben Küsten noch vielfach eine terra incognita. Zum Theil war daran seine eigenthümliche Natur=
beschaffenheit Schuld. Die Flüsse, welche hier von den
Alleghanys herunterkommen, sind bei weitem nicht so tief,
wasserreich und schiffbar, wie z. B. der Hudson, der Dela=
ware oder einige in der Chesapeake=Bai ausmündende Ströme.
Im Sommer vertrocknen sie theilweise ganz. Am hinderlich=
sten ist aber die Beschaffenheit der Meeresküsten; dieselben
sind sandig und flach und laufen in wenig durchbrochenen
geraden Linien fort. Von Florida bis zur Chesapeake=Bai
giebt es keinen einladenden Busen, kein tief vorragendes
Cap, hinter dem man Schutz suchen könnte. Hinter den
langen Bänken und Dünenreihen, die das Ufer garniren,
liegen flache Lagunen und dann zunächst landeinwärts weite
Sümpfe. Gleich schon hart an das südliche Ufer der Chesa=
peake=Bai stößt der berühmte „traurige Morast" (the dis-
mal swamp), weiter südwärts „der große Alligatorensumpf"
(the Allegator swamp) und endlich bis zum Cap Florida
hinab eine ganze, mehrere hundert Meilen lange Kette solcher
kleineren und größeren Sumpfstriche, die zu beseitigen noch
jetzt nicht völlig gelungen ist.

17

Im Innern des Landes giebt es lange Sandstrecken und auf ihnen eben so weit gedehnte Waldungen, die „Fichten-Oeden" (Pine barrens) genannt. Cap Hatteras hat der vielen Schiffbrüche wegen in der Geschichte der Schifffahrt eine höchst melancholische Berühmtheit erlangt und Cap Fear (das Cap der Furcht) und andere Caps zeigen schon in ihren Namen, daß sie keinen besseren Ruf verdienen. Es giebt zwar einige wenige sehr zugängliche Häfen und Buchten, doch können sie meistens nicht Schiffe ersten Ranges aufnehmen.

Die ersten Ansiedlungen, welche die Franzosen und Engländer im 16. Jahrhundert in diesen Gegenden versucht hatten, jene bei dem damals berühmten Port Royal, diese bei dem einst eben so oft genannten Roanoke, hatten zum Theil in Folge eben jener ungünstigen Naturverhältnisse keinen Fortgang gehabt.

Ein ganzes Jahrhundert nachher bis an's Ende des 17. Säculums waren diese weiten Küstenländer in Dunkelheit und Unbekanntschaft begraben. Ihre ersten Erforscher, die Spanier, deren Eroberungs- und Entdeckungseifer erloschen war, hielten sich mit kleinen Garnisonen wie früher in ihren alten Forts im Süden und mochten damit zufrieden sein, daß zwischen ihnen und der frisch aufblühenden Colonie der Engländer im Norden eine große Wüste lag.

Nicht blos sie, sondern auch das übrige Europa begriffen diese Wüste bis an die Chesapeake-Bai noch immer unter dem Namen Florida.

Wie fast überall, so gingen auch hier der eigentlichen Entdeckung, Eroberung und Besiedlung einzelne verstreute kleine Partien von Abenteurern vorauf. Wie Neu-England, so wurde auch Virginien die Mutter von mehren aus seiner Wurzel aufschießenden Zweigstaaten. Die ersten Kriege mit den Wilden hatten einzelne Häuflein virginischer Pflanzer

zur Flucht veranlaßt und entweder in die Wälder oder auf's
Meer getrieben, und dieſe, ein neues Land ſuchend, landeten
ſchon 1622 an der Küſte von Carolina in denſelben Gegen=
den, wo ehemals die franzöſiſchen Proteſtanten und die
früheſten engliſchen Anſiedler von Roanoke geſeſſen hatten.
Die erſten virginiſchen Coloniſten ſammelten ſich um Albe=
marle=Sund herum. Sie machten Reiſen unter die benach=
barten Wilden und ſpielten unter ihnen, wie ein alter
Geſchichtsſchreiber des Landes ſagt, „die Rolle chriſtlicher
Miſſionäre".

Im Jahre 1653 beſuchte dieſe Anſiedler, dieſen ver=
geſſenen und verlorenen Vorpoſten im Süden, ein engliſcher
Reiſender, Herr Brigſtock, und entwarf eine Schilderung
des Landes, die im 17. Jahrhundert als eine Haupterkennt=
nißquelle jener Gegenden galt. Auch von Neu=England aus
wurde in Carolina bald nachher Samen zu Anſiedlungen
ausgeſtreut. Die Neu=Engländer abenteuerten über Feſtland,
wie über See, ihr Glück zu verſuchen. Und im Jahre 1660
erſchien eine kleine, von Neu=Engländern (New-England-
men) geführte Bark in der Nähe vom Cap Fear. Die
Abenteurer ſtiegen aus, entdeckten den Cap=Fear=Fluß und
kauften von den Eingeborenen ein Stückchen Land, auf dem
ſie eine kleine Pflanzung von Ackerbauern und Hirten be=
gründeten. Auch ſogar von den Bermudas=Inſeln waren
einige Coloniſten herübergekommen.

Durch ſolche Reiſen, Berichte und Anpflanzungsverſuche
wurden die Engländer zuerſt auf den Süden aufmerkſamer ge=
macht und König Carl II., den einige Herren und Cavaliere
darum baten, ſah ſich daher (1665) veranlaßt, das ganze, von
nur wenig armen verſtreuten Pflanzern beſetzte Territorium von
den „virginiſchen Seen" (Umgegend der Cheſapeake=Bai) bis
zum Fluß Savanna, oder vom 36. bis 31. Grade der Breite
und weſtwärts vom atlantiſchen bis zum ſtillen Oceane an

17*

den Herzog von Albemarle und einige andere Lords zu
verschenken, und ihnen in diesem ganzen weiten Territorium
absolutes Eigenthum, das Recht über Leben und Glied, die
Gewalt einen Gouverneur zu bestellen und Gesetze nach Gut=
dünken zu machen, mit allen königlichen Fischereien, Wal=
dungen und Bergwerken zu verleihen, und das Land nach
seinem Namen Carlsland (Carolina) zu nennen.

Welches Recht Carl II. zur Vergebung dieses Landes
hatte, sagt ein englischer Historiker jener Zeit, ist nicht
unsere Sache zu untersuchen. Genug der König that es,
und die Lords=Eigenthümer schickten alsbald zur Benutzung
ihrer Schenkungs=Urkunde einen Palatinus und durch diesen
einen Gouverneur, und ließen von einem ihrer Theilneh=
mer, dem berühmten Politiker und Philosophen Carl von
Shaftesbury, eine Staatsverfassung aufsetzen, die so künst=
lich und durchdacht war, so viele Stände und Interessen,
welche sich gegenseitig das Gleichgewicht halten sollten, schuf
oder voraussetzte, dazu auch so große Titel (Palatinus, Ad=
miräle, Kammerherren, Landgrafen, Marschälle, Ober=Conne=
tables ꝛc.) aufs Papier brachte, daß, so zu sagen, ein Kai=
serthum, wenigstens was Ländergebiet und papierne Ver=
fassung betraf, schon fertig war, noch ehe dieser neue Staat
nur einige hundert Unterthanen besaß.

Seit dem Jahre 1670 gingen die ersten Schiffe mit
Ansiedlern zu diesem neuen Canaan hinüber. Die ersten
Punkte, welche sie aufsuchten und bepflanzten, waren wieder
die Gegenden der frühesten aller französischen Ansiedler im
Norden, die Umgegend des großen Albemarle=Sundes, wo
auch Roanoke lag, im Süden der Busen von Port Royal,
in der Nähe des „Mayflußes". Doch kam bald eine andere
Gegend zwischen beiden, das Mündungs=Gebiet der kleinen
Flüsse Ashley und Cooper, der schönen Weide und Acker=
gründe wegen mehr in Aufnahme, und hier bildete sich

dann der Hauptlebenspunkt von ganz Carolina, das dem
Könige Carl zu Ehren genannte „Carlstadt" (Charlestown)
aus, das auch noch heutiges Tages die volkreichste und
größte Stadt im ganzen Süden des atlantischen Abhangs
ist. Ein von den besagten Lords abgesandter Gouverneur
führte die ersten Bürger und den Plan zu dieser Stadt hinüber, dessen Größe und Pracht ebenso weitläuftig war, wie
die Staatsverfassung.

Da natürlich vollkommene Duldung und Freiheit aller
Religionssekten einer der ersten Grundsätze des neuen caro-
linischen Staates war, so kamen bald Sektirer von allen
Theilen Englands und Schottlands, sogar auch eben solche
aus Neu-England, wo es ihnen noch nicht frei genug war.
Auch Holländer aus Newyork, denen die Eroberung ihres
Neu-Belgiens durch die Engländer mißfiel, kamen hierher
und endlich auch wieder Hugenotten aus der Languedoc.
Und die kleine Colonie dehnte sich bald an Umfang und
Bevölkerung aus. Unterhandlungen und Kriege mit den
Indianern und Collisionen mit den benachbarten Spaniern
führten zu den ersten weiteren Expeditionen ins Binnenland.
Sehr bald schon theilten sich die Indianer in sogenannte
spanische und englische Indianer, die sich gegenseitig mit
Hülfe ihrer europäischen Patrone bekriegten. Die Spanier
hätten jetzt gern wieder den Engländern ein ähnliches Schicksal bereitet, wie einst den französischen Ketzern in derselben
Gegend, griffen auch eine schottische Niederlassung, die sich
als ein äußerster südlicher Vorposten gebildet hatte, an und
vernichteten sie.

Dies und andere Unbilden zu rächen, marschirten die
Engländer im Anfange des 18ten Jahrhunderts mit 1200
Mann unter ihrem damaligen Gouverneur Moor von Charlestown aus nach dem Süden. Sie belagerten zwar die
spanische Stadt St. Augustino vergebens, aber zum ersten

Male wurden dabei doch von einer Menge von Pflanzern diejenigen Landschaften geschaut, welche später das Gebiet des Staates von Georgien bilden sollten.

Auch muß es in Carolina schon frühzeitig Handelsrei=sende, die ins Innere des Landes schweiften, gegeben haben. Ein „Colonel Bull“ wird bereits am Ende des 17ten Jahr=hunderts als ein großer indianischer Handelsmann (great Indian trader) genannt. Leider haben uns solche Leute keine Beschreibungen über ihre Entdeckungen zurückgelassen. Vermuthlich kamen sie aber damit wohl noch kaum bis an den Fuß der Alleghanyschen Berge hinaus.

Sogar auch eine andere höchst verabscheuungswürdige Gattung von Expeditionen, die an die ältesten spanischen Gräuelzeiten erinnerte, führte die Engländer ins Innere des Landes hinein Excursionen nämlich und Jagdzüge zur Einfangung von Indianern, um sie zu Sclaven zu machen. Von einem Gouverneur von Carolina aus dem Anfange des 18ten Jahrhunderts wird erzählt, er habe Concessionen und Freiheiten an verschiedene Männer bewilligt, zu dem Zweck, daß sie ins Innere rücken könnten, um so viel In=dianer als sie vermöchten, zu greifen, zu bezwingen, fort=zuführen und als Sclaven zu verkaufen.

Unter den Colonisten, die im Anfange des 18ten Jahr=hunderts sich durch Entdeckungsfahrten gegen Westen und in den Gebirgen auszeichneten, wird auch ein deutscher Schweizer, Christoph von Gaffenried, genannt. Derselbe kam 1708 von Bern nach Amerika und zwar nach Nord=carolina hinüber und bestand viele Abenteuer und Gefah=ren auf seinen Zügen gegen Westen. Ein kühner Mann, auf seinen Schweizer=Stutzen sich verlassend, kriegte er in den unbekannten Wäldern hin und her, weit über die letz=ten Ansiedlungen hinaus, in das Indianerland hinein.

Auch Pest und Blattern lichteten hier wie anderswo

die Stämme der Wilden umher, wie die Axt der Colonisten die Wälder und bahnten die Wege zu den schönen
Hügellandschaften der Alleghanys hinauf.

Ehe jedoch diese selbst erstiegen und überschritten wurden, trieb noch einer und zwar der letzte Staaten-Schößling
gegen Süden bis zu dem äußersten Ende der Ostküste hinab. König Carl hatte sich, wie ich sagte, einstweilen mit
dem Lande bis zum Flusse Savanna, den er seiner Provinz Carolina zur Südgrenze gab, begnügt. Im Südwesten dieses Flusses gab es aber noch andere lockende Fluß-
systeme und Thäler, das des Altamaha, des Santilla, des
Apallachicola. Daß die Spanier sich auch jetzt noch nicht
beeilten, das von ihren Vorfahren mit Blut und Schweiß
gedüngte Land zu dem ihrigen zu machen, daran war wohl
nur ihre Ohnmacht Schuld. Sie blieben fortwährend in
den Pallisaden ihres kleinen Augustino stehen. Das unruhige England aber war unerschöpflich in Erzeugung von
Bedrängten und Hülfsbedürftigen, sowie auch in Erzeugung
von Hülfeschaffenden und erfinderischen Geistern. Die Colonisten in Carolina hatten die genannten Striche in jenen
Expeditionen gegen die Spanier und Indianer mehrfach
durchkreuzt, kennen gelernt und als „das schönste Land des
Universums“ ausposaunt.

Um das Jahr 1730 herum bildete sich eine Gesellschaft, um nothleidenden Irländern und verfolgten Protestanten dort noch ein neues Asyl zu verschaffen. Einer der
Direktoren derselben, der berühmte General Oglethorpe,
schiffte sich im Jahre 1732 mit einer Truppe von Ansiedlern ein. Er wurde der Begründer und Gesetzgeber eines
neuen großen Staates, der nach dem damals herrschenden
Könige Georg I. den Namen „Georgien“ erhielt.

Oglethorpe war auch der erste neue Bereiser, Erforscher und Schilderer dieses weiten Gebiets. Er landete an

der Mündung des großen Grenzflusses Savanna, reiste diesen Fluß eine Strecke aufwärts und wählte auf dem Südufer den günstigsten Platz zur Ansiedlung, aus welcher die
jetzt volkreiche Hauptstadt Georgiens, Savanna, hervorging.
Oglethorpe, der Stifter von Georgien, war ein wohlwollen-
der, energischer und tüchtiger Anführer, der die Herzen der
Leute gewann, ähnlich dem Capt. Smith, dem Begründer
von Virginien oder dem Quäker Penn, dem „Sterne von
Pennsylvanien". Sein Ruf erscholl unter den Indianern,
die sich ihm mit Friedensbündnissen anschloßen, und die ihm
zunächst alle ihre Ländereien im Süden des Savanna, am
Ogeechee, am Altamaha bis zum St. Marienfluß, und, so
weit aufwärts an diesen Flüssen als die Fluth ginge, abtraten. Der St. Marienfluß wurde die Grenze Georgiens
gegen das spanische Floriba und scheidet noch jetzt diese
beiden Staaten.

Wie unter den Indianern am Savanna, so verbreitete
der Ruhm Oglethorpes und seines Landes Georgien sich
auch in den Alpenthälern der damals hartbedrängten Salz-
burger und ebenso auf den Haiden der schottischen Highlands.
Es kamen britische und deutsche Protestanten herüber und
man fing an, diese Gegenden das „Neuengland des Südens" zu nennen.

Und somit waren also gegen die Mitte des 18ten
Jahrhunderts auf die angedeutete Weise alle die Landschaften am Ostabhange von Nordamerika durch eine lange
zweihundertjährige Arbeit der Engländer und ihrer protestantischen Brüder, — durch die Hugenotten Colignys, die für diese
Sache dahin geschlachtet wurden, — durch die Seehelden der
Königin Elisabeth, die den Ocean im Angesichte der Küste
von spanischen Kriegsflotten säuberten, — durch die einsichts-
vollen Bestrebungen des Sir Humphrey Gilbert und Sir
Walther Raleigh, die ihren Landsleuten das Pflanzen zur

Lieblingsaufgabe setzten, — durch König Jacob und seine harten Bischöfe, welche die Puritaner zu Meerespilgern machten, — und durch Cromwell, der die Cavaliere in Haufen von
ihren Schlössern in die Wildniß vertrieb, — in Folge der Revolution der Niederlande, die den Holländern Weltherrschafts-
ideen einflößte, — in Folge der blutigen Wirren des dreißigjährigen Krieges, von denen arme geplagte Deutsche und
Schweden, und der Dragonaden Ludwigs des Vierzehnten,
von denen auch französische Reformirte um Asyl zu suchen
zu den Indianern getrieben wurden — ich sage in Folge aller
dieser Ereignisse war jene Küste entdeckt, bekannt und besiedelt worden. Und da das kleine Neuschweden von dem größeren Neuholland, und dieses Neuholland wieder von dem
mächtigeren Neuengland verschlungen worden war und da
die Engländer alles vor sich niedergeworfen, auch im Norden in Neuschottland die Franzosen, wie im Süden in Florida die Spanier aus den Landesenden verjagt hatten, so
war denn auch die ganze lange Kette blühender Pflanzungen, unter einem Oberhaupte vereinigt, zu einer Nation
verschmolzen worden.

Und nun, nachdem so am Küstensaume alles geordnet,
kam denn auch die Zeit, wo mit hinlänglichem Nachdruck
von dieser Basis aus der Damm der „endlosen" Gebirge
erstürmt werden konnte. Diese fast unbewohnten von dichten Wäldern bedeckten Alleghanys waren den Colonisten lange
ein dunkler Irrgarten, eine fabelhafte terra incognita geblieben. Sie nannten sie „die blauen Berge," weil sie ihre
Gipfel nur dann und wann im Nebel des Horizontes gewahrten. Zuerst als sie noch von der westlichen Ausdehnung
des Contingents, an dessen Oststrande sie hausten, sehr unbestimmte Begriffe hatten, glaubten sie, daß der westliche Fuß
dieser Berge von der Brandung der Südsee bespült würde.

Von den Produkten, Völkern und Thieren, die in dem Thälerlabyrinthe dieser „blauen Berge" gefunden wurden, erzählten sie sich die wunderlichsten Dinge. „Ich hörte nicht nur," so berichtet und druckte noch im Jahre 1735, also jetzt vor etwas mehr als hundert Jahren, ein seiner Zeit berühmter Reisender, „von den überraschendsten Thieren in jenen Gebirgen, sondern ich sah auch selbst dort Elephanten, Pferde, äußerst wilde Pferde, zwei Mal so groß als unsere Pferde-Gattung und in ihrem Hintertheile wie Windspiele gebaut. Auch Ochsen sah ich dort mit Hunde-Ohren und eine andere Gattung von sonderbaren Vierfüßern, größer als die Bären und ohne Kopf und Nacken, denen die Natur zu besserer Sicherheit das Maul und die Augen mitten auf die Brust befestigt hat."

Man könnte ein besonderes Buch schreiben über alle die Fabelthiere und Monster-Geschöpfe, welche die Phantasie oder die entstellende Fama oder auch bloß eine ungenaue Beobachtung in die Wälder der neuen Welt verlegt hat.

Ich sage „auch ungenaue Beobachtung". Denn allerdings kann Jemand der einen Büffel mit hohen Schultern, mit herabhängendem und in der dichten Haarwolle der Brust verstecktem Kopfe bloß aus der Ferne sieht, von ihm ein Bild empfangen, wie es obige Schilderung giebt.

Die Ideen, daß hinter den blauen Bergen die Südsee brande, mußte man seit dem Ende des 17ten Jahrhunderts aufgeben, als die Franzosen den Mississippi entdeckt hatten. Seitdem erkannte man, daß noch viele lange Ströme am Westabhange der Alleghanys herabflössen und die Engländer nannten sie „the French waters" (die französischen Gewässer). Seitdem verbreitete sich unter den Küstenbewohnern die Kunde vom fernen Westen und seinen herrlichen Fluren, und viele von ihnen kamen seitdem hie und da auf die

Gipfel der Grenzgebirge hinauf, um von da nach dem Westen zu spähen.

„Auf einem dieser Berge," so erzählt ein englischer Colonial-Autor jener Zeit, „giebt es eine Quelle, die „the Herberts Spring" (der Herberts-Born) heißt. Aus ihr fließen die Gewässer nach Westen und sie ist nur hundert Schritt von der äußersten Quelle der ostwärts nach dem atlantischen Ocean gerichteten Flüße entfernt. Zu diesem Born kommen unsere Leute oft hinauf, um sich den Durst zu löschen und auch um ihre Neugierde zu befriedigen und um später erzählen zu können, daß sie aus den „französischen Gewässern" getrunken haben. Viele von ihnen kommen nur zu diesem Zweck und für kurze Zeit herauf. Manche aber bleiben dann länger, entweder von den Reizen der Umgegend oder von sonst einer Ursache gefesselt, und es hat sich daher von dem Herbertsbrunnen, von wo aus man die westlichen Gefilde erblicken kann, die Sage verbreitet, er habe zauberische Eigenschaften und wer von ihm tränke, werde behext und könne 7 Jahre lang den Fleck nicht wieder verlassen".

Zu diesem zauberischen Herbertsbrunnen und zu vielen anderen ihm ähnlichen Lokalitäten kamen dann die Küstenbewohner, nach dem Westen hinüber lugend und aus den französischen Gewässern trinkend, so oft, daß sie am Ende, besonders nachdem sie sich vom englischen Joche befreit hatten, von einem ganz unvergleichlichen Länderburst, einem ganz leidenschaftlichen Entdeckungs- und Eroberungsrausche ergriffen wurden.

Gleich einem schwellenden Strome, der sich hie und da durch seine Dämme sickernd und tröpfelnd einen Weg bahnt, gingen erst einzelne ihrer Abenteurer, dann kleine Trupps und bald größere Haufen über den Wall der Alleghanys hinüber. Wir kennen die Geschichte und die Namen

aller dieser Abenteurer und dieser kleinen westwärts hinaus pilgernden Schaaren und sie stehen· als die ersten heroischen westlichen Pioniere in den Annalen der Küstenstaaten,
deren jeder die seinigen hat, verzeichnet.

Es dauerte aber mit diesem Durchtröpfeln und Sickern
nun nicht lange mehr. Am Ende des 18ten Jahrhunderts
wurden die Alleghanys, die Grenze des Gebiets dieser
Betrachtung, schon in Masse überfluthet und seitdem ward
Ihre Geschichte ein einziger langer Triumphzug.

Und der ermüdete Blick zählt das Eroberte kaum! ·

VIII.

Die Franzosen und Pelzjäger in Canada.

Die Cabots entbecken die Fischbänke von Neu-Funbland (Anno 1497) — Cusvat be Cortereal entbeckt Labrador (1500). — Giovanni Verrazano besegelt die Küsten von Nordamerika (1524). — Jaques Cartier entbeckt ben St. Lorenzo-Golf (1534). — Jaques Cartier entbeckt ben St. Lorenzo-Fluß und Canada (1535). — Roberval und Cartier gehen nach Canada (1542). — Roberval verschwindet mit seiner Flotte (1548). — Samuel Champlain gründet Quebek (1608) — Samuel Champlain organisirt die Provinz Canada und erforscht die Unteren Seen (1608—1635). — Vater Mesnard entbeckt die Oberen Seen (1660). — Die Jesuiten Allouez und Marquette vollenden die Erforschung des Oberen und des Michigan Sees (1666).

Ein Blick auf die Weltkarte lehrt, daß der atlantische Ocean ein breites von Pol zu Pol gestrecktes Thal zwischen der alten und neuen Welt darstellt, welches zwei Hauptverengungen erleidet: die eine im Süden zwischen Afrika und Südamerika, wo die Halbinsel von Brasilien weit nach Osten hinaus vortritt. Von dieser Meeresverengung haben wir schon früher gesprochen und gesehen, wie sie noch zu Lebzeiten des Columbus von den Portugiesen, die sich Brasilien aneigneten, überschritten wurde. Die andere oceanische Enge zeigt sich im Norden zwischen Frankreich, Irland und Nordamerika. Der nordamerikanische Continent streckt hier gleichsam seine Arme, die wie ein Hammer gestaltete Halbinsel von Neuschottland, und den breiten Länder-Triangel von Labrador, nach Europa

aus und noch weiter ostwärts hat sich die aus moosbedeck-
ten Felsen bestehende große Insel von Neufundland hin-
ausgebaut.

Bei Neufundland stoßen die heißen Gewässer des Golf-
stromes, die aus den südwestlichen Tropengegenden kommen,
auf die kalten Strömungen der Baffins-Bay und der grönländischen Meere, die ihnen aus Nordosten entgegen eilen,
und ihnen die mit Erde, Steinen und anderem Gletscher-
Materiale beladenen Eisberge zuführen. Diese Eisberg-In-
seln zerschmolzen dort seit ungezählten Jahrhunderten im
Osten des genannten Landes im Zusammenstoße mit den
warmen Gewässern, ließen ihre Felsen in die Tiefen des
Meeres versinken und halfen so das große unterseeische De-
positum bilden, welches wir die „Bänke von Neufundland"
nennen, und das, wie alle Bänke von zahllosen Fischen
besucht, die Ländermasse und Produkte Amerikas unserem
Europa unter der Oberfläche des Meeres weg noch etwas
näher bringt.

Es bleibt von hier zu den nächsten europäischen Ländern Island und Irland ein freier Ocean von nur 4—500
Meilen Breite, während die übrigen Küsten von Amerika
westwärts in viel weitere Fernen fliehen. Es ist hier offenbar einer der merkwürdigsten Berührungspunkte zwischen
der eis- und transatlantischen Welt.

Wenn irgendwo in vorhistorischen Zeiten Amerika von
Europa aus Bewohner empfing, so scheint dort der rechte
Fleck dafür gewesen zu sein. Dort liegen jenes „Helluland"
(das Steine-Land) und jenes „Markland" (das Waldland),
von denen ich oben andeutete, daß es Bruchstücke
von Amerika gewesen seien, welche die alten Normannen
schon lange vor Columbus erreicht und benannt hatten.
Es ist dieselbe Verengung, welche wir wieder in jetzigen
Tagen uns als die bequemste Stelle, um die beiden Haupt-

abschnitte der Welt mit einer elektrischen Kette zu verknüpfen, auserkoren haben.

Auch gleich, nachdem Columbus die Augen und Segel aller seefahrenden Nationen auf den Westen gerichtet hatte, und noch zu seinen Lebzeiten wurde diese weitvorliegende Bastion Amerikas ebenso wie jene andere brasilische Brustwehr sowohl von den Capitainen des Königs Heinrich VII. als von denen des Königs Emanuel von Portugal erblickt.

Die Portugiesen kamen dahin unter ihrem berühmten Ritter Cortereal auf einer Reise um die Welt, die sie in dieser Richtung zu vollbringen gedachten, hinterließen daselbst aber nichts als einige Namen, die wir noch jetzt im Gebrauch haben und unter denen der Name des Landes des Laborators (Arbeiter) oder „Labrador“ der bekannteste ist. Die Portugiesen nannten es so, weil sie dort einige starke und tüchtig gebaute Indianer eingefangen hatten, welche in ihnen die Hoffnung erweckten, sie könnten hier so nützliche Arbeiter finden, wie auf ihrer Sclavenküste von Afrika.

Die Engländer unter Anführung ihrer berühmten Cabots waren ebenfalls in der Absicht, durch den Norden, wo man überall freies Meer zu finden hoffte, die Welt zu umsegeln, auf diese Länder gestoßen. Die Cabots nannten das Land „Terra Nova“ oder „Newfoundland,“ (das neugefundene Land), ein Name, der jetzt nur noch einer Insel geblieben ist. Auch brachten diese Cabots die ersten Nachrichten von jenen unermeßlichen Fischschaaren zurück, welche die Bänke von Neufundland beleben. Die wilden Eingeborenen, sagten sie, hätten ihnen diese Fische „Bacallaos“ genannt.

Während die Könige bald nachher wegen der schlechten Aussicht zu einer Umsegelung der Welt über Nordame-

rika hinweg, die Schifffahrt zu diesen Regionen aufgaben,
verbreitete sich nun dagegen die lockende Kunde von diesen
Europa gar nicht so entfernten Fischrevieren in den kleinen
Fischerhäfen Frankreichs und Spaniens, namentlich der Normandie, der Bretagne und Biscayas.

In diesen Häfen existirte schon seit alten Zeiten ein
Geschlecht kühner und erfahrener Fischer, die in der stürmischen biscayschen See und weit darüber hinaus die Wallfische und die wandernden Häringe kühn zu verfolgen gewohnt waren. Kaum hatten sie von den Fischen „Bacallaos",
welche, wie gesagt die Cabots entdeckt hatten und welche,
wie es hieß, in solchen Massen auf den Bänken des neuen
Landes erschienen, daß die Schiffe in dem Gedränge stecken
blieben, vernommen, so wurde ihre Fischer-Phantasie ebenso davon entzündet, wie die der Spanier von den Gerüch-
ten der Eldoradas. Und sie dehnten alsbald ihre Fischer-
gründe über die bezeichnete oceanische Enge aus, und erschienen auf jenen Bänken.

Es kamen dahin Portugiesen, spanische Biscayer, namentlich aber häufig die Barken der kleinen normannischen
und bretannischen Seestädte Honfleur, Havre de Grace,
Dieppe, St. Malo, La Rochelle, und bald auch Engländer.

Dieser merkwürdige Fischfang, der bis auf unsere Tage
herab eine so einflußreiche Rolle gespielt und zu so vielen
politischen Streitigkeiten und Verhandlungen Anlaß gegeben
hat, begann noch bei Lebzeiten des Columbus und bald
nach seinem Tode gab es keine Gegend von Amerika, in
welcher, selbst die Antillen nicht ausgenommen, europäische
Segel zahlreicher gewesen wären, als auf den Bänken von
Neufundland. Der indianische Name Bacallaos oder Ba-
caillos oder Bacalieu wurde in die Sprachen aller seefahrenden Nationen aufgenommen und der Fisch selbst zu
Stockfisch getrocknet, wanderte in die Töpfe aller Christen.

Denn die ganze katholische Christenheit wurde mit ihm versorgt. Auch unsere niederdeutschen Fischer adoptirten jenen
Namen, indem sie ihn auf ihre Weise in „Kabeljau" umwandelten. Er ging selbst auf die Länder über, welche
unmittelbar hinter jenen Bänken lagen, und an deren wüsten Küsten die Schiffer zuweilen zum Schutz oder zum
Ausbessern ihrer Schiffe vor Anker gingen. Neufundland,
Neuschottland, Canada dies alles hieß „la terre des
Morues" oder „Terra de Bacallaos" = das Kabeljauland.
Ja es giebt alte Karten von Amerika, auf denen der Name
„das Kabeljauland" über ein gut Theil des Gebietes der
jetzigen Vereinigten Staaten hinwegläuft.

Die sogenannten Stockfische oder Kabeljau gaben auch
das Signal zur Entdeckung von Canada, so wie es die
Gewürze oder Goldminen oder andere Naturschätze gewesen
waren, die zu anderen Gegenden verlockt hatten. Die Franzosen, die sich wie gesagt, vorzugsweise an jenem Fischfange
betheiligten, verfolgten ihre flüchtenden Fische alsbald auch
weiter in den westlichen Gewässern und zu den benachbarten
Küsten umher.

Ueberhaupt betheiligten sich die Franzosen gleich nachdem die atlantische Schifffahrt von Columbus eröffnet war,
sehr eifrig an der Entdeckung der neuen Welt. Wir finden
ihre unternehmenden Schiffer, die mit ihren Nachbarn hinter den Pyrenäen beständig haderten, so zu sagen auf allen
Wegen und Stegen der Spanier. Als Freibeuter und Corsaren folgten sie ihnen zu den Azoren und Kanarien und
durch die Passatwinde zu den Antillen. Ja bereits in den
ersten Jahren des 16ten Jahrhunderts, noch ehe die Portugiesen sich in ihrem Brasilien fest angesiedelt hatten, erschienen die Franzosen auf der wilden Küste auch dieses Landes und schnitten und verluden da das Färbeholz so gut
wie die Portugiesen selbst.

18

Es ist sehr zu bedauern, daß diese früheste Geschichte der oceanischen Marine der Franzosen so vollständig im Dunkeln liegt. Wir wissen nichts Authentisches darüber, wie und durch welche Mittel sie sich ausbildete und wie sie den Spaniern ihre Geheimnisse ablernte. Die Karten, welche sie von ihren Entdeckungen machten, sind uns verloren gegangen, und die Namen ihrer kühnen Helden, der Zeitgenossen der Gamas, der Cabrals und Magellans sind uns nirgend genannt. Nur bei den spanischen und portugiesischen Schriftstellern erscheinen zuweilen diese „Corsarios de Francia", wenn sie ihren Leuten irgendwo in den Wurf kamen, wenn sie ihnen eine Stadt in Indien verbrannten, oder ihnen ein Silberschiff abjagten, oder wenn ihre Könige sich genöthigt sahen, Kriegsflotten auslaufen zu lassen, um die Küste Brasiliens oder sonst eines Landes von dieser Plage zu befreien. Darnach entschlüpfen sie uns wieder, und sogar in den Annalen ihres eigenen Vaterlandes finden wir sie kaum erwähnt.

Die Ursache davon liegt freilich auf der Hand. Die Könige von Frankreich, die den Antrag des Columbus abgewiesen und nach der päpstlichen Theilung der Welt die gebotene Gelegenheit, Amerika für sich zu erwerben, verloren hatten, überließen in ihrem Lande Alles der Privat-Spekulation. So lange sie mit Spanien und Portugal in Frieden waren, mußten sie den Anschein haben, sogar nicht ein Mal etwas von den kühnen Streichen dieser Privat-Spekulation zu wissen. Es wurde daher selbst von den glänzendsten Thaten offiziell keine Notiz genommen, nichts darüber berichtet und niedergeschrieben. Und die Männer von Brest, von Dieppe, von Rochelle, wenn sie heimkehrten, verzehrten und verhandelten ganz im Stillen ihre Seebeute in ihren Häfen und erzählten ihre Abenteuer aus der neuen Welt der Hafenbevölkerung, bei deren Nachkommen Alles wieder vergessen wurde.

Auch in den nördlichen Gegenden Amerika's, welche wir hier vor Augen haben, überließ man Alles Privatleuten, den besagten französischen Kabeljaufängern, die lange Zeit hier im Stillen fischten, schifften und allerlei Entdeckungen machten, ohne daß sich weder ein König noch ein Historiograph um sie bekümmert hätte.

Dies änderte sich, als Franz I., der Rivale und Feind Karls V., der keine Rücksichten auf Spanien zu nehmen hatte, den Thron bestieg. Dieser Regenerator der Künste und Wissenschaften nahm auch die Marine unter seinen königlichen Schutz und förderte die Seereisen zur Entdeckung neuer Weltgegenden. Schon im Jahre 1524 sandte er Schiffe nach Amerika aus unter dem Commando eines Italiäners Verrazano, der für Frankreich die gesammten Küsten der jetzigen Vereinigten Staaten entdeckte. Und endlich im Jahre 1534, d. h. zu derselben Zeit, da Pizarro für seinen Nebenbuhler Karl V. das Reich der Incas eroberte, ließ er sich von seinem Admiral Chabot überreden, zwei königliche Schiffe unter dem Commando von Jaques Cartier auszusenden, theils um zum Frommen der Schiffer von Normandie und Bretagne, die Länder, die hinter ihrem Fisch-Reviere lagen, zu erforschen, theils um zu erkunden, ob man dort zwischen den Inseln nicht nach China hindurch segeln könne.

Cartier der erste Entdecker Canadas und des St. Lorenzo-Stromes hat drei merkwürdige Reisen zu diesen Gegenden ausgeführt. Auf der ersten im Jahre 1534 drang er nur in den großen Meeres-Golf ein, der hinter Neufundland liegt, und von dem schon den Fischern der Bänke etwas bekannt war. Die französischen Neufundlandfahrer nannten ihn einfach: La Grande Bay (die große Bucht), die spanischen aber von seiner Gestalt: El Golfo Quadrado (den Viereck-Golf). Wir nennen ihn jetzt den St. Lorenzo-Golf.

18*

Cartier untersuchte alle Buchten und Einschnitte dieses Golfs, in der Hoffnung einen Ausgang nach Westen, eine Durchfahrt nach China und zum stillen Ocean zu finden. Endlich glaubte er wirklich eine solche entdeckt zu haben. Er kam zu einer Meerenge, in deren Hintergrunde kein Land zu sehen war, und von der auch die Eingeborenen ihm erzählten, daß das Wasser westwärts immer so fortginge. Er nannte sie die Straße des heiligen Petrus (Détroit de St. Pierre). Es war in der That die breite Mündung unseres St. Lorenzo-Stromes.

Dieser Strom fließt in seiner untern Hälfte in einem 150 Meilen langen Erdspalt, der in ziemlich gerader Linie nach Nordwesten gestreckt ist. Er hat mehr die Physiognomie einer colossalen Meerenge als die eines Flusses. Er ist durchweg breit und nach dem Meere zu geht er auseinander wie der Trichter einer Trompete. Um eine Idee von den mächtigen Proportionen dieses Flusses zu geben, genügt es zu sagen, daß die Meeresfluth noch 80 deutsche Meilen von seiner Mündung bis Quebec zuweilen 20 Fuß hoch steigt. Ueberhaupt aber dringt sie so weit in ihn hinauf als etwa die Quelle des Rheins von seiner Mündung entfernt ist. Ebenso weit brausen die Wallfische und andere Meerungethüme in den Fluß hinauf und Seeschiffe können den ganzen Strom befahren.

Cartier also, als er in die Mündung des St. Lorenzo hineinblickte, glaubte es sei eine große Meerenge, eine zweite Magellans-Straße. Da es aber unterdeß schon Herbst geworden war, konnte er einstweilen nicht weiter kommen und er eilte mit der frohen Botschaft nach Frankreich heim, von wo ihn König Franz sogleich im folgenden Jahre mit mehr Schiffen wieder zurücksandte, um seine Entdeckungen fortzusetzen. Cartier segelte direct zu seiner „St. Petersstraße" und da er hier am Tage des heiligen Laurentius in einen kleinen Hafen einlief, so nannte er denselben „La Baie de St. Laurent" (die Laurentius=Bucht). Von dieser kleinen an der Mündung des Flusses liegenden und oft besuchten Bai erhielt im Laufe der Zeiten der ganze Strom seinen heutigen Namen. Indem er mit günstigem Winde aufwärts fuhr, mußte Cartier sich bald überzeugen, daß er hier keine zweite Magellansstraße vor sich habe. Die Ufer verengten sich, das Wasser wurde brakisch und süß, und die Strömung war ihm immer entgegen, statt eines Meeres, in das er einzudringen hoffte, fand er ein schönes reich bewässertes und auch stark bevölkertes Land.

Seine erste Auffahrt in den Fluß glich, wie alle ersten Fahrten der Europäer in der neuen Welt, fast einem Fest= und Triumphzuge, etwa dem Zuge des Bachus nach Indien. Diesem Gotte widmete er auch gleich die erste größere und anmuthige, von wilden Fruchtbäumen und Weinreben geschmückte Insel, die er „Isle de Bacchus" nannte, und die im Angesichte der späteren Hauptstadt Quebec liegt.

Das Erstaunen der wilden Eingeborenen beim Er= scheinen der Europäer, — die ihnen natürliche Neugierde, — die Freude, welche sie beim Empfange der ihnen gespendeten Wundergaben, d. h. der eisernen Messer, der Glaskorallen, der metallenen Spiegel, der bunten Bänder empfanden, scheinen überall die ersten Berührungen beider Racen freund= lich gemacht zu haben. Mistrauen und Feindschaft er= wachten immer erst später.

Ueberall war Cartier von den Eingeborenen gefeiert, und er selbst gab ihnen Banquets an Bord seiner Schiffe. Männer und Weiber sangen und tanzten, und die Kaziken schlossen an allen Punkten des großen Stromes Allianzen und Freundschaftsbündnisse mit ihm. Auch brachten sie ihre Kranken, Blinden, Lahmen, ihre Verstümmelten und

altersschwachen Greise zum Ufer, damit er sie heile. Cartier
sprach ein Paternoster über sie und hing ihnen kleine kupferne
Kreuze um den Hals, die sie küssen mußten, auch richtete
er hie und da auf den Landspitzen des Stromes große
hölzerne Kreuze auf, um damit das ganze Land gleich dem
Christenthume zu weihen. Und an diese Kreuze schrieb er
dann die Worte: „In diesem Lande gebietet Franz I., König
von Frankreich", Worte, welche dann von den Wilden wieder als etwas Mysteriöses angestaunt wurden. Hätten sie
den Sinn dieser Worte verstehen können, würde es wohl
beim bloßen Anstaunen nicht geblieben sein.

Zuweilen auch hielt es Cartier für zweckmäßig zuweilen das schläfrige Echo der Canadischen Wälder mit Ka-
nonenschüssen zu wecken und die Bäume krachend zusammen
brechen zu lassen. Dann verwunderten sich die Wilden und
geberdeten sich, als ob der Himmel über ihren Köpfen ein-
gestürzt sei, und heulten so furchtbar, daß Cartier dachte,
die Hölle wäre los. Mehr Vergnügen machte es ihnen,
wenn er zu Zeiten seine Trompeten schmettern ließ. Die
Fluß-Ufer waren anmuthig, oft was wir jetzt romantisch
nennen würden, meistens hoch und entweder mit felsigen
Spitzen oder mit Wald- und Wiesen-Hügeln zum Wasser
abfallend. Zuweilen boten sich zu den Seiten fruchtbare
Ebenen dar, welche mit Maisfeldern bedeckt waren, denn
dieses Getreide bauten schon damals die Indianer in jenem
nördlichen Lande. Die Wälder auf den Höhen und auf
den Inselgruppen des Flusses bestanden aus den mannig-
faltigsten Bäumen, aus Eichen, Ulmen, Pappeln, Birken,
Nußbäumen und vorzüglich aus mächtigen Fichten und
Tannen, aus deren dunklen Massen die kleineren Partien
der hellgrünen Zucker-Ahorn-Bäume wie Oasen hervor-
schimmerten, und zwischen allen diesen bunten Scenen zog
sich der stets mächtige, stets breite, stets in unabsehbare

fernen reichende Strom hindurch, wie der Grundton des
Bafses durch die mannigfaltigen Melodien der Instrumente
einer Symphonie.

Die Ortschaften der Indianer waren zahlreich, und
wenn Cartier fragend auf sie hinwies, so erhielt er von
den Eingeborenen beständig die Antwort: „Canada". Wahrscheinlich war dieß Wort nichts weiter als eine generelle
Bezeichnung für „Dorf" oder „Stadt". Weil aber diese Antwort „Canada" sich überall wiederholte, und weil Cartier
bei seiner mißverstandenen Frage das Land im Sinn hatte,
so glaubte er, es sei der einheimische Eigenname des letzteren
und die Franzosen nannten bald die ganze Gegend Canada
und den Strom „La Grande Rivière de Canada (den
großen Fluß von Canada).

Zwei seiner Schiffe stationirte Cartier in einem Hafen
unweit des Orts, wo die jetzige Stadt Quebec liegt, und
fuhr dann mit dem dritten und mit seinen Böten und mit
mehreren französischen unternehmungslustigen Edelleuten, die
ihn begleiteten, den Fluß hinauf. Er gelangte bis zu einem
indianischen Dorfe, Hochelaga genannt, wo er mitten im
Wasser auf eine Felsenbarriere und eine Stromschnelle stieß
und wo er fand, daß die Schiffahrt ein Ende habe.

Canada, und man kann hinzusetzen die ganze große
Nordhälfte von Nordamerika, die Oberflächen aller der
weiten Gebiete, die sich um die Hudsons-Bay herum grup-
piren, bestehen aus breiten Granitplateaus, die neben und
übereinander weggeschoben und ausgestreckt sind, wie etwa
die Tafeln mächtiger Eisschollen. Auf den flachen Plateaus
der Tafeln ziehen sich lange Flüsse, große und kleine Seen
hin, die aber von den Rändern zu tiefer liegenden Plateaus
hinab setzen. Je nach der Höhe der Ränder sind diese Sätze
entweder bloße Stromschnellen, von den canadischen Franzosen „Rapides" genannt, oder wirkliche Wasserfälle, von den

Franzosen „Saults" (Sprünge) genannt, oder endlich hohe
und gewaltige Kaskaden und Katarakte. Daher kommt
es, daß kein anderes großes Land so voll von schäumenden
und wirbelnden Gewässern, und wiederum daneben so voll
von ruhig fließenden Wasserabschnitten, stagnirenden Seen
und Sümpfen ist, die auf tausend Meilen Weges beständig
mit einander abwechseln, unter ihnen der Niagara, der König
aller Wasserfälle.

Da das Land seine Felsplateaus oft bis ans Meer vor=
schiebt, so kommt es daher, daß hier zuweilen große Flüsse,
die im Innern des Landes ganz ruhig fließen, plötzlich am
Meere angelangt, mit einem wilden „Satze" in die salzigen
Wogen hinaus springen, und nicht wie es sonst gewöhnlich
ist, ihre Vermählung mit dem Ocean in sanfter und stiller
Weise feiern, und daß wir hier vom Borde des Seeschiffes
aus Scenen bewundern können, derentwegen wir anderswo
erst tief in die hohen Gebirge des Innern der Länder hinauf
steigen müssen. Da die Plateaus zuweilen sehr weit gedehnt
sind, so haben die Flüsse Zeit, sich auf ihnen mächtig zu entwickeln,
und kommt ihnen der Tafel=Absatz in die Quere, so werden
dann selbst die gewaltigsten Ströme noch von einer Leiden=
schaft und Wuth ergriffen, der sie in dem Stadium ihres
Alters in andern Ländern längst entwöhnt waren.

Das Kataraktengebiet des großen Flusses von Canada
fängt schon gleich da an, wo die Schifffahrt mit Seeschiffen
aufhört, bei jenem Indianerdorfe Hochelaga, das wie ich
sagte Cartier erreichte. Hier setzt sich auf ein Mal die bis
dahin tiefe und spiegelglatte Masse des Stromes in schaukelnde
Bewegung, und löst sich in eine Menge durch einander
brausender Wasseradern auf, die stundenweit wild wogen
und in einem Labyrinth dunkler Felsen weißschäumend hin=
durchfließen. Mitten in diesem Getümmel vereinigt sich mit
dem St. Lorenzo der Ottawa, sein größter Nebenfluß und

an beiden zieht sich dann eine Kette von Stromschnellen,
Wirbeln, Sprüngen und Katarakten hunderte von englischen
Meilen weit hinauf. Es ist von da an keine andere Art
der Beschiffung mehr möglich als die mit dem besonders
für die Natur und Bedürfnisse des Landes erfundenen
Birkenrinden = Canoe, das sich wegen seiner Elasticität
ungefährlich wie ein Fisch um die Felsen herumschwingt,
oder das wegen seiner geringen Schwere leicht neben den
Katarakten fortgetragen werden kann. Der Hafen von
Montreal, der später an dieser Stelle gebaut wurde, bot
daher lange das Schauspiel, daß die Waaren unmittelbar
aus den besagten kleinen Rinden=Canoes in Seeschiffe ver-
laden wurden, während auf unsern Flüssen von den ausgehöhlten Baumstämmen des Gebirgsbewohners bis zu den
Dreimastern der Seehäfen noch eine Reihe mannigfaltig
abgestufter Flußbarken vermittelnd aufzutreten pflegt.

Da Cartier, wie gesagt nicht weiter konnte, so bestieg
er, um wenigstens einen Ausblick in das fernere Innere
des Landes zu thun, den schön gestalteten Berg, der in
dieser merkwürdigen Lokalität mitten in der Vereinigung
der zusammenfließenden Gewässer und rings von Flußarmen
und anmuthigen und fruchtbaren Fluren umgeben sein
Haupt erhebt. Man kann daselbst den silbernen Faden
des Ottawa und auch die Stromschnellen des St. Lorenzo
weit hinauf durch das Dunkel der Wälder schimmern sehen.
Die Einwohner von Hochelaga erzählten dem Cartier, daß
in einer Entfernung von 10 Tagereisen ein großes Meer
sei, aus dem der Fluß hervorströme.

Cartier nannte den schönen Berg mit dieser reichge-
stalteten Aussicht „Mont Royal" (den königlichen Berg)
und gab so dazu Veranlassung, daß auch die berühmte
Stadt, die sich später an seinem Fuße ausbreitete „Mont
Real" genannt wurde. Darnach kehrte er zu seinen an

der untern Partie des Flusses stationirten Schiffen zurück,
um mit ihnen, da das Jahr nun ziemlich zu Ende war,
daselbst zu überwintern. Und im folgenden Frühlinge segelte
er dann mit einem ganzen Sacke voll guter und lockender
Neuigkeiten nach Frankreich heim.

Es wäre ganz hinreichend gewesen, wenn Cartier
seinem Könige Franz nichts weiter als die nackte Wahrheit
gesagt hätte. Ein mächtiger, schiffbarer, bisher ganz unbe-
kannter Strom, der die ergiebigsten Fischereien der Welt
darbot, und mit den fruchtbarsten Fluren zu seiner Seite, —
unabsehbare Urwaldgebiete, aus denen man mehr Bauholz
hervorholen konnte, als die französische Flotte je verbrauchte, —
in den Wäldern eine Fülle von kostbaren Pelzthieren, welche
die Aussicht auf einen sehr ergiebigen nnd ganz neuen
Handelszweig eröffneten, — das wäre ein hinreichend schönes
Angebinde für einen großen König gewesen. Allein mit solcher
bloßer Prosa begnügte sich damals keinesweges die erhißte
Phantasie, weder der Entdecker, noch der Könige. Außer
dem was er wirklich selbst mit eigenen Augen gesehen
hatte, hatte er aus seinen Indianern, deren Sprache er
nicht verstand, durch Mimik und Zeichen noch so vieles
Andere über die Gold- und Silberminen und andere Schätze
seines Canada heraus examinirt, daß das Land am Ende
denn wirklich so aussah, wie damals eine Entdeckung in
der neuen Welt aussehen mußte.

Um das Verfahren, die Erwartungen und Illusionen des Cartier zu begreifen, muß man nicht vergessen, daß er selbst sehr
dunkle Begriffe darüber hatte, welche Position sein Canada
auf dem Globus eigentlich einnähme. Er selbst glaubte,
ebenso wie Columbus, er sei in Asien gewesen, und auf
jedem Schritte, den er weiter nach Südwesten that, erwartete
er nach China oder Japan zu kommen, und das große
Meer von dem die Indianer ihm berichteten, und das wirk-

lich weiter nichts war, als unsere großen canadischen Seen,
hielt er für einen Golf der Südsee. Auch Franz I. prok=
lamirte es in einem königlichen Edikte, daß sein Ca=
pitän Cartier „große Entdeckungen in Asien" gemacht
habe. Man hatte damals noch nicht die Idee fahren lassen,
daß der obere Theil Asiens sich weit im Norden von Peru
und Mexico nach Europa herum erstrecke. Alle wirklichen
und erdichteten Reichthümer, die sich mit dem Namen Asien
verknüpften, mußten auch in Canada wieder gefunden werden.

Cartier und seine Zeitgenossen, von dieser vorgefaßten
Idee ausgehend, verfuhren daher, wenn sie die Eingeborenen
über ihr Land examinirten, ungefähr wie die Inquisition
des heiligen Offiziums, die darauf erpicht war, auf alle
Fälle Unglauben und Ketzerthum zu entdecken. D. h. wenn
Cartier den Indianern seine silberne Steuermannspfeife,
oder seine goldene Kette, die ihm der König geschenkt hatte,
zeigte und sie fragte, ob sie einen solchen Stoff in ihrem
Lande besäßen und die Indianer sagten, so etwas glänzendes
hätten sie wohl schon bei sich gesehen, so war es klar, daß
ihr Land voll Gold= und Silberminen sei. Schüttelten sie
aber bei dem Anblick dieser Dinge verneinend den Kopf,
so wurde auch daraus auf die Existenz von reichen Silber=
und Goldminen geschlossen. Denn es war ohne Zweifel,
daß nur ihre Bosheit und Eifersucht diese Schätze ver=
bergen wollte.

Auf seinem Königsberge bei Mont=Real, wo die In=
dianer ihm von dem großen Süßwasser=Meere im Westen
erzählten, glaubte Cartier zu verstehen, daß dahin der Weg
zu einem Lande reich an Canel und Gewürzen führe. Die
Canadier, so berichtete er, nannten den Canel in ihrer
Sprache „Canadeta". In den Schluchten eines Vorgebirges
des großen Flusses entdeckten die Franzosen glänzende Quarz=
Krystalle, die sie für Diamanten hielten. Noch heutiges

Tages heißt davon dies Vorgebirge, das jetzt von den Festungswerken von Quebec gekrönt wird „le Cap des Diamants" (das Diamanten-Cap). Anderswo fanden sie rothe und grüne Krystalle. Es waren in ihren Augen Rubinen, Smaragden und Türkise. „Je ne veux pas pretendre qu'ils sont très fins, mais cela fait pourtant plaisir à voir", bemerkt einer der berichterstattenden Augenzeugen dazu.

Aber ein vollständiges Eldorado malte sich Cartier an den Quellen des von ihm entdeckten Flusses Saguenay aus. Dieser Fluß, der noch heute so heißt und im Norden von Quebec sich mit dem St. Lorenzo verbindet, ist allerdings ein Mysterium, aber bloß für Geologen. Er füllt einen höchst sonderbaren Erdspalt von unergründlicher Tiefe. Er übertrifft an Tiefe nicht nur den St. Lorenzo selbst, sondern auch das Meer bei Neufundland. Cartier, der seine Sonde überall sehr fleißig gebrauchte, entdeckte dies, und er glaubte, daß ein so außerordentlicher Fluß zu ganz außerordentlichen Dingen führen müsse. Aus den Indianern examinirte er heraus, daß an seiner Quelle das an Gold, Silber, Edelsteinen und allen andern schätzenswerthen Dingen reiche „Königreich Saguenay" liege, und dieses Königreich sehen wir denn auf allen alten nach Cartier gemachten Weltkarten wie ein nördliches Peru beschrieben und dargestellt. Spätere Pilgerfahrten dahin haben manches zur Erweiterug der Erdkunde des Nordens beigetragen.

Daß zu diesem allen dann noch die wunderlichsten Mährchen, von Pygmäen, Riesen, einbeinigen und kopflosen Völkern hinzu kamen, versteht sich fast von selbst. Denn dergleichen Völker, die zwar nirgends als in der mit den Fabeln Herodots und anderer Alten gefüllten Einbildungskraft der Leute jener Zeit existirten, waren die gewöhnliche Zuthat aller von der Magellanstraße nordwärts bis nach Grönland gefundenen Länder.

Kein Wunder, daß mit einem solchen Berichte in Händen Franz I. anfing, auf große Dinge zu sinnen. Er machte es aber mit dem Seefahrer Cartier, wie König Ferdinand es mit dem Columbus gemacht hatte. Er hielt ihn zu gering, um so viele Kostbarkeiten auszubeuten und so große Königreiche zu regieren. Er ernannte einen seiner Edelleute, den Messire Jean François de la Roche Seigneur de Roberval zum Vicekönige von Neufrankreich, denn dies „La Nouvelle France" war der Name, unter dem man damals Alles, was Verrazano und Cartier entdeckt hatten, d. h. ungefähr ganz Nordamerika zusammenfaßte. Um seine Charge noch stattlicher zu machen, gab der König ihm dazu auch noch folgende, ihm angemessen erscheinende Titel: Generallieutenant der Provinzen und Königreiche von Canada, Saguenay, Hochelaga, Terre-Neuve, Baccallaos oder dem Stockfischland und königlicher Generalintendant der „großen Fischbänke". Auch rüstete er für ihn eine mit vielen freiwillig sich anschließenden Baronen, Vicomtes und Edelleuten bemannte Flotte aus. Cartier, der die ganze Sache zu Wege gebracht hatte, mußte sich entschließen, als Ober-Pilote mitzugehen.

Aber die Unternehmungen jenes großen Herrn übergehe ich hier; denn sie haben das Werk der Entdeckung nur wenig gefördert. Cartier fuhr dabei zwar noch ein Mal längs seines Stromes bis zu seinem „Königsberge" hinauf, und blickte forschend von da aus noch ein Mal nach dem unbekannten Westen chinawärts. Aber er kam nicht über dieses sein früheres Nec plus ultra hinaus. Roberval mit seinen Edelleuten aber machte viele traurige Erfahrungen in dem rauhen Lande. Endlich verschwand er gar im Norden, wie der portugiesische Ritter Cortereal, wie so viele andere Nordfahrer auf eine, noch in historisches Dunkel gehüllte Weise. Wahrscheinlich ist er an den Küsten von Labrador gescheitert und daselbst mit allen seinen Leuten und Schiffen umgekommen. Damit zerplatzte die ganze in so vielen Farben schillernde Luftblase. König Franz war unterdessen selber gestorben, und auch Cartier, der französische Columbus, starb um die Mitte desselben Jahrhunderts ruhig zurückgezogen in der Nähe seiner Vaterstadt St. Malo.

Unter den folgenden Königen Heinrich II., Franz II. und Heinrich III., unter denen Frankreich von inneren Unruhen zerrüttet wurde, setzte man die nordamerikanischen Unternehmungen nicht fort, zum Theil auch weil der Untergang des Vicekönigs Roberval und der Seinen davon abschrecken mochte. Während der ganzen zweiten Hälfte des 16. Jahrhunderts war „La Nouvelle France" fast nichts mehr als ein Name. Ja die Unternehmungen des Cartier und Roberval geriethen am Ende in Frankreich in so hohem Grade in Vergessenheit, daß man nicht ein Mal alle die höchst merkwürdigen Originalberichte ihrer Reisen conservirte und daß als man nachher von Neuem seinen Spuren nachging, die spätern Entdecker ihre Werke für ganz was Neues ausgeben konnten. In unsern Tagen freilich ist Cartier wie Columbus wieder zu so hohen Ehren gekommen, daß alle seine Saguenays und Hochelagas in Canada ganz populär geworden sind, und daß man, — um nur eines anzuführen, — dort, sogar in Wirthshäusern wohnen kann, die nach den barbarischen Namen der indianischen Caziken genannt sind, mit welchen der alte Cartier einst verkehrte.

Multa renascentur, quae jam cecidere, cadentque. Es pulsirt ein gewisses höchst merkwürdiges Ebben und Fluthen durch die Geschichte aller menschlichen Angelegenheiten. Auch die Entdeckungsgeschichte Amerikas hat sich in gewissen großen Absätzen und Tempos, die zuweilen ein Jahrhundert auseinander liegen, entfaltet. Man kann diese Tempos fast bei der Geschichte aller Partien der neuen

Welt beobachten. In dem ersten Anlaufe erreichten die
Entdecker Ziele, die später wieder zu erreichen große An=
strengung kostete. 50 Jahre nach Magellan war seine Straße
schon so weit wieder vergessen, daß manche an ihrer Existenz
zweifelten, und daß ein spanischer Dichter von der Expedition
Magellan's wie von einem on dit sang und die Vermuthung
aufstellte, daß, da man nie wieder von der Straße gehört
habe, sie durch ein Erdbeben verschüttet oder von Eisblöcken
verstopft sein möchte. Der Mississippi wurde den Spaniern,
wie ich später erzählen werde, schon ein Mal bald nach
Cortes ganz gut bekannt, und 150 Jahre nachher scharrten
ihn die Franzosen aus der völligen Unbekanntschaft, in die
er mittlerweile verfallen war, ganz von Neuem wieder
hervor. Auch die frühesten Entdeckungen der Russen in
Amerika, der Engländer an der Baffinsbai und in anderen
Strichen wurden erst einmal wieder dicht mit dem Moose der
Vergessenheit bedeckt, und dann erst beim zweiten und dritten
Anlaufe völlig gewonnen. Dieser geheimnißvolle Pulsschlag,
dieses mit lange dauernden Stockungen abwechselde Er=
wachen zu frischer Thätigkeit, zeigt sich in der Entwickelung
der politischen Ereignisse oft nur als ein bloßes Auf= und
Abwogen, den Ausbrüchen und dem Verstummen eines
Vulkans ähnlich. Die Entdeckungsgeschichte Amerikas da=
gegen, die mit den mehr regelmäßigen und glatten Fort=
schritten der Wissenschaften zusammen hängt, gewährt die
Befriedigung, daß wenigstens der folgende Anlauf immer
besser vorbereitet wird, genügender und erfolgreicher aus=
fällt als der vorhergehende, und daß wenigstens die Enkel
und Urenkel die Palme dann vollständig erringen, welche
die Urgroßväter nur erst berührten.

Die verschiedenen Fortschritts=Tempos der Geschichte
Canadas heften sich deutlich genug an die großen Genies
und energischen Männer, welche von einem Jahrhunderte

zum andern unter den Königen Frankreichs erstanden und
welche dann die französischen Interessen in= und außerhalb
des Vaterlandes mit neuer Kraft belebten. Franz der Erste,
wie wir sahen, leitete die Entdeckung des Landes ein, der
große und gute Heinrich der Vierte setzte sie fort, und
Ludwig der Große mag, wie ich später zeigen werde, als
der betrachtet werden, der sie vollendete.

Aus den Schiffbrüchen des Roberval und Cartier war
den Franzosen wenigstens eine nützliche Kenntniß geblieben.
Cartier hatte, wie ich sagte, Wallfische in Menge bei der
Mündung des St. Lorenzo=Flusses gesehen. Auch hatte
schon er einige Packen glänzender Biberfelle heimgebracht.
Die fortgehende Benutzung dieser Kenntniß von Seiten der
Privat=Spekulanten in den normanischen und bretanischen
Häfen war es, was Canada noch immer durch einen dünnen
Faden mit Frankreich verknüpfte.

Die Fischer und Kaufleute von St. Malo, Cherbourg,
Honfleur, La Rochelle ꝛc. setzten ihre Stockfisch=Expeditionen
wie früher fort, und dabei ließen sie auch die Wallfische
auf den von Cartier angezeigten Wegen bis zur Mündung
des Stromes verfolgen. Ihre Leute kamen dabei auch oft
wieder in den Strom hinein aufwärts und hatten an der
Mündung des tiefen Saguenay ihr gewöhnliches Rendezvous
und Sommerquartier, um ihren Wallfischspeck auszukochen.
Auf diesem Flusse selbst pflegten dann auch die Wilden
in ihren Canoes herab zu kommen, die wenn auch nicht
mit Diamanten und Smaragden des Königreichs Saguenay,
doch mit den Jagdprodukten und Pelzen der Jäger be=
laden waren.

Seitdem kam der Pelzhandel auf. Und dieser Pelz=
handel und die Verfolgung der Pelzthiere, namentlich die
Jagd auf den Biber, hat dann die Franzosen, so zu sagen,
zur Bereisung und Erforschung des ganzen Lorenzo=Gebietes

und des gesammten Nordens von Amerika veranlaßt und
hat sie, und später ihre Nachfolger, die Engländer, westlich
bis zum stillen Ocean und nördlich bis zum Polar=Meere
gebracht. Wahrscheinlich kam auch zu dieser Zeit die
Gewohnheit auf, den Fluß nach jener kleinen Bai an seiner
Mündung, welche Cartier dem heiligen Lorenzo gewidmet
hatte, zu benennen.

Als der eigentliche erste Förderer und Begründer des
Pelzhandels wird ein Kaufmann von St. Malo, Pontgravé
genannt, der bei wiederholten Reisen zum Saguenay in
Wallfischthran und Biberpelzen sein Glück gemacht hatte.
Da man die Vortheile, die ihm dieser Verkehr verschaffte,
gewahrte, bildete sich in Rouen eine Compagnie von Kauf=
leuten, der sich mehre unternehmende Männer anschlossen,
unter ihnen ein einflußreicher Hugenotte, Herr de Monts,
und ein anderer höchst energischer Edelmann, Samuel de
Champlain. Herr de Monts wurde der Chef der besagten
Compagnie und Heinrich IV. gab ihm ein ausschließliches
Privilegium für den Pelzhandel mit allen den Ländern,
die zwischen dem jetzigen Newyork und Labrador liegen.
Denn dieses Stück von Amerika betrachteten damals die
Könige von Frankreich als ihnen gehörig, obwohl auf die
ganze südliche Hälfte dieses Strichs auch die Engländer
Ansprüche machten.

Herr de Monts, der mehrere Expeditionen nach Amerika
hinüber führte, ersah sich für seine Eroberungs= und Ent=
deckungspläne gerade diese südliche Partie, scheiterte dabei
aber völlig, da die Engländer von Virginien aus seine
Colonie sehrbald wieder zerstörten.

Zu größeren Dingen führte die Franzosen der neben
de Monts genannte Mann, der tüchtige, unermüdliche und
staatsmännische Samuel de Champlain, der vorzugsweise
den Norden von Neufrankreich, den St. Lorenzo=Strom ins

19

Auge faßte, der an diesem Strom die Hauptmacht Frankreichs in Amerika begründen wollte, und der während eines
langen thatenreichen Lebens der eigentliche Schöpfer und
Vater von Canada geworden ist.

Dieser Champlain brachte vor allen Dingen, was man
in Frankreich schon so lange gewünscht hatte, ein festes
Etablissement am Lorenzo zu Stande. Er wählte dazu
diejenige Lokalität, die von der Natur als die dominirende
bezeichnet ist, nämlich den Punkt der ersten Hauptverengung
des majestätischen Stromes, wo derselbe bei der Bachus-
Insel von meerbusenartiger Weitung zu einem engen Canal
übergeht, bis wohin Seeschiffe aller Größen bequem gelangen
können. Seit alten Zeiten nannten die Indianer diese
Stelle „Quebejo" oder auch „Quelobec", was so viel
bedeutet als Flußenge, und daraus ging der Name der
Stadt Quebec hervor.

Das Süßwasser-Meer im Westen, von dem sein längst
verschollener Vorgänger Cartier berichtet hatte, belebte auch
in Champlain die alte Hoffnung, daß dort eine Passage
zur Südsee und nach China gefunden werden könnte. Er
ließ sich von seinen Indianern eine Karte und Beschreibung
der Seen im Westen machen, so weit sie sie kannten und
hörte, daß der hinterste und größte See ganz salzig und
unabsehbar sei, und daß nie jemand sein Ende erblickt
habe. Er glaubte dies müsse die Südsee sein und er hatte
daher mit seiner Stadt Quebec, zu der er die ersten
Holzbarraken im Jahre 1608 baute, große Dinge im Sinn.
Er gedachte sie zu einem Hauptstapelplatz aller Waaren aus
der Südsee zum atlantischen Ocean zu machen, und sie
ungefähr zu dem zu erheben, was jetzt San Francisco in
Californien geworden ist.

Von Champlain und seinen Begleitern wurden zuerst
die benachbarten Indianerstämme der Huronen, Algonquins

und Jrokefen erwähnt, Namen, die Cartier noch nicht kannte,
die sich aber dann bis auf den heutigen Tag erhalten
haben. Die sogenannten Huronen und Algonquins wohnten
auf der linken Seite des großen Stromes, die Jrokefen
südwärts auf der rechten Seite. Beide Völker lagen seit
unvordenklichen Zeiten in Haber. Champlain ergriff die
Partei der nördlichen Indianer und machte mit ihnen einen
Zug zum Süden gegen die Jrokefen, die seitdem fortwährend
gegen die Franzofen eine feindliche Stellung einnahmen
und sich bald darauf mit den Holländern am Hudfon und
später mit den den Holländern' folgenden Engländern von
Newyork und Boston verbündeten. Die Jrokefen pflegten
auf ihren Raubzügen aus dem Innern des Landes auf
einem Nebenflusse des Lorenzo, den die Franzofen den
Richelieufluß genannt haben, hervorzukommen. Champlain
mit seinen Huronen und drei französischen Musketieren
suchte sie bei seinem ersten Zuge auf diesem Wege auf.
Er entdeckte dabei einen anmuthigen langgestreckten See,
aus dem jener Fluß hervortritt, und der noch heutiges
Tages nach ihm der „Champlain=See" heißt.

Wie ein abentheuernder Cavalier aus alten Zeiten,
nur von einem treuen Stallmeifter begleitet, zog Champlain
auch längs des·Saguenay und längs des Ottawa und
anderer von Cartier noch nicht erforschter Flüffe hinauf und war
überall der erfte, der dort eine europäische Muskete erknallen
ließ. Man hat ihn den „irrenden Ritter von Canada"
genannt. Doch irrte und wanderte er mit Zweck. Neben
seinem Sinn für Abentheuer, der damals selbst den Staats=
männern eigen war, beseelte ihn die Idee der Begründung
eines neuen Staats. Er war ein geschickter Colonienstifter
und es giebt am St. Lorenzo kaum ein wichtiges altes
Etabliffement, an das sich nicht Champlain's Name knüpfte.

Ihm bereiteten, wie dem Columbus, seine Reisemühen,

seine Kriege und Verhandlungen mit den Indianern weit weniger Kummer und Noth als die politischen Intriguen und Machtwechsel im Vaterlande, wo man nach dem Tode des guten Heinrich IV. bald den Prinzen von Condé, bald den Marschall von Montmorency, oder den Herzog von Ventadour, als Vicekönig von Neufrankreich an die Spitze der Angelegenheiten eines Landes stellte, das diese Herren nie gesehen hatten, und wo man die alte priviligirte Handelscompagnie aufhob, um mit ähnlichen Privilegien wieder eine andere an die Stelle zu setzen. Bei solchen Veranlassungen nach Hause gerufen, mußte Champlain unzählige Male, wie Columbus, seine Entdeckungsreisen und seine Städtegründungen unterbrechen. Das Interesse welches aber später der Cardinal Richelieu, an dieser Angelegenheit nahm, und die vielen einflußreichen Leute, die sich nun mit ihm der Begünstigung des Unternehmens widmeten, krönten endlich Champlains Bestrebungen mit Erfolg. Er wurde schließlich zum Gouverneur von Canada ernannt und starb als solcher im Jahre 1635 in dem von ihm gestifteten Quebec, wo seine irdischen Reste begraben liegen, wie die des Columbus auf Cuba, wie die des Cortes in Mexico.

Champlain hatte nicht bloß Handelsspekulationen und Anpflanzungspläne im Sinne. Wie fast allen ersten Entdeckern lag ihm auch vorzüglich die Ausbreitung des Christenthums und die Bekehrung der Heiden am Herzen. „Die Rettung einer Seele," soll er gesagt haben, „sei mehr werth als die Eroberung eines Königreichs," und in diesem Sinne hatte er schon 20 Jahre vor seinem Tode einige Bettelmönche und 10 Jahre später die Jesuiten zu Hülfe gerufen, und dieselben verbreiteten sich alsbald vom Lorenzo aus unter den Stämmen der Eingeborenen, indem sie theils den Fußtapfen des Champlain und der französischen Pelzhändler folgten, theils auch diesen letzteren vorausgingen

und ihnen die Bahn brachen. Den Unternehmungen und
Berichten der kühnen zugleich und wohlunterrichten Jesuiten-
Missionäre, die bald zu Fuß, bald in kleinen Rinden-
barken rudernd den ganzen Norden durchzogen, verdankte
man größtentheils die fernere Entwickelung im Lorenzo-
Gebiete. Sie leiteten fast alle späteren wichtigen Entdeckungen ein. Aus ihren fleißigen Berichten hat die Welt
die erste Kenntniß eines großen Theiles des amerikanischen
Nordens geschöpft. — Insbesondere aber haben sie die
Natur, Gestalt und Bedeutung der wundervollen Wasser-
basins, welche das westliche Canada erfüllen, zuerst erforscht.

Man hat viel von den 4 oder 5 hellen Sternen im
südlichen Kreuze gesungen und gesprochen. Aber diese
5 canadischen Seen, welche hier in dem oberen Gebiete des
Lorenzo-Flusses auszubilden der Natur gefallen hat, verbreiten auf Erden noch einen viel helleren Glanz und wären
wohl ein noch würdigerer Gegenstand für die Leier eines
Dichters.

Sie übertreffen zusammen genommen die Größe des
kaspischen Meeres. Jeder von ihnen für sich hat etwa die
Ausdehnung eines deutschen Königreichs. Es sind sehr tief
ausgehöhlte Becken, und stellenweise gehen sie doppelt so
tief hinab als die Ostsee da, wo sie am tiefsten ist. Sie
gestatten daher eine eben so großartige Beschiffungsweise,
wie das Meer selbst, und eröffnen dieselbe in der Mitte
eines Continents auf einer Strecke von etwa 200 deutschen
Meilen. Sie sind alle mit süßem Wasser erfüllt, und das
des größten unter ihnen ist so klar und wohlschmeckend,
daß es ein weithin begehrter und versandter Artikel ist.

Jeder mehr westliche dieser Seen liegt auf einem
höhern Plateau als sein östlicher Nachbar, und die sie
trennenden Isthmen sind daher von strudel- und katarakten-
reichen Canälen durchbrochen, durch welche die oberen Bassins

ihren Ueberfluß in die tiefer liegenden ausschütten. Große
Halbinseln drängen sich wie mächtige Länderkeile mitten
zwischen diese Bassins, die sie auseinander halten, hinein.
Jede dieser Halbinseln, welche die fruchtbarsten und an-
muthigsten Länder sind, die man sehen kann, bildet jetzt
den Hauptkörper eines Staates, nämlich der Staaten von
Ober-Canada, von Michigan und Wisconsin. An Erzeugnissen und Produkten sind diese Seen-Halbinseln jetzt reicher,
als das Königreich Saguenay. Zwei von ihnen sind so
ergiebige Waizenfelder, wie ein Colonist sie träumen kann.
Und die dritte birgt unter ihren Wäldern einen so großen
Schatz von Metallen, von Eisenbergen und Kupferfelsen,
daß hier nur der embarras de richesse (die Schwierigkeit solche Massen zu verkleinern und zu transportiren), bei
der Benutzung im Wege steht.

Schon zu Cartier's Ohren, wie ich sagte, war ein
dunkles Gerücht von der Existenz dieser Seeen gekommen,
und nach ihm sehen wir, auf allen Karten der neuen Welt
ein „Mare dulcium aquarum" (ein Meer des süßen Wassers)
figuriren, dem aber freilich sehr unbestimmte Umrisse gegeben
werden. Einige Geographen stellen es als mit der Südsee
in Verbindung stehend dar, andere sogar als einen Busen
des arktischen Meeres, wofür man bekanntlich einst auch
die kaspische See gehalten hatte, ehe man ihr nördliches
Ende kannte. Der zweite große Entdecker von Canada,
Champlain, wußte freilich schon etwas mehr von der Natur
dieser Seen. Er erfuhr, daß mehrere Bassins da seien, und
hatte das östlichste von ihnen, den Ontario-See, selbst erreicht
und umkreist. Aber auch er hielt noch an der Idee fest,
daß diese Seen mit der Südsee in eins verschmölzen und
hatte es, wie ich sagte, richtig aus den Indianern heraus
examinirt, daß der hinterste derselben in seiner westlichen
Abtheilung wieder „salzig" würde.

Die jesuitischen Missionäre, die endlich diese geographischen Probleme lösen sollten, drangen hauptsächlich auf
zwei von der Natur angebahnten Wegen in jenes innere
Seenreich vor; auf einem südwestlichen längs des Haupt-
stromes des St. Lorenzo und auf einem nordwestlichen
längs des vornehmsten Nebenflusses, des oft genannten
Ottawa. Auf dem ersten Wege, der sie in das, den wilden
Einfällen der Irokesen ausgesetzte Gebiet führte, stießen sie
auf den Ontario- und den Erie-See.

Viele in die Wildnisse kühn eindringende Missionäre
fanden hier den Märtyrertod. Doch erstanden immer neue,
um in die Fußtapfen ihrer Vorgänger zu treten. Sie
suchten vorzugsweise, aber lange vergebens, das wilde Feuer
der Irokesen zu löschen, das vom Süden die sanfteren
Huronen-Stämme und die französischen Colonien selbst mit
dem Untergange bedrohte. Im Jahre 1640 kam in dieser
Richtung der erste Missionär, der Vater Breboeuf, bis zu
den Wasserfällen des Niagara, von dem er die erste begeisterte
Schilderung entwarf. Andere, die ihm nachfolgten, bauten
ihre kleinen, von den Wilden zuweilen wieder verbrannten
Waldkapellen an dem Südufer jener Seen, stifteten Missionen,
die oft wieder ausgerottet wurden, nahmen das Werk da
wieder auf, wo es ihre, von den Irokesen erschlagenen
Vorgänger gelassen hatten, und machten so endlich den
ganzen Umfang des Ontario- und des Erie-Sees bekannt,
die aber damals noch die Namen des „Katzen-Sees" und
des „Sees von Frontenac" trugen.

Etwas weniger dornenvoll als die südwestliche Pilger-
fahrt zu den schrecklichen Irokesen war der andere nordwestliche Weg längs des Ottawa. Denn dort wohnten die
etwas sanfteren Stämme der Huronen und Algonquins, die
zuweilen gerne einen Missionär mit sich in ihr Land hin-
aufnahmen, und mitunter wohl gar von dem großen

„Ononthion" (so nannten sie den französischen General-
Gouverneur von Canada und auch den König von Frankreich) sich die Bewilligung eines Missionärs erbaten. Sie
thaten dies, wenn auch weniger aus einer frommen Sehnsucht nach dem Christenthum, wie die Jesuiten sich einbilde-
ten, als aus dem Aberglauben, daß das Gebet der Missionäre
auch Gewalt über das Jagdwild habe. Auch betrachteten
sie die Missionäre als ein Lockmittel für Pelzhändler und
andere französische Ansiedler, die sich gern da anbauten,
wo ein Kreuz errichtet war, und mit denen sich dann ein
vortheilhafter Handel anfangen ließe.

Oft hatte es der Missionär, wenn „Ononthion" einen
solchen bewilligte, nach indianischer Weise gut bei ihnen.
Sie nahmen ihn mit sich in ihren Canoes, und zeigte er
sich tapfer in Ertragung der Mühen und Entbehrungen
indianischer Waldreisen, erwiesen sich seine Gebete kräftig
in Beschwöruug bösen Wetters und in Besprechung der
Fische und Waldthiere, so hielten sie ihn hoch und brachten
ihre Kinder zur Taufe. Oft aber auch, wenn dies nicht
zutraf, fingen sie an, ihren geistigen Chef und Lehrer als
ihren Diener und Sklaven zu behandeln. Und wollte er
sich als solcher nicht tüchtig zeigen, so wurden sie seiner
auch wohl ganz überdrüssig, nahmen ihm seine unnützen
Gebetbücher weg, warfen sie ins Wasser, setzten ihn selbst
in die Wildniß aus, oder brachten ihn auch mitten in
seinem Gebete, als ein ärgerliches und überflüssiges Mitglied ihrer Gemeinde ums Leben.

Im Jahre 1660 folgte wieder einer solchen aus dem
Innern gekommenen Einladung der Jesuit Mesnard und
arbeitete sich mit einem Trupp williger Indianer den, schon
oft vor ihm betretenen Weg am Ottawa hinauf. Er theilte
mit seinen Indianern die Ruderarbeit, half ihnen ihre Böte
über die Katarakten hinwegtragen, schwamm wie ein Wilder,

wo es nöthig war, durchs Wasser, und wenn es Hungers=
noth gab, fischte er eifrig mit ihnen, oder pulverisirte die
sorgfältig gesammelten Gerippe und Knochen der wilden Thiere,
und zerkochte sie zu Brei. In dieser Weise gelangte er zu
der oberen Gegend des Ottawa und setzte von da aus mit
seinen Leuten zu der nördlichen Küste des Huronen=Sees
über. Dort erreichte er die berühmten Katarakten, die er der
heiligen Maria widmete, und die noch jetzt die „St. Marien=
Fälle“ heißen, und den großen Lac Superieur, den ent=
ferntesten und größten aller canadischen Seen, dessen Ent=
decker er wurde.

Er überwinterte am südlichen Ufer dieses Sees, an
dessen Caps und Baien er die Namen seiner Heiligen ver=
theilte. Im folgenden Frühling, stets auf Den bauend, der
die Vögel unter dem Himmel speiste, drang Vater Mesnard,
der zuweilen zu seiner Nahrung nichts weiter hatte als
zerstampfte Baumrinde und Moose, bis zu den westlichsten
Partien des Sees vor, um auch in diesem Verstecke noch,
wie er sagte, Seelen für Christus zu suchen. Er gab der
dort liegenden Gruppe kleiner Inseln den Namen der „Apostel=
Inseln“, den sie noch heute tragen. Doch ist er aus diesem
Verstecke nicht wieder zurück gekommen. Er verschwand
daselbst in einem Walde, in welchen er sich von seinen
Begleitern entfernt hatte, ohne daß man ausmachen konnte,
wie er eigentlich ums Leben gekommen sei. Viele Jahre
nachher wurde sein Brevier, sein Gürtel und ein Theil
seines Tagebuchs in dem Zelte eines Sioux=Indianers am
oberen Mississippi entdeckt, und man bemerkte, daß diese
Wilden den Ueberresten jenes Märtyrers eine göttliche
Verehrung widmeten, und ihnen bei ihren Mahlzeiten, wie
den Geistern, Speise und Opfer darboten.

Nicht lange, nachdem man in Quebec, wo man immer
mit gespannter Erwartung auf die Entdeckungsreisen dieser

Sendboten im fernen Westen hinblickte, die Nachricht vom
Verschwinden des Vater Mesnard empfangen hatte, kamen
die Indianer von den oberen Seen abermals mit der Bitte
um einen Missionär ein. Die Behörden nahmen Anstand,
ihnen einen solchen zu gewähren. Aber die apostolischen
Männer, wie es heißt, drängten sich selbst g e g e n die Meinung
ihrer Oberen hervor, und dies Mal folgte der, in der Entdeckungsgeschichte Canada's noch berühmtere Vater Allouez
den 400 Indianern, die ihn zum Nordwesten mit hinauf-
nahmen.

Vater Allouez kam im Jahre 1666 bei den Katarakten
der heiligen Maria und am Obern See an. Er reiste, wie
sein Vorgänger, zuerst am südlichen Ufer desselben über
100 Lieues weit hin, wohnte zwei Jahre lang bei jenen
Apostel-Inseln, bei denen Mesnard verschwunden war und
baute daselbst eine kleine Kapelle. Sein Ruf verbreitete
sich in der Umgegend. Aus der Nähe und Ferne brachten
ihm die Indianer ihre Kinder und Kranken, und kamen
seinen Gottesdienst und seine Gebete andächtig anzuschauen.
Mit mehr als zwölf Nationen verkehrte der gute Missionär.
Durch die Vermittlung der weit verbreiteten Sprache der
Algonquins, die hier eine ähnliche Rolle spielt, wie das
Französische in Europa, konnte er sich mit ihnen verständlich
machen. Wir hören bei dieser Gelegenheit zum ersten Male
die Namen vieler Indianerstämme, die noch jetzt bekannt
und zum Theil als Namen von Städten des amerikanischen
Bundes berühmt sind. So den Namen der „Illinois", deren
Namen noch jetzt ein großer Fluß und ein Staat trägt, den
der „Christinaux", die noch jetzt weit im Norden verbreitet sind.

Allouez zog von allen diesen Leuten Nachrichten über
die Beschaffenheit ihrer Länder ein. Am merkwürdigsten
war, was ihm die aus weiter Ferne herbeigereisten Sioux
erzählten. Ihr Land, sagten dieselben, reiche nordwärts

bis ans Ende der bewohnbaren Welt. Westwärts gäbe es
noch andere Völker, hinter denen aber das Land abgeschnitten
sei und wo sich das „große stinkende Wasser" befinde. Sie
beschrieben ihm die schönen weiten Prairien ihres eigenen
Vaterlandes, auf denen zahllose Heerden von Kühen weideten,
den großen Fluß, an dem viele Biber wohnten und der
„Messepi" heiße. Im fernen Westen aber hause eine furchtbare Gattung Bären von außerordentlicher Größe und Kraft,
denen viele Menschen zum Opfer fielen. Dies ist ohne
Zweifel der im Westen so gefürchtete und in Amerika jetzt
so berühmte „grizzly bear", den später die amerikanischen
Reisenden in den Felsengebirgen näher kennen lernten, und
von dem wir, wie von vielen andern Thieren, nun auch
durch Pater Allouez zum ersten Male hören.

Pater Allouez machte von seiner kleinen Mission und
Kapelle aus mehrere Excursionen in die Nachbarschaft,
bereiste auch das Nordufer des Sees, und erforschte endlich
auch sein allerwestlichstes Ende, wo seine Figur zu einem
ganz keilartig zugespitzten Busen ausläuft. Derselbe ist seit
Allouez's Zeiten bekannt unter dem Namen Fond du Lac.
In die Spitze dieses Busens mündet sich ein Fluß, den
Pater Allouez dem damals herrschenden Könige von Frankreich zu Ehren „den Fluß des St. Louis" nannte.

Dieser kleine Fluß St. Louis ist das allerwestlichste
Gewässer des ganzen Lorenzo-Gebiets, und da er zugleich
auch der größte Zufluß des oberen Sees ist, so muß man
ihn als die eigentliche Quelle des gewaltigen Stromes
betrachten.

Das sonst so oft wildbestürmte Neufrankreich genoß
gerade damals (um 1668 herum) eines wohlthätigen und
tiefen Friedens und man benutzte denselben zu weiteren
Entdeckungen und zu fernerer Machtausdehnung. Neue
Missionäre kamen von Frankreich herüber und eilten dem

Vater Allouz nach, der Vater Claude Dablon, der Vater Marquette (der später so berühmte Entdecker des Mississippi) und Andere. Die beiden genannten wurden in den Missionen an dem „Wasserfalle von St. Maria" postirt. Andere wurden zu anderen Stämmen der Algonquins geschickt, die sich zahlreich zusammen fanden, da die Irokesen ihnen in dieser Zeit Ruhe ließen. Und damals wurde denn auch die südwestlichste Branche des großen canadischen Seeen-Systems, die bisher noch am längsten unbekannt geblieben war, der Michigan-See, oder wie man ihn anfangs nannte, der „See der Illinois" zuerst erforscht.

Auch hier stellte sich wieder der Vater Allouz an die Spitze. Er reiste oder wie die Jesuiten es nannten „arbeitete" hier in einem schönen Weingarten, in dem anmuthigen Lande, das im Westen des genannten Sees liegt, und voll ist von grünen Wiesen und belaubten Wäldern, in denen Weintrauben, wilde Pflaumen-, Apfel- und Nußbäume wuchsen. Die feuchten Niederungen längs der Flüsse waren bedeckt mit wildem Getraide (von den Franzosen folle avoine genannt), das den Indianern zur Nahrung diente und das die großen „wolletragenden Illinoisischen Ochsen" (so nennt Pater Allouz die Büffel) abweideten. Es war ein Theil des fruchtbaren und jetzt so gepriesenen Gebiets von Wisconsin.

Die weiten Reisen des Vaters Allouz und daneben die des Vaters Marquette kann man als diejenigen betrachten, welche die Entdeckung des Lorenzo-Stromes abschlossen und die Kenntniß von Canada, wenigstens in seinen Hauptzügen vollendeten. Im Jahre 1672 konnte dem großen Ludwig eine von Jesuiten angefertigte Karte überreicht werden, auf welcher alle canadischen Seen in ihrer Configuration und ihr Zusammenhang mit dem St. Lorenzo ziemlich naturgetreu abconterfeit waren.

Wie in der Geschichte der großen Kriege, so hat uns auch in der Geschichte der Entdeckungen die Muse nur die großen Namen der Individuen aufgezeichnet, welche etwas Entscheidendes thaten, die mit Intelligenz und Bewußtsein arbeiteten und die menschliche Kenntniß einen merkbaren Fortschritt machen ließen. Aber wie die Kerne der Armeen von dem leichten Corps der Bogenschützen, Plänkler und Freischaaren, die zuerst den Fuß in Feindesland setzen, die den ersten Gegner erlegen und die allerersten Stege und Brücken bauen, so gab es auch in Canada neben den von der Regierung privilegirten Beamten, neben den vom Papst geweihten Sendboten, eine obscure Masse von Privatleuten, die auf eigene Hand in die Wildniß hinausabenteuerten, die oft jene Missionäre und Beamten begleiteten, oft ihnen vorarbeiteten und ihnen die Wege wiesen, oder auch ihrer voranleuchtenden Helden-Bahn folgten und dann das Detail der Landeskenntniß weiter ausbreiteten.

Diese Classe von Menschen, die man in Canada Coureurs des Bois (Waldgänger) nannte, entstand gleich mit den ersten von den Königen von Frankreich an ihre Kaufleute und Offiziere ertheilten Privilegien, und nahm an Zahl und Bedeutung zu, je weiter sich die Entdeckungen und der Pelzhandel in Canada ausdehnten, und je mehr sich jene Monopole den Interessen der Mehrzahl der Individuen lästig erwiesen.

Unzufrieden mit diesen machten sich unternehmende Individuen auf, nahmen nach dem Beispiele ihres großen Meisters Champlain ihre Muskete auf die Schultern und rückten längs eines von den „Privilegirten" oder den Geweihten noch nicht besetzten Flusses oder zu noch nicht erforschten Seen aufwärts, verschafften sich Einfluß bei noch nicht getauften Indianerstämmen, und handelten ihnen ihre Biberfelle für eigne Rechnung ab. Oft indem sie die wilde Lebensweise

der Indianer annahmen, gingen sie mit ihnen als will-
kommene Bundesgenossen auf die Jagd und in den Krieg.

Wie den Champlain so ahmten sie auch die Jesuiten-
Missionäre nach, beteten, wie diese über Kranke, oder machten
das Kreuz über Sterbende, thaten Wunder und verkündeten
den Wilden die biblischen Geschichten aus dem alten
Testament, die jenen nach Erzählungen begierigen Naturkindern sehr gefielen, und deren Mittheilung sie oft mit
vollen Packs von Biberfellen bezahlten. Bloß als Geschichten-
erzähler sind diese Coureurs des Bois oft zu großem Einfluß und Reichthum unter den Indianern gelangt, denen
sie auch die Namen der Maria, des Joseph, des Moses,
und der Propheten auf Papierschnitzelchen schrieben, welche
Amulette dann wieder mit Biberfellen bezahlt werden mußten.

Die merkwürdigen, abgehärteten, mit der Natur des
Landes und der Sitte der Eingeborenen am meisten ver-
trauten Waldgänger haben dann später die schließliche
Vollendung des Werks der Cartiers, der Champlains und
der Jesuiten zu Wege gebracht. Sie haben sich überall
dahin gewagt, wo ein Biber oder ein Bär hausen kann.
Sie haben sich von den canadischen Seen aus durch den
ganzen weiten Nordwesten Amerika's verbreitet. Sie haben
dort fast allen Lokalitäten ihre jetzigen Namen gegeben. Sie
haben dort das Gerücht von jedem neuen Seee, Flusse oder Gebirge unter die Menschen gebracht. Sie haben sogar die
Felsengebirge und endlich, — mit den Britten und später
mit den Nordamerikanern associirt, — die Südsee erreicht.

Die britischen Biberfänger und die der Vereinigten
Staaten wurden ihre Schüler, und diese haben sich in dem
westlichen Labyrinthe nur mit Hülfe der französischen Canadier
zurecht gefunden. Sogar unsere modernen Franklins haben,
mit französischen Canadiern in ihrem Dienste, die Polar-
See erreicht, woher es denn auch kommt, daß die französische

neben der englischen Sprache noch heutiges Tages die ver=
breitetste in ganz Nordamerika ist.

Da sich unter den sogenannten Waldgängern, den Pelz=
jägern und Biberfängern Canadas nicht selten ganz geschickte
Leute fanden, oder da auch Liebhaber aus den gebildeten Klassen
sich ihnen anschlossen, so ist durch sie auch unsere geographische
Litteratur oft mit werthvollen Schilderungen frühe erreichter.
Gegenden oder primitiver Völkerzustände bereichert worden.

Uebersieht man die Geschichte der Entdeckung Canadas
im Großen und Ganzen, so kann man dieß sagen: — daß die
Fische, namentlich die Wallfische und die Kabeljau den Fran=
zosen zuerst zu den Pforten dieses Landes den Weg gewiesen
haben, — daß unter Franz I. Wundermährchen und Hoffnungen
auf Eldorados sie in diese Thore hineinführten, — daß
unter Heinrich IV. die Kunde von dem Süßwassermeer und
die darauf gebaute Hoffnung, die Südsee und China er=
reichen zu können, sie ins Innere lockte, — daß unter Lud=
wig XIV. der Bekehrungseifer sie zu den Enden des großen
Stromgebietes brachte — und daß die Pelzthiere und die
Biber und ihre Verfolger endlich den Rest gethan haben. —

Die Franzosen aber kamen in Canada, das sie in der
Hauptsache nur mit Mönchen und Abentheurern anfüllten,
fast gar nicht über diese Pelzjagd, welche doch die roheste
Weise der Benutzung eines Landes ist, und über jene Jagd
auf Seelen, die bei allem aufgewandtem Eifer doch wenig
bleibende Folgen hatte, hinaus.

Erst seitdem sie das Land an die Briten verloren,
d. h. seit 1761, hat die europäische Menschheit es in vollem
Sinne gewonnen. Erst seitdem sind alle seine Hülfsmittel
entdeckt und seine den Franzosen verborgen gebliebenen
inneren Schätze erschlossen. Seitdem hat eine ganz andere
und viel ergiebigere Jagd begonnen, das Spüren nach frucht=
baren Aeckern, nach nützlichen Metallen, nach bequemen

Häfen und nach Lokalitäten, in denen man neue Städte
bauen könne. Die Franzosen Ludwigs XV. trösteten sich
im Jahre 1761 über den Verlust des Landes, für welches
ihre Cartiers, ihre Champlains und ihre großen Könige
geschwärmt und gestrebt hatten, indem sie bemerkten: „Was
haben wir am Ende in Canada sonst eingebüßt, als ein Paar
Schneefelder weniger oder mehr". Aber diese „Schneefelder«
haben in unseren Tagen jene witzigen Höflinge eines schwachen
Königs auf eine höchst eklatante Weise dementirt. Denn
sie werfen jetzt ein jährliches Einkommen von mehr als
200 Millionen Thaler ab, und bergen eine Bevölkerung von
über 5 Millionen Christen. Die Blockhaus=Stationen der
Pelzjäger haben sich in große Handels=Emporien verwandelt,
die kleinen Indianerdörfer, in denen ein Jesuit sein niedriges
Waldkirchlein gezimmert hatte, sind zu einem Kranze pracht=
voller Städte, die sich in den klaren Seen spiegeln, auf=
gewachsen, und auf diesen Seen, auf denen sonst dann und
wann ein betender Missionär oder ein abentheuernder Coureur
des Bois im Rinden=Canoe flüchtig dahin glitt, rauschen
jetzt ganze Flotten von dampfbeflügelten Holz=Palästen, hin
und her schwimmend wie Weberschiffe und eifrig an den
Geweben des Weltverkehrs arbeitend.

Selbst in den entferntesten Winkeln des Oberen Sees,
in jede seiner Buchten und Häfen hat dieser Verkehr bereits
ein Nestchen gebaut und einen Keim gelegt, aus dem ein
frisches Städtchen wie eine neue Blüthe hervorbricht. Weder
die alten Kabeljaufänger von Honfleurs, noch der von den
Goldminen und den einbeinigen Völkern des Königreichs
Saguenay schwärmende Cartier von St. Malo, noch der
auf China erpichte Samuel de Champlain haben es sich
träumen lassen, daß sie durch ihre Unternehmungen ein so
brillantes Werk — einleiten würden.

IX.

Der Mississippi und die Jesuiten.

Die Capitaine des Gouverneurs Garay entdecken die Mündung des Mississippi (1519). — Pamphilo de Narvaez verschwindet bei der Mündung des Mississippi (1529). — Cabeza de Vaca irrt 9 Jahre lang in den Ländern südwestlich vom Mississippi umher (1529—1537). — Fernando de Soto entdeckt und beschifft den untern Mississippi (1540—1542). — Moscoso's Rückzug (1543). — Der Jesuit Marquette besegelt in einem Canoe den ganzen Mississippi von oben herab (1673).

Von den mächtigen Strömen, welche den Continent von Amerika wie seine Pulsadern durchziehen, verdient wohl jedenfalls der Mississippi die Palme. Er ist durch seine Beschaffenheit und Weltstellung in politischer und culturhistorischer Hinsicht der bedeutsamste von Allen.

Er hat zuerst vor den übrigen den Vorzug voraus, den alle diejenigen großen Ströme besitzen, welche, von Norden nach Süden fließend, viele Zonen durchsetzen und verschiedenartige Produktenregionen mit einander verbinden. Während der St. Lorenzo von Westen nach Osten ziehend nur kalte Länder durchschneidet, während der Amazonas und so auch der Orinoco parallel mit dem Aequator durch lauter gleichartig heiße Gegenden strömen, bricht der Mississippi aus den Fichtenwäldern des Nordens hervor und eilt bis zu den heißen Zuckerfeldern des mexikanischen Meerbusens hinab. Bloß der La Plata, den man den

20

Mississippi Südamerikas nennen könnte, ist ihm darin etwas ähnlich. Auf dem Zuge durch das Herz von Nordamerika in fast gleicher Distanz vom Atlantischen und vom Stillen Ocean, empfängt er von der einen Seite alle Gewässer der Alleghanys und von der andern die der Felsengebirge und spannt zwischen ihnen ein bewundernswürdiges System schiffbarer Canäle aus, die in einem gemeinsamen starken Central-Stamme verbunden werden. Er steht wie ein gigantisches Naturprodukt da, geschaffen, um mit seinen weitreichenden Armen die fruchtbarsten Staaten Nordamerikas unter einander zu verknüpfen. Man möchte ihn einem Atlas vergleichen, der den Westen und Osten dieses Welttheils auf seinen Schultern trägt.

Die zahllosen Grabhügel, und die anderen merkwürdigen Erdarbeiten und Monumente, die wir in neuerer Zeit an den Ufern des Mississippi fanden und untersuchten, haben uns bewiesen, daß auch die Geschichte dieses Stromes eine uralte ist. Es scheint, daß einst halbcivilisirte Nationen weit längs seiner Thäler hinauf verbreitet waren, daß aber auch hier wie anderswo, zerstörende Völkerwanderungen, weitgreifende Umwälzungen stattfanden und daß ein eisernes Zeitalter einem goldnen abwechselnd folgte. Doch die Geschichte dieser hoch in die Zeiten hinaufreichenden Ereignisse ist dunkel und trübe wie die Fluthen des Missouri, und mit ihrer schwierigen Aufhellung haben wir uns hier glücklicher Weise nicht zu befassen, wo wir nur darstellen sollen, in Folge welcher Umstände diese Wasserwelt, dieses Thälerlabyrinth den Europäern zuerst erschlossen und die Existenz jenes Riesen bekannt wurde.

Der Ruhm, von dem größten Strome Nordamerikas zuerst etwas in Erfahrung gebracht zu haben, gebührt einem Zeitgenossen und Rivalen des Cortes, einem spanischen Gouverneur der Insel Jamaica, Namens Francisco de Garay, der eine Flotte nach dem unbekannten Strande im Norden aussandte, wo er ein zweites Mexico zu finden hoffte. Die Capitäne dieses Garay entdeckten und befuhren zum ersten Male die ganze flache, sandige und unwirthliche Nordküste des Mündungsbeckens des Mississippi, (des mexikanischen Meerbusens), und brachten die unwillkommene Kunde heim, daß sich dort ein ödes Land von Florida nach den Bergen von Mexico „in der Gestalt eines Bogens" herum ziehe. In der Mitte dieses Bogens aber, sagten sie, ströme ein großer Fluß aus, den sie den Fluß des heiligen Geistes (Rio del Espiritu Santo) genannt hätten.

Es ist zwar im höchsten Grade unwahrscheinlich, daß jene Capitäne des genannten Garay schon damals das schwierige Experiment, in den verbarrikabirten Mund des Mississippi hineinzusegeln, ausführten.

Aber seine schmutzigen Gewässer wirbeln weit genug auf den schweren Salzwogen hinaus, um sich auch in bedeutendem Abstande zu erkennen zu geben. Auch verkünden die Baumstämme, ja ganze mächtige Flöße von Holz, Gesträuch und anderem Waldkehricht, die der Strom aus den Wäldern ins Meer hinaus treibt, seine Existenz 50 englische Meilen weit. Für eine Zeit lang behielt der mehr bloß geahnte als entdeckte Mississippi bei den Spaniern den Namen des heiligen Flusses und das große unerforschte Land im Norden führte auf den ältesten spanischen Karten den Namen: „das Land des Garay" (tierra de Garay).

Etwa 8 Jahre nach diesem Garay, der unterdeß gestorben war, machte sich der Gouverneur Pamphilo de Narvaez, ein anderer berühmter Zeitgenosse und Rivale des Cortes, auf, sein Glück „im Norden" zu versuchen. Er dachte, daß hinter einem unwirthlichen Ufersaum doch wohl noch ein schönes und reiches Innere verborgen sein könne, und um dies Innere zu erforschen, ließ er sich mit der kleinen

Armee, die er auf ſeine Koſten ausgerüſtet hatte, an der
Küſte von Florida ausſetzen und fing an, nach Norden und
dann nach Weſten um den mexikaniſchen Meerbuſen herum
zu marſchiren. Sein Marſch endigte aber im höchſten Grade
unglücklich.

Die wilde und unwegſame Natur des Landes und die
feindlichen und tapferen Stämme Floridas legten ihm unerwartete Schwierigkeiten in den Weg. Er gerieth mit ſeiner
vom Hunger und den indianiſchen Pfeilen decimirten Mannſchaft bald in die größte Noth. Nach einem Jahre müh-
ſeliger Märſche und vergebener Anſtrengungen, die ihn wenig
weiter brachten, beſchloß er endlich ſich übers Meer zurück
zu retten, und in Ermangelung von Schiffen baute er Boote,
ſo gut er ſie zu Stande bringen konnte. Doch fand er mit
dem Reſte ſeiner Armee den Untergang. Ein Sturm ver-
ſchlug den Gouverneur Narvaez und ſeine zerbrechlichen Fahrzeuge in die Nähe der gefährlichen Miſſiſſippi=Mündung,
wo das Meer ihn verſchlang.

Aus dieſem Schiffbruche des unglücklichen Narvaez rettete ſich nur einer ſeiner Offiziere, der durch ſeine weitgehenden Reiſen und unſäglichen Abentheuer berühmte Cabeza
de Vaca (der Kuhkopf), der ſich bei den wilden Völkerſtämmen
im Norden des mexikaniſchen Meerbuſens bald als ihr
erfindungsreicher Gehülfe und Sklave, bald als induſtriöſer
Handelsmann, bald wieder als Arzt oder Rathgeber, mit
einem Worte als ein weißer Wundermenſch ſo beliebt zu
machen und in Reſpekt zu ſetzen wußte, daß er unter ihnen
nicht nur ſein Leben friſtete, ſondern auch von Stamm zu
Stamm oft als Chef und kluger Kriegsführer frei paſſirte,
und ſich ſowohl durch die Prairien des jetzigen Texas als
durch die Gebirge im Norden von Mexico im Verlaufe von
9 Jahren durchſchlug und hier plötzlich bei ſeinen ſpaniſchen

Landsleuten — auch ihnen als ein Wundermensch —
wieder erschien.

Was dieser Cabeza de Vaca dann nachher dem Kaiser
Karl V. von den schönen Thälern, von den mächtigen
Strömen, von den metallreichen Gebirgen, von „dem Lande
der Kuhhirten" (wie er die büffelreichen Prairien von Texas
nannte), und von den andern zahllosen Dingen und ge=
schauten Wundern erzählte, entzündete nun wieder die Phan=
tasie der Spanier, die seit dem Untergange des Gouverneurs
Narvaez nicht mehr an die Gegenden im Norden des mexi=
kanischen Meerbusens gedacht hatten, und es trat nun der
merkwürdige Mann auf, der für den eigentlichen ersten spa=
nischen Entdecker des Mississippi gilt, und der, als solcher
auf einem großen und berühmten Wandgemälde auf dem
Capitole zu Washington in den Vereinigten Staaten in seiner
ganzen Glorie dargestellt ist, mit dessen wunderbaren Unter=
nehmungen und Schicksalen wir uns daher hier etwas mehr
im Detail beschäftigen müssen.

Fernando de Soto, dies war sein Name, wird von den
spanischen Schriftstellern zu den vier ersten und vornehmsten
Conquistadoren der neuen Welt gerechnet, zu denen sie dann
außer ihm den Columbus, den Cortes und den Pizarro
zählen.

Gleich diesen war Soto eines armen spanischen Edel=
manns Sohn, der, wie ein Geschichtschreiber sich ausdrückt,
gleich jenen nichts besaß als sein Wappen, sein Schwert
und sein Schild. Als thatenlustiger Jüngling zog er nach
Westindien und kam mit Pizarro nach Peru, wo er eben
jener oft erwähnte und auch auf vielen Bildern abgemalte
Ritter war, der, von Pizarro abgesandt, zuerst des Inca
Atabalipa ansichtig wurde, und der mit seinem schäumenden
und bäumenden Pferde des Incas Begleiter in Staunen
und Schrecken versetzte.

Soto war auch einer von jenen drei Emissären gewesen, die Pizarro gleich nach seinen anfänglichen Erfolgen zu dem goldenen Cusco abgesandt hatte, und welche als die ersten Europäer diese lange Reise durch die Thäler der Anden zu Stande brachten. Er hatte nachher einen trefflichen Antheil an der peruanischen Beute und soll allein bei der Theilung des Schatzes der Incas 100,000 Dukaten erhalten haben. Nachdem er reich und groß geworden, sagte er sich wie viele andere, die des Oberbefehls des Pizarro überdrüssig waren, von diesem los, und ging nach Spanien. Es muß ungefähr im Jahre 1536 gewesen sein.

Dort trat er mit großem Glanze auf. Er war groß-müthig und freigebig, und der Ruf eines tapfern und kühnen Anführers ging vor ihm her. Er stand in der Blüthe seiner Jahre. Von Person, so sagt ein Schriftsteller der ihn kannte, war Soto stattlich, wohlgebaut, freundlich und munter von Angesicht, etwas dunkel von Farbe (moreno de color) „und er nahm sich gleich gut aus zu Fuß wie zu Roß". Ein großer Anhang von Schützlingen und Freunden umgab ihn daher bald, und es wurde ihm auch nicht schwer, sich die Hand der schönen und edlen Donna Isabella de Bobadilla, einer Dame aus einem der vornehmsten Geschlechter Spa-nien's zu erwerben.

Allein der Taumel oder Rausch, der ihn, wie alle die, welche ein Mal an der Plünderung der neuen Welt sich betheiligt hatten, ergriff, der unbändige Golddurst, die Länder-gier und die Wanderlust, die ihn wie alle die Schüler der Cortes, alle diese schwertumgürteten Apostel des Pizarro, die sich in dem ganzen großen Westlande vertheilten, wo sie noch viele andere Inca's, Peru's und Montezuma's auf-zufinden gedachten, beseelte, dieser unruhige Geist sage ich, ließ auch den Soto nicht lange rasten. Da er in Südame-rika alle Entdeckungsfelder besetzt sah, so richtete er seine

Blicke daher auf den Norden, wo wie gesagt nach dem Gouverneur Narvaez noch nichts wieder versucht worden war, und wo, wie es schien, er für sich allein herrschen könne.

Er bewarb sich daher beim Kaiser um die Entdeckung und Eroberung von Florida, denn diesen anfangs nur einer Halbinsel gegebenen Namen hatten damals die Spanier, wie ich schon ein Mal andeutete, auf das ganze weite Gebiet im Norden von Cuba ausgedehnt. Sie begriffen darunter nicht nur die jetzigen Vereinigten Staaten, sondern auch Canada. Karl V. gewährte ihm das Verlangte und gab ihm dazu das Gouvernement der Insel Cuba, als eine für seine Unternehmung nöthige Basis, als einen sicheren Ausgangs- und Rückzugspunkt, als ein Versorgungsmagazin und einen Ausrüstungshafen.

Von der Großartigkeit des Feldzugs und dem Ruhme des Anführers gereizt, strömten von allen Seiten thatlustige Männer herbei, unter ihnen viele Edelleute, und sogar mehrere Ritter aus dem benachbarten Portugal. Es ging dabei her wie bei einem Kreuzzuge. Manche junge Majoratserben verkauften ihre Anwartschaft, steckten die Capitalien in die Entreprise und gürteten das Schwert um, mit dem sie nun noch größeres zu erlangen gedachten. Einige der vornehmsten Hofleute des Kaisers konnten den Bitten ihrer Söhne nicht widerstehen und gaben den berauschten Jünglingen die Erlaubniß mitzuziehen. Mehrere dieser Herren nahmen ihre jungen Frauen mit sich und so auch Soto die seinige, jene schöne Donna Isabella. Auch fehlte es, wie bei allen diesen spanischen Kreuzzügen zur neuen Welt, natürlich nicht an einer Anzahl von Geistlichen und Mönchen für die Bekehrung der Heiden von Nordamerika.

Soto konnte nicht alle Anerbietungen annehmen und so bildete er sich ein Corps von etwa 1000 auserlesenen Männern in der Blüthe ihrer Jahre. Mit ihnen verließ er

auf 10 Kriegsfahrzeugen und 20 Kauffahrteischiffen im Frühling 1535 den Guadalquivir. Sie segelten auf der Bahn
des Todes, denn nur wenigen war es bestimmt, ihr Vaterland wiederzusehen.

In Cuba, das damals schon von verwilderten Rinder-
heerden erfüllt war, versah sich die Armee mit frischen Lebensmitteln. Vor allen Dingen wurden viele Schweine,
die treuen Begleiter aller weitgehenden spanischen Entdeckungen
an Bord genommen. Auch sah Soto insbesondere darauf,
daß seine Leute alle recht schön beritten seien. Er mußte
aus eigener Erfahrung, welchen Schrecken die spanischen
Pferde den amerikanischen Eingeborenen einzuflößen pflegten.
Cuba war damals das Land, von dem Mexico und alle
Nachbarlande mit Pferden versehen wurden. Er selbst umgab sich mit einer Leibgarde von 60 berittenen Lanzenträgern.

Nachdem er die Angelegenheiten seines Gouvernements
Cuba geordnet, neue Beamte eingesetzt und seine Gemahlin
daselbst als Regentin in seiner Abwesenheit installirt hatte,
ging er nach Florida unter Segel. Mehrere reiche Pflanzer
von Cuba, alte Veteranen aus den Zeiten des Velasquez
schlossen sich ihm noch an, einige mit ihren Vasallen, Dienern und Negersklaven.

Soto und die Seinen landeten wie ihr unglücklicher Vorgänger Narvaez auf der Westseite unserer jetzigen kleinen Halbinsel von Florida, die sie als ein gelobtes Land mit Jubel
begrüßten und marschirten dann wie Narvaez ins Innere.

Seine ersten Unternehmungen, so merkwürdig sie an
und für sich sind, haben hier wenig Interesse für uns.
Er bewegte sich unter beständigen Gefechten mit den Eingeborenen zuerst nordöstlich durch die jetzigen Staaten von
Georgia und Carolina. Da er aber hier den nordischen
Atabalipa, den er suchte, nicht fand, so wandte er sich allmählich nach Westen herum. Er gebrauchte zu diesem

Marsche ein Jahr und seine Armee schwoll dabei wie eine Lawine an. Denn nicht nur vermehrten sich die Viehheerden, die er mit sich führte auf den frischen Weiden Floridas, sondern auch die Kriegsgefangenen wurden als Sklaven der Armee einverleibt, und jeder Spanier umgab sich mit einigen von ihnen als seinen Leibdienern. Freilich sollte diese Lawine kurz nachher wieder wie ein Eiszapfen zusammenschmelzen.

Soto sollte bald genug die Erfahrung machen, daß so wie das Land Florida keine Aehnlichkeit mit Peru habe, so auch die Landeskinder von den verweichlichten und geknechteten Unterthanen der Incas und der Montezumas sehr verschieden seien. Obgleich seine Armee viel größer als die des Cortes und des Pizarro war, und obwohl es ihm selber weder an militairischem Geschick noch den Seinen an Muth fehlte, so konnte er doch keineswegs so brillante Heldenthaten ausführen wie jene.

Alle Kämpfe mit den in Pelze gehüllten freien Jäger= völkern Nordamerikas waren auf beiden Seiten blutig, und sogar auch die Pferde wollten als Schreckbilder hier nicht so gut wirken wie in Peru. In einer jener Schlachten wurden diese edlen Thiere ohne Weiteres zu Dutzenden von den Wilden erlegt, und nach einer andern hatten ein Mal 600 Spanier sich 700 Wunden zu verbinden.

Der empfindlichste Schlag traf den Soto und die Seinen, als sie im „Lande der Chicasaws" nicht mehr gar fern vom Mississippi ihre zweiten Winterquartiere bezogen hatten. Sie hatten daselbst eine Stadt von Stroh= und Schilfhütten ge= baut und dieselbe mit einem Walle und Graben umgeben. Dieses Lager überfielen die gegen sie verschworenen Landes= kinder unter Anführung eines ihrer Cazifen, „eines tücki= schen Verräthers", wie die Spanier sagen, wahrscheinlich eines tapfern Patrioten nach der Ansicht der Indianer.

In großen Schaaren, mit brennenden Fackeln mitten

in der Finsterniß der Nacht, mit gellendem Kriegsgeheul,
erstürmten die Indianer nach Ueberlistung der Wachen das
spanische Lager und steckten die Strohstadt in Brand. Viele
Christen wurden im Schlafe erschlagen, ein großer Theil
ihrer Waffen, ihrer Pulvervorräthe, ihrer Pferde und Heerden
ging in den Flammen zu Grunde. Fast wäre es dem Soto
hier unter den Floridanern ergangen, wie dem Arminius
unter den Germanen im Teutoburger Walde. Seine erschreckten Soldaten zerstreuten sich. Es war das erste Mal,
daß ein großes spanisches Corps vor Amerikanern die Flucht
ergriff. Soto, der immer in seiner Rüstung schlief, sammelte zwar die Seinen wieder und schlug den Feind zuletzt
siegreich aus dem Felde. Doch war es schwer, den Verlust
an europäischen Werkzeugen und Rüstungen zu ersetzen. Um
ihre in der Feuersbrunst verdorbenen Waffen neu zu gestalten, mußten sie Schmieden auf der Brandstätte errichten.
Die Blasebälge für diese Schmieden machten sie aus Büffel-
fellen und alten Flintenläufen. Neue Lanzenschafte schnitten
sie sich in den Wäldern. Die guten wollenen europäischen
Mäntel, die alle verbrannt waren, mußten durch Matten ersetzt
werden, die sie nach der Weise der Indianer aus Schilf zu flechten
lernten. Aus Reh- und Hirschfellen stückten sie sich Bein-
kleider zusammen, aus den Pelzen der wilden Katzen Cami-
solen und Westen, die sie statt der eisernen Panzer anlegten,
aus den Häuten der wilden Kühe Schilder und Fußbekleidung
und ihre Helme, von denen schon längst keiner mehr etwas
taugte, ersetzten sie durch Mützen aus Bärenfell.

In diesem außerordentlichen Aufzuge, in welchem sie
mehr einer Horde von Tataren, als jungen spanischen Edelleuten und castilianischen Majoratsherren glichen, zogen sie
dem Mississippi zu. Am meisten Noth und Krankheit brachte
ihnen der Verlust des europäischen Salzes. Sie lernten von
ihren indianischen Gefangenen, daß die Asche eines gewissen

Krautes etwas Salz enthalte. Sie spürten daher überall
diesem Kraute nach und würzten mit seiner Asche ihre Speise.
Auch folgten sie den Büffeln zu ihren Leckplätzen (den sogenannten Buffaloe licks), wo die Erde etwas salzig ist und
laugten diese Erde aus.

Aus dem Brande ihres Winterquartiers wie Phönixe —
aber wie gesagt als wunderlich umgestaltete und ihres glänzenden Gefieders beraubte Phönixe — hervorgegangen, entdeckten dann endlich die Spanier den großen
Strom, von dem sie schon lange gehört hatten, die hohen
Ufer unseres Mississippi. Die dortigen Indianer
nannten ihn „Chucagua“, und bei andern hörten sie dann noch.
12 verschiedene Namen für den Fluß. Die spanischen Geschichtschreiber des Soto nennen ihn gewöhnlich „el Rio Grande
de la Florida“ (den großen Strom von Florida). Es war
derselbe, auf dessen Existenz die Zeitgenossen des Cortes,
wie ich sagte, mit dem Namen des heiligen Geistflusses hin-
gewiesen hatten.

Als Soto und die Seinen die hohen Ufer des Flusses
betraten und seine weit her rollenden Fluthen erblickten, belebten sich ihre Hoffnungen von Neuem. Zu einem mächtigen Strome dachten sie gehöre ein mächtiges Reich und
indem sie sich Boote und Flöße bauten und den Fluß berg-
auf fuhren, fingen sie nun wieder an unter den Eingeborenen
nach einem großen indischen Könige zu forschen. Natürlich
mußten die Indianer immer irgendwo einen Caziken anzu-
geben, der nach ihren bäurischen Begriffen ein gar gewaltiger Herr war, und so ließ sich Soto von dem „Caziken
von Chiska“ zum „Caziken von Chasquina“ und von diesem
zu „dem von Capaha“ und dann zu andern weisen. Doch es
waren immer keine Montezumas. Nichts als wilde, arm-
selige halbnackte Jägerfürsten.

Mit diesen Häuptlingen, die ihm zuweilen freundlich

begegneten, unterhielt sich Soto über die Beschaffenheit der
nördlichen Länder. Auch hielt er fromme Reden an sie über
die Geheimnisse des christlichen Glaubens und lehrte sie das
Kreuz schlagen, wie dieß zu thun denn jeder spanische Eroberer
für seine Pflicht hielt. Mitunter ließ er von seinen Geistlichen und Mönchen an den Ufern des Mississippi die Ceremonien der christlichen Kirche entfalten und große Prozes-
sionen anstellen, „die den Indianern sehr gefielen, und zu
denen sie in Schaaren herbeiliefen“.

Als er so endlich etwa die Gegend erreicht hatte, die
südlich von dem Punkte liegt, wo der Ohio seine Gewässer mit dem Mississippi verbindet, und daselbst die Aspekten
noch immer nicht besser wurden, vielmehr die Indianer versicherten, daß es im Norden noch wüster würde und dort
nur Büffelheerden lebten, da gab er diese Richtung auf.

Doch pflanzte er hier bei seinem nördlichen Necplus
ultra, wie Gottfried von Bouillon auf den Mauern von
Jerusalem, ein großes Kreuz auf. Die Seinen schleppten
dazu die mächtigsten Bäume herbei, die sie im Walde finden
konnten und stellten das Kreuz auf einen Hügel am Ufer
des Mississippi. Alle pilgerten in feierlicher Prozession herum.
Es sollte wohl zugleich eine recht eklatante und feierliche
Besitzergreifung des Nordens im Namen des Kaisers sein.
29,000 Indianer sollen dabei zusammen gelaufen sein und
die Hände zum Himmel wie zum Gebete emporgestreckt haben.

Soto wandte sich nun dem Westen zu. Dort hatte er
von Gebirgen gehört. Er dachte nun, daß da sein El Do-
rado sein müsse. Auf einem mühseligen Marsche während
des Jahres 1541 durchzog er die Gebiete des auch jetzt noch
schwach bevölkerten Staates von Arcansas. Doch waren
die mexikanischen Gebirge noch weit und auch dort sah er sich
in seinen Erwartungen getäuscht und zur Umkehr zum Mississippi genöthigt, an dessen Ufern sich mehr angebaute Maisfelder

befanden und wo die Wälder voll von Weinreben, Nuß-
und anderen Fruchtbäumen, auch Rehe und Hirsche häufiger
waren.

Kein Wunder, daß bei diesen unaufhörlichen vergeblichen Märschen die Truppen endlich ungeduldig und unzufrieden wurden und leidenschaftlicher als je von der Heimkehr
nach Cuba und Spanien redeten.

Soto, dessen Sinn und Ausdauer unbeugsam waren,
trat, als er dies spürte, in der Mitte des Lagers auf einen
Stein und hielt eine strenge Rede an seine Soldaten und
Offiziere, in welcher er sagte, wie er fordere, daß Niemand
sich seiner Pflicht und dem schuldigen Gehorsam entziehen
werde. Nach dem glänzenden Ausmarsche den sie gehalten,
würde, so erwarte er, jeder — wie er selber — sich schämen,
in einem so erbärmlichen Aufzuge, so mit Fellen und Pelzen
wie die Barbaren bedeckt, wieder vor ihren jungen Gemah-
linnen und vor ihrem Kaiser zu erscheinen. Was ihn selber
beträfe, so sei er entschlossen, dies Land noch weiter zu erforschen, bis er den großen König des Nordens herausgefunden habe. Und ihnen sage er, daß so lange er lebe und
das Commando führe, sich keiner mit der Hoffnung schmeicheln möge, je aus Florida herauszukommen, bis dies nicht
geschehen sei.

Diese Rede, die er mit einer stolzen Miene und dro-
hender Stimme vorbrachte, bewirkte zwar, daß sie alle ver-
stummten und geduldig und willig wieder seiner Fahne
folgten, denn sie wußten wohl, daß Soto der Mann war,
der seine Worte auch wahr mache. Allein es war dennoch sein
Schwanengesang.

Im folgenden Frühling 1542, als sie wieder ihr Lager
am Mississippi bezogen hatten, überkam den Soto, da er
sich in allen seinen Erwartungen getäuscht sah, ein finsterer
Trübsinn. Er, der bis dahin allen als Muster in Ertragung

der Leiden und Entbehrungen vorangeleuchtet, der sich stets
munter und frisch gezeigt hatte, und der in jeder Gefahr der
erste gewesen war, — brach zusammen.   Ein heftiges Fieber
ergriff ihn und raffte ihn in wenigen Tagen dahin.   Er
gab den Geist auf, nachdem er von allen seinen Gefährten
einen rührenden Abschied genommen und auch zuvor noch
seinen Unterfeldherrn Luis de Moscoso de Alvarado zu seinem
Nachfolger ernannt hatte.   Die Seinigen, welche fürchteten,
daß, wenn sie ihren Todten auf die gewöhnliche Weise begraben würden, die Indianer sein Grab stören möchten,
fällten einen großen Baum, den sie zu einem Sarge aus-
höhlten, und außerdem mit Erde und Steinen beschwerten.
In diesem Baume versenkten sie in der Stille der Nacht unter
vielen Thränen ihren großen Führer in das tiefe Bett des
Stromes, den er entdeckt hatte, ähnlich wie einst ihre Altvorderen
die Westgothen ihren Alarich in den Fluthen des Busento
in Unteritalien versenkt hatten.   Den Indianern aber erzählten sie, um sie zu beruhigen, der gefürchtete Sonnensohn
Soto habe nur eine kurze Reise zum Himmel angetreten,
und werde bald von da zurückkommen.

Das Andenken des Soto lebt noch heutiges Tages
unter den Bewohnern der südlichen Staaten der amerikanischen Union.   Dort pflegen die Leute noch jetzt die vielfach in
ihrem Lande verstreuten alten Schanzen und Umwallungen,
welche unsern sogenannten Schwedenschanzen ähnlich sehen,
„Soto-Läger" zu nennen.   Auch haben noch viele dortige
Flüsse, Ortschaften und Lokalitäten und sogar auch die apa-
lachischen Gebirge selbst in unserer Geographie diejenigen
Namen, die Soto dort zuerst in Erfahrung brachte und die
in der Geschichte seines merkwürdigen Zuges genannt werden.

Soto's Nachfolger Moscoso machte nun Anstalten, den
Rest der Armee, der noch aus etwa 350 Spaniern und
etlichen 40 Pferden bestand, zu den spanischen Colonien

heimzuführen. Nach einem mißglückten Versuche sich westwärts zu Lande durch die Prairien des jetzigen Texas durch-
zuschlagen, beschloß er es zu Wasser auf dem Mississippi und
dem mexikanischen Meerbusen zu bewerkstelligen und zu diesem
Zweck einige Fahrzeuge zu bauen. Er und die Seinen verwandelten ihre alten Musketen und anderes Eisenwerk, das
ihnen noch geblieben war, zu Aexten, Sägen, Nägeln und
Ankern. Sie speicherten in ihrem Winterquartiere des Jahres
1542 Bretter und Balken auf. Von den Indianern handelten sie einen großen Vorrath von den Mänteln und Zeugen
ein, welche diese aus einer gewissen malvenartigen Pflanze
verfertigten. Die alten Mäntel verbrauchten sie zum Kalfatern und die neuen stückten sie zu Segeln zusammen.
Aus derselben malvenartigen Pflanze, die in den Sümpfen
des Mississippi wuchs, drehten sie auch die nöthigen Stricke
und Ankertaue, und so brachten sie denn mit Mühe 7 kleine
Brigantinen zu Stande. Ihre Pferde schlachteten sie ein
und trockneten das Fleisch und fuhren den Strom hinab.

Kaum aber hatten sie den Rückzug begonnen, so erhob
sich die Bevölkerung des Landes umher wie ein Löwe, der
seinen Jäger auf der Flucht sieht. Hatten die Spanier
keinen Montezuma finden können, so war ihnen doch nun
ein rächender Guatimozin auf den Fersen. Ein junger krie-
gerischer und patriotischer Cazike des Mississippi-Thales,
Namens Qui-gual-tan-gui stellte sich an die Spitze aller zur
Verfolgung der Spanier verschworenen Stämme. Der Mississippi bedeckte sich mit einer Flotte von roth und gelb und
blau bemalten Kriegs-Canoes, welche die Flüchtigen Tag
und Nacht umschwärmten und ihnen hart zusetzten.

Unter beständigen Wasserschlachten und mit noch vielen
schmerzlichen Verlusten erreichte Moscoso doch endlich das
Delta und zuletzt die Mündung des Mississippi und fuhr
unter dem Triumphgeheul der Wilden, die sich die Sieger

wähnten, in den mexikanischen Meerbusen hinaus. Nach einer noch langen und mühseligen Küstenfahrt kam er endlich im Herbste des Jahres 1543 mit dem Reste seiner benarbten und in Thierfelle gehüllten Genossen in Mexiko an.

Dort war man seit 4 Jahren ohne alle Nachricht von dieser einst so glänzenden Truppe gewesen. Vergebens hatte die Regentin von Cuba Donna Isabella, die Gemahlin des Soto, ähnlich wie dies einst in einem gleichen Falle die Frau des Cortes gethan hatte, und wie es auch in unsern Tagen die berühmte Gattin eines andern großen amerikanischen Entdeckers that, Jahr für Jahr Schiffe ausgesandt, die längs aller weitgedehnten Küsten von Florida fuhren, um die Spuren des Soto zu suchen. Sie gingen sogar bis nach „Bacallaos" (Neufundland) hinauf, um überall in den Bäumen der Häfen und Baien Briefe und andere Merkzeichen für den Soto anzuheften.

Es war, wie ich sagte vergebens, und Donna Isabella mußte, nachdem sie erfahren hatte, wo ihr Gemahl seine Ruhestätte gefunden habe, als trauernde junge Wittwe allein nach Spanien zurückkehren. Der Mississippi aber gerieth bei den Spaniern in Vergessenheit. Nach der Expedition des Soto, der in seinen Winterlägern oft sogar im tiefen Schnee gesteckt hatte, erkannten die Spanier, daß der Norden nichts für sie sei. „Im Süden, im Süden, da liegt unser Heil", dies wurde nun mehr als je ihr herrschender Gedanke.

Für die nächsten 100 Jahre sah kein Spanier und auch kein Europäer den Mississippi wieder. Nur höchstens dann und wann bekamen ein Mal die spanischen Silberflotten, die alljährlich auf vorgeschriebener Bahn durch die nördlichen Partien des mexikanischen Meerbusens kreuzten, die äußersten Ausläufer des Mississippi-Deltas in Sicht, die der Fluß aus Schlamm und Waldkehricht wie lange Erdzungen in die See hinausgeschoben hat. Dabei gedachten sie

aber kaum des grandiosen Flusses von Floriba, in dessen
Bette der große Eroberer Fernando de Soto begraben lag.
Sie nannten es bloß El Cabo di Lodo (das Schmußkap
oder das Vorgebirge des Morastes).

In der That ein bedeutsamer Name! denn er zeigt be=
stimmt genug die Ursache an, woher es kam, daß es mit
der Entdeckung des Mississippi so langsamen Fortgang hatte.
Alle die andern großen Ströme Amerikas, der Lorenzo, der
Orinoco, der Amazonenstrom, der La Plata haben beim Meere
breite, tief einschneidende und zur Erforschung einladende
Busen, in welche die Seefahrer gleichsam von selbst hinein-
geführt wurden. Sie haben ihren Mund weit wie Trompeten
geöffnet, während der Mississippi den seinigen fast wie eine
Auster geschlossen hat.

Alle jene Ströme waren daher schon wenige Jahrzehnte
nach des Columbus Tode nicht nur entdeckt, sondern auch
mit Seeschiffen auf= und abwärts befahren. In den Mississippi,
der mit „Schmuß- und Morast-Kaps" endigte, die jeder gern
vermied, wurde Niemand von selbst geführt. Und dieser
wichtigste Strom der neuen Welt, der jetzt mehr Flotten
trägt, als alle andern zusammen, blieb daher noch für mehr
als ein Jahrhundert ein Buch mit sieben Siegeln. —

Auch kam es daher, daß er endlich nicht wie die andern
Ströme von der S e e her a u f wärts, sondern von oben, von
seiner Q u e l l e her, a b wärts für Europa gewonnen wurde.
Erst 130 Jahre, nachdem die kriegerischen Gefährten des
Soto von den Wilden aus der Mündung des Mississippi
hinausgescheucht waren, wurde diejenige kleine Barke zum
Fluß hinüber getragen, die ihn seiner ganzen Länge nach
befahren und der Welt bekannt machen sollte.

Es ist in der Geschichte der Entdeckungen ein besonderes
interessantes Studium zu erkennen, wie die Ereignisse sich
gerade so entwickelten, wie sie sich der Lage der Dinge und

der Beschaffenheit der Länder und Meere nach entwickeln
mußten. Dieses Studium läßt uns viele Begebenheiten,
die uns auf den ersten Blick zufällig erscheinen, sowohl
dem Ort als der Zeit nach als providentiell verbunden erkennen. Dies ist sogar meistens selbst im Detail nachzu-
weisen. Freilich kann ich hier nur im Allgemeinen
darauf hindeuten. Aber was ich behaupte ist, daß die
Entdeckungsgeschichte Amerika's gewissermaßen dem Wachsthum einer Blume verglichen werden kann, daß sich darin
Alles fortschreitend mit einer gewissen Nothwendigkeit entfaltet und abgezweigt hat. —

Der Mann, welcher das Ruder jener kleinen Barke
leitete, die wie ich sagte im Jahre 1673 von oben her auf
dem Mississippi herabschwamm, war der Vater Marquette,
ein Mitglied des damals in Amerika mächtigen und so zu
sagen allgegenwärtigen Ordens der Jesuiten.

Ich kann diesen merkwürdigen Orden hier nicht zum
zweiten Male nennen, ohne, was ich vielleicht schon
längst hätte thun sollen, auf die außerordentliche Energie
aufmerksam zu machen, mit welcher die Mitglieder desselben
bei der Entdeckung der neuen Welt sich von vornherein
betheiligt haben.

Der Orden wurde zu einer Epoche gestiftet, als eben
dieses Werk der Entdeckung recht in vollen Gang gesetzt
war. Kaum war die Gesellschaft der Jesuiten begründet,
so war ihr erster Gedanke, die Neuen Welten in die Einheit
des christlichen Glaubens zu schlingen, die moralische Ge-
meinschaft des Erdballs zu begründen und so die durch die
Propheten verheißene Einheit auf der ganzen Erde in Erfüllung zu bringen.

Sogar noch die persönlichen Schüler, Sendboten und
Zeitgenossen des Loyola bestiegen alsbald die Schiffe der
Portugiesen, und segelten mit ihnen nach Osten, alsdann die

der Spanier und der Franzosen und segelten mit ihnen nach Westen.

Dort im Orient, wo sie in Japan und China auf den Molukken tiefer eindrangen, und intimere Kenntniß der Dinge erwarben, als je ein Europäer vor und nach ihnen, bauten sie in erstaunlicher Schnelligkeit eine weitgreifende christliche Kirche auf, der man freilich den Vorwurf gemacht hat, daß sie nur zu schnell gebaut worden sei, um lange zu bestehen.

Hier im Westen, in Amerika, war ihrer Thätigkeit das größte Feld bereitet. Sie folgten hier nicht nur den spanischen Schiffen, sondern auf der neuen Erde angekommen, stellten sie sich überall an die Spitze. Sie erforschten die Länder in ihren entlegensten Winkeln sowohl in den dichten Fichten=Gehölzen Canadas, aus denen selten das Eis weicht, als in den Urwäldern der Tropen, in denen eine stets heiße und erstickende Luft brütet.

Sie spürten den amerikanischen Wilden in allen Verstecken nach, nicht mit dem Schrecken des Schwertes, sondern unbewaffnet mit dem Kreuze und mit den Gesängen der Kirche, die den Barbaren so anziehend, so unwiderstehlich waren, daß man gesagt hat, die Jesuiten hätten die Flöte des Orpheus wiedergefunden, mit der sie den Frieden in die Wildnisse gebracht und sich die Wölfe unterthänig gemacht hätten.

Häufig zwar wurden sie von diesen kaum gezähmten Wölfen, die sich der wankelmüthigen Natur der Indianer gemäß, zuweilen gegen ihre Wohlthäter erhoben, zerrissen. Schon im Jahre 1569, d. h. kaum 20 Jahre nachdem die ersten Jesuiten nach Amerika gekommen waren, hatten die Indianer den Ordens=Kalender um mehr als 50 Märtyrer bereichert, die den Tod für ihre Sache erduldet hatten und unter die Heiligen versetzt waren. Aber immer kehrten sie sanftmüthig zu ihren Kindern zurück und begannen das

21*

Werk in der angefangenen Weise von Neuem. Anchieta,
der Thaumaturgos (Wunderthäter) der Neuen Welt, Almeida,
ein geborner Engländer, aber schon auf Erden, wie seine
Verehrer sagten, zu einem Engel geworden, Nobrega, den
man „den Vater der Söhne des Waldes," genannt hat,
das sind einige der langen Reihe von Namen, welche sich
in der Culturgeschichte der Neuen Welt unvergeßlich gemacht
haben, die dem uralten blutigen Hader und Kriege Aller
gegen Alle unter den Rothhäuten ein Ende machten, und
die am Paraguay wie am Amazonas, und am Fuße der
Anden die erste Friedensglocke in den kleinen Kapellen auf-
hingen, welche sie mit eigener Hand erbauten.

Als sie zu größerem Ansehen und Mitteln gelangten,
veränderten sie allmählig diese kleinen Kapellen zu prächtigen
und großen Kirchen und Collegien, und da sie die bisher
einzig richtige Methode erfanden, und das allein praktikable
System aufstellten, um die Indianer zu sammeln, zu firiren
und wo nicht zu civilisiren doch zu zähmen, so veränderten
sie allmählig ihre kleinen Indianer-Missionen zu großen
höchst merkwürdigen Indianer-Staaten, in denen diesen
Leuten wenigstens derjenige Grad von bürgerlicher Ordnung
und Freiheit gesichert blieb, dessen ihre wilde Natur fähig
zu sein scheint.

Die Jesuiten waren überall in Amerika die Vorfechter
der indianischen Freiheit, und als solche haben sie von ihren
eigenen Landsleuten oft eben so viel, oder wohl mehr Verfolgung erlitten, als von den Barbaren, an deren Spitze
sie zuweilen fern von den nach Sklaven begierigen Colonien
der sogenannten Civilisirten in die Wüsten hinauszogen, um
dort die Freiheit zu retten, und um dort ein Gemeinwesen
zu stiften, wie es ihren Adoptivkindern angemessen und
wohlthuend war, welches nicht, wie alle anderen früheren

und späteren Civilisirungsversuche der rothen Race, mit ihrer Vernichtung endete.

Die Missionäre und Entdecker, die der Jesuitenorden aussandte, waren großen Theils in eben so hohem Grade wie mit Märtyrermuth und Staatsklugheit, auch (und dies interessirt uns hier insbesondere) mit Kenntnissen und Gelehrsamkeit ausgerüstet. Sie waren leidenschaftliche Reisende, Naturforscher und Geographen, sie waren die besten Mathematiker und Astronomen ihrer Zeit. Sie haben die unbekannten Länder und Völker, welche sie sahen, zuerst am treusten und umständlichsten geschildert. Es sind wenige Striche des Innern von Amerika, für die nicht die Arbeit eines Jesuiten das älteste Hauptwerk sei. Kaum können wir irgend eine amerikanische Sprache studiren, ohne bei unserer Forschung auf irgend eine von einem Jesuiten verfaßte Grammatik dieser Sprache als Grundlage des Studiums zu stoßen.

Neben ihren Capellen und Collegien in der Wildniß bauten die Jesuiten auch Sternwarten, und es giebt wenige Flüsse, Seen und Gebirge im Innern von Amerika, die nicht zuerst von einem Jesuiten auf einer Landkarte verzeichnet worden wären.

Es gab eine Zeit, in welcher der Ordensgeneral der Jesuiten in Rom, bei dem alle Karten, alle Berichte, alle Grammatiken aus allen Himmelsgegenden zusammenströmten, der bestunterrichtete Mann der Welt gewesen sein muß. Denn er stand an der Spitze eines Reiches, das — größer als das Reich der Macedonier und Römer, — mit dem Breviarium, mit dem Rosenkranze und mit Kirchengesang erobert, vielarmig sich um den ganzen Globus schlang und dessen Sendlinge und Beamten, wie in die geheimsten Cabinette der Kaiser und Könige, so zu den verstecktesten Quellen der Ströme und Gewässer der Alten und Neuen Welt vor- und eindrangen.

„Wer könnte die Geschichte der Jesuiten außerhalb
Europas ohne eine gewisse, freilich getheilte Bewunderung
lesen! welche Geschicklichkeit haben sie da entwickelt! welchen
Geist im Auffinden von Hülfsmitteln! welche Wissenschaft,
die geringsten Einzelheiten zu benutzen! welcher Helden-,
welcher Entsagungsmuth zeigt sich bei den Einzelnen! wie
viel stiller Gehorsam bei den Untergebenen! man kann die
Geduld, die Inbrunst und dabei die Kühnheit nicht wohl
weiter treiben als die Jesuiten es gethan haben!"

In diese Worte bricht ein geistreicher französischer
Schriftsteller aus, da er in seinem Werke, das g e g e n d i e
J e s u i t e n geschleudert war, auf die Thätigkeit dieses
Ordens in Asien zu sprechen kommt. — Uns, die wir uns
hier mit der Geschichte der Geographie Amerikas beschäftigen,
wo wir von ihnen noch viel mehr als in Asien zu lernen
haben, wäre wohl ein bischen wissenschaftliche Theilnahme
für die J e s u i t e n noch eher zu verzeihen, wenn wir auch in
der Feindschaft und dem Kampfe gegen den J e s u i t i s m u s
jenem Franzosen nicht nachstehen möchten.

Doch ich kehre nun zu jener kleinen Barke zurück,
welche, wie ich sagte, am Ende des 17. Jahrhunderts, den
ganzen Mississippi hinabschwamm, und die a u c h e i n e n Jesuiten enthielt, und die mich zu jenen etwas abschweifenden,
aber wie mir es schien hier nicht unpassenden Bemerkungen
führte. Die französischen Jesuiten hatten damals schon, wie
ich in dem vorhergehenden Abschnitt erzählte, den westlichsten
Winkel der großen Seen des St. Lorenzo - Systems erreicht
und erforscht. Sie hatten dort bei den diese Gegenden bewohnenden Algonquin-Stämmen, wie ich sagte, von einem
großen Strom gehört, der im Hintergrunde der Seen vor-
überflösse und den sie Missepi, oder Metschasepi, oder
Mississippi, d. h. den Vater der Gewässer nannten.

Der Ruhm dieses Stroms war namentlich bei den

Leuten am Michigansee (oder wie er damals hieß Lac des
Illinois) verbreitet, und schon seit uralten Zeiten her waren
die Indianer gewohnt gewesen, bei ihren Jagd- und Kriegszügen ihre Rindencanoes aus den Nebenflüssen jenes Sees
in denen des Mississippi durch das Gebiet des jetzigen Staates
von Wisconsin hinüber zu tragen. Diese historischen Vorgänge bezeichneten den Weg, den die französischen Entdecker
geführt werden mußten.

Das letzte von den Jesuitenmissionären gepflanzte Kreuz
stand damals an der Quelle des sogenannten kleinen Fuchs-
flusses, der in den Michigansee fließt, genau an der Grenze
der Wasserscheide der beiden großen Stromsysteme des Lorenzo und des Mississippi. Jenseits des Kreuzes floß der
„Mescousin“ zum Mississippi hinab. Es ist ein Flußname,
der später zu „Wisconsin“ verändert als Name eines Staates
so berühmt geworden ist. Hier begann der Missionär Marquette, voll Begierde die Herrschaft des Kreuzes weiter auszubreiten und die Völker am Vater der Flüsse zu bekehren,
im Mai des Jahres 1673 seine merkwürdige Entdeckungs-
reise. Er hatte einen energischen Mann, den Sieur Jolliet,
einen Bürger aus Quebec, und außerdem fünf weitgereiste ge-
prüfte französische Pelzjäger mit sich und diese merkwürdige
kleine Gesellschaft von Mississippientdeckern glitt in zwei
Rindencanoes den fisch- und vogelreichen Wisconsinfluß hinab.

Die Landschaft, die sie durchschnitten, gleicht einem rei-
zenden von der Natur angelegten Park. So lieblich das
Land, so abschreckend aber waren die Nachrichten, welche
Marquette und die Seinigen über die Beschaffenheit des
Westens von den Eingeborenen erhielten.

Diese vernahmen mit Erstaunen von dem Plane der
kleinen Truppe kühner Franzosen, und suchten sie von ihrem
Vorhaben abzubringen. Die Beschiffung des großen Stromes,
sagten sie, sei äußerst gefährlich. Er sei voll von Unge-

heuern, welche Menschen und Rindencanoes verschlängen. An einer Stelle sogar gäbe es einen riesigen Dämon, dessen Gebrülle man schon von weitem vernähme, und der alle, die sich ihm nahten, in einen Abgrund stürze. Auch sagten sie, das ganze Land umher sei mit streifenden Kriegerbanden erfüllt, von denen das Schlimmste zu befürchten wäre. Wahrscheinlich deuteten sie mit diesen Schilderungen theils auf die malerischen und berühmten St. Antonius-Katarakten des oberen Mississippi, theils auf die i h n e n, aber nicht den Europäern so gefährlichen Stammfeinde, die Siouxindianer.

Vater Marquette, der die Seele des Unternehmens war, antwortete ihnen, er habe eine höchst wichtige Angelegenheit im Westen zu besorgen, die Verbreitung der Erkenntniß des wahren Gottes. Wenn es nöthig sei, würde er d a f ü r sein Leben mit Freuden opfern. Aber er wolle sich bemühen, gegen Dämonen und Kriegerbanden auf seiner Huth zu sein, und er hoffe ihnen zu entschlüpfen.

Durch blumige und fruchtbare Wiesen- und Waldland-schaften, bei belaubten und von wilden Weinreben berankten Inseln und Hügeln vorüber, führte sie der helle Wisconsin abwärts. Unter den Eichen- und Nußbäumen weideten Rehe und wilde Kühe in großer Menge. Die Reise ging glücklich von Statten, und etwa fünf Wochen nach ihrer Einschiffung am Michigansee liefen sie aus dem Wisconsin hinaus und in den großen Vater der Gewässer ein, der seine hier sehr klaren Fluthen durch reichgeschmückte Ufer nach Süden rollte.

Bei diesem Anblick, sagt Vater Marquette in seinem Tagebuche, das wir noch in wenigen selten gewordenen Exemplaren besitzen, sei ihre Freude unaussprechlich groß gewesen. Sie bestimmten die geographische Breite dieser Punkte ziemlich genau und überließen sich der hier sehr sanft fließenden Strömung, die sie dem Süden zuführte.

Sie fuhren über 60 Lieues auf dem Fluß hinab, ohne etwas anderes zu erblicken, als große Heerden von Büffeln und Schaaren von verschiedenen anderen Thieren und Vögeln, weitgestreckte Wiesen auf dem einen Ufer, bunt= gestaltete Berg= oder Hügelreihen auf dem anderen. Hie und da gingen sie auf kurze Zeit ans Land, machten ein Feuer an und bereiteten ihre Mahlzeit, stiegen aber dann aus Furcht vor feindlichen Ueberfällen schnell wieder in ihre Böte und verbrachten auch die Nächte in ihren Canoes, mit denen sie sich weit vom Lande vor Anker legten.

Endlich nach achttägiger stiller Fahrt fanden sie die ersten Spuren von Bewohnern, einen betretenen Pfad, und bald darauf ein Indianerdorf vom Stamme der Illinois.

Diese Leute nahmen die Fremden freundlich auf und reichten ihnen die Friedenspfeife. Marquette fand, daß bei diesen Mississippianwohnern die Franzosen durch den Ruf schon eben so bekannt waren, wie der Mississippi selbst es seit einiger Zeit bei den Franzosen geworden war. Auch entdeckte er, daß europäische Handelswaaren bereits den Franzosen voraufgegangen seien. Er sah französische Kleider und Eisengeräthe. Ja er fand sogar schon euro= päische Gewehre in Gebrauch, welche durch Vermittelung der zwischenwohnenden Stämme hierher gekommen waren. Dies war jedoch nur auf dem Ostufer des Mississippi der Fall. Die Völker auf der Westseite wußten nichts von den Europäern, von ihren Fabrikaten und namentlich auch nichts von Pulver und Gewehren, mit deren Donner ihre östlichen Nachbarn sie in Furcht und Schrecken hielten. Es ist eine sehr allgemeine und sehr interessante Erscheinung, die sich überall in Amerika wiederholt, daß den Europäern selbst ihre Waaren und sogar auch ihre Thiere und mit ihnen viele ihrer Sitten und Gebräuche bei den Eingeborenen vorauf gingen. Dasselbe zeigt sich auch bekanntlich bei unsern germanischen Altvoderen in Bezug auf die Römer, deren Münzen und Waaren der geflügelte Mercur viel weiter verstreute als Mars ihre Cohorten.

Vater Marquette erkundigte sich bei diesen Leuten vorzugsweise nach der Natur und dem Laufe des großen von ihm gefundenen Stromes. Er hörte aber nur, daß er weit hinauf bei den Nationen des Nordens aus mehreren kleinen Seen entspringe. Auf die Frage, zu welchem Meere er hinabginge und wie weit es noch bis dahin sei, wußten sie nichts zu antworten.

Marquette schwebte über diesen Punkt anfänglich in großen Zweifeln. Er schwankte zwischen drei Meeren. Einmal dachte er es sich möglich, daß der Fluß westwärts herum gehen möchte zum Meerbusen von Californien und nach der Südsee. Dann auch meinte er, er könne sich ostwärts wenden, und in einem der Flüsse, welche die Engländer an der Küste von Virginien gesehen hatten, deren Größe und Quellen sie aber damals noch nicht kannten, ausmünden. Endlich dachte er auch, er möge stets so wie bisher nach Süden fließen, und sich in den Golf von Mexico ergießen. Es scheint nicht, daß Vater Marquette die alten Berichte der Spanier über die Expeditionen des Soto im Mississippilande gekannt und studirt habe. Sie werden in seinen Memoiren gar nicht erwähnt.

Bis Ende Juni blieben er und die Seinen bei den Illinois, mit denen sie sich sehr befreundeten und von denen sie mehrfache Unterstützung zur Fortsetzung ihrer Reise erhielten. Der Mississippi ging immer direkt südwärts weiter, und friedlich wogten sie auf seinem schönen, klaren und sanften Wasser hinab.

Plötzlich wurde diese gemächliche Reise durch die Einmündung eines stürmisch fließenden und schmutzigen Stromes unterbrochen. Derselbe führte eine gewaltig große Wasser-

masse und eine Menge von Bäumen und Gesträuchern, ja
ganze schwimmende Inseln „fast wie ein Wasserfall brausend"
herbei. Es war der wilde Missouri, der aber, wie Marquette sagt, bei den Eingeborenen der „Pekitanoni" hieß.

Diesen Namen Pekitanoni führt der Missouri noch 40
oder 50 Jahre nachher in vielen französischen Büchern und
Karten. Doch erscheint auch auf der Karte Marquette's
schon der Name „Missouri," indessen nur als die Benennung
eines indianischen Dorfes oder Stammes. Von diesen
Missouriindianern in der Nähe der Mündung des Flusses,
mit denen die Franzosen bald viel zu thun bekamen, wurde
dann nachher der Name des Stromes „La Rivière des
Missouris" abgeleitet. Marquette sah den gewaltigen
Strom aus Westen kommen, wohin nach einer seiner Vermuthungen der Mississippi eben gehen sollte.

Er mußte nun wohl glauben, daß der Continent dort
im Westen noch außerordentlich breit und die Südsee noch
sehr fern sei, daß das Land dorthin sich auch nicht hinab-
dache, sondern bergan steige. Auch hörte er von den Eingeborenen, aus wie außerordentlich weit entlegenen Ländern
der Pekitanoni herabkomme. Er wurde daher nun schon
mehr in der Meinung bestärkt, daß der Mississippi in den
mexicanischen Golf hinab fließen müsse.

Er hörte von den Indianern, daß es hinter den Quellen
des Missouri wieder einen andern Fluß gäbe, der nach
Westen fließe und sich in das westliche Meer ergieße. Dieß
meinte er, müsse wohl die Südsee sein. Er beschloß, wenn
Gott ihm Gnade und Gesundheit dazu gäbe, diese Entdeckung später ein Mal auszuführen. Er ahnte freilich
nicht, welche große Schwierigkeiten einem solchen Unternehmen
im Wege ständen und daß es erst 140 Jahre nach ihm
zwei kühnen Europäern, den berühmten Lewis und Clark,

den Erforschern des Missouri, gelingen sollte, seinen Plan
durchzuführen.

Einstweilen setzte er seine Südfahrt auf dem Mississippi
fort und gelangte nach einigen Tagen bei hohen felsigen
und sehr großartig und romantisch gestalteten Flußufern
vorbei, zu der Mündung eines andern großen Nebenflusses,
der aus Osten kam. Die Landeskinder nannten ihn „Wa-
bouskigou" (den Fluß Wabous). Es ist ohne Zweifel der
später von den Franzosen „Wabash" genannte Fluß, der
nachher in seinem Hauptcanale den Namen Ohio, d. h. der
schöne Fluß bekam, indem dann der alte Name „Wabash"
bloß einem seiner Neben=Branchen blieb. Der Lauf des
Ohio, von dem die Eingeborenen dem Vater Marquette er=
zählten, daß er weit aus den Ländern des Ostens von
Völkern herkomme, die den Irokesen benachbart seien und
beständig mit ihnen im Streite lägen, mußte nun auch die
Hypothese von dem Herumbiegen des Mississippi nach Osten
und von seinem Ausfließen in den atlantischen Ocean an
den Küsten Virginiens oder Florida's schon als unbegründet
erscheinen lassen. Kamen so große Gewässer von daher, so
schien es ziemlich erwiesen, daß das Land auch dahin sich
nicht abdache, sondern vielmehr zu Gebirgen aufsteige.

Auch unterhalb des Ohio fand Marquette überall die
Anwohner des linken Stromufers mit eisernen Werkzeugen,
Beilen, Messern und sogar mit Gewehren, Pulver und Blei
versehen, obwohl nach Soto's Zeiten ohne Zweifel kein
Europäer wieder bei ihnen gewesen war. Sie versicherten
ihm, sie bekämen diese Dinge aus dem Osten, durch die
Vermittelung dort wohnender Europäer, also ohne Zweifel
der Engländer in Virginien, die damals selbst zwar noch
nicht die Alleganischen Gebirge überstiegen hatten, deren
Waaren aber wie gesagt als Vorläufer schon bis zum
Mississippi gelangten.

Von der andern Seite aus Westen und Südwesten schienen auch schon ähnliche Vorläufer der Europäer aus Mexico ebenfalls bis an den Mississippi gekommen zu sein. Vater Marquette spricht von Nationen, welche Pferde hätten. Es läßt sich dies nicht anders erklären, als daß die verwilderten Pferderacen der Spanier von Mexico schon damals auf ihren Wanderungen die Prairien im Westen des Mississippi erreicht hatten. So stießen denn die Waaren sowohl der Spanier als auch der Angelsachsen am Mississippi schon lange vorher zusammen, ehe ihre Interessen und Waffen sich selber hier kreuzten.

Marquette und die Seinen führten noch immer das „Calumet,“ die Friedenspfeife bei sich, mit welcher sie die Illinois-Indianer beschenkt hatten, und hielten sie überall zum Zeichen, daß sie in guter Absicht kämen, den Flußanwohnern entgegen, wenn diese mit einem feindlichen Angriffe drohten. Zuweilen kamen sie in sehr gefährliche Lagen, aber am Ende halfen doch immer das Calumet und das Breviarium, ihre frommen Gesänge und ihr ganzer friedlicher Aufzug, mit dem sie den Strom hinabglitten, und der im großen Contraste zu der kriegerischen Erscheinung stand, mit welcher einst der Ritter De Soto denselben Strom hinaufgezogen war.

Auch war es dem Vater Marquette nicht wenig nützlich, daß er sechs indianische Sprachen redete, und unter diesen das Illinois, welches die Leute sogar noch weit abwärts verstanden. An einem südlichern Punkte erreichten sie wieder einen großen Fluß und dabei einen Indianerort, welcher „Akamsa“ hieß. Es ist ohne Zweifel der später verstümmelte und umgemodelte Name „Arcansas“, den jetzt das berühmte große Gewässer trägt, welches dem Mississippi von Westen her aus dem Felsengebirge zufließt.

Durch die Vermittelung der hier getroffenen Leute,

welche das Illinois verstanden, theilte Marquette ihnen
etwas von den Mysterien des christlichen Glaubens mit.
„Er war freilich nicht gewiß, ob sie verstanden, was er
ihnen vom Himmel sagte. Aber es sei doch eine ausge-
streute Saat, so dachte er, die einst zu ihrer Zeit Frucht
bringen würde."

Dies mochte er um so mehr glauben, da jene Arcansas-
indianer sich sehr dienstfertig und freundlich zeigten, und
den ganzen Tag Opferfeste für ihn bereiteten und Hunde
für ihn schlachteten.

Auch fand er überall Ackerbau bei ihnen verbreitet und
sehr viele Felder mit Mais bestellt, ebenso wie es auch
Soto einst am Mississippi gefunden hatte. Nichts aber erfuhr Marquette hier von Traditionen aus der Zeit jenes
kriegerischen Heerführers, der doch hier überall gewesen war,
und so ganz anders geartete Eindrücke unter den Bewohnern
hinterlassen haben mußte, als der friedliche, das Evangelium
predigende Marquette und seine stillen und geduldigen
Begleiter.

Zehn Tagereisen, so sagten ihm die Arcansas-Leute,
habe er nun noch bis ans Meer und der Fluß laufe dahin
wie bisher stets südlich fort, sie kennten aber nicht die Nationen, welche dort wohnten und würden von ihnen durch
feindliche Nachbarn geschieden. Marquette betrachtete es
nun als ganz entschieden, daß der Mississippi sonst in kein
anderes Meer fließe, als in den mexicanischen Golf, von
dem er nun nur noch $1\frac{1}{2}$ Grad entfernt zu sein glaubte.

Dies auszumachen, war wie es scheint, zuletzt als die
Hauptaufgabe der ganzen Expedition betrachtet worden.
Er hatte dies Problem nun gelöst, auch ohne selbst bis zu
jenem Golf vorgedrungen zu sein. Dieses Vordringen
bis an den Rand des Meers schien dem Marquette außerordentlich mißlich, nicht sowohl der feindlichen Indianer,

als vielmehr der dort herrschenden Europäer wegen. Die
Indianer waren ja auch vorher schon immer als sehr
feindlich geschildert worden, und doch hatte sich der geschickte
Jesuit überall mit ihnen auf freundliche Weise abzufinden
gewußt. Aber mit den am Golf von Mexico herrschenden
Spaniern wäre dies anders gewesen, welche seit
alten Zeiten alle Länder im Norden des Golfs als
ihnen gehörig, als von ihnen entdeckt, als mit dem Blute
ihrer Vorfahren gedüngt und erobert, als von der heiligen
Kirche ihnen zugesprochen betrachteten.

Am Ufer jenes Golfs erwartete Marquette, auf Ansiedlungen oder doch auf Schiffe der Spanier zu stoßen. Bei
der gegen fremde Entdeckungsreisende äußerst feindlichen
Politik der Spanier hätte ihn in diesem Fall ein höchst
trauriges Schicksal getroffen. Harte und vielleicht ewige
Gefangenschaft wäre ihm gewiß gewesen. Die ganze Frucht
seiner Entdeckung wäre verloren gegangen. Die Spanier
begruben ja sogar ihre eigenen Entdeckungen in Verborgenheit vor der Welt, wie viel mehr die von Fremden gemachten.

Bei der Mündung des Arcansas, wo sie einen Rath
darüber hielten, beschlossen daher die Franzosen wieder nach
dem Norden zurück zu kehren. Am 17. Juli verließen sie
ihr südliches Non plus ultra und arbeiteten sich auf einer
gefährlichen und mühevollen Reise gegen die Strömungen
des Mississippi mit ihren kleinen Canoes hinauf.

Auf der Rückreise gewahrten sie, etwas oberhalb der
Einmündung des Missouri, noch einen andern Fluß, der
aus Nordosten zum Mississippi kam und den wir jetzt den
»Illinois« nennen. Die bei den Anwohnern eingezogenen
Erkundigungen sowohl, wie eigene Ueberlegung machten es
dem Marquette gewiß, daß dieser Fluß ihn auf einem
direkteren Wege als der Wisconsin zum Michigansee hin-
bringen würde. Er nahm als Wegweiser einen Chef der

Eingeborenen mit sich, der mit der Schifffahrt und Beschaffenheit dieses Stromes bekannt war und gelangte so bis an die Südufer des Michigansees, in deren Nähe der Illinois seine Quelle hat.

Er war demnach auch der erste Europäer, der die schönen, weiten und fruchtbaren Fluren, des großen Staates Illinois ihrer ganzen Ausdehnung nach bereiste und auch beschrieb. „Nie," sagt Marquette, „habe ich etwas gesehen, was diese Gegenden an Güte des Terrains, der Wiesen, der Gehölze, an Reichthum des Wildes, der Rehe, der Hirsche, der Vögel, der Schwäne, der Enten und selbst der Biber überträfe." — In der Nähe der jetzigen großen und blühenden Handels= und Hafenstadt Chicago kam er im Herbste des Jahres 1673 zum Michigansee hinüber, von dem er im Frühling ausgegangen war. Bald nachher aber erlitt er unter dem Tomahak einiger wilden Canadier den Märtyrertod, und seine Gebeine wurden in der Quellengegend des Mississippi begraben, wie die des Soto in einem Eichbaum in dem mittleren Flußgebiete versenkt worden waren, und wie die des Narvaez im Angesichte des Mississippi-Delta auf dem Grunde des Meeres bleichten.

Der Mississippi selbst aber wurde nun bald darauf von den französischen Pelzjägern und Kriegern, die ihrem Landsmanne auf dem Fuße folgten, unterjocht und allmählich auch in den meisten seiner Nebenbranchen erforscht. Die Franzosen, welche im Laufe der ersten Hälfte des 18. Jahrhunderts viele kleine Ortschaften an den Bluffs des Stromes bauten, traten ihn dann den Spaniern ab. Diese aber händigten ihn am Anfange des 19. Jahrhunderts noch ein Mal den Franzosen ein, — es war als wenn man mit dem Strom=Titanen hin und her Ball gespielt hätte — und Napoleon, des Spiels überdrüssig, verhandelte endlich den Mississippi mit Allem was daran hing, für einige

Millionen Thaler, wie Esau seine Erstgeburt um ein Linsen-
gericht, an die Vereinigten Staaten.

Und diese Bürger der Vereinigten Staaten haben nun in
unserer Zeit das Stromgebiet mit Bevölkerung überschwemmt.
Sie haben in kurzer Frist 8 Millionen „Arbeiter“ in seine
Zweige- und Thäler ausgegossen und wie durch ein Zauber-
wort große prachtvolle Städte und Handelshäfen hervor-
blühen lassen, in denen die Flotten riesiger Dampfer sich
schaaren, wie die Schwäne auf unsern Teichen. Unter ihren
Händen ordnet sich der wilde Naturpark des Mississippi zu
einem Garten der Pomona und Ceres. Künstliche Reben-
gelände ranken längs den Ufern, und der Fluß der wilden
Sioux und der barbarischen Choctas beginnt mit dem Vater
Rhein um die Palme zu streiten. Auch haben sie dann
endlich seine entferntesten Arme und Quellen in den Felsengebirgen erforscht und haben sich längst derselben hinüber-
geschwungen zur Südsee, wo sie schon in aller Schnelligkeit
die Stiftung eines neuen großen Reiches begannen.

X.

Der Marsch der Russen und Kosaken durch Sibirien nach Amerika.

Annika Stroganow schickt seine Leute über den Ural (Anno 1570). — Jermak Timofejeff und seine Kosaken reiten über den Ural (1578). — Jermak erobert »Sibir« (1580) — Die Kosaken erreichen die Lena (1628). — Die Kosaken erreichen das Ufer der Südsee (1645). — Die Kosaken erobern Kamtschatka (1690—1706). — Die Kosaken hören vom »Großen Lande« (Amerika) seit (1706). — Peter der Große befiehlt die Entdeckung des »Großen Landes« (Nord-West-Amerika's) (1723). — Bering und Tschirikow erreichen Amerika von Sibirien aus (1741). — Die Russen erobern Nord-West-Amerika seit (1760).

Am Anfange des 18. Jahrhunderts hatten sich schon fast sämmtliche Nationen Europa's bei dem gemeinsamen Werke der Entdeckung Amerika's betheiligt, und Colonien von ihnen allen waren bereits in der Neuen Welt angelegt. Jede von ihnen hatte längst ihren Antheil dahingenommen: die Spanier und Portugiesen, die sich von vornherein an die Spitze der Bewegung gestellt hatten, den Löwen-Theil; die Holländer, die Franzosen, die Briten, denen der Reihe nach das Scepter oceanischer Herrschaft zurollte, waren jenen auf dem Fuße gefolgt, und hatten trotz des päpstlichen Apfelschnitts sich weite Gebiete erhascht. Die beiden letztgenannten herrschten fast über den ganzen Osten der nördlichen Abtheilung des Continents, und neben ihnen saß auch schon im eisigen Grönland das kleine aber kühne Volk der Dänen. Selbst die Bewohner Mitteleuropas, die Deutschen und Italiener, waren vielfach sowohl auf ihre eigene Hand als auch in Begleitung der anderen Völker als nützliche Colonisten, als kundige Flottenführer und als wissenschaftliche Forscher jenseits des atlantischen Oceans erschienen.

Daß am Ende sogar auch die im fernsten Osten unseres Welttheils wohnenden Russen nach Amerika gekommen sind, ist in der That fast ein Wunder zu nennen. Denn sie sind nicht nur von allen Europäern in direkter Linie von dem Hauptkörper Amerika's am weitesten entlegen — (ein durch die Mitte Nordamerika's gezogener Meridian geht durch die Mitte des europäischen Rußlands), — sondern sie schienen auch von der Neuen Welt durch eine weit ausgedehnte Masse unermeßlicher Wüsteneien auf ewig geschieden. Nichts desto weniger haben ihre Kosaken den Weg durch dies sibirische Länder-Wüsten-Labyrinth nach Amerika gefunden und haben auf ihre eigene Hand und auf ihre eigene Weise eine ganz neue und eigenthümliche Entdeckung der Neuen Welt zu Stande gebracht. Allen andern Völkern Europas zeigte Columbus den Weg. Die Unternehmung der Russen allein hat mit der Fahrt des Columbus nichts zu thun. Alle andern Völker spannten die Segel aus und erreichten die Neue Welt auf den nassen Wegen des Oceans. Die Russen allein setzten sich zu Pferde und schlugen die Ueberland-Route ein. Sie haben einen Ritt um die Welt ausgeführt. Alle andern Völker kamen aus Osten mit der Sonne in das Westland. Die Russen allein gelangten aus Westen dahin, ritten der Sonne entgegen, und ihre Wanderung war der allgemeinen Richtung der Civilisation und Colonisirung aus Südasien über Europa nach Amerika entgegengesetzt. Durch den ganzen Norden

22*

von Asien in einer wunderbar schnellen Eroberung sich hindurch arbeitend, sind sie in kurzer Zeit an den Ufern des
Stillen Oceans angekommen, und haben dort dann ihren
eigenen Columbus, der ihnen Ansprüche auf das amerikanische Sibirien erwarb, erzeugt. In wissenschaftlicher Hinsicht
gebührt ihnen das Verdienst, das Problem gelöst zu haben,
welches die Seefahrer und Gelehrten Europas so lange beschäftigte, die Frage, ob und wie die beiden großen Abtheilungen der
trocknen Erdoberfläche mit einander verbunden oder von einander
getrennt seien. In politischer Hinsicht war die Erscheinung
der Russen in den ostamerikanischen Gewässern ein ganz neues
Phänomen von mancherlei wichtigen Folgen, und es ist ein Ereigniß, das noch in unseren Tagen sich mächtig weiter entwickelt.

Der merkwürdige Entdeckungs- und Eroberungsmarsch
der Russen und Kosaken, der sie über den stillen Ocean
hinausführen sollte, nahm seinen Anfang an den Ufern
des schwarzen und kaspischen Meeres. Und es ist merkwürdig genug, daß auch hierzu, wie zu den Bewegungen
der Spanier und Portugiesen der erste Impuls aus dem
Kampfe des Christenthums mit dem Islam entspringen
sollte. Um die Mitte des 16. Jahrhunders hatte das
russische Reich nach Eroberung der tartarischen Fürstenthümer
von Kasan und Astrachan schon einen ziemlich bedeutenden
Umfang. Im Osten ward es durch die lange, Europa und
Asien scheidende Gebirgskette des Urals begrenzt. Diese Berge
waren eine Zeitlang die Pyrenäen der Russen. Sie waren
zwar schon in früheren Zeiten über diese Pyrenäen handelnd
und kriegend hinüber gekommen. Jedoch hatten sie nie einen
dauernden Einfluß unter ihren Nachbarn im Osten errungen.
Den ersten Anfang dazu machten die spekulirenden Vorfahren
der jetzt so bekannten russischen Familie der Grafen Stroganow.

Ein gewisser Annika Stroganow, der als der Ahnherr
dieser Familie betrachtet wird, hatte im Ural, im Lande der

Sirjänen, Salzwerke angelegt, und zu ihm kamen Leute aus
dem Osten, um das Salz gegen kostbare Pelzwerke einzu-
tauschen. Diese Pelzwerke, namentlich die Felle des kleinen
Thieres, das die Russen „Sobol" (Zobel) nennen, waren
es, was die Europäer über den Ural hinaus lockte.
Die Zobelpelze, die dem Lande Sibirien ausschließlich eigen
sind, waren es denn auch, was sie durch den ganzen Norden
von Asien von Land zu Land die Wälder hindurch weiter
führte. Man könnte die ganze Eroberung Sibiriens eine
100 Jahre lang fortgesetzte Zobeljagd um den halben
Erdkreis herum nennen.

Zobel einzukaufen schickte Annika Stroganow seine
Leute zuerst über das uralische Gebirge, und friedlich han-
delnd kamen dieselben dabei bis an den großen Fluß Ob.
Da sie durch diese ihre Spekulationen dem Reiche viele
Vortheile zu Wege brachten, so schenkten die Zaaren den
Stroganows große Länderdistrikte an der Kama im Westen
des Ural, die sie mit Colonien und Städten versahen, und
durch deren Besitz sie große und mächtige Herren wurden.

Zu einem Enkel des ersten Stroganow kam im Jahre
1578 ein Kosakenanführer Namens Jermak Timofejew, der mit
den Seinen nach Kosakenmanier ein streifendes Helden= und
Räuberleben im südlichen Rußland geführt hatte, und nun
vor der ihn verfolgenden Macht des Zaren Iwan Wa-
siljewitsch II. auf der Flucht war. Die Kosaken flüchteten auf
ähnliche Weise vor der in Rußland sich gestaltenden Staats-
ordnung, wie einst die normännischen Jarls des 9. Jahrhunderts vor dem in Skandinavien errichteten Königthum,
und vermehrten auch auf ähnliche Weise und in Folge ähnlicher Veranlassung die Macht und Größe ihrer Nation.
Jermak hatte einige Tausend berittener Leute bei sich, und
sein Wirth Stroganow, der diese kosakischen Raubritter
fürchtete, erzählte ihnen von den Ländern im Osten und

von den Strömen welche dahin führten und die seine Leute
bereist entdeckt hatten.

Jermak und die Seinen, von den Wegweisern des
Stroganow geleitet, zogen daher im Jahre 1578 über den
Ural im Thale des Flusses Tschussowaja aufwärts und dann
längs anderer Flüsse abwärts zum großen Ob hinab. Sie
fanden dort ein kleines tartarisches Reich, ein ähnliches
Bruchstück der großen dschingis-chanischen Monarchie, wie
es die Reiche Kasan, Astrachan, Krim gewesen waren und
dessen Hauptstadt „Sibir" in dem Centrum des Ob-Gebiets,
in der Gegend, in welcher jetzt die große sibirische Hauptstadt Tobolsk am Irtisch erbaut ist, lag.

Bei den Tartaren war längst jener weltstürmende Muth
verraucht, welchen Dschingis-Chan und Tamerlan einst ihnen
eingehaucht hatten.   Ihre kleinen Reiche, in denen Viehzucht,
Jagd und Handel betrieben wurden, existirten nur deßwegen
noch, weil sie noch keinen kräftigen Feind gefunden hatten.

Die Kosaken dagegen standen eben damals in der
Blüthe und Kraft ihrer National-Entwickelung.   Sie waren
gleichsam die jungen und frischen Schüler der Tartaren,
gegen die sie den Moskowitern als Avantgarde gedient
hatten.   Namentlich mußte dieses aus dem Vaterlande vor
dem Zorne seines Zaren flüchtende Kosakenhäuflein des
Jermak sich von besonderem Verzweiflungsmuthe inspirirt
fühlen.   In der Heimath hatten sie wegen ihrer Uebelthaten
keine Gnade zu erwarten, und als sie einmal den Ural
überschritten, hieß es für sie: Siegen oder Sterben.   Sie
griffen daher überall die Uebermacht der sibirischen Tartaren
mit der größten Kühnheit an, und eroberten zuletzt nach
manchem Gefecht und Scharmützel die Hauptstadt derselben,
Sibir, in welcher sich Jermak nach einem dreijährigen Feld-
zuge als Commandeur festsetzte. — Da indeß bei diesen
Gefechten und Anstrengungen das Häuflein seiner Getreuen

sehr zusammengeschmolzen war, da er nicht erwarten durfte, daß er sich mit ihnen allein und als Souverän in seinen neuen Eroberungen würde halten können, auf der andern Seite aber wohl hoffen konnte, daß man ihn nach einer so ruhmwürdigen und vielversprechenden That im Vaterlande begnadigen würde, so machte er aus der Noth eine Tugend und schickte eine reiche Auswahl von Zobelpelzen und dazu die Botschaft an seinen moskowitischen Zaren, daß er für ihn das Königreich des Kutschum-Chans, Sibir am Ob, erobert habe, daß er ihm dasselbe als sein Statthalter zu Füßen lege, und sich dafür die Bestätigung in seinem Posten und Nachsendung frischer Hülfstruppen ausbäte.

Dieses Alles wurde bewilligt und somit war Rußland nun in die Carriere der Entdeckung und Eroberung Nord-asiens geworfen, an deren Ende es wie gesagt bis China, — zum stillen Ocean und nach Amerika geführt werden sollte.

Der Name Sibir, der anfangs nur an einer Stadt und an einem kleinem Fürstenthume am Irtisch geklebt hatte, wurde immer weiter ausgedehnt, je weiter man fort-schritt, und man bezeichnete damit zuletzt einen halben Welt-theil. — Sibirien ist trotz seiner Größe doch ein sehr ein-förmiges und durch seine gleichartige Beschaffenheit zu einem geographischen und historischen Ganzen verkettetes Land. Im Norden ist es durch das Eismeer, im Westen durch den Ural, im Süden durch die Riesengebirge Centralasiens begrenzt. Innerhalb dieser Grenzen bietet es dieselbe von Westen nach Osten gestreckte colossale Fläche dar, hat überall dieselben Produkte, Thiere und Pflanzen. Es giebt dort fast durchweg für den Verkehr dieselben Vortheile und die-selben Schwierigkeiten.

. Nirgends in der Richtung nach Osten erheben sich hemmende Gebirgsmauern. Vielmehr reichen sich eine Menge von Strömen, welche das ganze Land durchweben, und die

zu den größten und schönsten Flüssen der Welt gehören,
mitten in der Ebene, so zu sagen, die Hand. Sie sind alle
schiffbar, meistens ohne Katarakten und treten sich mit ihren
Quellen und Nebenbranchen so nahe, daß aus dem einen
zum andern nur schmale Isthmen oder Tragplätze bleiben.
Hat man diese Isthmen, von den Russen „Woloks" genannt,
einmal überwunden und ist man in ein anderes Flußgebiet
eingetreten, so eröffnet sich eine ununterbrochene weitreichende
Schifffahrt in allen Richtungen.

In der ganzen alten Welt giebt es kaum ein zweites
so innig verflochtenes und so großes Netz schiffbarer Fluß-
verbindungen, wie es das Sibirische ist. Der Aehnlichkeit
dieser Flüsse wegen, die alle in Centralasien entspringen,
alle nach Norden in den sogenannten Tundern (Eismorästen)
des Polarmeers sich verlaufen, ist dieselbe Beschiffungsweise
bei allen gleich anwendbar. Dieselbe Form der Schiffe
reicht für ganz Sibirien aus. Auch dieselben Schlitten,
dieselben Zug- oder Reitthiere sind im ganzen Lande anwendbar. Die Völker des Landes, obwohl verschieden in
Stamm und Sprache, hatten daher auch von alten Zeiten
her eine große Gleichförmigkeit der Sitten, Gebräuche und
ökonomischen Zustände.

Da hat der Entdecker oder Eroberer keine fremdartige Kul-
turen zu studiren, keine neuen Künste zu lernen. Es sind
überall dieselben Rennthier züchtenden, oder mit Hunden fah-
renden, oder auf Pferden reitenden, mit Pfeil und Bogen
bewaffneten Halbnomaden. Und hieraus ersieht man denn,
wie natürlich es ist, daß wenn einmal ein überlegener Feind
aus Westen über den Ural gekommen war und die Eroberung dieses Landes begonnen hatte, er das Ganze von
Fluß zu Fluß hinwegnehmen mußte, und fast nicht eher
still stehen konnte als bei den Gebirgen im Süden, bei dem
Eise im Norden, und bei dem großen Ocean im Osten.

Die Kosaken waren in der That ein solcher den sibirischen Stämmen weit überlegener Feind. Sie waren so zu sagen ganz für die Eroberung Sibiriens geboren, erzogen und ausgebildet. — Ihr eigenes europäisches Vaterland, in welchem sie ihre Schule gemacht hatten, war den sibirischen Landschaften mehrfach ähnlich. Es war flach, kalt, schnee- und steppenreich wie dieses, und hatte auch Stromverbindungen von ähnlicher Beschaffenheit. Das Flußboot und den Schlitten construirten und handhabten seit uralten Zeiten die Kosaken auf gleiche Weise geschickt, und sie waren es gewohnt, bald ihr Pferd, bald ihre Barken zu besteigen und sich von Reitern zu Matrosen, oder umgekehrt von Matrosen zu Reitern zu machen. Mit ihren elenden Flußbarken hatten sie schon in früheren Zeiten die kühnsten Expeditionen stromaufwärts und abwärts, und sogar über den stürmischen Pontus nach Kleinasien und Constantinopel hinüber ausgeführt.

Auch ihre Pferderace war in den Steppen Südrußlands so zu sagen ganz für die Eroberung Sibiriens zugerichtet. Diese Thiere sind klein, leicht und geschwinde, wie es für ein solches weitgedehntes Land, wo auch die Stationen und Tagemärsche lang sein mußten, paßte. Sie waren wie ihre Herren an Hunger, Durst, Kälte und Strapazen aller Art gewöhnt, und verstanden, wie die Gemsen ihre dürftige Nahrung aus dem Schnee hervorzukratzen. Wenn es an Gras fehlte, fraßen sie Fische wie die Eisbären es thun.

Auch ihre Bekanntschaft mit der neueren europäischen Bewaffnungsweise, mit Eisen, Gewehr, Pulver und Blei gab den Kosaken ein nicht geringes Uebergewicht über die eingeborenen Kinder Sibiriens. Die Tungusen, Jakuten, Buriaten und Mongolen standen in Bezug auf Kriegsbewaffnung noch auf dem Fuße der Soldaten Tamerlans. Sie hatten nur Bogen und Pfeile und die meisten von ihnen

waren sogar wie die Indianer Amerikas mit dem Eisen
unbekannt. Die Kosaken schleppten gewöhnlich einige kleine
Kanonen oder Böller mit sich, deren Feuer und Verderben
speiende Schlünde eben solchen panischen Schrecken bei den
nomadischen Horden Sibiriens erregt, und die Streitkraft
der Kosaken in eben dem Maße erhöht haben, wie dieß bei
den Mexicanern nnd ihren Unterjochern (den Spaniern) in
Amerika der Fall gewesen war.

Wie die physische Beschaffenheit und Erziehung, so
waren auch die moralische Verfassung, die politischen Sitten
und Gewohnheiten der Kosaken in hohem Grade für eine
Unternehmung der vorliegenden Art geeignet. Ganz Sibirien
war voll von einer Menge so zu sagen einsiedlerisch lebender
Menschen, von vielen kleinen verstreuten Stämmen und
Völkern. Es war daher nöthig, die erobernden Kräfte von
vornherein zu theilen. Ueberall mußten kleine Trupps hin-
gesandt werden. Ein Dutzend Krieger mußte manchmal
hinreichen, einen ganzen Stamm zu unterjochen und in
Schranken zu erhalten. Für die Besetzung eines Strom-
gebiets oder eines Reichs konnte man oft nur einige Hundert verwenden. Es ist natürlich, daß demnach nicht sowohl
gut disciplinirte, große, in maschinenmäßigem Gehorsam
geübte Armeen, als vielmehr vielgliederige, leicht bewegliche,
geschickte und selbsthandelnde Trupps von Nöthen waren.

Die Kosaken, deren Name schon ursprünglich soviel als
freie Menschen bedeutet, hatten eine Art republikanischer
Verfassung, eine Art von Self-Government bei sich entwickelt, allerdings nur auf kosakische Weise. — Alle waren
bei ihnen von Geburt gleich, wie es unter Räubern zu
sein pflegt. Die Berathschlagungen wurden von Allen und
in Aller Gegenwart gehalten, und ein Jeder konnte seine
Meinung frei heraus sagen. Ihre Vorgesetzten, ihre Het-
manns und Sotniks erwählten sie sich selbst, und sie ge-

horchten ihnen, wenn sie sahen, daß ihre Befehle zum Nutzen
der Gesellschaft abzielten.   Zuweilen setzten sie aber ihre
Anführer ab, und stellten andere aus ihrer Mitte an die
Spitze.

So war jeder denn geübt, selber Herr oder Diener zu
sein, je nachdem es die Umstände erforderten.   Und so hat
man denn oft gemeine Kosaken gesehen, die sich an die
Spitze eines Corps stellten und als Feldherrn agirten, andere die man als Gesandte auskleidete und die bei irgend
einem mongolischen oder baschkirischen Monarchen oder selbst
beim Kaiser von China diplomatische Missionen übernahmen
und durchführten.

Die Größe ihres Unternehmens, der angeregte Ent-
deckungs- und Eroberungseifer, die leidenschaftliche Länder-
gier erfüllten die gemeinen Kosaken zuweilen mit einem
Heroismus und erweckten ihre Talente in ähnlicher Weise,
wie dies bei den Almagros, Pizarros und andern Heer-
führern der Spanier, die nicht lesen und schreiben konnten
und doch Königreiche eroberten und regierten, geschehen ist. —

Das erste Flußgebiet, das die Kosaken erreichten, war,
wie ich sagte, das des Tobol.   An dem Punkte desselben,
wo seine Hauptgewässer sich in einer mächtigen Ader sammeln, erbauten sie alsbald ihren ersten „Ostrog" oder wie
man in Amerika sagen würde, ihr erstes „Fort".   Es verwandelte sich derselbe in Folge des Zuströmens neuer Ankömmlinge allmählig in die bedeutende Stadt Tobolsk,
welche nun, im Centrum des Tobolgebietes gelegen, rasch
der Sammelplatz der Bevölkerung, der Centralort der neu-
organisirten Regierung und der Ausgangspunkt aller ferneren
Unternehmungen nach Osten wurde.   Von vornherein ging
der Hauptmarsch der Kosaken und Russen mitten durch
Sibirien hindurch längs der Mittelaxe des ganzen Landes,
in gleichweiter Entfernung von den riesigen Bergmassen im

Süden und von den unwirthlichen Morästen, den gefrornen
Tundern und der Küste des Eismeers im Norden. In
dieser Linie entwickelte sich der vornehmste Verkehrsweg des
Landes. In dieser Linie, welche die Centra der großen
Flußgebiete quer durchschnitt, wurden die Hauptcolonien
des Landes gegründet, östlich von Tobolsk im Ob-Gebiete
die Stadt Tomsk, östlich von dieser am Jenesei die Stadt
Jenesseisk, alsdann Irkutzk am Ilim, noch östlicher in der
Mitte des Lena-Gebiets Jakutzk, und endlich ganz im Osten
an der Küste des Meeres Ochotzk.

Diese Städte wuchsen der Reihe nach eine aus der
andern hervor, wie die Schößlinge und Knoten in dem
Stamme einer Tanne, und für jedes folgende Flußgebiet
diente die vorige zum Stützpunkte der Unternehmungen.

Jedesmal wenn der Eroberungs- und Einwanderungs-
zug, (die große Kosakenlawine) an einer bedeutenden Flußlinie ankam, wurde eine Pause gemacht. Man befestigte
sich, man organisirte die neuen Gebiete. Man baute Böte
und fuhr spürend und forschend die Flußlinie hinauf und
hinab. — Hinab bis ins Eismeer hinaus, und gründete
auch dort auf Flankenzügen an den Mündungen kleine Ortschaften und Hafenplätze, die aber nie so bedeutend wurden
wie die Binnenstädte, weil das Eismeer nicht so beschaffen
war, um einen lebhaften Verkehr von nahe oder ferne her-
beizulocken. Während man sich so der ganzen Flußlinie
versicherte und alle Ostjäken, Samojeden, Tungusen, Jakuten
oder welche Völker dort nun eben wohnten, tributpflichtig
machte, hatte sich mittlerweile die Colonisten- und Jägerfluth
längst wieder durch einen nahe hinzutretenden Nebenfluß in
ein anderes Flußgebiet hinüberzuziehen begonnen. Man
hatte von einem neuen großen Strome im Osten, von einem
neuen Volke, von einem noch unausgebeuteten Zobelfang-
und Jagdgebiete gehört. Die Kosaken waren selbst wohl

eine leichte Truppe, aber sie waren von einer noch ählig ab-
und flüchtigeren Avantgarde, umgeben von den sogethinaus.
„Promischlennik's". So nannten sich die auf eigene Hand der
Gefahr jagenden Freibeuter, die Niemand controliren konnten
welche überall in Wäldern schwärmend, inmitten der von
Thieren wimmelnden Sümpfe hausend, dem eigentlichen
Hauptkörper der Kosaken voraufgingen. Die Promischlenniks
haben überall in Sibirien die ersten Entdeckungen gemacht,
von allen neuen Dingen die früheste Nachricht nach Hause
gebracht. Von ihnen zogen die Wojewoden und Kosaken-
hetmans, wenn eine neue Expedition gehörig vorbereitet,
wenn ein Unternehmen reif geworden war, die ersten Erkundigungen ein. Sie dienten den Soldatencorps und den
offiziell installirten Entdeckern als Wegweiser. Auch sie
finden in der Entdeckungsgeschichte Amerikas ihre Parallele
in den Coureurs des Bois der Franzosen, den Bibertrappern
der Engländer und den Paulisten der Portugiesen, die dort
den Commandanten großer Expeditionen auf ähnliche Weise
als Vorläufer, Wegweiser und Plänkler gedient haben.

In der geschilderten Weise hatten die Kosaken bereits
den „Joandesi" oder Jenisei, den gewaltigsten Centralstrom
Sibiriens entdeckt, der mit einer breiten Furche das ganze
Land in der Mitte durchschneidet und es in zwei Hälften,
das östliche und das westliche Sibirien theilt. Hier hörten
sie im Anfange des 17. Jahrhunderts von der Existenz
eines andern Stromes im Osten, der mächtigen Lena, und
im Frühlinge des Jahres 1628 schnallten ihrer zehn ihre
Schneeschuhe unter und liefen unter Anführung ihres Desätnik,
(d. h. ein Zehner, ein Mann der zehn Leute commandirt)
Wasilei Bugor, in dieses Flußgebiet hinüber. An der Haupt-
ader angelangt erbauten sie ein Boot und fuhren eine Strecke
weit hinab. Ueberall unter den Jakuten und Tungusen
verbreiteten diese zehn Kosaken Schrecken, und überall sam-

Süden uﬁe den gewöhnlichen Zobelpelztribut (Jaſſak) ein.
Tundern Völker in der angelobten Abhängigkeit zu erhalten,
dieſeroer genannte Bugor zwei Koſaken in der Mitte der
Lay'na und zwei Mann hundert Meilen oberhalb und wieder
Zwei Mann hundert Meilen unterhalb Poſto faſſen, und
kehrte dann nach drei Jahren mit einer reichen Fülle von
Zobelpelzen zum Jeneſei zurück, einen Bericht über ſeine
Expedition abzuſtatten. Es frägt ſich, ob ſelbſt in der Geſchichte Amerikas je eine ſo weitſchichtige Eroberung mit
einer ſo geringen Armee, von einem zehn Mann comman-
direnden Feldherrn gemacht iſt. Andere und etwas größere
Koſakentrupps folgten dem Bugor, dem erſten Conquiſtador
der Lena bald nach. Schon 1632 fuhr ein Koſakenanführer,
Beketow mit 30 Mann die Lena weit hinab und baute den
erſten befeſtigten Oſtrog an dieſem Strome mitten im Lande
der Jakuten. Es iſt der ſogenannte Oſtrog der Jakuten,
aus dem ſpäter die Stadt Jakutzk erwuchs, die Hauptſtadt
des ganzen öſtlichen Sibiriens, welche in der Folge als
Stütz- und Centralpunkt für alle ferneren Expeditionen nach
Oſten zum Eismeere, zum ſtillen Ocean und nach Amerika
diente.

Die Lena geht in ihrem oberen Laufe eben ſo wie der
Jeneſei zu jenem berühmten Seebecken hinauf, das in der
Mitte des Altaigebirges liegt, und von den umwohnenden
Völkern der „Baikal“ genannt wird. Da die Ruſſen nun
beide Linien, die zu dieſem Becken führten, beſaßen, ſo begannen alsbald auch ihre merkwürdigen Fahrten nach dieſem
See, der, in einem weiten Thore des Gebirges eingefaßt iſt,
und der ihnen die Wege nach China und zur Mandſchurei
zeigte. Der Hauptmann Kurbat Jwanow war der Mann,
dem die Ehre einer erſten erfolgreichen Expedition zum
Baikalſee gebührt, und dem dann viele andere Capitäne
folgten.

Diese Expeditionen zum Baikal brachten allmählig ab=
eine andere Welt, zu halbcivilisirten Völkern, ten hinaus.
Wundern reiche Natur, in das durch seine Silbe gänge der
berühmte Gebiet des Amurstromes, der in den Still eineren
hinabfließt. Die glänzenden Berichte von allen inkel
Dingen verfehlten nicht, in den Ostrogs und Sloboden er
sibirischen Kosaken die größte Sensation zu erregen. Zah=
lose Promischlenniks schaarten sich zusammnn unter selbstge=
wählten Oberhäuptern. Die eben kaum dürftig bevölkerten
Städte Jakutk, Jeniseisk und andere wurden fast wieder
entvölkert; um die Lücken wieder zu füllen, folgten andere
Auswanderer aus Europa nach. Alles machte sich auf den
Weg zum Baikal, zum Amur, zu den Silbergruben. Das
arme Volk der Buräten wurde unterwegs fast von ihnen
zertreten.

Es ereignete sich hier etwas Aehnliches, wie wir es
in unsern Tagen bei der Entdeckung der goldbestreuten
Landschaften Californiens erlebt haben. Die Geschichte der
Entdeckung und Colonisirung Sibiriens ist reich an Auf=
regungen dieser Art, an solchen Jagden nach Schätzen, an
solchen leidenschaftlichen Volkswanderungen nach gleißenden
Zielen, nach Gold= und Lebensquellen, gleich wie die Ge=
schichte der Entdeckung Amerika's.

Gerade zu der Zeit als die Russen am Amur im
nördlichen China ankamen, hatten so eben die Mandschuren
ihre Eroberung dieses Kaiserthums vollendet. Die mand=
schurischen Mannschaften waren dabei nach dem Süden ge=
zogen. Ihre Urheimath am Amur mochte etwas entvölkert
und geschwächt sein, als jene unerwarteten Gäste aus Eu=
ropa dort erschienen.

Fast unangefochten segelten und ruderten die Schwärme
der Kosaken so zu sagen mitten durch das Herz der Mand=
schurei bis zur Mündung des Flusses Amur hinab, erstürmten

Süden u*e tungen, machten mehre Mandschurenfürsten sich Tundern Bö verjagten oder unterjochten die dortigen Völker, dieser oer m, die Giläken und andere mongolische Stämme. Lan na u* endlich chinesische Heere erschienen, schlugen die zwei Schwadronen der Kosaken Tausende von kaiserlichen Soldaten in die Flucht. Dies geschah Alles gegen die Mitte des 17. Säculi. Zwar haben die Russen nachher den größern Theil der Mandschurei und des Amurgebietes wieder an China abtreten müssen. Aber es wurden doch in Folge jener Expeditionen die Städte Irkutk (1661) und Nertschinsk (1658) gegründet, so wie auch seitdem das ganze merkwürdige silberreiche Land Daurien bei Rußland verblieben ist. Auch waren die russischen und chinesischen Angelegenheiten seit dieser Zeit innig und bleibend mit einander verflochten und ein Handelsverkehr, der noch heute fortblüht, war eröffnet.

An der Mündung des Amur erreichten und beschifften die Kosaken jenes merkwürdige und bis dahin uns Europäern völlig unbekannte Meer, welches eine Nebenkammer des stillen Oceans bildet, und bei den Mandschuren „Tung Lam" (das tungusische Meer), bei uns aber das Meer von Ochotsk heißt. Die Russen waren die ersten Europäer, welche es (seit 1645) beschifften.

Die nördlichen Theile dieses Meeres hatten indeß einzelne Kosakenschwärme schon einige Jahre zuvor, auf einem näheren Wege von der Lena aus erreicht. Die Lena greift bis Jakutk weit nach Osten aus und das tungusische Meer dringt in derselben Gegend tief nach Westen hinein. Der Isthmus, der zwischen beiden Gewässern bleibt, wurde sehr bald zu Pferde und auf Schneeschuhen überschritten und am Meere ein Ostrog gebaut, der den Namen Ochotsk erhielt. Die daraus erwachsende Stadt ist bis auf unsere Zeiten der russische Haupthafen an diesem Meere geblieben.

Von der Lena aus geht Sibirien, sich allmählig ab-
schmälernd, noch etwa 400 Meilen weiter nach Osten hinaus.
Wie die Breite des Landes so nimmt auch die Länge der
großen Flüsse ab. Der mächtigen Lena folgen die kleineren
Jana, Indigirka, Kolyma und zuletzt im äußersten Winkel
der noch unbedeutendere Anadyr, die sich alle wie die Saiten einer
Harfe abkürzen. Die Entdeckung dieser äußersten Ströme
Sibiriens begann im Jahre 1638. Einige Kosaken unter
Anführung eines gewissen Busa gelangten zur Jana zu Wasser
von der Mündung der Lena aus, andere unter der Leitung des
Sotnik Iwanow zu Pferde von Jakutzk aus zu den Quellen.
Sie ritten den Fluß hinauf und herunter, und da sie hierbei
von der Indigirka hörten, so trabten sie im folgenden Jahre
auch zu diesem Strome hinüber. Sie fanden diese Gegenden
vom Volke der Jukagiren viel stärker bevölkert als sie es
jetzt sind, und trafen hier Leute, die mit den gewöhnlichen
kosakischen Reitthieren völlig unbekannt, und mehr vor den
Pferden, als vor den Menschen entsetzt waren. Es überkam
hier die Jukagiren bei dem Anblick der berittenen Kosaken
ein ähnlicher panischer Schrecken, wie er ehedem die Mexikaner bei der Erscheinung der 16 Centauren des Cortes
ergriffen hatte. Jetzt haben die Russen unter vielen dieser
anfänglich so pferdescheuen Völker Sibiriens Rosse- und
Rinder-Heerden so häufig gemacht, wie die Spanier unter
den Indianern Amerikas. Auch die stärkere Bevölkerung
Sibiriens zur Zeit des Einrückens der Kosaken ist wiederum
ein Zug, den die Eroberungsgeschichte Sibiriens mit der
Amerikas gemein hat. Auch darin gehen diese beiden Geschichten mit einander parallel, daß bei der einen wie bei
der andern es dieselbe Krankheit war, welche die Europäer
mitbrachten, und welche die Bevölkerung so stark decimirte.
Die Blattern folgten den Kosaken auf dem Fuße
und rafften ganze Völkerstämme in Sibirien dahin,

23

ebenso wie dieselben, Blattern Spaniern, Franzosen und
Engländern folgend, dasselbe in Amerika bewirkt haben.
16 Kosaken nahmen an der Jndigirka den das Land beherrschenden Fürsten gefangen, lieferten seiner mit Pfeilen
und Bögen bewaffneten Armee auf wiehernden Rossen ein
blutiges und siegreiches Treffen und hatten im Jahre 1640
die Eroberung dieses ganzen 200 Meilen langen Stromes
vollendet.

Sofort spitzten sie wieder die Ohren und ließen sich
von neuen Strömen im Osten, von der Alaseja und der
Kolyma, erzählen. Durch nachrückende Trupps verstärkt,
eilten sie in dem nächstfolgenden Jahre zu diesen ebenfalls
wild- und menschenreichen Stromgebieten, deren Ausplün-
derung, Unterjochung und Entvölkerung im Jahre 1646
vollendet ward.

Im Osten der Kolyma, wo sich Sibirien seinem Ende
zuneigt, haust das merkwürdige und tapfere Volk der
Tschuktschen, deren Land, wenn auch nicht durch Zobel und
Silberbergwerke, doch durch einen andern nicht minder kostbaren Artikel reizte, welchen die Naturumwälzungen an
seinen Küsten und längs der Flußufer deponirt hatten. Nämlich
durch jene merkwürdigen Anhäufungen fossilen Elfenbeins,
der Zähne hier untergegangener großer Thiergeschlechter
der sogenannten Mammuths oder urweltlichen Elephanten.
Dieselben waren bereits freilich auch in andern Theilen Sibiriens entdeckt, die größten oder doch noch am wenigsten
ausgebeuteten Massen sind aber hier im Norden längs der
Küste des Tschuktschenlandes deponirt. Dieselbe kostbare
Waare, die bei der Eroberung Sibiriens und bei der Ver-
lockung der Einwanderer nach dem Norden von bedeutendem
Einflusse war und auch noch heutiges Tages im sibirischen
Handel eine große Rolle spielt, findet sich auch im eisigen
Norden Amerikas. Schon 1646 ging der Mammuthzähne

wegen die erste Expedition von der Kolyma zu den Tschuktschen ab. Auch erfolgten bald Versuche, direkt nach Norden in die dunkle Tiefe des Eismeers selber einzudringen. Die Einwohner erzählten von einem neuen großen gebirgigen Lande, das dort nach dem Nordpole zu läge, und dessen Küstenumrisse man zu Zeiten von dem sibirischen Continente aus sehen könne. Dieses Land, sagten sie, sei reich an Elfenbein, und die schönsten Zähne seien dort in hohen Erdwällen und Mauern aufgehäuft. Viele glaubten, das Land sei bevölkert und es hinge mit Novaja Semeja im Westen und mit Amerika im Osten zusammen. Die Kosaken setzten sich mit einer Kühnheit, die ein wohl ausgerüsteter arktischer Navigator unserer Zeit kaum begreifen wird, in ihre zerbrechlichen, mit Leder überzogenen und mit ledernen Riemen zusammengenähten „Lotki“ oder Kähne, und suchten zu jenem gelobten Lande des Elfenbeins am Nordpol zu gelangen. Sie segelten ohne Compaß mitten ins Eis hinaus, und kämpften mit den Eis-Bergen. Zuweilen wurden ihre Lotkis zerquetscht wie die griechischen Schiffe bei jenen Felsen des Bosporus, zuweilen froren sie mitten im Meere 100 Werst vom Ufer ein, und trotzten daselbst dem Winter, um im folgenden Sommer ein Stückchen weiter zu kommen. Manche von ihnen mögen schon damals jenes entlegene Nordland erreicht haben. Doch ist es nicht gewiß. Die Fahrten dahin, die in dem ersten leidenschaftlichen Feuereifer der Eroberung Sibiriens gewagt wurden, scheinen nachher aus der Mode gekommen und das ganze „Elfenbeinland“ im Norden wieder völlig vergessen worden sein. Und erst unserer Zeit ist es gelungen, durch die Reisen des Baron Wrangel mehr Licht über jenes Land zu erlangen und es als eine Reihe großer Inseln, von denen jetzt die größte den Namen „Neu-Sibirien“ trägt, zu erkennen.

23*

Am längſten dauerte es mit der Enthüllung jenes
langen ſüdöſtlichen Anhängſels von Sibirien, welches wir
die Halbinſel von Kamtſchatka nennen. Dieſes Land, das
ungefähr die Größe und Geſtalt Italiens hat, iſt rings
umher vom Ocean umgeben und hing nur vermittelſt eines
ſchmalen Iſthmus mit dem Continente zuſammen. Sein
ſüdlicher Theil ragt 150 Meilen weit vom Feſtlande ins
Meer hinaus. Seit 1690 wurde der Name Kamtſchatka
durch das Gerücht in Jakußk bekannt. Einige Jahre ſpäter
gingen die erſten Reiter dahin ab, unter Anführung des
Koſakenoberſten Atlaſſow, der für den eigentlichen Entdecker
und Eroberer Kamtſchatka's gilt. Die Ruſſen fanden in
Kamtſchatka japaniſche Schriften und auch einige dort ge-
ſtrandete japaniſche Matroſen. Dies und der Umſtand,
daß die Leute ihnen erzählten, ihr Land ginge noch ſehr
weit nach Süden hinaus, verleitete die Ruſſen anfänglich
zu glauben, daß Kamtſchatka bis nach Japan hinabreiche,
und in einer ſo großen Ausdehnung ſtellen es auch die
älteſten Karten, die wir von ihm haben, dar. Wie die
erſten Spanier in Peru und Mexico, wurden auch die erſten
Ruſſen in Kamtſchatka von den Eingeborenen hoch verehrt
und faſt vergöttert. Die Kamtſchadalen glaubten nicht,
daß eine menſchliche Hand ihnen ſchaden könne, und daß
Widerſtand möglich ſei, bis die Koſaken, die das Blut eines
Kameraden vergoſſen, ihnen ſelbſt bewieſen hatten, daß ſie
ſterblich ſeien. Bekanntlich hat ſich mit den Begleitern des
Columbus unter den amerikaniſchen Indianern daſſelbe
zugetragen.

Nach vielen wiederholten Expeditionen, nach vielen
mit den freiheitliebenden Eingeborenen gefochtenen Schlachten
kamen endlich die Ruſſen im Jahr 1706, Alles vor ſich
niederwerfend, an der äußerſten Südſpitze von Kamtſchatka
an, wo ſie die Kette der kleinen Kuriliſchen Inſeln vor ſich

sahen, deren südlichste sich allerdings dann an Japan anschließen.

Es schien als wenn die Eroberungslust und der Ent-deckungsdurst der Kosaken durch nichts befriedigt und auf-gehalten werden sollte. Sie warfen sich sofort auf die Inseln der Kurilen und schlugen die Richtung auf Japan ein, so wie sie früher längs des Amur sich auf dem direkten Wege zum himmlischen Reiche befunden hatten. Namentlich führte (1712 und 1713) ein Kosak Namens Jwan Kosi-rewskoi, der nachher ein Mönch wurde, mehrere Expeditionen zu den kurilischen Inseln aus und schickte über sie Berichte nach Moskau, welche schon damals eine ziemlich genaue Beschreibung der Beschaffenheit und Lage derselben bis nach Japan hinab enthalten.

So standen denn nun die Russen nach dem Verlaufe eines Jahrhunderts voll von unsäglichen Mühen und An-strengungen, voll von Kriegszügen und Verwüstungen am äußersten Ende der Alten Welt, in jenem fabelhaften Lande des Gog und Magog, in welchem das spätere Mittelalter zuletzt, da man ihn gar nirgends finden konnte, den imaginären Priester Johannes herrschen ließ, und in welches man auch seit Herodots Zeiten einbeinige oder einäugige und andere wunderliche Völker mit Hundeschwänzen oder mit Rabenfüßen verlegt hatte.

Auf einer mehr als 300 Meilen langen Küstenlinie befanden sie sich nun am Anfange des 18. Jahrhunderts dem Nordwestende von Amerika gegenüber, das hier gegen Asien Front macht. Es konnte nun nicht lange dauern, daß sie auch dahin, wie nach Japan und wie nach China vorschritten.

Die ersten Nachrichten welche die Russen von dem „Großen Lande", („Bolschaia Semla") im Osten erhielten, lauteten sehr unbestimmt und sie hatten auch einige Aehnlichkeit mit den ersten Anzeichen von Ländern im Westen, die Columbus einst gesammelt hatte. Große Fichtenstämme und andere Bäume, wie sie in Kamtschatka nicht wuchsen, waren von den Strömungen aus Osten zuweilen an die Küste dieser Halbinsel ausgeworfen. Zahlreiche Schaaren von Landvögeln pflegten zu Zeiten aus Osten hervorzuziehen und dahin zurückzukehren. Wallfische waren aus Osten gekommen, welche Harpunen im Rücken hatten, wie man sie in Kamtschatka nicht kannte; auch strandeten dort zuweilen fremdartig gebaute Böte und andere ungewöhnliche Gegenstände aus Osten. Endlich bemerkte man, daß auch die Wellen in dem Meere im Osten von Kamtschatka nicht so groß und hoch wogten, wie im Süden auf dem großen Oceane und schloß daraus, daß hier ein Binnenmeer existire, welches im Osten von einem Lande ebenso umschlossen sein müsse, wie es im Westen von Asien umschlossen werde. Die Tschuktschen waren Amerika am nächsten, und obgleich dieses wilde und kernige Volk mit den Russen fast nur in feindseligem Verkehre stand, so konnte doch deren bestimmte Kunde von einem Lande im Osten, zu dem sie seit uralten Zeiten häufig hinüber fuhren, nicht lange ein Geheimniß bleiben. In den zahlreichen Kämpfen mit ihnen nahmen die Russen auch zu Zeiten Menschen gefangen, welche Wallroßzähne in den Lippen trugen, und eine ganz fremdartige Sprache redeten. Es waren amerikanische Handelsfreunde oder Kriegsgefangene der Asiaten. Und von solchen Leuten wollten viele gehört haben, daß das „Große Ostland" keine Insel, sondern ein weites Gebiet ohne Ende mit langen Strömen und voll von Wäldern und Gebirgszügen sei. Manche behaupteten sogar, man könne bei hellem Wetter dieses Land zuweilen von dem Vorgebirge des Tschuktschenlandes aus erblicken.

In Asien mochte das Nordwestende von Amerika in

einem besonders guten Rufe stehen. Denn obwohl es im Vergleich mit südlichen Gefilden rauh und unfruchtbar ist und man ihm nicht mit Unrecht den Namen amerikanisches Sibirien gegeben hat, so ist es doch nicht zu leugnen, daß da, wo die Neue und die Alte Welt sich so nahe einander ins Auge blicken, die erste eine viel mildere und lockendere Physiognomie zur Schau trägt. — Die Ostenden Asiens werden von den kalten Oststürmen gepeitscht und sie starren pflanzen- und baumlos den größten Theil des Jahres im Schnee und Eise. Die Westenden Amerikas dagegen werden von hohen Gebirgen gegen den Osten geschützt. Sie sind den milden Westwinden und Meeresströmungen erschlossen. Sie haben ein feuchteres Klima und in Folge dessen einen kräftigeren Pflanzen- und Baumwuchs. Zum Theil sind sie bis an den Meeresstrand herab mit schönen Wäldern bedeckt. Es zeigt sich hier ein Gegensatz, wie er bekanntlich in allen nordischen Ländern sich wiederholt. Das rauhere Schweden im Osten contrastirt auf ähnliche Weise mit dem milderen Norwegen im Westen; die unter Polareis begrabene öde Ostküste Grönlands, mit seiner bewohnten und zu Zeiten von grünenden Gräsern schimmernden Westküste. Es ist ein Contrast zwischen Osten und Westen, der sich bei jeder Insel und jeder Halbinsel der um den Nordpol gruppirten Länder wiederfindet. Das große, an Häfen, Schutz, Holz, See- und Waldthieren reiche Ostland, die „Bolschaia Semla", mochte daher, sage ich, bei den Asiaten im Rufe eines gelobten Landes stehen, und dieser Ruf mag schon in ältesten Zeiten bei dem ersten Uebergange der Urbevölkerung von Asien nach Amerika seine Rolle gespielt und verlockend gewirkt haben.

Alle jene anziehenden Gerüchte liefen in Kamtschatka, in Ochozk, Awatscha und den andern von den Russen ge-

stifteten ostasiatischen Hafenplätzen um. Es wurde davon nach
Jakutzk und den andern Centralorten Sibiriens Meldung
gethan. Sie gelangten auch nach Moskau und Petersburg,
und dort fanden sie ein aufmerksames Ohr und einen den=
kenden Kopf, in dem sie sich festsetzten. Und dieser Kopf
gehörte Peter dem Großen, der bei sich den Plan faßte, das
große Ostland Amerika von Sibirien aus zu erreichen.
Der Zaar Peter, der alles Große, was in Rußland ge=
schehen ist, entweder selbst ausgeführt oder doch vorbereitet
hat, setzte kurz vor seinem Tode eine Instruktion an seinen
Admiral Grafen Apraxin auf, in welcher er ihm befahl,
dafür Sorge zu tragen, daß im östlichen Asien Schiffe aus=
gerüstet würden und daß man mit denselben die Küste unter=
suchen und auch nachsehen solle, ob dieselbe irgendwo mit
dem gepriesenen Ostlande zusammenhänge oder davon ge=
trennt sei.

Aus diesem Befehle Peters des Großen, den erst seine
Nachfolgerinnen und Testamentsexecutoren Katharina I. und
Elisabeth ausführen lassen konnten, sind dann jene berühmten
Seefahrten und Entdeckungsexpeditionen hervorgegangen,
welche unter dem Namen der „ersten“ und „zweiten kamtscha=
dalischen Expedition“ bekannt sind, und welche beide unter
das Commando des ausgezeichneten Dänen Vitus Bering
gestellt wurden.

Die erste dieser beiden Entdeckungsexpeditionen setzte
unter Katharina I. im Jahre 1725 von Petersburg aus
und war nach drei Jahren beendigt. Amerika wurde auf
ihr noch nicht berührt, doch glaubte man wenigstens durch
sie die Gewißheit erlangt zu haben, daß es nicht mit Asien
zusammenhange. Capitän Bering segelte längs der Küsten
Kamtschatkas und des Tschuktschenlandes so weit nach Nord=
osten hinauf, bis er unter 67° 18' Polhöhe bemerkte, daß

die Küste sich wieder nach Westen herumböge. Demnach nahm er an, daß Asien hier rings vom Meere umflossen sei.

Unter der Kaiserin Elisabeth, der Tochter Peters des Großen, der Stifterin der Universität Moskau und der Akademie der schönen Künste von Petersburg, kam endlich diejenige Expedition zu Stande, welche man die „zweite kamtschadalische“ nennt. Dieselbe gehört zu den großartigsten, erfolgreichsten und glänzendsten wissenschaftlichen Entdeckungsunternehmungen, welche bis dahin je ausgeführt waren. Sowohl in Bezug auf den Zweck, der dabei vorschwebte, als auch in Bezug auf die dabei verwandten Mittel und Kräfte. Erstlich sollte dabei Nordwestamerika entdeckt, zweitens die nördlichen japanischen Gewässer und Inseln beschifft und untersucht, drittens ganz Nordasien bereist und geographisch genau bestimmt und beschrieben, und endlich die von den Engländern so lange betriebene Frage von der Nordfahrt um Amerika herum nach Europa gelöst werden. Mehrere der ausgezeichnetsten russischen und deutschen Gelehrten und Seefahrer, die bereits früher bewährten Bering, Spangberg, Tschirikow, — die Astronomen, Naturforscher und Geschichtschreiber Gmelin, Steller und andere wurden dabei requirirt. Wie Deutsche, so waren auch Engländer, Schweden und Franzosen dabei beschäftigt, Delisle, Lesseps, Walton, Waxel. Auch in Bezug auf die Energie und Ausdauer mit der sie unterstützt und ausgeführt wurde, stand diese Unternehmung bis dahin wohl einzig da, denn sie dauerte 16 Jahre. Und endlich auch in Bezug auf die erlangten Resultate. Denn eine Menge der schätzbarsten historischen und naturwissenschaftlichen Werke sind aus ihr hervor gegangen. Die ganze Nordhälfte Asiens und ein Theil Amerikas wurde durch sie zum ersten Male wissenschaftlich bekannt.

Ganz Sibirien wurde so zu sagen mit Gelehrten und

Gelehrtengehülfen, wie früher mit Kosaken, überschwemmt und die Expedition wie ein weitschichtiges Netz über das ganze weite Land hin organisirt. Auf langwierigen und mühseligen Wegen wurden an allen Stationsplätzen und Centralpunkten die nöthigen Subsistenzmittel, Materialien und Instrumente angehäuft. Längs der Flüsse, ja längs der ganzen 1000 Meilen langen Küste des Eismeers wurden hie und da Vorrathsmagazine für die Forscher und ihre Begleiter angelegt. Sechs bis sieben Monate waren zuweilen nöthig, um die Bäume aus den Wäldern zu den Hafenplätzen zu schaffen, in denen die Entdeckungsschiffe gebaut werden sollten. Jeder Gelehrte erhielt seine Region angewiesen, für welche er arbeiten sollte. Jeder Capitän bekam seinen Fluß, den er recognosciren und seine Küstenstrecke, die er untersuchen sollte. Und fast gleichzeitig segelten die kleinen Nebenexpeditionen aus allen Strömen Sibiriens hinaus und begannen zugleich ihr mühseliges Werk zwischen Eis und Morast. Jedem wurde eine benachbarte Flußmündung oder ein Vorgebirge als das Ziel seiner Reise bestimmt, das er erreichen, umsegeln und wo er seiner Nachbarexpedition die Hand geben sollte. Einige dieser Entdeckertrupps führten schnell und glücklich ihre Aufgabe zu Ende. Andere wurden wiederholt zurückgeschlagen, scheiterten, bauten neue Schiffe und gelangten erst nach jahrelangen Bestrebungen und Abenteuern zum Ziele oder erreichten dieses auch gar nicht.

Ich kann hier nicht alle Schicksale und Erfolge dieser einzelnen merkwürdigen Unternehmungen detailliren.

Die Fahrt nach Osten, welche uns hier vorzugsweise angeht, hatte sich Capitän Bering selber vorbehalten. Ihn begleitete als Untercommandeur Capitän Tschirikow. Diese Männer fuhren mit ihren beiden Fahrzeugen, St. Peter und St. Paul, endlich am 4. Juli 1741 aus dem kamt-

schadalischen Hafen Awatscha, der darnach St. Peter und
Pauls Hafen hieß, ins große orientalische Meer hinaus.
Und seitdem ist der genannte Hafen, welches der vorzüglichste
Ankerplatz für Schiffe in allen diesen Gegenden ist, fast für
sämmtliche Nordostexpeditionen bis auf unsere Zeiten herab,
der Hauptausrüstungshafen, oder doch der vornehmste Rast-
und Restaurationsplatz geblieben, Bering wie La Peyrouse,
wie Cook und Kotzebue, legten hier an, und sammelten
hier ihre Kräfte zu arktischen Anstrengungen. Der an dem
Ende der Welt gelegene Ort hat daher auch zahlreiche Grabes-
monumente von russischen, französischen, englischen und
deutschen Weltumseglern und Entdeckern, die daselbst das Ziel
ihrer Mühen erreichten.

Um den eigentlichen Hauptkörper von Amerika zu finden,
steuerte Bering und Tschirikow aus den sibirischen Gewässern
hinaus, südostwärts in den großen stillen Ocean hinein und
durchschnitten seine Wellen da, wo vor ihm noch nie der
Kiel eines europäischen Schiffs ihn durchfurcht hatte.

Monatelang kreuzten sie auf dieser Wasserwüste umher,
so viel als möglich ihren Cours nach Südosten haltend,
und ihre Fahrt war weder so kurz noch so glücklich, als
die ruhige Westfahrt des Columbus nach demselben Lande,
wohin ihn innerhalb 30 Tagen mit gleichmäßig geblähtem
Segel die stetigen Passatwinde geführt hatten. In einem
Sturme wurden beide Schiffe von einander getrennt und sie sahen
endlich an zwei verschiedenen Punkten Land, und zwar etwa
unter dem 57. Breitengrade an dem Rande jenes tiefen
Bogens, den hier die Küste Amerikas bildet, südwärts von
jenem colossalen Berge, den die Russen den „Eliasberg" genannt haben, und der, den Montblanc mehrere Tausend
Fuß an Höhe übertreffend, als ein weitschauender Wächter
in dem inneren Winkel dieses Busens daliegt.

Sie bemerkten, daß die Küsten Amerikas von hier aus

auf der einen Seite nach Süden hinabgingen, auf der andern aber direkt nach Westen, von woher sie kamen, nach Sibirien zurückkehrten. Beide von einander getrennte Capitäne folgten nun heimkehrend dieser Küste rückwärts nach Westen, berührten sie an mehreren Punkten, verzeichneten die Positionen derselben, entdeckten die Kette der aleutischen Inseln, die sie zu weit nach Süden ausgreifend auf der Hinreise umschifft hatten, und Tschirikow erreichte nach halbjähriger Fahrt glücklich Kamtschatka und den Peter und Paul's Hafen.

Der Commandant Bering und seine Unglücksgefährten aber wurden von Stürmen, Nebeln und Schneegestöbern umhergeschleudert und gemißhandelt. Krankheit und Tod schwächten und decimirten ihre kleine Gesellschaft so, daß zuweilen nicht Leute genug vorhanden waren, welche die Kraft hatten, die Segel zu stellen und das Ruder zu führen, und daß ihr Schiff zuweilen tagelang ohne Steuermann, ein Spiel der Wellen, hin und hergeworfen wurde. Endlich scheiterte es unweit Kamtschatka an einer wüsten Insel, welche, da der längst erkrankte Bering auf ihr bald in Noth und Elend einen höchst traurigen Tod fand, nachher die „Beringsinsel" genannt wurde. Nachdem der Rest seiner hinterbliebenen Leute ein Jahr lang auf dieser Insel geschmachtet und vergebens auf Errettung gehofft hatte, construirten sie aus den Trümmern ihres Schiffs eine Barke, wagten sich damit auf die See, und erreichten endlich den Hafen von Kamtschatka.

Sie waren von Hunger und Entbehrungen aller Art geschwächt und aller Dinge bedürftig. Nur in einem Punkte waren sie wohl versehen, nämlich mit den Fellen eines neu entdeckten Pelzthieres, des von ihnen so genannten Seebibers, dessen Jagd sie auf ihrer einsamen Insel eifrig betrieben hatten. Der deutsche Naturforscher Steller, der berühmte

Schilderer Kamtschatkas, der mit dieser kleinen Leidensschaar zurückkehrte, brachte allein für sich 300 Felle jenes neuen Thieres mit, von denen jedes damals auf den chinesischen Märkten seine 100 Thaler werth sein mochte.

Dieses Thier, dessen zarte dunkle Pelze das einzige waren, was Berings Leute aus dem Schiffbruche gerettet hatten, hat in der Geschichte der Gewässer des nöblichen stillen Oceans und bei der Entdeckung Nordwest-Amerikas eine zu bedeutende Rolle gespielt, um hier nicht einer besonderen Erwähnung zu verdienen. Der Seebiber, oder wie wir ihn jetzt allgemein nennen, die Seeotter (lutra marina) bewohnt ausschließlich die Küste von Kamtschatka, die kurilischen, aleutischen Inseln und dann Nordwestamerika bis nach Californien hinab. Er kommt sonst nirgends in der Welt vor. Am schönsten und reichlichsten gedeiht er in den nördlichen Gegenden. Nach Californien hin abwärts ist er von minderer Güte. Von den Japanesen, die von alten Zeiten her zu den kurilischen Inseln schifften, mochte er längst gekannt und geschätzt sein. Von ihnen und den Einwohnern von Korea wurde sein ebenholzschwarzes, glänzendes, mit einem Anstrich von silberweißen Haarspitzen überstreutes Pelzwerk zu den Chinesen gebracht und in Peking mit Golde aufgewogen.

Weder die Japanesen noch die Chinesen kannten aber das weite Verbreitungsgebiet dieses Thieres im Norden. Die schiffbrüchigen Russen unter Bering, wie gesagt, entdeckten dasselbe. Und da sie bei ihrem bereits eröffneten Verkehre mit den Chinesen bald die zweite Entdeckung machten, daß man die größten Vortheile aus dem Handel mit diesen Thieren ziehen könne, so ergriff sie eine Begierde, die Seeotterinseln und die Seeotterküsten Amerikas wiederholt zu besuchen, und diesen neuen Handelszweig auszubeuten. Die Seeotter wurde für die Eroberung und Colo-

niſirung der aleutiſchen Inſeln und der Nordweſtküſte von
Amerika daſſelbe, was der Zobel für ganz Sibirien geweſen
war, das lockende Mittel, das verknüpfende Band. Der
Zobelfang hatte die Koſaken vom Ural bis nach Ochozk,
und bis zum Amur gebracht. Die Seeotterjagd führte ſie
von da zu Waſſer noch 1000 Werſt weiter nach Oſten zum
neuen Continent hinüber.

Wie dem Jermak nach ſeiner Ueberſteigung des Ural
eine Menge Koſaken und Freibeuter zu Pferde nachgeeilt
waren, ſo folgten nun dem ruſſiſchen Columbus, dem Bering,
nachdem er den öſtlichen Ocean erſchloſſen hatte, ähnliche
Freibeuter zu Schiffe. Von Seiten der Regierung wurde
ſobald wieder keine neue Expedition unternommen. Vielmehr geſchah in der Folge zunächſt Alles durch Privatleute,
Kaufleute, Seeotterjäger und „Promiſchlenniks“. Dieſen hat
Rußland es zu verdanken, daß es neben ſeinen Steppen in
Europa und außer ſeinen Tundern in Aſien, auch noch mit
der großen Wüſtenei, jener nordamerikaniſchen Halbinſel,
die faſt zwei Mal ſo groß als Deutſchland iſt, beſchenkt
oder beſchwert worden iſt. — Von 1743 an brachte man
faſt in jedem Jahre eine oder auch mehrere Expeditionen
zu Stande, die von Kamtſchatka oder Ochozk ausliefen und
immer weiter nach Oſten von Inſel zu Inſel, von Vorgebirge zu Vorgebirge hinausgriffen.

Meiſtens wurden dieſe Unternehmungen durch den
Spekulationsgeiſt und die Capitalien reicher ruſſiſcher Kaufleute in Europa, von Moskau, von Tula, von Nowgorod ꝛc.
betrieben. Die armen Bewohner der Aleuten wurden dabei
eben ſo geplagt, decimirt und in ihrer Anzahl herabgebracht
wie die Seeottern.

Von 1760 an fingen dieſe Kaufmannsreiſen an, die
Inſel in der Nähe des amerikaniſchen Continents, die große
Inſel Kodjak und dieſen Continent ſelber bei der Halbinſel

Alaksa zu berühren. Es wurde dann eine förmliche Handels=
compagnie gestiftet, welche, ähnlich wie die großen englischen
Handelscompagnien organisirt, dieses ganze Geschäft
der Seeotterjagd und der Entdeckung, Besetzung und Aus=
beutung der aleutischen Inseln und der Nachbarländer leitete.

Die einzigen auf der dem Stillen Ocean zugewandten
Küste Amerikas ansässigen Europäer waren damals die
Spanier. Sie beherrschten dieselbe auf einer Linie von
mehr als 2000 Meilen vom Cap Horn im Süden nord=
wärts bis Californien, und nach ihren Prätensionen, die
sie noch immer mit der alten päpstlichen Schenkungsbulle
unterstützten noch weiter hinaus, „so weit sich diese Küsten
nach Norden erstrecken möchten".

Es konnte nicht fehlen, daß die Entdeckungen der Russen
und ihre stetigen Fortschritte nach Osten und Süden bei den
Spaniern Aufsehen und Besorgniß erregten. Die Spanier
hatten zwar schon unter Cortes einige Versuche gemacht,
den Nordwesten von Amerika zu entdecken. Allein weder
diese Versuche noch die unter dem Vicekönig Mendoza (dem
Nachfolger des Cortes) in derselben Richtung angestellten
Expeditionen hatten sie weit über Californien hinausgebracht.
Der regnerische, stürmische, gebirgige, barbarische Nordwesten
erschien ihnen nicht sehr anlockend, und sie ließen ihn um
so lieber in der Unbekanntschaft und Finsterniß, welche ihn
deckte, da sie fürchteten, daß eine Aufhellung dieser Dunkel=
heit den Engländern beim Auffinden ihrer lange gesuchten
Nordwest=Passage behülflich sein könnte. Da nun aber auf
einmal aus einer ganz anderen Gegend völlig unerwartete
Gäste und Nebenbuhler im Stillen Ocean und im Norden
von Amerika erschienen, so erwachten die Spanier aus ihrer
apathischen Unthätigkeit und die Vicekönige von Mexico
setzten sich in Bewegung, um den Russen entgegenzugehen
und ihr Beginnen zu beobachten. Seit dem Jahre 1774

schickten sie eine Reihe von Expeditionen nach dem Nordwesten aus, welche längs der Küste Amerikas hinauffuhren,
bis zum Riesenberge Elias, bis zur Insel Kodjak und
Unalaschka, um die neuen russischen Ankömmlinge zu besuchen. Sie berührten die Küsten an mehreren Punkten
und ergriffen Besitz von denselben, so weit sie sie nicht schon
im Besitze der Russen fanden. Auch schoben sie ihre Ansiedlungen, Forts und Missionen weiter nach dem Norden
hinauf, und besetzten endlich auch jetzt jene ausgezeichneten
Häfen Californiens, den Hafen von Monterey und San
Francisco.

Indessen setzten zu derselben Zeit auch die Engländer
sich zum Norden des Stillen Oceans und zum Nordwesten
Amerikas hin in Bewegung. Im Jahre 1776 sandten sie
ihren großen Weltumsegler Cook, der bereits zwei weltbe-
rühmte Fahrten in die südlichen Gewässer des Stillen
Oceans gemacht hatte, zu einer dritten Reise aus, die um
das Cap Horn herum nach dem Norden von Amerika gerichtet war.

Cook recognoscirte eben die Gegenden, welche bisher
bloß die Spanier und Russen als ihr Entdeckungsgebiet
betrachtet hatten, und that dies auf eine genügendere und
erfolgreichere Weise als beide. Seiner bahnbrechenden Expedition folgten dann eine Menge englischer Handelsunter-
nehmungen. Viele englische Capitäne segelten in den achtziger Jahren nach der Nordwestküste von Amerika und
warfen sich besonders auf die Theile derselben, die zwischen
den russischen Besitzungen im Norden und den spanischen
im Süden in der Mitte lagen, auf Länder, in denen die
Seeotterfelle noch so häufig waren, daß die barbarischen
Einwohner dieses kostbare Pelzwerk zu ihren gewöhnlichen
Regenmänteln, Bettdecken und Zeltbehängen gebrauchten.
Die Kleider, Mäntel und Bettdecken, die sie diesen nackt

bleibenden Völkern abhandelten, brachten jene Engländer nach China hinüber, um damit die stolzen Mandarinen des Groß-Chans zu schmücken.

Auch die Franzosen schickten zu derselben Epoche ihren viel bewunderten und viel betrauerten La Peyrouse nach dem Stillen Ocean und den Seeotterküsten des nordwestlichen Amerika. Es entstand so zu sagen ein allgemeiner Wettlauf der Völker nach diesen bis dahin so sehr vernachlässigten Erdgegenden. Und in dem besagten, so wie in dem folgenden Jahrzehend begegneten und kreuzten sich dort eine Menge Privat- sowohl als auch Regierungsexpeditionen der Russen, Spanier, Engländer und Franzosen und endlich auch derjenigen Leute, welche sich bei diesem Wetteifer anfangs nur sehr bescheiden und auch am spätesten betheiligten, die aber bestimmt waren, in unserem Jahrhundert neben den Russen als Tonangeber im Norden des Stillen Oceans aufzutreten, nämlich der Nordamerikaner aus den Freistaaten, oder der „Boston-Männer", wie man sie damals dort nach der Stadt nannte, welche die meisten dieser Schifffahrten beförderte.

Auf alle diese Reisen fremder Nationen einzugehen, ist hier, wo ich nur die Fortschritte der Russen verfolgen wollte, nicht meine Absicht, und ich erwähnte sie auch nur, um zu zeigen, welche große Bewegung die russischen Kosaken als Chorführer und erste Entdecker veranlaßten, indem sie vom Ural aus durch Sibirien nach Amerika rückten,— und wie so zu sagen auf ihr Geheiß, wenn auch nicht allein durch ihren Schweiß das große Werk der Entdeckung Amerikas im Nordwesten, wo es so lange gestockt hatte, vollendet wurde.

Im Vorbeigehen und zum Schluß mag ich hier auch noch auf die weitgreifenden politischen Folgen jenes von dem alten Reiterchef Yermak vor 300 Jahren eingeleiteten

24

Marſches aufmerkſam machen. Nach ſeinen neueſten Erwerbungen in der Mandſchurei hat jetzt Rußland in jenen
Gegenden, von der Nachbarſchaft Pekings bis in die Nähe
der jüngſt bei der großen Inſel Vancouver entdeckten Gold-
region, eine Küſtenentwickelung von mehr als 1000 deutſchen
Meilen beſetzt. Keine europäiſche oder aſiatiſche Macht be-
herrſcht daſelbſt jetzt einen gleich weit ausgedehnten Küſtenſtrich.

Und obwohl die Statiſtiker uns jetzt noch wenig Großes
von dem Reichthum, der Cultur, der Bevölkerungszahl und
dem politiſchen Gewichte dieſer Gegenden zu berichten wiſſen,
ſo läßt ſich doch noch gar nicht vorausſagen, welcher Entwickelungen dieſelben noch fähig ſein mögen.

Es befinden ſich unter ihnen Erbſchaftsſtücke, wie das
romantiſch ſchöne Land Kamtſchatka, mit vielen des Anbaus
fähigen Verſtecken und Thälern, der ſchiffbare Strom Amur,
der an Größe der Donau gleich kommt, und von Amerika
die begünſtigteſten Küſtenſtriche, die es unter ſo hoher Breite
darbietet. Welche Ueberraſchungen uns bei einer näheren
Erforſchung der mineraliſchen Schätze dieſes Küſtenſtrichs
noch bevorſtehen, wagen wir jetzt nach dem was wir in
dem Nachbarlande bei der Vancouverinſel erlebt haben, noch
gar nicht zu beſtimmen. Rußland hält ſo zu ſagen in
ſeinem Rieſenarm die ganze nördliche Hälfte des Stillen
Oceans umſpannt.

Es iſt daſelbſt, indem es ſich um die Erdkugel ſchwenkt,
die Nachbarin der Engländer, der Vereinigten Staaten und
zugleich der Kaiſer von Japan und China geworden, und
es iſt daher dort, wie auch anderswo in die Politik der
erſten innig verflochten, ſowie an den bevorſtehenden Um-
geſtaltungen und Revolutionen der letztern ſtark betheiligt.
Es iſt noch nicht lange her, daß Rußland ſeine Colonien
längs der amerikaniſchen Küſte bereits bis in die Nähe des
goldnen Thores von San Francisco in Californien vorge-

schoben hatte, daß es einen Griff bis in das Centrum des
Stillen Oceans hinaus that, und im Begriff stand, sich
eine der Sandwichinseln anzueignen, und daß es den Gedanken faßte, und diesen Gedanken sogar auch in einem Ukase
des Kaisers Alexander öffentlich kundgab, den ganzen Stillen
Ocean im Norden der Sandwichinseln gegen fremde Schiffe zu
verschließen, ihn zu einem russischen Meere, zu einem mare
clausum, gleichsam zu einem sibirischen See zu machen.

Gegen diese kühnen Pläne hat zwar ein energischer und
erfolgreicher Protest aller Mächte die Freiheit des Oceans
gewahrt. Man hat jedoch schon oft bemerkt, wie gern Ruß=
land auf das Testament seines Großen Peters, in welchem,
wie ich sagte auch ein Artikel über Amerika und den Stillen
Ocean vorkam, zurückkommt!

XI.

Der Norden und die Engländer.

Martin Frobisher's Reisen nach „Meta Incognita" Anno 1572—1578. — John
Davis entdeckt die Davis-Straße (1585). — Henry Hudson entdeckt die Hudsons-Bai
(1610). — Bylot und Baffin entdecken die Baffins-Bai (1616). — John Roß er-
öffnet die Reihe der Arktischen Expeditionen der Neuzeit (1818). — William Edw.
Parry bringt durch den Lancaster-Sund in das amerikanische Eismeer ein (1816). —
Sir John Franklin's Landreise zu den Küsten des amerikanischen Eismeeres (1820 —
1821). — Sir John Franklin's letzte Seefahrt (1845). — Mac Clure entdeckt die
Nord-Westpassage und beweist, daß Amerika rings umher von Wasser umgeben ist
(October 1850).

Ich habe schon bei früheren Gelegenheiten bemerkt, daß
von der ersten Reise des Columbus an fast alle großen
Entdeckungs-Expeditionen der rührigen Völker Europas,
welche zur Vermehrung der Kenntniß der Neuen Welt geführt haben, keineswegs diese Neue Welt selber zum Ziele
hatten. Wie dem Columbus, wie den Portugiesen, so
schwebte ihnen allen vielmehr nur der produkten- und völker-
reiche Orient als Endzweck vor. Auf Amerika stießen sie
dabei nur zufällig, und der anfängliche Jubel über seine
Auffindung galt durchaus nicht ihm selber. Er galt vielmehr dem seit Alters berühmten Indien, welches man glaubte
erreicht zu haben. Die lange und barbarische Länder-

barriere Amerikas lag den Europäern dabei zu ihrem Verdrusse im Wege, und zur Untersuchung und Erforschung
derselben wurden sie fast wider ihren Willen durch die Umstände gezwungen. Es kam ihnen weit mehr darauf an,
diese Barriere zu durchbrechen oder sie zu umgehen und
irgendwo zu umsegeln.

Man erkannte allmählich, daß das Becken des atlantischen Oceans zwischen der Alten Welt und dem Westlichen
Continente ein langes und verhältnißmäßig schmales Thal
sei. Den einzigen weiten und bequemen Ausweg aus diesem
Thale hatten von vornherein die Portugiesen besetzt. Man
nannte die Fahrt um das Cap der guten Hoffnung den
„portugiesischen Weltweg." (Man könnte ihn auch die Süd-
Ost-Fahrt nennen.) Den zweiten Ausgang durch das
Südende von Amerika hindurch, fanden, wie ich oben erzählte, nach einiger Zeit die Spanier unter Magellan. Man
nannte ihn damals den „spanischen Weltweg" und man könnte
ihn auch die Süd-West-Fahrt nennen.

Beide Hauptthore zu dem begehrten Indien waren auf
diese Weise im Anfange des 16. Jahrhunderts von den
südlichen Nationen Europa's, damals den vornehmsten Seefahrern, besetzt und zum Theil mit ihren Stationsplätzen
und Festungen oder doch mit ihren Flotten erfüllt. Als
daher um die Mitte jenes Jahrhunderts auch die nördlichen
Völker Europas die große Schifffahrt lernten, und von der
Sehnsucht nach Indien getrieben, auf Weltumsegelungen
dachten, da blieb ihnen nichts übrig, als entweder die „spanischen" und „portugiesischen Wege" zu erobern, oder sich selber
ihre eigenen Wege auszufinden. Da sie zur Eroberung anfänglich noch zu schwach waren, so wählten sie das letztere,
und dabei verfielen sie zuerst auf den ihren Ländern benachbarten Nord-Osten von Europa.

Die Gestaltung der Länder und Meere in jener Himmels-

gegend war damals beinahe völlig unbekannt. Man hatte
über sie fast noch keine richtigere Vorstellungen als Plinius,
Strabo und Ptolemäus sie besessen hatten, deren Schriften
man noch beständig studirte und auch für den Nord=Osten zu
Rathe zog, ebenso wie sich auch einst Columbus auf das
Zeugniß derselben für den Westen berufen hatte. Bekanntlich
hatten diese Alten keine Ahnung von der weiten Ausdehnung
Europas und Asiens nach Norden und Osten. Sie dachten
sich das Weltmeer hier ganz nahe und so weit nach Süden
heruntergehend, daß manche ihrer Geographen sogar das
caspische Meer als einen tief nach Süden herabragenden
Busen des nördlichen Oceans angesehen hatten. Dieser Vor=
stellung zufolge glaubten sie, daß man dort um Asien herum
schiffen könne, und als einmal zur Zeit des römischen
Kaisers Titus ein Paar Esquimos an die Küste der Nord=
see verschlagen wurden, da hielt man dieselben, wie ich
schon gelegentlich bemerkte, für Eingeborene aus Ostindien,
die von den Stürmen um Asien und Europa westwärts
nach jener Küste herumgetrieben seien.

Auf solchen falschen Fundamenten beruhten auch noch
im 16. Jahrhundert die geographischen Vorstellungen von
den nördlichen Gegenden Asiens. Zwar mochten die Russen
jener Zeit, die bereits angefangen hatten, den langen Ge=
birgsgürtel, welcher Europa und Asien trennt, den Ural zu
überschreiten, und ihre Herrschaft, Jagd und Fischereien schon
an der Küste des Eismeeres ausgebreitet hatten, längst richtigere
Begriffe haben. Aber die Russen waren damals noch nicht
in den Kreis der civilisirten europäischen Völker eingetreten
und mußten so zu sagen erst selbst noch für Europa ent=
deckt werden. Die Engländer daher, die den Plinius studirten,
glaubten, daß der asiatische Continent dort oben im Norden
mit einem gewissen auch von diesem Römer genannten „Vor=
gebirge Tabin“ ende, und daß, wenn man dieses Cap nur

erst umschifft habe, der Küsten= und der Seeweg direct nach
China und Indien südwärts hinablaufe. Dieses „Cap Tabin"
wurde daher im 16. Jahrhundert gleichsam das Vorgebirge
der guten Hoffnung im Norden Asiens.

Aus solchen Ideen und Hoffnungen gingen dann eine
ganze Reihe sogenannter „Nord=Ost=Fahrten" hervor. Zuerst
versuchten die Engländer diesen Weg. Ihr Admiral, der
Ritter Hugh Willoughby und sein Begleiter Richard Chan=
cellor segelten in den fünfziger Jahren des 16. Jahrhunderts
in dieser Richtung, ebenso wie Columbus auf seiner Fahrt
nach Westen, mit Pässen und Empfehlungsschreiben an den
Groß=Chan und Kaiser von China versehen. Nach den
Kenntnissen, die wir jetzt von jenen Gegenden haben, werden
wir es sehr natürlich finden, daß sie diese Briefe nicht ab=
geben konnten, und daß sie im Eise und in den Meeres=
buchten im Norden von Rußland stecken blieben. Indeß
waren ihre Unternehmungen doch nicht ganz erfolglos. Kamen
sie auch nicht an den Hof des Groß=Chans, so fanden sie
doch Rußland, gelangten über Archangel vor den Zaren in
Moskau und begründeten dann denjenigen Handelsverkehr
zwischen Rußland und England, der noch bis auf unsere
Tage herab fortbesteht. Diese Auffindung Rußlands brachte
die Engländer so ziemlich von ihrem nordöstlichen Seewege
nach Indien ab. Mehrere Reisen nach Archangel, nach
Moskau und über Moskau zum caspischen Meere waren
die nützlichsten Resultate.

Doch wurde die Möglichkeit einer Weltumsegelung
durch den Nord=Osten noch keineswegs gleich aufgegeben,
nur nahm ein anderes Volk diese Angelegenheit in die Hand.
Jede seefahrende Nation scheint denselben Zirkel von Ein=
bildungen, Irrthümern und Erfahrungen haben durchmachen
zu müssen. Die Holländer glaubten am Ende des Jahr=
hunderts die einstweilen mit Rußland beschäftigten Engländer

im Nord-Osten überflügeln zu können. Die Holländer hatten
damals, auf ähnliche Weise wie die Engländer, im siegreichen Kampfe mit Spanien Kräfte gewonnen, Kräfte,
welche nach Beschäftigung und Unternehmungen verlangten.
Gelehrte traten unter ihnen auf, welche, nach Anleitung der
alten Römer und Griechen, die Hälfte von Ostasien in
Wasser auflösten, und dazu Kaufleute, deren Unternehmungslust diesen Gelehrten gern Glauben schenkte. Und als die
Capitäne Cornelius Cornelsen und Wilhelm Barentz, die
ersten welche man nach dem Nord-Osten entsandte, die Straße
Waigatz entdeckt und durchschifft und ein Vorgebirge bei der
Mündung des Flusses Ob erreicht hatten und dann schnell
mit der frohen Botschaft zurückkehrten, sie hätten das „Cap
Tabin" des Plinius gefunden, sie hätten um diese Spitze herum-
geblickt und es deutlich bemerkt, auch von den Einwohnern
ganz bestimmt gehört, daß hier nun die Küste geradewegs
nach China hinablaufe, da entbrannte ein allgemeiner Eifer
in Holland. Man rüstete eine Flotte von sieben großen
Schiffen aus, und die Städte Amsterdam, Rotterdam und
andere, so wie auch der Statthalter Wilhelm von Oranien
beeilten sich, das Unternehmen zu fördern. Diese Expedition blieb begreiflicherweise, sowie auch eine dritte Unternehmung erfolglos. Mit unsäglichen Kosten und Mühen
wurde dadurch nichts weiter erreicht, als die Entdeckung der
öden Schneeküsten von Novaja Semlja, und bald nachher
der eben so eisigen Höhen von Spitzbergen. Doch fanden
die Holländer dabei wenigstens die Wallroß- und Wallfisch-
Heerden auf ihrem Wege, so wie England die Russen und
ihre Landesprodukte auf seinem Wege und so wie auch
die Spanier die Antillen, Mexico und Peru auf ihrem Wege
nach Indien gefunden hatten. Es ging den Völkern, wie
es auch meistens den Individuen in diesem Leben zu gehen
pflegt. Man strebt nach großen, glänzenden Zielen, die

unserer Phantasie vorschweben. Diese erreichen wir selten. Aber im eifrigen Ringen darnach finden wir doch eine un= erwartete Belohnung am Wege, und werden zu Resultaten und Zielen abgelenkt, an die wir anfänglich gar nicht dachten.

So wie in England sich zur Betreibung des russischen Handels die berühmte moskowitische Handels=Compagnie gebildet hatte, so trat dann in Holland für den Wallfisch= fang die „grönländische" oder „spitzbergische Gesellschaft" (man hielt damals Spitzbergen noch für einen Theil von Grön= land) zusammen. Die Holländer sahen endlich ein, daß hier im Norden gute Harpunen und ein solides Fischgeräth eine bessere Anweisung auf Reichthum seien, als alle Empfeh= lungsschreiben vom Prinzen Wilhelm an den Kaiser von China. Sie begründeten bald nachher unweit des Nord= pols auf einem der äußersten Vorgebirge von Spitzbergen jenes merkwürdige Etablissement Smeerenberg (die Thran= Stadt), wo zur Zeit des blühendsten Fischfangs mitunter 200 Schiffe und 10,000 Menschen versammelt waren, und überließen es dann, das Cap Tabin vergessend, den Russen, die lange und mühselige Entdeckung der Wege nach China und des nordöstlichen Asiens später auf der Ueberlandroute in der Weise zu vollenden, wie ich es oben beschrieben habe.

Die Engländer hatten sich unterdessen mit ihren auf Indien und China gerichteten Absichten wieder einer andern Weltgegend zugewandt und zwar der nordwestlichen Ecke des atlantischen Oceans, der einzigen, wo es noch möglich schien, aus dieses Thales engen Gründen hinaus zu kommen. England war durch seine geographische Lage mehr als irgend ein anderer Theil Europas auf diese Ecke hinge= wiesen. Seine ganze lange nach Nordwesten gestreckte Insel zeigte wie ein Magnet dahin. „Der Norden und Nord= Westen, das ist unser Feld," rief ein englischer Autor jener

Zeit aus, „das ist das Einzige, was nach der Theilung der
Welt noch für uns übrig geblieben ist." Und nachdem sich
diese Idee einmal bei der Nation festgesetzt hatte, haben sie
sich dann derselben mit einer Geduld und Ausdauer hingegeben, die bewundernswürdig ist. Die lange Reihe ihrer
Unternehmungen zur Entdeckung einer sogenannten Nord-
West-Passage oder einer nordwestlichen Durchfahrt hat,
wenn auch nicht in Rücksicht auf den Glanz der erzielten
Resultate, doch in Beziehung auf die Energie, die Plan-
mäßigkeit und den Heldenmuth, mit denen sie geführt wurden, nicht ihres Gleichen. Durch drei Jahrhunderte hindurch
wurden diese englischen Nord-West-Expeditionen mit einigen
zuweilen eintretenden Unterbrechungen bis auf unsere Tage
herab, wo mit ihnen das ganze Werk der Entdeckung Amerika's so zu sagen gekrönt und abgeschlossen worden ist,
unermüdlich fortgesetzt.

Um die außerordentliche Ausdauer der Engländer im
Glauben an eine nicht existirende Straße zu begreifen, muß
man zweierlei vor Augen haben, erstlich die bedeutenden
Vortheile, die man sich von der Entdeckung einer solchen
Durchfahrt versprach, und zweitens die Vorurtheile, welche
man in Folge uralter Vorstellungen von der Beschaffenheit
Amerika's eingesogen hatte und unterhielt.

Halb Sibirien dachte man sich, wie gesagt, hinweg.
Die nördlichsten Gegenden von Asien nannte man India
superior (Ober-Indien) und hielt sie wahrscheinlich für nicht
viel weniger reich als das südliche Indien, obgleich sich
dort in der Wirklichkeit nur das Kamtschadalenland findet.
Japan versetzte man mehr nach Norden und näher nach
Amerika und also nach Europa heran, als es in der That
war. Und so glaubte man von England nach Japan und
Oberindien sei nur ein kleiner Sprung und könnte man
diesen Sprung ausführen, so wäre der weite Weg der

Spanier und Portugiesen völlig nutzlos und den Engländern müßten dann von Norden her die Schätze des Orients viel reichlicher zufließen. Was durfte man nicht von einer solchen Durchfahrt hoffen? Wie sehr mußte man sie nicht zu finden wünschen!

Man glaubte auch, daß die Natur die beiden großen Flügel von Amerika nach einem gewissen harmonischen Plan gearbeitet haben müsse. Sie habe im Süden einen Canal (die Magellan's-Straße) gemacht, so müsse es hier im Norden schon deswegen einen ähnlichen Durchbruch geben, für den man auch schon, als wenn seine Existenz ganz ausgemacht wäre, einen Namen hatte. Man nannte ihn einer alten Tradition zufolge die „Straße Anian". Wie dort im Süden, so dachte man, würde sich auch wohl ebenso hier im Norden Amerika zuspitzen und in Inseln auflösen. Einige meinten, dies wäre auch aus dem Grunde nothwendig, weil die Erdkugel sonst, wenn Amerika im Norden so unendlich breit wäre, das Gleichgewicht verlieren könne.

Zwar waren schon bald nach Columbus die Cabots, die Cortereals, die Verrazzani und viele andere Seefahrer, die ich bereits oben nannte, längs eines großen Abschnitts von Nord-Amerika hinabgesegelt, und waren überall auf Berge, Vorgebirge und Ländermauern gestoßen. Aber hatten diese Männer denn alle Buchten, alle Verstecke und Geheimnisse derselben genau untersucht? Konnte nach ihren nur oberflächlichen und flüchtigen Recognitionen das Ganze nicht eben so gut eine große Inselwelt, als ein verwachsener compakter Continent sein? — Von Florida bis zu den Eisfeldern der Baffinsbai ist kein Meeresarm, keine Bucht, an die sich nicht (bald an diese bald an jene) Hoffnungen auf eine Nord-West-Fahrt geknüpft hätten, keine Flußmündung und Bai, in die nicht ein Seefahrer in der Erwartung, es sei ein Communicationsweg nach Westen hinaufgefahren wäre.

Auch im Innern des Landes von den Alleghany's bis zu
den Rocky Mountains ist kein Berg oder Gebirge, das nicht
ein westwärts irrender Pionier mit der Idee erstiegen hätte,
es würde sich ihm auf dem Gipfel die Aussicht auf die
Südsee so darbieten, wie einst dem Balboa von den Bergen
des Isthmus von Panama.

Wir glauben nicht nur leicht, was wir wünschen, sondern es giebt auch zu allen Zeiten erfinderische Köpfe, die
sich ein Geschäft daraus machen, unsern Wünschen mit
Trugbildern zu schmeicheln.

Aus dem Streben, dem das nördliche Europa beherrschenden Wunsche entgegen zu kommen, sind mehrere fabelhafte Berichte von Reisenden hervorgegangen, welche Amerika
im Norden angeblich wirklich umkreisten, und von dem
Stillen Ocean in den Atlantischen hinausschifften.

Zuerst wurde dies von einem Portugiesen Martin
Chaque behauptet, der bei einer Fahrt von Indien nach
Portugal, um die Mitte des 16. Jahrhunderts auf dem
Stillen Meere nach Norden verschlagen, dann immer nach
Nordosten segelnd, bei vielen Inseln vorbeigefahren und end-
lich bei Newfoundland in den atlantischen Ocean hinaus-
gekommen sein sollte.

Ebenso tauchte in Irland das Gerücht auf, daß einige
Jahre nach diesem Chaque ein gewisser Andreas Urdanieta
wirklich im Jahre 1557 eine Durchfahrt gefunden habe. Er
sei, so wurde erzählt, aus dem stillen Meere quer durch
Amerika hindurch nach Europa gesegelt, und habe dem
Könige von Portugal hierüber berichtet. Dieser aber habe
ihm ernstlich geboten, ja seine Entdeckung sorgfältig zu ver-
schweigen, weil sonst die Engländer, wenn sie es erführen,
ihm wie auch dem Könige von Spanien sehr beschwerlich
fallen könnten.

Derjenige unglaubwürdige Reisebericht dieser Art aber,

welcher das größte Aufsehen in der Welt gemacht und den
allgemeinsten Glauben gefunden hat, war der von dem berühmten Griechen Juan de Fuca. De Fuca war lange ein Seemann
in spanischen Diensten gewesen und hatte als solcher viele
Fahrten in die Ost= und Westmeere gemacht. Er erbot sich
gegen einen englischen Diplomaten, mit dem er in Venedig
zusammentraf, in die Dienste der Königin Elisabeth zu treten,
und den Engländern die „Straße Anian“ (die nordische
Magellanstraße) und die Nord=West=Fahrt durch Amerika
nach Kathay zu zeigen. Er habe dieselbe im Auftrage des
Vicekönigs von Mexico entdeckt. Unter dem 47. Grade der
Breite biege sich, so erzählte er, der Continent von Amerika
bei Californien nach Osten mit einer breiten Einfahrt herum.
Und in dieser Einfahrt sei er zwanzig Tage lang fortge-
segelt. Dann sei das Gewässer wieder breit geworden und
er habe auf einmal bemerkt, daß er sich in der Nordsee und
am Eingange zum Atlantischen Ocean befunden habe. Er
sei daher nach dieser Entdeckung schnell wieder in das Stille
Meer und nach Mexico zurückgekehrt, und habe dem Vicekönig Bericht abgestattet, aber weder von ihm noch vom
Könige von Spanien die erwartete Belohnung für eine so
große Entdeckung erhalten. Der Engländer, dem de Fuca
dies mittheilte, konnte ihm Anfangs kein Anerbieten im
Namen seiner Regierung machen. Als dies später möglich
wurde und man den de Fuca aufsuchte, war er indessen
gestorben.

Aehnliche märchenhafte Reiseberichte, Gerüchte, Sagen,
Mythen sind zu verschiedenen Zeiten wie Irrlichter aufgetaucht, und haben sich den Nord=West=Entdeckern als Leit-
sterne dargeboten. Sie haben alle das Gemeinsame, daß
sie bei den Engländern, bei den Holländern und überhaupt
im Norden von Europa erzählt und für wahr gehalten, daß sie aber den südlichen Völkern, den Portugiesen

und den Spaniern entlehnt wurden. Der Norden begehrte
die Nord-West-Passage zu finden, der Süden wünschte, daß
sie nicht gefunden würde. Und da nun die Spanier und
Portugiesen mit ihren Entdeckungen, ihren Colonien und
Karten sehr geheim thaten, und wirklich vieles wußten, was
man im nördlichen Europa nicht wußte, so hielt man sie
hier nun gar für allwissend und behauptete, sie kennten längst
die Nord-West-Durchfahrt und hätten Amerika herüber und
hinüber durchfahren, wollten aber nur Niemandem verrathen,
wo diese Durchfahrt läge.

Im Jahre 1572 entsandte darauf die Königin Elisabeth
ihren Admiral Martin Frobisher, der drei Reisen nach dem
Nordwesten von Amerika unternahm, mehrere Inseln entdeckte, eine gewisse Meerenge, die nach ihm „Frobisher-Straße"
genannt wurde, durchschiffte, und noch andere Durchlässe,
von denen er bestimmt glaubte, daß sie nach Kathay (China)
führten. Er vermeinte schon die äußerste Spitze von Amerika
erblickt zu haben, die man nur zu umsegeln brauche, um
nach Ober-Indien zu gelangen. Königin Elisabeth gab
diesem äußersten Lande den sehr mysteriösen Namen Meta
incognita (das unbekannte Ziel) und dies Meta incognita,
dies Vorgebirge der guten Hoffnung des amerikanischen
Nordens spielte hier eine Zeit lang ungefähr dieselbe Rolle und
täuschte die Menschen auf ähnliche Weise mit eitlen Hoffnungen, wie im Nordosten das obengenannte asiatische Cap
Tabin. Elisabeth wollte dort eine Festung bauen, um sich
den Weg nach Indien sofort zu sichern, so wie die Spanier
eine solche Festung zur Sicherung der Süd-Westdurchfahrt
in der Magellan's-Straße gebaut hatten. Zugleich aber wollte
sie dort auch Goldbergwerke anlegen lassen. Ihr guter
Admiral Frobisher hatte kleine Quantitäten eines gewissen
gelbglänzenden Steins mitgebracht, den die blinden londoner
Goldschmiede für goldhaltig erklärten. Auf seiner dritten

Reise im Jahre 1578 bekam daher Frobisher nicht weniger
als 15 Fahrzeuge mit. Aber Alles flog in Rauch auf. Der
Goldstaub, von dem man ganze Schiffsladungen nach England schleppte, wurde endlich für ein sehr gewöhnliches Erdreich
erkannt. Die Festung und Ansiedlung ging im Schnee und
Eis unter, die Schiffe wurden verstreut, und die geographischen
Entdeckungen des Frobisher waren so unsicher und von ihm
selber in ein solches Geheimniß gehüllt, daß man sich noch
lange nachher darüber gestritten hat, wo er eigentlich den
Norden erblickt habe, was das Meta incognita der Königin
Elisabeth für ein Land, und was die „Frobisher's-Straße"
für eine Meerenge gewesen sein möchte.

Nichts desto weniger heißt es, daß die Königin Elisabeth mit ihrem tapfern Ritter Frobisher und dem Erfolge
seiner Reisen „sehr zufrieden gewesen sei". Sie glaubte, daß
er die Möglichkeit einer Durchfahrt nach China ganz klar
bewiesen habe. Die englische Kaufmannschaft meinte dies
auch, und es wurden daher nach Frobisher's Tode bald
wieder, sowohl auf Befehl der Regierung, als auf Kosten
von Privatleuten ähnliche Expeditionen ausgerüstet. George
Weymouth, John Davis, Henry Hudson, Thomas Button,
Baffin heißen die Männer, welche China und Indien im
Kopfe und neue Empfehlungsbriefe an den Groß-Chan in
der Tasche, am Ende des 16. und am Anfange des 17. Jahrhunderts einer nach dem andern aus Bristol, Plymouth,
Falmouth und andern kleinen Häfen des westlichen Englands
ausliefen und ihren Cours nach Nordwesten richteten, um
das „unbekannte Ziel" zu erreichen, zu umsegeln und dann
„die Spanier und Portugiesen im stillen Ocean im Rücken
zu fassen". Fast jeder von ihnen glaubte, die Straße, die
dahin führte, wirklich befahren, oder doch von Weitem gesehen zu haben, und fast Jeder kehrte dann, ohne jedoch die
Durchfahrt selbst zu vollenden, mit dieser frohen Botschaft

hastig nach Hause zurück. Besonders wurde durch die Berichte des Davis, der 1585 die breite nach ihm benannte
Davis-Straße befuhr und überall nach Norden und Nordwesten zwar eiserfülltes Meer aber doch Meer fand, die
Hoffnung aufrecht erhalten. Und als der große Seefahrer
Hudson, der in den Gegenden des Nordens zahlreichere und
wichtigere Entdeckungen machte, als irgend einer seiner
Vorgänger, die andere große Straße und das weite Binnenmeer, welche noch jetzt nach ihm den Namen führen, auf-
geschlossen hatte, da glaubte man endlich das Geheimniß
völlig herausgebracht zu haben. Man hielt die Hudson's-
straße für dieselbe lange vergebens gesuchte Straße Anian,
die den Atlantischen und Stillen Ocean verbände und die
Hudson's-Bai selbst, so glaubte man, sei schon ein Theil eben
dieses Westlichen Meeres.

Natürlich warfen sich nun aller Augen und Hoffnungen
auf die Hudson's-Bai, in welcher gleich seinem Vorgänger,
dem Portugiesen Cortereal, auch Hudson selbst verloren gegangen war. Mehrere seiner Landsleute folgten ihm und
auch ein anderes nordisches Volk, die Dänen, nahm Theil
an diesen Hudson's-Bai-Expeditionen. Dänemark wurde gerade
damals von einem Könige beherrscht, der die Kraft-Ent-
wickelung der Nation auf ähnliche Weise zu electrisiren verstand, wie dies Franz I. in Frankreich und Elisabeth in
England gethan hatten, von seinem vielgepriesenen Christian IV.
Wie Jacob I. entsandte auch Christian IV. eine Reihe von
Seefahrern nach der Davis- und Hudson-Straße, nach Grönland, nach der Straße Anian und nach dem „unbekannten
Ziel". Aber das Resultat, zu dem am Ende alle diese
englischen und dänischen Reisenden zu ihrem Verdrusse gelang-
ten, war die Erkenntniß, daß die Hudson's-Bay wieder mit
Land vermauert sei und daß keine ihrer Einschnitte und
Buchten nach Westen hinausführe, daß sie vielmehr ein dem

merikanischen Meerbusen ähnliches Binnenbecken vorstelle.
Indessen wurden doch bei dieser Gelegenheit alle Schlupf-
winkel jenes Meeres untersucht und näher bekannt, und
konnte man auch weder in England noch in Dänemark,
wie man es wünschte, darauf die Stiftung einer Südsee-
Compagnie basiren, so wurde doch hier wenigstens eine
„Neue Grönländische" und dort bald darauf die berühmte
„Hudsons-Bai-Gesellschaft" begründet, welche letztere sich nach
und nach von jenem entdeckten Binnenmeere aus so zu sagen zum
Herrn des ganzen Nordens von Amerika heranbildete, und
sich ein ausgedehnteres Territorium aneignete als vielleicht
je zu irgend einer Zeit der Geschichte eine Handelscompagnie
eines besessen hat.

Man hatte auf die direkt nach Westen gehende Hudsons-
Straße so viele Hoffnungen gebaut. Ihr westlicher Durch-
gang war als so sicher vorausgesagt, der dänische und der
englische König hatten so große Kosten auf sie verwandt,
und daß man nun doch von allen Seiten die Felsen, die
Gletscher, Wälder und Moräste ein unübersteigliches Nichtweiter
entgegensetzen sah, brachte die Anhänger einer Nord-West-
Durchfahrt zur Verzweiflung und die ganze Idee für eine
längere Periode ins Stocken.

Dazu kamen die innern Unruhen und Revolutionen in
England in der Mitte des 17. Jahrhunderts. Diese trieben
zwar viele Briten auf den Ocean hinaus. Doch waren
dies arme, verfolgte Leute, die ein neues fruchtbares Land
in Amerika suchten, wo sie sich in Freiheit nähren könnten.
Die wüsten Länder des Nordens konnten sie nicht locken,
und in keiner Weise fühlten sie sich geeignet, zur Anstellung
geographischer Entdeckungen oder zur schwierigen Auffindung
einer Passage nach China. Cromwell that zwar Vieles zur
Entwickelung der englischen Seemacht. Allein ihm war es
nur mehr um die Kriegsmarine zu thun, und darum, die

25

benachbarten Feinde Britanniens zu schrecken. Geographische
Entdeckungen lagen ihm so fern wie jenen auswandernden
„Pilgern".

Die Errichtung der Hudsons-Bay-Compagnie selbst war
oder wurde ein drittes Hinderniß für den Fortschritt der
Erforschung des Nordwestens, ein Hemmniß, das im Jahre
1669 begann und lange Zeit ungünstig fortgewirkt hat. Die
Privilegien dieser Compagnie waren sehr ausgedehnt. Sie
sollten alle Länder und Küsten an der Hudsons-Bai für
sich besitzen, sollten allein das Recht haben, dort Handel und
Fischfang zu betreiben. Alle jene nördlichen Länder und
Gewässer kamen auf diese Weise in die Hände dieser Compagnie,
die es ihrem Interesse gemäß fand, die Bai zu verschließen,
jedem Neu- und Wißbegierigen den Zugang zu versagen,
und sie ebenso wie die Spanier es mit der Südsee gethan hatten
zu einem Mare clausum zu machen. Sie errichteten mehrere
Forts an den Küsten der Hudsons-Bai, schickten alle Jahre zu
bestimmten Zeiten einige Schiffe dahin ab, welche englische
Waaren brachten und die reichen Pelzwerke, die ihre Gouverneure und Agenten von den amerikanischen Indianern ein-
handelten, zurückführten. Um geographische Entdeckungen
kümmerten sie sich nicht, und suchten sie sogar zu verhin-
dern. Namentlich aber fürchteten sie eben so sehr, wie die
Spanier die Auffindung einer Nord-West-Durchfahrt. Denn
sie dachten, wenn diese wirklich gefunden würde, so möchte
die ganze Fluth des Handels und der Schifffahrt der Privat-
speculanten dort hinströmen, und es möchte dann bald um
ihre Privilegien und ihren ausschließlichen Pelzhandel geschehen sein. Sie wurden sogar beschuldigt, die Capitaine
der Entdeckungsschiffe, welche die englische Regierung doch
einmal im Anfange des 18. Jahrhunderts zur Untersuchung
einiger noch nicht genau bekannten Verstecke der Hudsons-
Bai aussandte, bestochen und zu falschen und ungünstigen

Aussagen verleitet zu haben. Mit allen den geographischen Kenntnissen, die sie von Nordamerika erlangt hatten und mit den Karten und Memoiren ihrer Archive hielten jene großen privilegirten Pelzhändler außerordentlich geheim, und suchten mit einem Worte das ganze von ihnen ausgebeutete Nordamerika vor dem großen Publikum in Wolken zu hüllen und für sich so zu sagen unter Schloß und Riegel zu halten.

Die Hudsons-Bai schien daher nirgends eine Oeffnung mehr darzubieten, und in Bezug auf das große nach Baffin benannte Binnenmeer beruhigte man sich auch bei den äußerst lakonischen Berichten dieses alten, übrigens ausgezeichneten Seefahrers, die dahin gingen, daß jene Seeabtheilung eben so wie der mexicanische Meerbusen und wie auch die Hudsons-Bai rings umher von Land und Gebirgen ummauert sei.

Auch in einer andern Richtung, die ich bisher noch nicht berührt habe, die man aber nur als eine Nebenbranche der Nord-Westfahrten betrachten kann, hatten eine Zeit lang die Thore offen zu stehen geschienen, nämlich direkt über den Nordpol zwischen Grönland und Spitzbergen hinaus und es war mit den oben berührten Nord-Westfahrten eine Reihe von Unternehmungen parallel gegangen, welche man Polar-Reisen oder Reisen zur Entdeckung einer nördlichen Durchfahrt nennen kann.

Um die Mitte des 16. Jahrhunderts, zu einer Epoche also, wo noch Niemand weit über das europäische Nordcap hinausgekommen war, dachte man sich jene Partien der Erde folgendermaßen beschaffen. Gerade auf dem Nordpol, so glaubte man damals, stände ein colossaler schwarzer Felsen, der seine hohen Gipfel zu dem festen Polarstern emporhebe. Um diesen Polarfelsen herum, so lehrte man, woge ein offenes Meer, und dieses Meer würde nach allen vier Windrichtungen hin von vier gleich großen Inseln um-

geben. Vier colossale Meerengen oder Strömungen durchschnitten, aus dem Weltocean hervorkommend, jene Inseln,
und durch diese Canäle flössen die überflüssigen Gewässer
des Oceans ab, sammelten sich in das dem Pol umgebende
Binnenbecken und stürzten sich mit Brausen um den „Polarfelsen" herum in die innern Schlünde und Eingeweide der
Erde abwärts. Die vier großen Inselländer, so fabelte
man, wären sehr fruchtbar, und hätten das schönste und
heilsamste Klima (insulae optimae et soluberrimae), und
diejenige, welche dem atlantischen Ocean zugekehrt sei, würde
von einem Volke von Pygmäen bewohnt.

Dieses traditionelle Bild der Polarländer findet man
unter andern in den Werken und Karten der Kosmographen
des Kaisers Karl V. Als die Engländer und Holländer
am Ende des 16. Jahrhunderts ihre Reisen nach Nordosten,
nach Norwegen und Rußland begannen und als sie nun
allmählich die Umrisse der Länder Novaja Zemlja, Spitzbergen, Grönland aus dem Ocean hervortauchen ließen, da
fanden sie zwar meistens um den Pol herum das Meer
von einer compakten Eisschranke und von einem undurchdringlichen Kranze von Eisschollen und Eisfeldern verbarri-
kadirt. Allein jene alten Ideen von einer freundlichen und
schönen „Pygmäeninsel" beim Eispol, und die dem Menschen
unter allen Umständen so natürliche Vorstellung, daß es
hinter seinem neblichten Horizonte noch etwas viel Schöneres
gäbe, — schon eine uralte griechische Sage legte ja das
Land der glücklichen und einer steten Gesundheit sich erfreu-
enden Hyperboräer, eine Art Paradies, hoch nach dem
Norden hinauf, — jene Vorstellungen, sage ich, wirkten
dahin, daß man glaubte, man würde beim Nordpol wieder
in offnes Meer, in stille und schiffbare Gewässer und zu
einem milden Klima gelangen, wenn man nur erst die
bösen Eisschranken bei Grönland und Spitzbergen durch-

brechen könnte. Viele Seefahrer berichteten sogar nach ihren eigenen Beobachtungen, das Klima werde nach Norden hin wieder besser und ganz warm, — nördlich von Spitzbergen hätte ihnen die Sonne das Theer aus den Schiffsplanken fließen lassen. Ja Dichtung und Täuschung liefen auch hier der erhitzten Phantasie voraus, und es cursirten ebenso wie bei den Nordwestfahrten Gerüchte von wirklich ausgeführten Polarreisen unter den Leuten. Mehrere Holländer rühmten sich, sie seien bis zum Nordpol durchgedrungen, und einer sagte aus, er sei beim hellsten Sonnenschein, auf spiegelglatten Gewässern und mit vom günstigsten Winde geblähtem Segel, zwei Mal rings im Kreise um den Nordpol, den Polarstern gerade über seinem Kopfe, herumgesegelt.

Dies Alles hatte nun zu der Vermuthung geführt, daß es vielleicht möglich sei, wenn nicht auf der Nordost-Durchfahrt längs Asiens Küste, und auch nicht auf dem Nordwest-Wege durch Amerika hindurch, doch auf einer Nordfahrt zwischen Grönland und Spitzbergen durch über den Nordpol hinweg, zum Stillen Ocean und nach China zu gelangen. Man hatte diese Idee um so eifriger aufgefaßt, da jener gerade Nordweg, natürlich der kürzesten Linie, die man zwischen China und England ziehen kann, noch näher kam als alle die anderen Wasserwege. Schon im Anfange des 16. Jahrhunderts hatte man daher, namentlich unter dem Protektorate, der damals noch blühenden „Moskowitischen Compagnie," die allen Angelegenheiten des Nordens so viele Aufmerksamkeit widmete, eine Reihe von Expeditionen ausgerüstet, um diese Richtung zu verfolgen. Der große Seeheld Hudson hatte selbst eine dieser ältesten Polarreisen geleitet. Ihm waren andere Seefahrer nachgefolgt. Aber alle blieben entweder in dem Eise jenes Schollenkranzes um den Pol herum stecken, oder sie wurden durch die vortheilhafte und verlockende Wallfisch-jagd, der sie unterwegs begegneten, von ihrem ursprüng-

lichen Vorhaben abgeleitet, und entarteten so von Ent=
deckungsreisenden zu bloßen Thran=, Speck= und Robben=
fängern. Die Reise eines gewissen Capitäns Fotherby im
17. Jahrhundert war die letzte dieser ersten Reihe von
Polarreisen gewesen. Nach ihm beruhigte man sich eine
Zeitlang bei dem Wallfischfang, ließ Pol, Pol sein und
ging nicht weiter, als die Verfolgung dieser lebendigen
Fettklumpen führte. .

Und im Ganzen genommen blieb dies der Stand der
Dinge auch durch das ganze 18. Jahrhundert hindurch.
Ohne viele stets erneuerte Versuche war zwar auch dieses
Jahrhundert nicht. Doch führten diese Versuche kaum zu
irgend welchen neuen Entdeckungen, denn selbst der große
Cook, als er die Beringsstraße durchsegelte, konnte nur ein
nördliches Nec plus ultra erreichen, das wir heutzutage als
eine ziemlich südliche Gegend bezeichnen würden. Die Eng=
länder mochten damals diese Entdeckungen im Eise und in
der Nacht des Pols auch deßwegen minder energisch be=
treiben, weil sie mittlerweile den andern Weg nach Indien
durch das Licht und das Feuer der Tropen gefunden hatten.
Sie hatten Ostindien wie einst die Portugiesen Africa um=
schiffend erobert, und hatten genug zu thun, ihre südlichen Wasser=
straßen und Eroberungen zu organisiren. — Darnach kamen
die Continentalkriege, die aus der französischen Revolution
wie aus einer Pandorabüchse hervorgingen, und die allen
friedlichen und wissenschaftlichen Unternehmungen Englands
einen Stoß gaben. — Bald nach dem pariser Frieden aber
fing dann diejenige unvergleichliche Reihe von Fahrten
nach dem arktischen Amerika an, welche während eines
vollen halben Jahrhunderts fortgesetzt, endlich in unsern
Tagen damit geendigt haben, daß die fernsten Enden des
amerikanischen Continents enthüllt, daß die Nordwestfahrt
durchgesetzt und die Neue Welt dann zum ersten Male auf

dem Salzwasser rings umher umreist und als eine Insel
uns vor Augen gelegt worden ist.

Die erste dieser bewunderungswürdigen Fahrten wurde
von Capitän John Roß im Jahre 1818 ausgeführt. Dieser
Nestor der modernen arktischen Heroen, wie die
Engländer ihn nennen, hatte die Aufgabe, durch die Baffinsbay
in das Reich des Boreas einzudringen und sich durch die
Beringsstraße wieder in die Südsee hinaus zu schwingen.
Auf die Durchführung einer solchen Fahrt hatte das englische Parlament eine Belohnung von 20,000 Pfund gesetzt,
auf die Erreichung wenigstens der Hälfte des Wegs einen
kleineren Preis von 5000 Pfund. Allein Roß erreichte
weder das eine noch das andere Ziel. Er fuhr rings in
der Baffinsbay herum und kehrte mit der Nachricht heim,
der alte Baffin habe ganz recht gehabt: die ganze Baffinsbay
sei in der That wie dieser sie dargestellt, ein rings ummau-
ertes Becken. Auch im Hintergrunde des sogenannten
Lancastersundes, so sagte Roß, habe er deutlich Land und
Gebirge gesehen; und derselbe sei nichts als ein Busen.

Aber über diesen letzteren wichtigen Punkt war William
Edward Parry, der Untercommandeur des alten Roß, nicht
derselben Ansicht mit seinem Chef. Diesem jungen, kühnen
und scharfsichtigen Manne waren gegen die Existenz der
Gebirge und Hintergründe des Lancastersundes große
Zweifel aufgestoßen. Niemand hatte den Fuß auf diese
„Gebirge" gesetzt, man war nicht einmal in einem Boote
zu ihnen hinangefahren. Vielleicht waren es bloß schwimmende Eisberge oder gar nur Wolken gewesen. Diesen
Punkt abermals einer Untersuchung zu unterziehen, lief be-
sagter Parry im folgenden Jahre mit zwei Schiffen aus.
Er kam bald vor der Mündung des Lancastersundes an
und segelte zuerst in gespannter und zweifelnder Erwartung,

bald aber triumphirend in ihm aufwärts. Die Berge des alten Roß waren verschwunden, das Meer offen und frei und es zeigte sich eine lange breite Straße, die von Parry sogenannte Barrowstraße. Durch die Eisfelder, denen er hie und da begegnete, drängte, sägte, bohrte er sich mit seinen Schiffen hindurch und gelangte so 300 deutsche Meilen weit westwärts in den nördlichen Ocean hinaus, in einen Archipel großer Inselländer hinein, die vor ihm noch kein Sterblicher aus Europa gesehen hatte, und die mit Recht nach ihm „der Archipel der Parryinseln" genannt wurden. Schon hatte er die westliche Linie überschritten, für deren Erreichung das englische Parlament eine Belohnung von 5000 Pfund Sterling ausgesetzt hatte, schon kündigte er seiner Mannschaft an, daß nun auch die „20,000 Pfund-Linie" erreicht werden würde, bereits glaubte er die Um-schiffung Amerikas fast vollendet, dachte sich der Berings-straße nahe und meinte, nun müsse es gelingen, in die ostasiatischen und chinesischen Gewässer hinaus zu segeln. Schon, sage ich, glaubte Parry das Ziel seiner Wünsche mit dem Finger zu berühren, da trat ihm an den äußersten Caps der großen „Melvilleinsel", am Ende der langen von ihm durchfahrenen Straße, ein mit Eisbergen und Stürmen erfülltes Meer entgegen. Während seiner Bestrebungen hin-durchzudringen, verrannen die kurzen Stunden des arktischen Sommers und bereis im August streckte der nordische Winter seine harten Arme aus und nahm den kühnen Entdecker und seine Gefährten gefangen. 300 Meilen vom Nordpole, in tiefem Schnee und Eise und in fünfmonatlicher Nacht überwinterten sie, mit astronomischen und anderen Beobach-tungen, mit geographischen und naturhistorischen Excursionen beschäftigt, in einer Einöde, in welcher es hunderte von Meilen im Umkreise außer ihnen kein fühlendes Wesen gab.

und bis zu der durchzubringen, trotz aller Anstrengungen nachher 30 Jahre lang Niemandem wieder gelungen ist. Eine so weit gehende und glückliche Einfahrt in das arktische Chaos war noch nie ausgeführt worden.

Gleichzeitig mit Parry's Seefahrt (auch im Jahre 1819) hatte die englische Regierung eine Landexpedition angeordnet, welche bestimmt war, durch die Länder der Hudsonsbaycompagnie nach Norden vorzudringen, um dort wo möglich dem Parry die Hand zu reichen, und welche unter das Commando des edlen Sir John Franklin gestellt wurde.

Franklin gelangte unter unsäglichen Mühen bis an die äußerste Spitze des Festlandes, die vor ihm bloß an zwei Punkten von zwei berühmten Reisenden der Pelzcompagnien, von Mackenzie und Hearne von weitem gesehen war, überwinterte in ihrer Nähe, bereiste, entdeckte und bestimmte eine etwa 200 deutsche Meilen lange Strecke dieser Küste, forschte aber vergebens nach Parry, welcher wie ich sagte, mittlerweile 1000 englische Meilen nordwärts von ihm im Eise feststeckte. Die Drangsale und Entbehrungen, die Franklin, seine gelehrten Freunde Dr. Richardson und Hood und ihre andern bewundernswürdigen Begleiter auf dieser Reise ertrugen, lassen sich in der Kürze kaum beschreiben. Monatelang irrten sie in offnen Böten an den unwirthlichen Gestaden, mit Stürmen, Brandungen, Eismassen und den feindlichen Esquimaux kämpfend, dahin. Da ihnen die gewöhnliche für eine längere Zeit conservirbare Nahrung der Reisen den in jenen Gegenden, der sogenannte „Pemmican" (es ist getrocknetes, alsdann zerriebenes und in lederne Säcke verpacktes Büffelfleisch) ausging, so waren sie gezwungen von den Beeren und Moosen, die an den Felsen der Nordküste spärlich wachsen, sich kümmerlich zu nähren. Ihre Fest- und Feiertagsbraten mußten sie den Bären und Wölfen abringen, und was diese wilden Thiere an Haut

und Knochen übrig ließen, sammelten sie sorgfältig, trockneten und pulverisirten es zwischen Steinen, um aus dem
Knochenmehle ihre Suppen zu bereiten. Wenn nirgends
sich ein Knochen unter dem Schnee mehr hervorfinden ließ,
betasteten sie ihre eigenen mageren Körper und untersuchten
ihre Kleidung, um noch ein Stück Leder oder Riemenwerk
zu entdecken, das sie rösten könnten. Von ihren Leuten, die
Hunger und Kälte decimirte, zum Theil verlassen, von einigen
Ungehorsamen sogar mit Verschwörung und Mord bedroht,
schlich die kleine Jammertruppe der Treugebliebenen, diese
Märtyrer der Wissenschaft, über die unbekannte Eisregion,
der Heimath zugewendet, stets und inmitten der größten
Bedrängniß ihre wissenschaftlichen Zwecke vor Augen —,
dahin. Noch als vom Fieber geschüttelte Skelette, schon
unter den Händen des Todes machten sie ihre astronomischen,
meteorologischen und magnetischen Beobachtungen, und
brachten sie mit zitternden, verfrorenen und abgemagerten
Fingern zu Papier. Wenn sie, um ihre matten Schultern
zu erleichtern, zuletzt auch fast Alles bei Seite warfen, so
wahrten sie doch ihre Tagebücher und Berichte an die Regierung und Nation. Kaum konnten sie noch mit gespen-
sterhaft veränderten Stimmen, die wie aus dem Grabe
kommend tönten, sich Mittheilungen machen, und sich gegenseitig zum Dulden, zu Muth und Hoffnung ermahnen.
— Ein Paar befreundeter Indianer, — vom Himmel gesandte Boten, die endlich eines Tages mit etwas frischge-
schossenem Wildpret mitten unter die kleine verzweifelnde
Schaar dieser Leidträger traten, erretteten und erhielten uns
endlich den Franklin, der der wißbegierigen Welt noch so
viele andere Aufschlüsse über einen nie zuvor besuchten Theil
unseres Erdglobus geben sollte, und der sich durch die erduldete Noth und Angst nicht abschrecken ließ, gleich Schillers
Taucher dann später noch einmal und noch ein drittes Mal

in die kalten Finsternisse des Nordens hinabzutauchen, um
uns den Becher der Wissenschaft zu füllen.

Auch Parry kehrte noch einige Male wieder und ver-
vollständigte seine früheren Entdeckungen. Auch der alte
Roß kam noch ein Mal zurück, überzeugte sich von der
Schiffbarkeit des Lancastersundes, jenes arktischen Gibral-
tars, das er einst verschlossen wähnte und pflanzte die britische Flagge auf dem von ihm entdeckten Centralpunkte
und Pole der in dem Körper unseres Globus pulsirenden
magnetischen Kräfte auf. Und als der edle Franklin endlich
im Jahre 1845 zum dritten Male in jenes Eldorado der
Naturwunder und der pikantesten Seeabenteuer einzog und
daselbst mit einer der glänzendsten Ausrüstungen, die England zu Wege brachte, und mit einer Elite von Officieren
und Matrosen und jungen Liebhabern arktischer Sports
verschwand, und als der Sekretär der Admiralität gesagt
hatte, diese Franklin'sche Expedition würde die letzte sein,
welche England zum Zweck der Umsegelung Amerikas ent-
sende, da ging diese Prophezeiung so wenig in Erfüllung,
daß eben sie die Veranlassung gab, den Norden, so zu
sagen, mit Flotten zu überschwemmen.

Im Jahre 1847 erwartete man die Expedition Franklins zurück. Als sie in diesem Jahre nicht kam, wurde
man besorgt, und als sie auch im folgenden ausblieb,
setzten sich die geängstigte Gattin und die besorgten Freunde
des Vermißten, die Regierung, die ganze britische Nation
in Bewegung, um zu seiner Errettung die kräftigsten Maßregeln zu ergreifen. Es ging im Jahre 1848 unter dem
Commando des erfahrenen Süd= und Nordpol-Navigators,
des jüngeren Roß eine Sucherpedition (Searchingexpedition)
nach der Baffinsbai, und eine zweite mit Umkreisung der
Welt, nach der Beringsstraße unter Segel, um bei beiden
Ausgängen und Thoren des großen Polarbeckens zu wachen

und zu arbeiten. Und diesen beiden Suchexpeditionen folgte
dann in den Jahren 1849 und 1850 eine ganze Reihe
anderer. Auch die Hudsonsbaicompagnie ordnete eine Landreise durch die ihr angehörenden Wüsteneien, unter der Leitung des Naturforschers Dr. Richardson, des treuen Freundes
und ehemaligen Leidensgefährten von Franklin an. Sogar
die amerikanischen Kaufleute nahmen den wärmsten Antheil
an dieser menschenfreundlichen Spürjagd, und einer von
ihnen, Herr Grinell, brachte dem Gouvernement eine Geld-
summe dar, wofür ebenfalls zwei Schiffe ausgerüstet wurden.

Die ganze civilisirte Welt sah diesen edelmüthigen und
merkwürdigen Anstrengungen der anglosächsischen Völker zur
Wiederauffindung abhanden gekommener Stammesgenossen
und Freunde mit der größten Theilnahme und gespannter
Erwartung zu.

Obgleich auch schon früher mehrere wissenschaftliche
Expeditionen, z. B. die von La Peyrouse, auf ähnliche Weise
verschwunden und auch mit ähnlichem Eifer gesucht worden
waren, so hatte man doch etwas Gleiches noch nie erlebt.

Die Nordwestpassage war seit 300 Jahren ein stets
verfolgter Lieblingsgedanke der Briten gewesen. Viele der
besten Erinnerungen ihrer Marine knüpften sich daran, ihre
ausgezeichnetsten Seefahrer hatten sich dabei entweder betheiligt, oder waren aus ihr hervorgegangen, und nun war
der beliebteste von Allen, von dem man mehr als von einem
andern die Hoffnung gehegt hatte, daß er dem Werke die
Krone aufsetzen würde, mit seinen sämmtlichen trefflichen
Gefährten spurlos verschwunden. Sir John Franklin, der
sanfte und muthvolle Entdecker der amerikanischen Nordküste,
dessen unerhörte, für die Wissenschaft und den großen Na-
tionalzweck erduldete Drangsale der ganzen Nation bekannt
waren, die das gesammte lesende Publikum Europa's gleichsam mit ihm durchlebt hatte, ein Mann, den weder di-

Cannibalen, noch das gräßliche Antlitz des Hungertodes erschreckt hatten, und dabei ein Mensch, von dem sich selbst die Indianer mit Verwunderung erzählten, daß er nicht im Stande gewesen sei, eine Mücke zu tödten, daß er sogar die wüthenden Moskitos nur mit einem Fliegenwedel, ohne ihnen Harm anzuthun, aus dem Zelte vertrieben, oder von seiner schreibenden Hand diese Blutsauger bloß weggeblasen habe.

Einen solchen Mann, sage ich, der vielleicht noch jetzt wieder ebenso, wie damals am Bärensee, von Moosen sich nährend, vom Fieber geschüttelt, als ausgehungertes Skelett mit einem treuen Häuflein der durch ihn ermuthigten Seinen, still duldend, an irgend einer verborgenen Eisküste umher-irrte, galt es zu retten. Seine verzweifelnde Wittwe und die vielen trauernden Familien der andern 150 muthigen Offiziere und Seeleute galt es zu trösten. Und man sah nun einen Wetteifer sondergleichen sich entflammen. Es haben sich im Verlaufe der letzten 10 Jahre nicht weniger als 35 wohlgerüstete Schiffe eines nach dem andern, mit mehr als 1000 eifrigen Seefahrern, kundigen Befehlshabern, und für ihren Zweck begeisterten Neptunssöhnen, auf den Weg gemacht. Die Beringsstraße, die Baffinsbay, der Lancastersund, die Barrowsstraße und ihre Arme wurden mit Wachen besetzt. In jede Oeffnung, in jedes Eisthor, in jedes Versteck, wo man nur eine Hoffnung des Findens hegen durfte, arbeiteten sich in unsäglichem Kampfe mit der wilden Natur Suchexpeditionen hinein und die Gegenden des Nordpols wurden auf diese Weise in höherem Grade belebt, als je zuvor.

Man ersann die außerordentlichsten Mittel, die unge-wöhnlichsten Telegraphen, um den vielleicht noch irgendwo athmenden Landsleuten Nachrichten und Winke zukommen zu lassen. Die Schiffe ließen dann und wann kleine Luft-

ballons mit daran befestigten Briefen steigen, in der Hoffnung, daß der Wind sie weit weg und dem Franklin zuführen könne. Man schmiedete kupferne Halsbänder und
gravirte darauf Nachrichten an Franklin. Und dann fing
man die Wölfe, Füchse, Vögel und andere Thiere ein, schmiedete ihnen die Halsbänder um den Nacken und entließ sie
wieder in die Wildniß in der Erwartung, daß Sir John
Franklin eins dieser Thiere schießen und den gegebenen
Wink benutzen könnte. Man knappte sich von den Mund-
vorräthen das Mögliche ab, packte getrocknetes Fleisch und
andere dauernde Lebensmittel in Säcke und Kisten zusammen,
vergrub und vermauerte sie hie und da an den Küsten und
schrieb dann wieder an die Felsen: „Dort unter jenem
Blocke, von diesem Felsen nordöstlich, 200 Schritte vom
Meeresufer, liegt Nahrung für Sir John Franklin und seine
Genossen!" —

Auch in jeder Esq..imauxhütte legte man eine solche
Schrift nieder, und beauftragte diese weitreisenden Leute,
die Nachricht überall wo sie könnten im Eisirrgarten und
auf den Schneewüsten zu verbreiten.

Wo sich ein hervorragendes Vorgebirge, eine auffallende
Felswand fand, da strich man sie weiß an und schrieb mit
großen rothen Lettern ebenfalls einen solchen Gruß an Sir
John Franklin darauf.

So erfüllte man gleichsam den ganzen nordischen
Archipel mit Wegweisern, mit Briefen, mit Fragen, mit
Seufzern:

> Nordstürme, die ihr tosend schnaubt
> Vom finstern mitternächt'gen Strand,
> Sagt, habt Ihr uns den Freund geraubt?
> Wo haltet Ihr ihn festgebannt?
>
> Ihr Wellen, die vom eis'gen Pol
> Zum lichtbeglänzten Süden ziehn,

Saht Ihr den Vielgesuchten wohl?
Wo weilt er jetzt? Was fesselt ihn?

Wie thürmt Ihr Euch mit dumpfem Schwall,
Was braust Ihr wildbewegt und laut?
O sprecht, Ihr Wogen von Krystall,
Habt etwa Ihr sein Grab geschaut?

Da man ihn nirgends fand, so dachte man endlich, er sei durch den Eis= und Länderkranz des Pols hindurch= gebrochen zu der „Polynia", zu dem freien und offnen Meer um den Pol herum, von dem man wieder zu fabeln anfing. Dort dachte man, irre er vielleicht, wie ein in einem Tümpel eingefrorener Schwan, vergebens nach einem Ausgang zum lichten Süden suchend, um den finstern Pol herum.

Daß diese Voraussetzung, wie vermuthlich die ganze Idee von dem um den Pol herum schwimmenden Schwanen= teich falsch sei, haben wir erst vor Kurzem erfahren, da es nun zur Gewißheit geworden ist, daß Franklin nicht als siegreicher Entdecker des Nordpols, sondern als ein Geschla= gener, auf dem schon angetretenen Rückzuge nach England seinen Tod gefunden hat. In ziemlich südlicher Breite, in der Gegend der Mündung des großen Fischflusses hat man bekanntlich sein Grab oder doch die letzten Spuren von ihm entdeckt. —

Parry und Franklin, das waren jedenfalls die beiden Hauptnamen in der Entdeckungsgeschichte des amerikanischen Nordens. Es waren die beiden Männer, welche die ent= scheidensten Dinge dort ausführten. Jener eröffnete die arktischen Herkulessäulen, den Lancastersund und die Barrow= straße, durch welche allein es möglich ist, mit Schiffen in den nordischen Irrgarten einzudringen. Und dieser war der erste, der die nordische Continentalküste Amerikas zu ent= wickeln begann. Die Lyons, die Raes, die Belcher, Beechey, Kane und alle die andern, welche ihnen folgten, haben nur

auf dem von jenen gelegten Fundamente weiter gebaut, die
von Franklin gezeichnete Nordküste weiter tracirt, und die
Arme des großen von Parry angebahnten Canals im Detail nachgewiesen. Doch hat auch ein jeder von diesen
Männern wenigstens einen oder zwei Bausteine zur Auf-
richtung der ganzen Kunde des amerikanischen Nordens mit
sich nach Hause gebracht, der eine eine neue Halbinsel, der
andere eine Insel, der dritte eine Küstenstrecke, der vierte
eine Meeresstraße oder einen großen Fluß und außerdem
brachten sie noch ihre trefflichen, in aller Welt publicirten
Tagebücher mit, die überreich sind an den interessantesten clima-
tologischen, naturhistorischen und ethnographischen Beobachtungen und Forschungen.   Und aus allen diesen Bruch-
stücken und Kettengliedern haben wir uns denn nun das
ganze Bild der nordischen Schöpfung, so wie sie seit Anbeginn der Welt unbeobachtet dagestanden hat, zusammen-
stücken, und das ganze Erbleben, das sich dort in leisen
Pulsschlägen verläuft, bis zu seinen entlegensten Grenzen
verfolgen können.

Unsere Zoologen kennen nun die äußersten Schlupf-
winkel der Cetaceen und Fische, welche die Polarmeere beleben.   Sie fragen nun nicht mehr, wohin im Sommer die
Zugvögel fliegen, sie haben ihre Nester untersucht, die sie
sich dort auf dem glatten Eise bauen und aus denen sie
dann zum Süden hervorschwärmen.   Sie wissen wie weit
die Rennthiere, die Elennthiere, wie weit jene in Pelz gehüllten merkwürdigen Zweihufer, die den Bären ähnlichen
Moschusochsen, die man wohl das „Rindvieh des Nordpols"
nennen kann, ihre Ausflüge fortsetzen und wie weit ihnen
ihre Weiden bereitet sind.   Sie haben die letzten Spuren,
die der Eisbeer dem Schnee eindrückt, gesehen und das
fernste Geheul der Wölfe, das in den lautlosen Lüften des
Pols verhallt, vernommen. — Die Botaniker haben von

den hohen Fichten Canadas abwärts alle Stufen der Vegetation überschaut, bis zu den spärlichen verkrüppelten Weiden-
sträuchern, welche hie und da an der Nordküste Amerikas
und auf seinen s. g. „Barren grounds" (Oeden Gründen)
ebenso wie am Rande der Alpengletscher ranken, bis zu den
noch niedrigern Gräsern und Moosen, die im Frühling
sogar auch den „Parry's-Inseln" einen grünlichen Schimmer
verleihen und bis zu den mikroskopischen kleinen Gewächsen
hinab, die in den „Arktischen Hochlanden" hie und da wenigstens den Schnee röthlich färben.

Auch die Ethnographen und Historiker sind bei jenen
vortrefflichen Entdeckungsreisen keineswegs leer ausgegangen.
Für sie wurde die Erkenntniß einer der merkwürdigsten
Volksstämme der Erde in so hohem Grade vervollständigt,
daß wir jetzt fast kein Volk der Welt in seiner weiten Verbrei-
tungszone und seiner ganzen Entwickelung so genau kennen,
wie diese Esquimaux. Wir überschauen nun fast alle die
langgestreckten Sitze jener Stämme, die sich viele hundert
Meilen weit längs den Küsten der Nordländer angeklam-
mert, und ihre Kinder so weit verstreut haben, wie die
Wallfische und die Robben, die Moose und die Moschusochsen wandern. Diese armen Esquimaux, die unsere Vor-
eltern als Teufelsanbeter verabscheuten, („hier wird überall
der Teufel angebetet", steht auf einer Karte des Mittel-
alters mit großen Lettern im Norden Amerikas geschrieben,
— und in den Berichten der ersten Entdecker der Esqui-
mauxländer kann man lesen, daß die englischen Matrosen
diese Leute zuweilen zwangen, ihre Stiefeln auszuziehen,
um nachzusehen ob sie nicht gespaltene Hornfüße hätten,
wie der Böse) — diese verläumdeten Esquimaux, sage ich,
hat man jetzt besser erkannt. Man hat gesehen, wie es auch in
ihren Eishütten denkende Wesen, ja Dichter und Philosophen
giebt, wie auch dort der edle Funke, den Gott in die Brust

26

des ersten Menschen legte, noch fortglimmt und zuweilen in hellem Feuer hervorschlägt, und wie auch dort auf den ewigen Schneefeldern ein munteres Menschen-Geschlecht sich tummelt, wie Witz
und Frohsinn in der Jugend — man lese die Schilderung der
Esquimaur-Knaben bei Parry, — bis zum Nordpol sprudeln.

Parry, Franklin und noch viele andere der Männer,
welche jene arktischen Expeditionen leiteten, waren nicht nur
solche ausdauernde kühne und energische, sondern auch zugleich
solche wohlwollende und mildherzige, wissenschaftlich gebildete
und dabei zugleich gegen alle äußeren Anfechtungen gepanzerte
Charaktere, wie sie nur die humanisirte und christliche Neuzeit
hervorgebracht hat. In ihrem Geiste paarte sich ein solider
moralischer Muth, eine männliche Festigkeit mit der zartesten
Empfänglichkeit und der gefühlvollsten Gesinnung, wie denn
eine solche schöne Paarung bei den edlen und männlichen Briten
recht häufig ist.

Sie waren für das schwierige Geschäft der Erforschung
wilder Länder und Völker in viel höherem Grade geeignet,
als irgend welche ihrer Vorgänger. Auch gaben die ihnen
vorgeschrittenen Wissenschaften und Künste eine Fülle von
Mitteln und Apparaten mit auf den Weg, wie man sie
nie zuvor einem forschenden Entdecker zu geben im Stande
gewesen war. Ihre Schiffe und Boote wurden nach einem
besonders für den Norden erfundenem Systeme construirt
und gegen alle rauhe Behandlung, die sie von den Eis-
Bergen und Schollen erfahren könnten, gerüstet. Ihre wissenschaftliche Ausrüstung war im höchsten Grade brillant und
wenn man die Listen der ihnen mitgegebenen scientifischen Instrumente, aller der neuerfundenen Vorrichtungen zur schärfsten
Bemessung der Zeit oder der mannigfaltigen Eigenschaften
der Luft und des Wassers, zur Erforschung des Meeres in
allen Tiefen, zur Bestimmung der elektrischen und magnetischen
Kräfte übersieht, so möchte man sagen, man habe nicht Schiffe,

sondern schwimmende Observatorien und mathematisch-
astronomische Kabinette zum Nordpol entsandt. Selbst die
geringfügigeren Künste und Künstler des gemeinen Lebens
bemühten sich, in ihrer Weise diesen Unternehmungen zu dienen.
Sie sannen auf die zweckmäßigsten Kleider, die man den
Nordfahrern mitgeben könnte, und die Chemiker und Köche
erfanden die zuverlässigsten Einmachungs- und Conservirungs-
methoden für die Mundvorräthe, indem sie es dahin brachten,
daß man Fleisch und Gemüse und Milch und Eier jahre-
lang frisch erhalten konnte, und so die Entdecker in Stand
gesetzt wurden, mehrere Winter hindurch, fern von allen
Schlachtbänken, Gemüsemärkten und Hühnerhöfen der Welt,
ihr Leben hinzuhalten.

Die Offiziere wurden unter den tüchtigsten und gebil-
detsten Männern gewählt, und selbst bei den Matrosen
wurden die moralischen Eigenschaften, als gälte es eine
heilige Sache, zuweilen auf eine sorgfältigere Weise untersucht, als dies sonst wohl bei den Rekrutirungen der Klöster
und der Mönchsorden der Fall gewesen sein mochte. Nur
solchen Leuten, die in Bezug auf ihre Moralität untadelhaft
waren, traute man auch den Muth und die Ausdauer zu,
welche zur Erreichung der schwierigen Ziele so nöthig waren.
Den Columbus wollten seine der Entdeckungen überdrüssigen
Leute über Brod werfen, den Hudson ermordeten die Seinigen, und ein gleiches Schicksal hatten viele andere berühmte
Entdecker der früheren Zeit von ihren aufrührerischen Mannschaften, welche in die großen Pläne ihrer Anführer nicht
eingehen konnten und die ungeduldig wurden über die ihnen
zugemutheten Anstrengungen. Bei allen den modernen Nord-
west-Expeditionen der Briten ist dergleichen nie vorgekommen,
und die Annalen derselben bilden daher auch in dieser Beziehung ein fleckenloses Geschichtsblatt, auf dem die Blicke
des Menschenfreundes gerne verweilen.

26*

Der Skorbuth, diese von den Seefahrern so gefürchtete
Pest, hatte sonst oft ganze Mannschaften der Schiffe hinweg=
gerafft und einige der schönsten Unternehmungen scheitern
lassen. Jetzt nahm man so gute Maßregeln gegen diesen
bösen Feind, daß zuweilen jene Expeditionen nicht einen
Mann dadurch einbüßten. Man hatte genau alle anti=
skorbutischen Pflanzen studirt und versah sich mit wohl
gefüllten Apotheken. Ja die Befehlshaber legten neben den
Oefen ihrer Kajüten kleine Treibhäuser an, in denen sie die
gegen den Skorbuth wohlthätigen frischen Kräuter erzogen.
Bei dem Lichtmangel in der langen Polarnacht blieben diese
Pflanzen freilich farblos und weiß, erlangten aber im Uebrigen
alle ihre sonstigen heilsamen Eigenschaften.

Auch für die Beseitigung der Langeweile und Unthätig=
keit (der Grundursache so vieles Bösen), die sonst nicht selten
zu Zwistigkeiten und auch zu Krankheiten des Geistes und
Leibes geführt hatte, trug man Sorge. Musiker wurden an
Bord genommen und Sammlungen belehrender und unter=
haltender Schriften. In den melancholischen Winterquartieren
des Nordens, wenn der Schnee sich rings um die Schiffe
berghoch anhäufte und alle Ausflüge unmöglich machte,
stellten sie Spiele auf dem Eise an. Die Offiziere stifteten
Schulen an Bord der Schiffe und unterrichteten täglich ihre
Matrosen. Sie gaben Journäle heraus, in denen jeder unter
der Redaction eines Offiziers, seine Einfälle niederlegte.
Man veranstaltete Maskenbälle und errichtete Schaubühnen,
auf welchen die mimischen Talente sich übten. Die Com=
mandeurs der Expeditionen schrieben selbst dazu die passen=
den Schauspiele und so kehrte dann mancher nicht nur
besser und geduldiger, sondern auch gewandter und unter=
richteter aus den finstern Schnee=Wüsteneien zurück nach
England, von wo er als ein unwissender Matrose ausge=
gangen war.

Die Engländer haben fast eben so viel Zeit und Arbeit auf die wissenschaftliche Eroberung dieses ihres nördlichen Eis-Irrgartens verwendet wie auf die Unterwerfung ihres goldenen Reiches in Indien. Diese beiden Eroberungen gehören mit zu ihren größten und glorreichsten National-Unternehmungen. Bei einer Vergleichung der Resultate, zu denen sie bei beiden gelangten, mag man sich allerdings eines gewissen Lächelns kaum erwehren können, indem man das menschenreiche und von Ueberfluß triefende Bengalen mit dem von 300 armen Robbenfängern durchirrten Boothia, die von Eisbären bewohnte Melville-Insel mit dem sonnigen und geschöpfereichen Ceylon, die weltberühmten Calcuttas, Delhis, Benares der Hindostaner mit den obscuren „Igloolifs" oder „Unumacfs" der Esquimeaux vergleicht, wenn man sieht, wie man dort ein völkerwimmelndes Fürstenthum nach dem andern oft ohne viel Aufsehen annektirte, und wie man hier über die Auffindung der melancholischen Bathurst-Insel oder der dornigen Passage durch Regents-Inlet fast mehr triumphirte. „Victoria Land", „König Georg IV. Land", „der Krönungs-Golf", welche prächtige Namen, die man erfand! welche trostlose Einöden die man mit ihnen beehrte! und die man einer fast detaillirteren und geistvolleren Beschreibung würdigte, als sie manches asiatische Königreich je zum Angebinde erhalten hat.

Ich sage, man mag hierüber lächeln. Wie wohlthuend sind aber die Gefühle, die der Beobachter empfindet, wenn er die Art und Weise vergleicht, wie diese beiden so sehr contrastirenden Eroberungen zu Stande kamen, und wenn er eine Parallele zieht zwischen den Männern, die dort, und denen, die hier thätig waren! Mit den Eingeborenen, die man dort knechtete, wurde hier Alles in Güte und Freundschaft abgemacht. In der That, die britischen Schiffe, welche in jenen Eisländern erschienen, waren für die Zeit ihrer

Anwesenheit Zufluchtsörter, Hospitäler und Armenhäuser
für die dort leidende Menschheit, für die armen eingeborenen Esquimeaux, in denen man die Hungernden tränkte und
speiste, die Kranken verpflegte und die Nackten kleidete.

Unter den vielen Anstrengungen, Unternehmungen und
Arbeiten, welche dies Alles zu Wege brachten, und die ich
im Einzelnen leider hier nicht schildern kann, muß ich zum
Schluß nur noch ein Factum und einen merkwürdigen
Moment in etwas helleres Licht stellen. Ich meine die
interessanten Begebenheiten und Umstände, in Folge deren
es denn endlich ausgemacht wurde, daß Amerika im Norden
rings von Salzwasser umgeben sei, und daß die so lange
gesuchte s. g. „Nordwestliche Durchfahrt" wirklich existire.

Unter den verschiedenen Such-Expeditionen, die zur
Auffindung von Franklin ausgelaufen waren, war eine im
Jahre 1850 unter dem Commando des Capitain Collinson
zur Behrings-Straße gesandt worden, um von da aus ostwärts einzudringen. Capitain Collinson selbst hatte dies
nicht gleich zu Stande bringen können.

Aber sein Untercommandeur Capitain Mac Clure,
der in dem Schiffe Investigator von ihm durch einen Zufall
getrennt worden war, hatte, nachdem er in der Berings-
Straße eine Zeit lang vergebens auf die Erscheinung seines
Chefs gewartet, das Commando selbst in die Hand genommen und die Sache auf seine eigene Hand gewagt. Es ist
in der Geschichte der Entdeckung Amerikas, wie in der Geschichte der Kriege eine häufig wiederkehrende Erscheinung,
daß ungehorsame aber kühne Untercommandeure die Hauptschlacht gewinnen.

Mac Clure arbeitete sich im Verlaufe eines Sommers
längs der Saumes der Nordküste des Russischen Amerika
hindurch. Ich mag hierbei bemerken, wie es dort im Norden eine ziemlich allgemeine Erscheinung ist, daß sich die

fahrbarsten Wege fast überall nahe längs der Ländersäume
und nicht in der breiten Mitte der Gewässer ausbilden. Das
Festland wird von der Sommersonne schneller durchwärmt als
der Körper des hohen Meeres, und das Eis löst sich dort
zuerst ab. Auch die etwas temperirten Ströme und Gewässer des Innern stürzen hinaus und schmelzen das Eis
am Ufer weg. Endlich können auch die sehr tief ins Wasser
eingetauchten Eisberge nicht so nahe zu dem flachen Ufer-
lande herankommen und pflanzen sich in einiger Entfernung
von demselben auf dem Grunde fest. In der Baffins-Bai,
in den russisch-amerikanischen Gewässern und in allen den
andern dortigen breiten Sunden und Golfen ist daher die Mitte
von gewaltigen zusammengepackten Eismassen gewöhnlich
mehr erfüllt, als die Seiten, und die Schiffe müssen sich
längs des Randes der Festländer hinschleichen.

Mac Clure also, sage ich, hatte sich im Laufe des
Sommers 1850 östlich längs des mittleren Packeises der
Polarsee von Station zu Station hindurchgedrängt und
hatte endlich die Nachbarschaft derjenigen Gegenden erreicht,
bis zu welchen Parry im Jahre 1819 von Westen her vorgedrungen war, nämlich die Banks-Straße. Er war hier
schon den bekannten und von englischen Schiffen bereits oft
durchfurchten Gegenden ganz nahe und hoffte zu ihnen durch-
dringen und so eine Umsegelung Amerika's zu Stande
bringen zu können. Aber mitten in diesen Hoffnungen fror
er auf der Südseite derselben Straße ein, an deren Nordufer vor 30 Jahren die eben so lebhaften Hoffnungen
Parry's im Eise gescheitert waren. Nur auf einer Schlittenpartie, über das Eis der gefrorenen Straße weg, konnte er
„Winter-Harbour", denselben Hafen, in welchem Parry im
Jahre 1820, von Osten kommend, überwintert hatte, nun
von Westen her wieder erreichen und er legte dort Briefe
nieder, um daselbst etwa ankommende Europäer von seiner

Anwesenheit und seinen Standquartieren zu benachrichtigen.
Dies war im October 1850. Und diese Zeit muß als das eigent=
liche Datum der Entdeckung und Vollendung der Umfahrung
oder doch der Umwanderung Amerika's betrachtet werden.

Während Mac Clure in seinem eingemauerten Schiffe
zwei Sommer und Winter vergebens darauf wartete, daß
die Thore sich wogend aufthun möchten, waren wirklich von
der andern Seite von Westen her, durch die Baffins=Bai
und die Barrows=Straße ebenfalls ein Paar Schiffe zu den ehe=
maligen Winterquartieren Parry's herangekommen. Es waren
die Schiffe Resolute und Intrepid, kommandirt von Capitain
Kellet, die zu der Such=Flotte des Sir Edward Belcher ge=
hörten. Mit seinen Schiffen konnte dieser Kellet eben so wenig
weiter westwärts kommen, wie Mac Clure ostwärts. Doch
erfuhr er bald etwas von der Nähe des Letztern durch einen
der aufgefundenen Briefe, die derselbe, wie gesagt, nach der
Gewohnheit der arktischen Seefahrer an den Küsten der
Nachbarschaft verstreut und unter Signalpfosten im Eise
versteckt hatte. Kellet sandte daher im Frühling des Jahres
1853 eine Schlittenpartie westwärts über das Eis der Banks=
Straße, um nach Mac Clure zu suchen. Es war am Nach=
mittage des 6. Aprils, eines in der Entdeckungsgeschichte
Amerikas denkwürdigen Tages. Alles an Bord des In=
vestigators, des Mac Clure'schen Schiffes, war still. Seine
hageren, abgemagerten, von Hunger, Krankheit, Frost und
Strapazen aller Art geschwächten oder verstümmelten Leute
hatten eben ein Grab für einen Verstorbenen bereitet. Da
bemerkten sie im Osten auf dem Eise einen sich bewegenden
dunklen Punkt. „Sie riethen erst auf einen Bären oder ein
anderes der wilden Thiere, die ihre gewöhnlichen Gesell=
schafter und Besucher waren. Der dunkle Fleck kam näher.
Es war ein Mensch! und hinter ihm her kamen andere
Männergestalten und auch Hundegebell. Die mit Staunen

beobachteten Fremdlinge waren Engländer. Sie kündigten
sich an, als Lieutnant Pim und Gefährten, die Führer der
von Kellet ausgesandten Schlittenpartie.

Es erfolgte eine unbeschreibliche Scene, als die Nach=
richt sich wie ein Blitz durch alle Zellen und Krankenstuben
des Schiffs verbreitete. Viele erklärten es erst für einen
Scherz, einen Irrthum oder ein Traumgesicht. Ihre Ge=
müther wurden wie verwirrt, als wären sie nicht fähig, die
Wahrheit des Gehörten zu begreifen.

Endlich, da die Wirklichkeit in der Gestalt des besagten
Lieutnant Pim an Bord des Schiffes sprang, brach Alles
in einen Jubelruf von ausgelassener Freude und Entzücken
aus, und „aus allen Schiffslöchern drängten sich die Kranken
herauf, die Verstümmelten, die Lahmen und die Blinden,
so schnell ihre von Frost zerbissenen schwachen Glieder sie
tragen konnten", (ich gebrauche hier die Worte eines Augen=
zeugen), „um den Gottgesandten zu sehen, zu betasten, das
Ohr an seinen redenden Mund zu legen und ihm die Hand
zu schütteln."

Die Nord=West=Passage war nun entschieden entdeckt.
Zum ersten Male konnten europäische Seefahrer, aus ent=
gegengesetzen Weltgegenden kommend, sich auf dem obersten
eisgekrönten Scheitel dieser langgestreckten Statue von Amerika
die Hände reichen. Der ganze Continent war bis auf eine
kurze Zwischenstrecke umschifft, und auch auf dieser kurzen
Zwischenstrecke hatte man, auf einer Eisbrücke sie passirend,
wenigstens Salzwasser unter den Füßen gehabt. Jetzt
erst konnte man sagen, daß hiermit die von Columbus vor
fast 400 Jahren begonnene Arbeit vollendet worden sei.
Und das knappe historische Gemälde, welches ich hier von
diesem Werke zu entwerfen versuchte, schließe ich daher mit
einer Hindeutung auf jene Begegnung.

XII.

Schlußbetrachtung über den Einfluß der Entdeckung Amerika's auf Handel, Schifffahrt, Wissenschaft, Religion und Politik.

Einführung europäischer Krankheiten. — Veränderung in dem Zustande und den Sitten der amerikanischen Eingeborenen. — Vernichtung der amerikanischen Civilisation. — Ausbreitung der rothen Race. — Stiftung neuer Völker. — Veränderungen in der Natur und dem Clima durch Einführung und Anbau neuer Thiere und Pflanzen. — Zucker, Caffee, Baumwolle. — Negersklaverei.

Verbreitung amerikanischer Pflanzen und Thiere in Europa. — Die Kartoffel. — Der Tabak. — Der Mais. — Arzeneien. — Der Truthahn. — Wechsel der politischen und commerziellen Macht und Hegemonie in Europa. — Blüthezeit der Macht der Spanier und Portugiesen und ihr Verfall. — Verfall des italienischen Handels. — Abnahme des deutschen Großhandels. — Verfall der Hansa. — Freiheit der Niederlande. — Aufschwung der Engländer. — Einfluß auf die Wissenschaften. — Weltkunde. — Astronomie. — Botanische Gärten. — Menagerien. — Naturwissenschaften. — Ethnographie. — Geschichte des Menschengeschlechts. — Impulse zu großen Erfindungen. — Größere physische und moralische Beweglichkeit der europäischen Völker. — Moderne Sprachen und Literaturen. — Ausbreitung und Befestigung des Christenthums.

Weder der vielgepriesene Civilisationszug Alexander's des Großen nach Asien, — noch die geräuschvollen Unternehmungen der Kreuzritter, —. noch auch die zerstörenden Märsche eines Alarich oder Dschingis Chan sind so wichtig und folgenschwanger für die Menschheit gewesen, als die stille Fahrt des Columbus mit seinen drei kleinen Schiffen über den Ocean.

370 Jahre sind jetzt darüber hingerollt, und die Folgen jenes Ereignisses, die Impulse, welche es der Menschheit gab, die Vortheile und Nachtheile, die es herbeiführte, haben Zeit gehabt sich zu entfalten. Sie sind so weitgreifender und gewaltiger Natur, daß Jemand, der anfangen will, über die Ergebnisse und Resultate jener Herkulesarbeit der seefahrenden Nationen in dem engen Raume eines Schluß-Capitels zu sprechen, vor einem Chimborazo zu stehen scheint, den er auf einem Spaziergange erklimmen soll, vor einem Meere von Begebenheiten, das er mit einer Muschel erschöpfen, mit einem Zollstabe sondiren will.

Vor Columbus und Vasco da Gama war von den gebildeten Völkern nur — ich will viel sagen, — der sechste Theil der Festland- und Wasseroberfläche unseres Globus bereist und ihnen bekannt. Sie lebten auf diesem Sechstel gleichsam wie auf einer großen Insel. Sie waren Insulaner, die von dem übrigen Erdkreise nichts wußten. Jahrtausende lang bewegten sie sich auf diesem engen Schauplatze ihrer Thaten hin und her. Der gefürchtete Ocean, der den sogenannten Orbis Terrarum umkreiste, die hohen Fluthen und Wogen, die ihn umflossen, die Stürme, die ihn umtobten, schlossen die Menschheit und ihre „Insel" gleichsam wie ein Damm oder eine Wolkenmauer ein, und unsere ungeschickten, vorurtheilsvollen, muthlosen Altvordern saßen dahinter wie Gefangene in einem Käfig.

Columbus war es, der die Thore dieses Käfigs öffnete, jene Mauer sprengte und jenen Damm von Vorurtheilen beseitigte. Er glättete den wilden Ocean und verwandelte ihn aus einem Hindernisse der Bewegung zu der großartigen Verkehrs-Arena, die es vom Schöpfer zu sein bestimmt war. Die Insel, die man Welt nannte, war vor Columbus so zu sagen wie eingefroren. Er ließ den Ocean aufthauen, goß Oel darauf und brachte rings umher Alles in Fluß, so daß das Entfernteste, was bisher unerreichbar schien, sich nun als durch die engsten und natürlichsten Bande verknüpft zeigte.

Stellen wir uns vor, daß eine Gemeinde von denkenden Wesen durch Aeonen hindurch eine jener Kugeln des Weltalls bewohnte, welche wir Sterne nennen, daß aber plötzlich ein anderes Gestirn, ein Planet oder Komet durch die Räume daher schoß, in das Luft= und Wassermeer jener Kugel hinabtauchte und indem er sich mit ihr vereinigte, nun einen verbundenen Doppelstern darstellte. Denken wir uns die Umwälzungen, die ein solches Ereigniß in dem Zustande der alten Kugel hervorbringen müßte, und wir haben dann ungefähr den Fall, in welchem sich unsere Erde v o r und den, in welchem sie sich n a ch Columbus befand.

Amerika tauchte aus der Finsterniß auf, wie ein uns angehängter Stern. Man fühlte dies auch von vornherein, und schon König Ferdinand schrieb dem Columbus die bezeichnenden Worte auf seinen Grabstein; „Er gab uns eine N e u e W e l t".

Diese Inschrift drückt das Ganze so kurz und kräftig als möglich aus. Es ist meine Aufgabe, hier in Kürze den ganzen Inhalt, die volle Bedeutung dieser lakonischen Grabschrifts=Phrase zu entwickeln.

Bei dem Versuche, diese Aufgabe zu lösen, könnte und sollte ich die ganze Geschichte der letzten 4 Jahrhunderte durchgehen und Schritt vor Schritt nachweisen, wie die Bedeutung des Oceans und Amerikas wuchs, wie sie für uns bis auf die neuesten Tage herab immer größere Proportionen angenommen haben, wie seit Columbus fast nichts sich bei uns ereignet hat, wobei nicht der Ocean und Amerika im Hintergrunde gestanden, und wie jetzt fast keine moralischen Veränderungen und Zustände auf dem weiten Erden=

runde sich darbieten, die nicht, so zu sagen, mit amerikani=
schen und oceanischen Elementen gemischt wären.

Aber, wie gesagt, ich muß mich kurz fassen und· ich
will mich denn ohne weitere Vorrede in das Meer der Be=
gebenheiten, Fakten und Daten und Ereignißwirbel hinein=
stürzen, und die Spitzen der Begebenheiten und die charak=
teristischen Momente zu erfassen trachten.

Ich will dabei hauptsächlich folgende Gesichtspunkte
fest halten: 1. den Einfluß der Entdeckung der Neuen
Welt auf Amerika selbst; 2. auf den Handel, Verkehr und
die Politik der Alten Welt; 3. auf die Sitten, den Charakter
und Denkweise der Nachgeborenen; 4. auf die Wissenschaften
und Christliche Religion.

Und da Amerika bei seiner Entdeckung selbst offenbar
zuerst afficirt wurde, da es die Folgen des Zusammen=
stoßes beider Welten noch früher, rascher und auch in noch
höherem Grade als die alte „Insel" empfand, so mag ich
gleich mit der Betrachtung darüber aussetzen.

Amerikas eigene, an Hülfsmitteln arme Bevölkerung
erlag bald der Eroberung der stärkeren und höher begabten
Europäer. Seine eigenthümliche Civilisation kränkelte und
starb in der Umarmung mit der ihr fremdartigen Cultur
dahin, und die Saat zu neuen Völkern und Staaten wurde
über seine weiten Gebiete ausgestreut. Es wurden ihm von
allen Seiten her neue Bewohner, neue Geschöpfe und Ge=
wächse zugeführt. Wie seine Menschenkinder, so wurden
dabei seine ihm eigenen Pflanzen und Thiergeschlechter theil=
weise ausgerottet, und dadurch die Natur, die ganze Phy=
siognomie des Landes, — selbst sein Klima — vielfach
verändert.

Die Geschichte der Unterjochung und Vernich=
tung der rothen Race durch die weiße ist eines der
schreckvollsten Capitel in den Annalen der Menschheit.

Nirgends, wie es scheint, ist das Menschenleben geringer geachtet worden, nirgends sind von einem überlegenen Stamm mehr erbarmungslose Härten und Unthaten gegen seine schwächeren Mitgeschöpfe geübt worden, als von den stürmischen Europäern in Amerika.

Nirgends auch hat sich eine Race hinfälliger und widerstandsloser gegen die Bedrängung erwiesen, als die dortigen schlaffen Urbewohner, deren Puls, wie Aerzte ermittelt haben, um 12 Schläge in der Minute langsamer pocht, als der der sämmtlichen Bewohner der Alten Welt. Sie sind dahingemäht worden, wie das Gras, und sie sind in der harten Hand der eisernen Ritter aus Spanien zerschmolzen wie der Schnee.

Vielleicht hat der Umstand, daß diese sich überall unter der zahlreichen Bevölkerung der Neuen Welt in der Minderzahl sahen, besonders dazu beigetragen, ihr Verfahren und ihre Kriege so blutig zu machen. Ihre kleinen Trupps konnten sich oft nur durch die größte Tollkühnheit retten, sie mußten überall zu den äußersten Mitteln schreiten und überließen sich so in ihren schwierigen Situationen der rücksichtslosesten Vernichtungswuth.

Sie gewöhnten sich, die Indianer wie die Vögel des ...des zu vertilgen und associirten sich sogar mit wilden Thieren, mit ihren entsetzlichen Bluthunden, denen, wenn sie sich auszeichneten, die Könige von Spanien Rationen und Sold-bewilligten, wie den Kriegern, und deren Namen „Berecillo" und andere in den spanischen Annalen ebenso verewigt sind, wie die Namen ihrer Herren, der Pizarros und der übrigen.

Als Kanonenfutter in den blutigen Schlachten, — unter dem Messer und Beile der unberechtigten Henker, unter den Zähnen der kriegerischen Hunde, und wenn diese nicht schnell genug waren, in den Flammen der Scheiterhaufen gingen hundert Tausend der Urbewohner zu Grunde. Mehre noch erlagen in der harten Sklaverei und unter der Plage der ungewohnten Arbeiten, zu denen die Spanier sie antrieben.

Sie spannten sie vor den Pflug, sie ließen sie in den Eingeweiden der Erde nach Gold graben, sie sandten sie auf den Boden des Meeres, um nach Perlen zu tauchen, sie mißbrauchten sie als Lastthiere, um ihre Offiziere, ihre Kanonen und ihre Bagage über die endlosen Gebirge und durch Sümpfe und Wälder zu schleppen.

Schaaren auf Schaaren kamen dabei ums Leben, und was nicht im Kriege und unter der Sklavenpeitsche dahin= sank, das wurde von Krankheiten fortgerafft.

Manche der europäischen Krankheiten, namentlich die Blattern, afficirten die Indianer mit einer tödtlichen Wuth. Es war als ob diese alten europäischen Seuchen bei der Berührung mit dieser neuen Race wie die Europäer selbst von einer besonders mörderischen Leidenschaftlichkeit inspirirt worden seien. Sie brachen unter die Völker der Neuen Welt herein, wie das Feuer der Prairien unter die trocknen Kräuter.

Die Plagen und Drangsale, welche aus der von den Spaniern geöffneten Pandorabüchse auf die armen Amerikaner hervorstürzten, waren diesen Völkern so unerträglich, daß sogar die Hoffnung aus dem Boden jener Büchse ent= floh, und daß im Angesichte der schrecklichen Feuer= und Eisenmänner der Selbstmord unter ihnen etwas Gewöhn= liches wurde. Was man sonst nirgends in dem Maaße erlebt hat, sah man in Amerika sich ereignen. Der Selbst= mord wurde dort epidemisch. Ganze Inselbevölkerungen gaben sich in Verzweiflung den Tod, und sie stürzten sich familienweise von den Felsenufern ihrer lieblichen Heimath= inseln ins Meer hinab.

Und dies geschah nicht bloß zu der spanischen Zeit.

Da die den Spaniern in andern Gegenden Amerika's fol=
genden Portugiesen, Engländer und Franzosen nicht viel
milder gesinnt waren, und da ihre Erscheinung von den=
selben Uebeln und Schrecknissen begleitet war, so hat sich
das Schauspiel selbstmordender Bevölkerungen auch noch bis
auf die neuere Zeit in diesen anderen Gegenden wiederholt.

Auch am Mississippi und Missouri, als die Europäer
zu ihren Quellen hinaufdrangen und die Zelte der einge=
borenen Jäger umgarnten, als ihre Seuchen ihnen vorauf=
gingen und die armen Leute dahin starben, als die Wölfe
und Füchse in ihre Zelte drangen und die Sterbenden ver=
zehrten, da haben sich a u c h d o r t die Ueberreste von Nationen
in der Verzweiflung selbst erlöst und ganze Volksstämme
sind durch Selbstmord vernichtet und im Schrecken vor
Europa — erloschen.

So heftig die alten Bruderzwiste der amerikanischen
Wilden untereinander, (nach dem, was man uns davon be=
richtet,) gewüthet haben mögen, so müssen sie doch nur ein
Kinderspiel im Vergleich mit d e m Kriegesfeuer, mit welchem
die Europäer sie überzogen, gewesen sein. Denn trotz jener
uralten Fehden fanden wir zuerst Amerika in allen Winkeln
und Thälern stark und lustig bevölkert. Nachdem aber die
Europäer ihre Eroberung und Besiedlung vollendet hatten,
waren die Urbewohner in vielen weiten Landstrichen, wie
die Wiesenblumen im Herbste, verschwunden und zertreten.

Schon wenige Jahrzehnde nach der ersten Fahrt des
Columbus erschienen die Berichte über die frühere große
Anzahl der Indianer unglaublich und fabelhaft. In Canada
soll nach dem Jesuiten Charlevoix bloß 100 Jahre nach dem
Anfange der französischen Eroberung nur noch der zwanzigste
Theil der Urbewohner übrig gewesen sein. Diesseits des
Mississippi, in Ländern, die so groß sind, wie halb Europa,
findet man jetzt ihre S p u r nicht mehr.

Bei denjenigen amerikanischen Völkern, bei denen eine eigenthümliche Civilisation sich zu entwickeln begonnen hatte, wurde diese in ihrem Wachsthum unterbrochen und in ihrer Kindheit erstickt. Die vernichtenden Schläge der spanischen Conquistadoren trafen die Träger jener Cultur in noch höherem Grade als die Massen der Nation. Die heidnischen Auguren, die alten Königsgeschlechter, die Vornehmen des Landes und die Lehrer des Volks wurden in Mexico und Peru noch mehr verfolgt, als die Gemeinen, ihre Kunstwerke zerstört und ihre hyroglyphischen Schriften von den christlichen Priestern verbrannt.

Die übrig bleibende Masse wurde dadurch, so zu sagen, ihres Hauptes und ihres Auges beraubt, der Organe, durch die ihnen wenigstens eine Art höherer Erkenntniß zugeführt worden war und ferner zugeführt werden konnte. Die Europäer, welche ihre Sitte und Sprache nicht annahmen, vermochten ihnen dafür nichts anders an die Stelle zu setzen.

Die Eingeborenen verlernten daher ihre alte Kunde und Kunst, ohne neue zu gewinnen und verdummten noch mehr. Sie erwarben kaum eine Gewohnheit, ein Gefühl oder einen Instinkt der Civilisation. Sie tauschten ihren alten Götzendienst gegen einen grotesken Katholicismus und ein sehr rohes Christenthum aus. Noch heutiges Tages sprechen sie ihre alte Sprache, wie zur Zeit des Cortes. Und sie erscheinen noch heute wie die Kreaturen einer anderen Welt.

In manchen Gegenden Amerikas wurden die Eingeborenen in Folge des Einbruchs der Europäer geradezu noch wilder, als sie es vorher gewesen waren. So etwas geschah z. B. bei den Stämmen der weiten Prärien des Mississippi-Landes und der endlosen Pampas Patagoniens und des La Plata Gebietes. Diese letzteren lebten in alten Zeiten

27

als stille Fußgänger in Gesellschaft des Hundes oder der Guanacosheerden, die sie gezähmt hatten.

Als die Europäer kamen und das Pferd brachten, und die behuften Thiergeschlechter auf den unermeßlichen Weiden sich wie der Sand am Meere vermehrten, und als in Folge dessen jene Stämme das Reiten lernten, da veränderten sich ihre Sitten und Gewohnheiten völlig. Sie wurden räuberische Reitervölker, weit beweglicher und viel wilder als sie zuvor es gewesen.

Mit diesen eingeborenen Reitervölkern associirten und vermischten sich hie und da auch wieder die Europäer und es entstanden daraus durch Verwilderung beider Elemente nach dem Muster der Tataren und Mongolen eigenthümliche und ganz neue Typen von Nationen, wie sie zuvor weder in Amerika selbst, noch auch in Europa bestanden hatten.

Außer dem Pferde haben sich andere aus Europa eingewanderte Hausthiere auf eine erstaunliche Weise in der Neuen Welt vermehrt, haben den ganzen Continent, so zu sagen, überschwemmt und sind, ihrer Gefangenschaft entspringend, in vielen Gegenden als Vorboten und Pioniere noch lange vor den Europäern selber ins Innere vorgedrungen.

Die Rinder sind in großen Landstrichen verwildert. Ebenso die zahmen Hunde, die hie und da zu völlig reißenden Thieren wurden und sich dem Wolfe und dem Jaguar verbündeten. Dasselbe hat sich hie und da mit den Schweinen zugetragen, und es sind daraus im Laufe der Zeiten ganz eigenthümliche Racen des wilden Ebers entstanden, mit veränderter Natur und Körperbau, wie man sie vorher weder in Amerika, noch auch in Europa fand.

Die europäischen Thiere vermehrten sich in manchen Gegenden Amerikas auf so nachdrückliche Weise, daß sie

sogar den Anblick des Landes umwandelten und revolutio-
nirend in seine Pflanzen- und Bodenbeschaffenheit eingriffen.
Wo z. B. die verwilderten Pferde zu Tausenden über die
Wiesen dahintrampelten, da verschwanden auf weiten Strecken
viele eigenthümliche amerikanische Pflanzen und Sträucher
unter ihren Tritten. Andere Gräser aber, welche ihnen
zu widerstehen vermochten, traten an ihre Stelle und
bemächtigten sich des Terrains, und große Striche rauhen
Buschlandes verwandelten sich, wie von selbst in nutzbare
Viehtriften und Wiesen.

Die Insektenwelt wurde dabei ebenso afficirt, wie die
Vegetation. Auch die einheimischen Vögel und Raubthiere
erlangten, wie die Indianer, andere Gewohnheiten. — In
manchen Gegenden vermehrten sich diese, die Habichte, die
Geier, die Jaguars, die Pumas in demselben Maaße, in
welchem sich ihre Atzung vermehrt hatte.

Weit tiefer aber noch als durch seine Thiere griff der
europäische Eroberer und Pflanzer durch seine mit Eisen
bewaffneten Hände in die Natur der Neuen Welt ein. Durch
seinen Pflug, durch sein Beil, durch seine mörderische Flinte
schuf er sie zum Theil völlig um.

Die amerikanischen Wälder, die bisher nur die schwache
Steinaxt der Indianer gekannt hatten, lichteten sich schnell
unter der scharfen Schneide der gefräßigen Säge und des
eisernen Beils, und ganze Gebirgszüge in Mexico, wie auch
anderswo, wurden rasch ihres uralten Baumschmuckes beraubt. Hie und da wurde dadurch das Klima sehr merklich
modificirt, feuchte Gegenden in trockene verwandelt. Oft
nahm eine schädliche Dürre überhand.

Der Pflug und der Spaten, die dem zerstörenden Beile
folgten, revolutionirten noch mehr. Sie gestalteten die
natürliche Wildniß zu einem künstlichen Garten um und
milderten und besserten allmählig das Klima in Canada,

wie in Brasilien, obwohl der frische Aufriß des Bodens zunächst auch eigenthümliche und neue Krankheiten und Fieber erzeugte.

Manche der aus der Alten Welt hinübergebrachten Culturpflanzen, z. B. der Weinstock aus Europa, die Thee-staude und die Gewürzsträucher aus Asien, für die man im tropischen Amerika ein neues Terrain zu gewinnen hoffte, haben dort vergebens getrachtet, sich gedeihlich einzubürgern. Trotz aller Aehnlichkeit der Breitengrade und der klimati-schen Verhältnisse scheint diesen und noch einigen andern Gewächsen die Natur der Neuen Welt zuwider zu sein und sie stößt sie aus und zum Theil noch unerklärlichen Ursachen zurück.

Viele andere Cultur- und Nährpflanzen, Frucht- und Obstbäume der Alten Welt dagegen hat sie willig angenommen und zum Theil noch zu größerer Vollkommenheit gelangen lassen. Unser Weizen gedieh vortrefflich im südlichen wie im nördlichen Amerika.

Mehrere unserer Obstgattungen und aus Asien stam-menden Früchte haben in der Neuen Welt Striche und Climate gefunden, die ihnen sehr behagen. So namentlich die Apfel-sine, in geringerem Grade die Citrone, der Apfelbaum, weniger die Birne, die Pfirsich, nicht so die Aprikose. Die Pfirsich befindet sich in fast allen Theilen der Neuen Welt so wohl, daß sie in Chile, wie in Buenos Ayres, wie auch in den Vereinigten Staaten fast wuchert und schönere Früchte erzeugt, als in ihrem alten persischen Heimathlande.

Auch Afrika, auch die Südsee-Inseln haben dem großen in ihrer Mitte liegenden Continente nach seiner Entdeckung manche nützliche Geschenke gemacht. Asien sandte z. B. den Pisang und Otaheiti den Brodbaum.

Viel wichtiger aber wurde es für Amerika selbst und für den ganzen Weltverkehr, daß es sich jene merkwürdigen

Culturstauden und Handelsgewächse, das Zuckerrohr, den
Caffeebaum und Baumwollenbusch, auf eine so leichte Weise
aneignete, und daß dem Anbau dieser einflußreichen Pflanzen,
denen man auch noch den Reis beifügen kann, schon sehr
bald nach der Entdeckung weite Gebiete eingeräumt wurden.

Obgleich aus Asien und Afrika stammend, haben sie
sich der Art in Amerika eingebürgert, daß man jetzt fast
gewohnt ist, sie als amerikanische Producte zu betrachten.
Der Zucker ist in so überwiegender Weise der Hauptstapel
der westindischen Inseln gewesen, daß man sie par excel-
lence die „Zuckerinseln" genannt hat.   Der Caffee ist die
Seele des Handels von Brasilien geworden und die Baum-
wollenballen der Vereinigten Staaten fallen eben jetzt bei
der Frage von Krieg oder Frieden fast mehr als alles
Andere ins Gewicht.

Für Amerika selbst wurden diese Pflanzen vorzüglich
auch deswegen so merkwürdig, weil in ihrem Gefolge die
schwarze Bevölkerung Afrika's ins Land wanderte, und die
leeren Plätze der verschwindenden Eingeborenen einnahm.
Afrika hat wie Europa nach Columbus den atlantischen
Ocean überschritten, aber freilich kam die arme Afrika nicht
freiwillig.   Sie wurde von ihrer harten Schwester und
Nachbarin Europa gewaltsam und geknechtet, in Ketten und
unter unsäglichen Mißhandlungen hinüber geschleppt.   Die
Sklaven-Jagden der Europäer in Afrika und der Neger-
handel hatten zwar schon vor der Entdeckung Amerika's begonnen.   Allein sie geriethen doch durch diese erst recht in
Schwung und hätten ohne Amerika, dessen Terrain so günstig
für Neger, wie für Caffee und Zucker war, nie diese exorbi-
tante Bedeutung und Ausdehnung erhalten.   Neben der
blutigen und unbarmherzigen Ausrottung der eingeborenen
Amerikaner ist die verbrecherische Verschleppung der Afrikaner
nach Amerika zu den schrecklichsten und beklagenswerthesten

Folgen der Entdeckung des Columbus zu rechnen. Beide von allen europäischen Seevölkern durch Jahrhunderte fortgesetzten Verbrechen und Missethaten wirkten gleich furchtbar auf das Loos der Opfer, wie auf die Moral der grausamen Gewaltausüber. Und wenn ein berühmter Schriftsteller die Bemerkung gemacht hat, daß die Reichthümer und Gaben der Neuen Welt der Menschheit und der allgemeinen Sittlichkeit theuer zu stehen gekommen sind, und daß sie durch den Jammer, die Thränen und das Blut von 100,000 menschlichen Wesen alljährlich erkauft wurden, so that er diesen Ausspruch insbesondere im Hinblick auf jene beiden finsteren und schreckenvollen Blätter im Buche der Geschichte der die Neuen Welten entdeckenden Völker.

Diese flüchtigen Andeutungen über die eine Seite des in Betrachtung gezogenen Ereignisses mögen hier genügen. Indem ich nun auf die andere Seite des Oceans, nach Europa hinüberschreite, scheint es mir am passendsten, daß ich zunächst wieder mit dem Austausch von Pflanzen und Thieren und den dadurch veranlaßten socialen Veränderungen in unsern Sitten und Gewohnheiten beginne, dann mit den bewirkten politischen und commerciellen Umwälzungen fortschreite und zuletzt mit einer Hinweisung auf die veränderte Stellung des Christenthums, der Civilisation, der Wissenschaften und der höchsten Interessen der Menschheit schließe.

Seitdem die von Haus aus arme Europa mit dem Weizen durch Demeter und Triptolem, mit dem Weine durch den Bachus, mit den Kirschen durch Lucullus, mit dem Seidenwurme durch Kaiser Justinian und mit sonstigen Nähr- und Luxuspflanzen und Gaben aus dem reichen Asien bei andern Gelegenheiten beschenkt wurde, hat sie bis zur

Entdeckung der Neuen Welt nichts Neues von gleicher Bedeutung empfangen.

Bis auf den Columbus war Europa die Schuldnerin
Asiens. Von da an ist sie so tief in die Schuld der Neuen
Welt gerathen, daß man fast zweifeln könnte, ob sie ihm
innerhalb der letzten dreihundert Jahre nicht noch mehr zu
danken habe, als seit der Schöpfung der Welt dem Lande
des Paradieses. In diesem asiatischen Paradiese befanden
sich weder die Kartoffel, noch der Mais, noch der Taback,
noch auch mehre andere amerikanische Pflanzen, die seitdem eine
so außerordentliche Verbreitung und einen so weitgreifenden
und nachhaltigen Einfluß unter uns gewonnen haben.

Durch die Verpflanzung der Kartoffel allein ist die
Entdeckung Amerika's der Nachwelt wichtiger geworden, als
durch alle die reichen Gold- und Silberminen Peru's, die
doch auch, wie ich bald zeigen werde, die Veranlassung zu
vielen merkwürdigen politischen Revolutionen gewesen sind.
Es ist eine Frucht, die Amerika ausschließlich eigen, dort
aber sowohl im Norden als im Süden zu Hause war. Sie
bietet eines der gesundesten und vortrefflichsten Nahrungsmittel dar, und unter ihren Eigenschaften ist die nicht die
geringste, daß sie Jedem täglich mundet, und daß Keiner
ihres Genusses überdrüssig wird.

Sie gedeiht gut und vermehrt sich willig in allerlei
Boden und in fast jeder Himmelsgegend. Sie erfordert zu
ihrem Anbau wenig Kosten, bekommt dem Acker wohl und
war (bis auf die neuesten Zeiten) dem Mißwachs wenig
unterworfen.

In Folge dieser und anderer unschätzbaren Qualitäten
hat die Kartoffel, nachdem sie die ersten Vorurtheile, welche
selbst den wohlthätigsten Neuerungen in den Weg zu treten
pflegen, überwunden hatte, eine Verbreitung in und außer
Europa gefunden, wie kein zweites Gewächs.

Sie hat von Amerika aus durch Europa, durch Asien und Sibirien bis nach Kamtschatka hin die ganze Welt um= reist und hat überall auf ihrem Wege stille aber höchst merk= würdige und meistens wohlthätige Revolutionen ins Leben gerufen.

Die Zeiten der Theuerung und Hungersnoth sind seit= dem die Engländer Hawkins und Raleigh diesen amerikani= schen Knollen herüberbrachten, vielfach minder mörderisch. Die Bevölkerung ist in Folge dessen in manchen Ländern bedeutend gestiegen. Viele dürftige Gebirgsstriche sind durch die genügsame Kartoffel erst bewohnbar und cultivirbar geworden.

In unserm Deutschland selbst beginnt die Kulturgeschichte mancher Sandgebiete im Norden mit dem Anbau der Kar= toffel, welche z. B. mit der Geschichte der Mark Brandenburg, dem Wachsthum von Preußen mehr zu thun hat, als man auf den ersten Blick gewahrt. —

Eine zweite für viele Gegenden der alten Welt nicht minder wichtig gewordene Gabe Amerika's ist die berühmte Getreide=Gattung, von der bereits Columbus auf seiner dritten Rückkehr aus der Neuen Welt einige Körner und Keime mitbrachte, und die schon bei seinen Lebzeiten eifrig in Spanien gebaut wurde, ich meine den Mais, dessen Name selbst der Sprache der Antillen=Bewohner entlehnt ist.

Er ist von uralten Zeiten her die eigentliche nationalste Nährpflanze von Amerika gewesen. Denn wir haben seinen An= bau bei allen Bewohnern der Neuen Welt im Süden wie im Norden verbreitet gefunden. Wir haben dort kein Ur= volk kennen gelernt, das nicht wenigstens etwas Mais zu erzielen verstanden hätte. Diese nahrhafte Pflanze wurde bald von mehreren europäischen Nationen mit Eifer er= griffen, und jetzt bildet sie in vielen Gegenden Italien's, der Türkei und des südlichen Deutschlands das Hauptgewächs

auf dem Acker der dortigen Völker, die ihre National- und
Lieblingsgerichte aus diesem amerikanischen Korne bereiten.

Wie mit dem Mais, so wurden auch mit der Einführung und Verbreitung einer anderen amerikanischen Pflanze
höchst eigenthümliche indianische Sitten allgemein unter uns
heimisch. Schon Columbus sah auf seiner ersten Reise mit
Erstaunen die Eingeborenen seiner Insel San Salvador
dann und wann müßig am Ufer sitzen, indem sie den Rauch
eines brennenden Krautes einsogen und von sich stießen. Die
Blätterröhren, durch welche sie den heißen Rauch in den
Mund führten, nannten sie „Tabaco" und davon hat jene merkwürdige Pflanze den Namen erhalten, welche wie die amerikanische Kartoffel von Land zu Land die Reise um und
durch die ganze Welt gemacht hat.

Die uralte indianische Gewohnheit, sich mit dem Rauche
dieser narkotischen Blätter zu berauschen, lernten anfänglich
die spanischen und portugiesischen Matrosen. Die Engländer
aber, welche die Pflanze in ihren Colonien zu bauen anfingen, leisteten ihrer Verbreitung am meisten Vorschub. Sie
und die Franzosen brachten auch dies Gewächs in die
europäischen Gärten, wo die Botaniker und Apotheker es
pflegten und es für eine wunderbare Heilpflanze, ein könig-
liches Gewächs, das in hundert Krankheiten Dienste thue,
eine wahre Panacé, ausgaben.

In Frankreich wie in England rauchte man zuerst aus
Neugierde und Mode am königlichen Hofe und gab dem
Tabak den Namen „Kraut der Königin", dort der Königin
Elisabeth, hier der Königin Catharina von Medicis zu
Ehren.

Später haben englische Soldaten und Reisende die
Gewohnheit nach Rußland verschleppt, und schon im Anfange
des 17. Jahrhunderts brachten englische und holländische
Seefahrer sie nach allen Theilen von Asien und Afrika.

Trotz den Verboten, welche nachher europäische Fürsten gegen das Rauchen erließen, und trotz der grausamen Strafen, sogar Verstümmelungen und Hinrichtungen, mit denen asiatische Zaaren und Padischas gegen die Raucher zu Felde zogen, griff diese Erfindung der amerikanischen Rothhäute auf eine ganz erstaunliche Weise über den ganzen Globus hin um sich. Sie fand Eingang bei allen Menschenracen, rothen, schwarzen, weißen und gelben, bei allen Völkern und Ständen, barbarischen wie gebildeten, hohen wie niedern, Anthropophagen und Brodkäuern. Sie schlich sich in das Zelt des Arabers und Tataren, wie in den Palast des Sultans und Großmoguls ein.

Das Sprichwort sagt, der Geschmack der Menschen sei sehr verschieden. Aber es giebt von dieser Regel keine so allgemeine Ausnahme als die, welche man zu Gunsten jenes amerikanischen Krautes und jener indianischen Gewohnheit machen muß, denn in Bezug auf sie scheinen Geschmack und Leidenschaft des ganzen Menschengeschlechts vollkommen im Einklange zu sein.

Wenn man nun bedenkt, wie mächtig diese Gewohnheit auf den Gesundheitszustand, auf die Sitten, auf den Ackerbau, auf unsere Staaten, auf die Politik eingewirkt hat, so kann man wohl sagen, daß die Entdeckung Amerika's durch diese Pflanze allein einen ganz erstaunlichen Einfluß auf die übrige Welt ausgeübt hat.

Durch das Tabakrauchen wurden die Sitten mehrfach ungeselliger, das Familienleben vielfach gestört. Da die Männer sich in ihre Rauchwolken zurückzogen und einhüllten, wurde der Umgang der Geschlechter gelockert. Mit dem Tabak, dessen Genuß den Appetit vermindert, aber den Durst vermehrt, kamen die Tabagien und die Caffeehäuser, die Wein= und die Bierschenken auf, und jenes Kraut, das wir der Entdeckung Amerika's verdanken, ist der Gast

gewesen, in den nun so hoch aufgegangenen Teige unserer
sogenannten öffentlichen Vergnügungsorte und Wirthshaus=
geselligkeit. Hätte die römische Plebs nach Columbus ge=
lebt, so würde sie nicht Panem, sondern „Tabac et Circen-
ses" geschrieen haben.

Amerika, das Heimathland des Tabaks, blieb zwar
auch ferner die Haupterzeugerin desselben. Doch hat man
ihn auch in allen Ländern Asien's, Europa's und Afrika's
angebaut, und die Cultur und ·der Landbau großer Pro=
vinzen hat in Folge dessen eine ganz andere Physiognomie
angenommen. Zahllose Gewerbe und Industriezweige sind
mit der Einführung des Tabak's unter uns aufgekommen,
von denen wir vor der Entdeckung Amerika's nichts wußten.

Viele Provinzen und Länder, von denen man früher
wenig erfuhr, sind wichtig und berühmt geworden durch
die Blätter der Tabakspflanze. Städte und Handelshäfen
sind durch sie emporgekommen und aufgeblüht, und da die
Lenker der Staaten bald in dieser überschwenglich wuchern=
dem Luxusbranche ihrer Unterthanen eine sehr ergiebige
Quelle der Einkünfte erspähten, so mischten auch sie sich,
theils um dem Luxus zu steuern, theils um davon zu vor=
theilen in die Angelegenheit, und der Tabak wurde bald
ein sehr wichtiger Gegenstand der Gesetzgebung und der
Finanzen. Für fast alle Staaten der Welt sind die Tabaks=
monopole oder doch die Tabakszölle eine der bedeutendsten
Verwaltungsbranchen und ergiebigsten Einkunfts=Quellen
geworden.

Die Kartoffel, der Mais, der Tabak sind zwar unter
den Geschenken, welche die amerikanische Flora uns machte,
bei weitem die Haupttreffer. Allein wir brauchen uns nur
an solche liebliche Früchte wie es die Ananas ist, die jetzt
in allen unsern Gewächshäusern und auf unsern Tafeln
duftet, und an solche allgemein beliebte Blumen und Zier=

stauden, wie es die Azaleen, die Dahlien, die Magnolien,
die Sonnenblumen, die Passionsblumen, die Astern, die
Amaryllis, die Fuchsien sind, die jetzt in allen unsern Gärten
blühen, zu erinnern, um zu erkennen, wie viel wir noch sonst
den Anstrengungen des Columbus, des Cortes und ihren
Nachfolgern zu danken haben, deren nach Europa heim=
kehrende Schiffe mit den Zwiebeln, Knollen, Samenkapseln
und Ablegern dieser und anderer zahlloser amerikanischer,
jetzt bei uns naturalisirter Pflanzen befrachtet waren.

Manche der schönen amerikanischen Luxusgaben haben
wir zwar nicht bei uns einbürgern können. Doch führte
sie uns der Handel in solcher Fülle zu, daß sie, wenn auch
nicht in unsern Gärten, doch in unsern Magazinen, Vor=
rathskammern und Haushaltungen ganz gewöhnliche Erschei=
nungen geworden sind. Unter diesen zahlreichen Produkten
nenne ich nur eines unserer Lieblingsgetränke, nämlich das=
jenige, welches von allen Europäern zuerst Cortes kostete,
als ihn der Kaiser Montezuma von Mexico damit bewirthete,
das aber nachher bei allen Spaniern als ein sehr wohl=
schmeckendes und köstliches Nahrungsmittel eingeführt wurde,
bei uns indeß meist nur noch, wie zu Cortes Zeit, bei feier=
lichen Gelegenheiten servirt wird. Ich meine die nährende,
ölige, mehlige, zugleich süße und aromatische Frucht, welche
in Mexico seit alten Zeiten „Chocolatl" hieß und bei uns
auch noch mit diesem nur wenig verändertem Aztekischen
Namen genannt wird.

Der Chocolatebaum und wie er, so auch die liebliche
Vanilleranke und manche andere Gewürze und Aromen scheinen
so eigenthümliche amerikanische Producte, so sehr mit der
Natur jenes Landes verschwistert zu sein, daß es bisher
noch nicht gelungen ist, sie anderswo effectvoll einzubürgern.
Mit manchen andern Gewächsen der amerikanischen Tropen
ist dies aber (wenn auch nicht in unsern kalten Regionen)

gelungen. So hat z. B. Afrika außer dem Mais auch die Cassavawurzel, die Ananas, das Capsicum und ferner die kostbaren Cochenille-Thierchen tragende Feigendistel oder den Nopal angenommen, und diese amerikanischen Produkte, für die Afrika der Neuen Welt wieder einige werthvolle Gegengeschenke machte, werden dort schon seit lange von den Negern und jetzt zum Theil auch von den Franzosen in Algerien fleißig gebaut.

Starben schon gleich nach der Entdeckung Amerika's an aus der Neuen Welt verschleppten, oder dort erzeugten Krankheiten alsbald viele Europäer, (unter ihnen sogar Könige, z. B. König Franz von Frankreich), so haben dafür die amerikanischen Wälder auch wieder unsere Apotheken mit zahllosen Arzneien und Heilmitteln gefüllt.

Ich will hier nur an einige erinnern, die uns selbst unter ihren uralten amerikanischen Namen geläufig sind, an den Copaiva-Balsam, an die Sassaparille, an den Sassafras, der in Amerika überall gefunden wird, und der einst in unsern Krankenstuben so beliebt war, daß man ganze Schiffsladungen davon nach Europa herüberbrachte, an das kostbare Holz von Guayana, die Quassia, an die Jalapa, die Ipecacuanha und an die wundervolle Quinquinna, eines der kräftigsten Restaurationsmittel, das die Vorsehung für menschliche Schwäche bereitet hat, und das sich nur in den Wäldern von Peru findet.

Die Urbewohner Amerika's sind bekanntlich große Botaniker und Kenner der in den Pflanzen versteckten Heilkräfte und wir haben viel von ihnen gelernt. Wir müßten aber weitläufige Studien machen und einen eigenen Lehrcursus eröffnen, wenn wir Alles zusammenbringen und darlegen wollten, was die europäischen Aerzte, Apotheken und Kranken in dieser Hinsicht Amerika verdanken und wie tief sich

uralte indianische Kunde, die seit Columbus auch uns ein=
geflößt wurde, in ihre Angelegenheiten mischte.

Amerika, das zwischen zwei breiten Meeren schlank dahin
gestreckt ist, und das gerade innerhalb der heißen Tropen
in zahlreiche Inseln und schmale Isthmusländer zerstückt ist,
hat im Gegensatz zu dem massenhaften Afrika ein feuchtes
Klima und einen großen Ueberfluß an Flüssen und regneri=
schen Strichen.

Es hat daher auch einen besonders auffallenden Ge=
wächsereichthum. An Mannigfaltigkeit der Thierracen aber
steht es dem alten Continente nach. Während aus seinen
dichten und unerschöpflichen Urwäldern noch bis auf die
letzte Zeit, bis auf die Königin aller Blumen, die prachtvolle
„Victoria Regia", stets neue Pflanzenwunder hervorgegangen
sind, hat es unsern ländlichen Wirthschaften dagegen nur ein
einziges neues Hausthier gegeben. Nämlich das sogenannte
indische Huhn oder den Truthahn, der in manchen Gegen=
den Europa's. z. B. in vielen Donauprovinzen sich mit
seinem Lieblingsfutter, dem amerikanischen Mais, außer=
ordentlich vermehrt hat, der aber doch in seiner ganzen
natürlichen Größe und Federpracht und ich mag hinzusetzen,
in dem höchsten Grade vollkommener Schmackhaftigkeit und
Delikatesse des Fleisches nur noch in den Wäldern Amerikas
zu finden ist.

Von diesen Andeutungen über Puter, Mais, Taback,
Kartoffeln, Ipecacuanha u. s. w. und über die durch sie
veranlaßten Veränderungen auf unsern Aeckern, in unsern
Kellern, Küchen und Apotheken und in unsern Sitten und
Gewohnheiten, ersuche ich die Leser nun, sich mit mir auf eine
höhere Stufe zu begeben und eine kurze Ueberschau der großen

politischen und commerciellen Umwälzungen, welche die Entdeckung Amerika's bei uns veranlaßte, zu halten.

Anfänglich schien es, als sollte in dieser Beziehung der ganze Vortheil des Ereignisses nur Spanien und Portugal zufallen. Die Beherrscher dieser beiden Länder, zwischen denen der Papst den Erdapfel getheilt hatte, fingen bald an sich zu rühmen, daß in ihren Reichen die Sonne nie untergehe. Portugal gedieh zu einem Glanze und einer so weit reichenden Macht, wie ein so kleines Volk sie selten oder nie so plötzlich erhascht hat. Die Portugiesen waren eine Zeit lang die kühnsten und geschicktesten Schiffer Europa's und sie verrichteten Heldenthaten, die den Dichtern den Mund öffneten.

Spanien aber, das schon 10 Jahre nach der Entdeckung Amerika's die Anzahl seiner Seeschiffe von wenigen Hunderten auf mehr als Tausend vermehrt hatte, und dem nun die Schätze von Peru und Mexico zuflossen, setzte bald nach der Entdeckung Amerika's unter Karl V. und Philipp II. unsern ganzen Welttheil in Schrecken. Eine Zeit lang war Spanien das mächtigste Land in Europa. Seine Soldaten, die sich in allen Klimaten tummelten, und die unerhörtesten Drangsale und Gefahren überstanden, waren im 16. Jahrhundert die tapfersten und gefürchtetsten Krieger. Wo die spanischen Regimenter, wie Jetter sagt, „kerzengrade, mit unverwandtem Blick, ein Tritt so viele ihrer sind!" — erschienen, da zitterte der Boden diesseits wie jenseits des atlantischen Oceans, da „schnürte es den Völkern das Herz zu," und es schien ihnen als sei „der Himmel mit einem schwarzen Tuche überhangen, das tief auf ihre Köpfe herabhing." Es schien, als sollte Spanien ein Primat nicht nur in Amerika, nicht nur in Europa, sondern in der ganzen Welt gewinnen, und den Gipfel seiner Macht hatte es erreicht, als Philipp II. im Jahre 1580 auch Portugal und alle seine Besitzungen

in Brasilien, in Ostindien, in Asien mit seinem Reiche
vereinte.

Aber kaum auf diesem Gipfel angelangt, ging es auch
schnell wieder mit der spanischen Macht bergab. Denn sie
hatte längst den Keim des Untergangs in sich genährt und
war ein rasch aufgeschossener, aber in seinem Innern schon
während seines Wachsthums ausgehölter Baum.

Der tödtliche Keim, das zerstörende Uebel, wurzelte zum Theil
wenigstens in der Verfassung, welche Spanien sich mittlerweile
selber sowohl, als seinen Colonien in Amerika gegeben hatte.

Spanien war vor der Besiegung der Mauren und vor
der Entdeckung Amerika's ein Complex von kräftigen Staaten
mit sehr freien Verfassungen. Es hatte eine Menge indu-
strösser Städte, die in ihren Communal-Angelegenheiten fast
so selbstständig waren, wie unsere deutschen freien Reichs-
städte, und in denen Gewerbe und Manufacturen blühten.
Man konnte die spanischen Zustände mit dem Staaten-
bündnisse der Vereinigten Niederlande, oder der Schweiz
vergleichen.

Mit der Eroberung Granada's und mit der Vereinigung aller dieser Staaten und Städte zu einem Reiche und
unter einem Oberhaupte wurden allmählich auch alle jene
eigenthümlichen Verfassungen über den Haufen gestoßen. Die
Centralisirung nivellirte in Spanien, wie sie dies überall
gethan hat.

Als die Nation dann erobernd ihre Grenzen überschritt,
als ihre Tapferen in Italien, in Afrika, in Deutschland und
in Flandern und endlich in Amerika Kriege führten, da erweckte der militärische Geist einen entschiedenen Despotis-
mus der Könige und diese, während das edelste Blut des
Volks im Auslande vergossen wurde, unterminirten und
fällten zu Hause die alten Grundlagen der Verfassungen.

Mit der Entdeckung Amerika's und seiner Gold- und

Silberminen wurde die ganze Bevölkerung von Goldgier ergriffen, und die Spanier vernachläſſigten darüber die Wahrung ihrer bürgerlichen Freiheit und der mit ihr verſchwiſterten Gewerbthätigkeit und alle diejenigen Quellen, aus denen Reichthum und Wohlfahrt am ſicherſten fließen.

Kaiſer Karl in ſeinem berühmten Städtekriege vernichtete die Freiheit und die Blüthe der ſpaniſchen Communen zu der Zeit, da Cortes Mexico eroberte. Unter dem Getümmel der Kriege und in der Gier der Entdeckungen und Eroberungen ſanken Freiheit, Arbeitſamkeit und Gewerbe dahin.

„Nicht dem gehört die Welt, der ſie plündert, ſondern der ſie im Schweiße ſeines Angeſichts anbaut." Nicht baare Münzen und edle Metalle ſind die ſicherſte Baſis der Wohlfahrt, ſondern Induſtrie und Kenntniß ſind die feſteſten Stützen der Macht und Blüthe der Völker. Die Spanier verlernten dieſe Grundſätze im hohen Grade, zum Theil in Folge ihrer großen Erwerbungen in Amerika.

Derſelbe glühende Glaubenseifer, der ſie mit der Kraft zur Vertreibung der Mauren und dem Enthuſiasmus zur Ueberſchreitung des Oceans erfüllt hatte, war es zugleich auch, der, indem er ſich in Fanatismus verkehrte, das Monſtrum der Inquiſition gebahr. Dieſe Inquiſition, Anfangs nur gegen die Nachkommen der Juden und Mauren zur Reinhaltung des chriſtlichen Glaubens geſtiftet, wurde allmählig, da ſie ſich am Ende auch gegen alle freien Gedanken, gegen alle freie Thatkraft, gegen Wiſſenſchaft und Künſte wandte und da ſie zur Confiscirung des wohlerworbenen Reichthums und zur Beraubung der Induſtrie benützt wurde, die furchtbarſte Helfershelferin der Despotie, das ſchrecklichſte Werkzeug, mit dem Tyrannen je ein Volk niedergedrückt, gelähmt und ohnmächtig gemacht haben.

Daſſelbe engherzige Regierungsſyſtem, welches ſie im Mutterlande begründeten, ſuchten die Könige von Spanien auch in ihren amerikanischen Colonien auszubreiten. Die ganze Kraft der Nation wurde gar nicht zu der Benutzung der Neuen Welt aufgerufen. Nur im Namen der Regierung durfte mit ihr gehandelt werden. Nur gewisse privilegirte Orte durften mit ihr Waaren tauschen. Die verschiedenen Provinzen in Amerika durften unter einander durchaus nicht verkehren, sie konnten ihre Bedürfnisse nur jede für sich und direkt aus dem Mutterlande beziehen.

Die Einführung vieler Culturpflanzen in Amerika wurde verboten. Dem großen mächtigen Ocean, der so sehr zur freien Bewegung des Handels aufzufordern schien, wurde so viel Zwang angethan, als wäre er ein binnenländischer, mit Schleusen versehener Kanal. Nur zu gewissen Zeiten und auf gewissen vorgeschriebenen Routen durften die Dreimaster fahren mit einer Regelmäßigkeit, wie die holländischen Treckschuyten.

Den unermeßlichen Stillen Ocean trachteten die spanischen Könige, zu einem **Mare clausum**, zu einem geschlossenen Landsee zu machen, und ließen alle Jahre von Acapulco aus ein oder zwei Schiffe mit gewissen Waaren hinübergehen nach Asien und mit gewissen Waaren, auf einer bestimmten vorgeschriebenen und 200 Jahre lang befolgten Straße von dort zurückkommen. Allen fremden Nationen aber war es völlig versagt, in die mit Interdict belegte Neue Welt einzudringen.

Es ist offenbar, daß solche Anordnungen sich in dem Schooße der europäischen Völker, die doch den Chinesen so unähnlich sind, dauernd nicht halten konnten, daß die Erfinder eines solchen Systems auf nichts anders als auf eigenen Ruin hinarbeiteten. Als Spanien keine blühenden Städte, keine Fabrikorte mehr besaß, nichts mehr erzeugte, dessen man in Amerika bedürftig war, mußte es die Kunstprodukte anderer industriöser Völker kaufen, um seine und seiner

Colonien Bedürfnisse zu befriedigen. Da es den andern Europäern nicht den geringsten Theil an dem Handel gewähren wollte, so trieb es sie dadurch zum Aeußersten und machte sie zu Seeräubern, welche den spanischen Silberflotten auflauerten, und ihre Reichthümer plünderten. Da es seinen eigenen Colonien keinen Verkehr unter einander gestatten wollte, und sie zwang, ihre Waaren vom Mutterlande zu exorbitanten Preisen, die von diesem festgesetzt waren, zu kaufen, so machte es sie begierig nach den fremden Waaren, die von andern Völkern zu billigeren Preisen angeboten wurden und es wurde ein ungeheurer Schmuggelhandel ins Leben gerufen, dem gar nicht zu steuern war.

Bald war nicht der zwanzigste Theil von den aus Spanien nach Amerika geführten Waaren spanischen Ursprungs. Neunzehn Zwanzigstel kamen aus Italien, Deutschland, Frankreich und den Niederlanden.

Seit dem Jahre 1492 bis zum Jahre 1790 sollen nach Robertson's Berechnung jährlich aus den amerikanischen Silber- und Goldbergwerken 6 bis 7 Millionen Pfund Sterling an baarem Gelde hervorgegangen sein, in Summa innerhalb der 300 Jahre 2000 Millionen Pfund Sterling. Wäre diese kolossale Summe in Spanien geblieben und dort sicher und sorgsam angelegt, so hätte am Ende jeder Spanier ein wohlhabender kleiner Capitalist sein können. Man begreift es aber aus dem vorigen, daß all dies baare Geld das Volk doch nicht reich und blühend machen konnte. Eine Partie davon wurde den englischen Schmugglern bezahlt, eine andere Partie fiel den englischen, französischen und holländischen Piraten in die Hände und das Geld, was wirklich nach Spanien kam, blieb auch nicht dort. Das träge, vornehme, adelstolze Spanien sah es nur durch seine Finger schlüpfen und bei den handeltreibenden und producirenden Staaten sich verlaufen. Es diente nur dazu

Spaniens Nebenbuhler und Feinde, seine eigenen rebellischen und abtrünnigen Unterthanen, die Niederländer, zu stärken.

So wurde also Spanien, um es noch einmal kurz zu fassen, durch die Entdeckung Amerika's zunächst auf eine schwindelnde und ganz Europa erschreckende Höhe gehoben, schließlich aber ruinirt, und mit ihm auch Portugal.

Gerade umgekehrt wirkte dieses Ereigniß auf die Spanien benachbarten Reiche und Völker, auf Frankreich, England und die Niederlande. Sie traten in Folge der Entdeckung Amerika's anfänglich in den Hintergrund, entzogen sich dann aber allmählig zum Theil mit Hülfe Amerika's und des Oceans der spanischen Suprematie und blieben endlich als Sieger triumphirend auf dem Platze.

Frankreich wurde zuerst durch die Könige von Spanien von allen Seiten bedrängt. Sie vernichteten seinen Einfluß in Deutschland, vertrieben es aus Italien, hielten mit ihren Truppen die Niederlande nieder und arbeiteten daran, die Freiheiten derselben zu zerstören, wie sie die der spanischen Städte und Provinzen bereits vernichtet hatten. Alle Völker waren eine Zeit lang in Eifersucht und Furcht vor dem spanischen Uebergewichte verzehrt, und sogar England, als seine Königin Maria dem Beherrscher von Spanien Philipp vermählt wurde, schien wie die Niederlande ein Anhängsel von Spanien werden und auch der Tyrannei der Inquisition verfallen zu sollen.

Die Erhebung Englands unter der Königin Elisabeth und der Niederlande unter Wilhelm von Oranien gegen diese spanische Uebermacht und die Vernichtung des spanischen Einflusses in Frankreich durch Heinrich IV. waren fast gleichzeitig, und gleichzeitig auch die Stärkung der oceanischen Kraft, die Schaffung mächtiger Flotten in allen diesen drei Landen, gleichzeitig auch ihre Colonisirungen und Eroberungen in Amerika, die der Franzosen in Canada, die der Engländer in Virginien und die der Holländer in Newyork und Brasilien.

Man kann nun zwar nicht gerade sagen, daß diese andern Nationen damals viel liberaleren und großherzigeren Ideen und Grundsätzen des Handels und der Nationalöconomie gehuldigt hätten und erleuchteter gewesen wären als die Spanier und Portugiesen. Die Franzosen machten im Gegentheil ihre Colonien, wie die Spanier, zu einer Angelegenheit der Regierung. Die Holländer zeigten sich, als sie zu Macht und Ansehen auf dem Meere gelangt waren, eben so ausschließlich und eifersüchtig gegen Fremde, wie die Portugiesen.

Alle — Engländer, Franzosen und Holländer theilten Monopole und Privilegien aus und errichteten Compagnien, die mit Ausschließung der Fremden nicht nur, sondern auch der andern nicht privilegirten Landsleute allein sollten handeln dürfen.

Sie alle waren auch, dafür giebt es Beweise genug, nicht weniger goldgierig als die Spanier und Portugiesen. Hätten sie gleich die Gold= und Silberminen der Neuen Welt, wie die Spanier es gethan hatten, erobern können, so wären sie wohl auch einem ähnlichen Schicksale wie die Spanier anheim gefallen. Nicht ihrer Enthaltsamkeit und ihren von Haus aus freisinnigen Grundsätzen verdanken sie einen besseren Succeß, sondern der Eigenthümlichkeit ihrer Stellung. Durch diese Stellung wurden sie gewissermaßen zur Erfindung eines besseren Verfahrens hinangetrieben. Sie befanden sich in Bezug auf Spanien gleichsam in der Opposition, und dieß zwang sie allmählig alle ihre nationalen Kräfte zu entfalten. Da ferner auch die besten Theile von Amerika besetzt waren, so mußten sie sich mit den dürftigsten im Norden behelfen, und um diese zu verwerthen, mußten sie zu ihrer Bearbeitung schreiten. Namentlich hat den Engländern

ihr mit Spanien rivalisirender Wetteifer den überaus streb-
samen und unternehmenden Charakter, die erfinderische
Industrie und den Fleiß gegeben, die ihnen von Haus aus
gar nicht eigen waren. Jene Rivalität hat damit geendigt,
daß die Herrschaft des Oceans in ihre Hand kam, und daß
sie überall, auch da ärndteten, wo die Portugiesen und
Spanier gesäet hatten. Und wie der Dichter zu den Römern
sprach: „Euch hat Carthago gewuchert, Euch Alexander
gesiegt", so könnte man auch wohl von den Engländern
sagen, daß für sie Columbus entdeckt, für sie Gama gesegelt, für sie Magellan den Tod gelitten.

Am Nachtheiligsten wirkte anfänglich die Entdeckung
Amerikas und die Eröffnung des Oceans auf die Blüthe
des Handels und die Wohlfahrt des ganzen mittleren
Europas, auf Italien und unser mit ihm verschwistertes
Deutsches Vaterland.

Beide, die Italiener und Deutschen, waren bis zur
Zeit der Entdeckung Amerikas zum Theil in Folge derselben
Verhältnisse, namentlich des durch sie vermittelten Handels
mit dem Oriente, die wohlhabendsten Völker unseres Welttheils, und hatten bei sich die blühendsten Handelsplätze und Repu-
bliken: die Italiener ihr Genua, Venedig, Florenz und andere,
die Deutschen ihre im Norden dominirende Hansa und ihre
großen süddeutschen Emporien und Märkte von Nürnberg
und Augsburg, in denen die damaligen Rothschild's, die
Welser und Fugger residirten.

Als Spanien und Portugal ihren Dreizack erhoben,
geriethen die Angelegenheiten von Venedig — freilich zum
Theil auch in Folge anderer Begebenheiten — ins Stocken, das
Mittelmeer verlor seine uralte Bedeutung, und mit dem
Niedergange Venedigs fingen auch die süddeutschen Städte
an zu kränkeln, und die Zeit der deutschen Fuggers nahm
ein Ende.

Als bald nachher England sich regte, und sich an den amerikanischen Unternehmungen betheiligte, sich eine oceanische Flotte schuf und von der Vormundschaft der Hansa sich befreite, da fiel auch, man kann mithin sagen zum Theil in Folge der Entdeckung Amerika's, dieser merkwürdige deutsche Städtebund auseinander und der deutsche Großhandel hörte auf, um erst in späteren Zeiten, und dann freilich auch wieder mit Hülfe Amerika's in anderer Weise von Neuem aufzustehen.

Zuletzt wurden auch die nordischen Mächte mit in den amerikanischen Wirbel hineingezogen. Auch Dänemark und Schweden schifften in den Ocean hinaus, erlangten auch Colonien in der Neuen Welt. Und sogar Rußland seit Peter dem Großen trat aus seinen Wäldern hervor, baute sich eine Flotte, verlegte seine Capitale aus dem Innern des Landes an die Seeküste; und nachdem es seinen Marsch durch Sibirien beendigt hatte, erhielt es auf diesem Wege auch seinen Antheil an der Neuen Welt. Da waren denn mit einziger Ausnahme der Türken fast sämmtliche europäischen Staaten an den unseren Planeten umschlingenden Wasserwogen betheiligt, und spannten alle ihre Arme über den Erdboden aus. Nun wurden alle europäischen Revolutionen Weltrevolutionen, und alle europäischen Kriege wurden Kriege um den ganzen Globus herum.

Als später Amerika anfing sich von der Herrschaft der Europäer frei zu machen, da kamen von dort her auch andere Grundsätze zurück, die nicht nur das äußere Machtverhältniß der Reiche störten, sondern auch ihre innere Verfassung und Organisation änderten.

Schon Columbus, als er seine kleinen Städte auf Espanola baute, erfuhr, daß ein gewisses Gleichmachen in der Stiftung jeder Colonie liege. Die amerikanischen Freistaaten, als sie das englische Joch abschüttelten, sprachen diesen Grundsatz, der so alt, wie die Colonisirung Amerika's war, laut und deutlich aus. Sie formulirten ihn in ihrer berühmten Unabhängigkeitserklärung so: „Alle Menschen sind frei und gleich geboren". Diese amerikanische Phrase und Kundgebung war Oel in der französischen Revolution und die Menschheit hat seitdem zum Theil von Amerika aus eine demokratische Tendenz bekommen.

Nicht geringer als im Handel und der Politik sind nach der Entdeckung Amerikas die Revolutionen auf dem Gebiete der Wissenschaften gewesen. Zunächst haben vor allen Dingen die Naturgeschichte, die Erdkunde, die Astronomie und überhaupt alle physikalischen Wissenschaften davon gevortheilt. Bis auf das Zeitalter der Entdeckungen waren die Naturwissenschaften und die Weltkunde in äußerst enge Kreise gebannt. Bis dahin herrschten über sie die Ideen des Aristoteles, des Plinius und des Ptolemäus. Es war ein altes zweitausendjähriges Regiment. Seit Aristoteles hatte die Naturgeschichte keine Fortschritte gemacht. Und an dem astronomischen Systeme des Ptolemäus hatte Niemand zu rütteln gewagt.

Statt Astronomie hatte das Mittelalter vielfach nur Astrologie, statt Physik Magie, statt Chemie die Alchemie. Die Naturwissenschaft war gleichsam eine in uralte Banden eingewickelte Mumie, welche die Gelehrten von Geschlecht zu Geschlecht sich überliefert, und die sie aus den Mysterien der Egypter und Griechen überkommen hatten.

Columbus erweckte diese Chrysalide aus ihrem Schlafe und ließ sie ihre goldenen Fittige ausspannen. Sie hat seitdem einen mächtigen Flug genommen.

Schon auf seiner ersten Reise stellte Columbus Betrachtungen an über die Größe und Form der Erde, welche die

Denker nach ihm fortsetzten, und die uns zu unseren jetzigen genauen Vorstellungen von unserem Stern geführt haben.

Auch machte er schon auf seiner ersten Reise Beobachtungen über die Windrichtungen und die oceanischen Strömungen, die nach ihm andere weiter entwickelt haben, und aus denen nun jetzt unsere Kenntnisse der Luft und Wassermeere, die unseren Planeten umgeben, die Meteorologie und die Oceanographie erwachsen sind.

Dem Columbus auch verdanken wir auf seiner ersten Fahrt nach Amerika die früheste Beobachtung über die Abweichung der Magnetnadel, und die Begründung der jetzt so einflußreichen Wissenschaft vom Erdmagnetismus.

Columbus, Cortes, Magellan und alle die anderen spanischen und portugiesischen Eroberer wurden sehr natürlicher Weise in der Neuen Welt, woselbst, wenn auch Manches ähnlich, doch Vieles so verschieden und Nichts unserer europäischen Schöpfung ganz gleich war, eifrige Naturbeobachter. Selbst ihre militairischen Berichte sind immer mit Bemerkungen über die Pflanzen und Thiere der Neuen Welt vermischt, und mit den eroberten Goldstufen und Perlen, und mit den Kriegsgefangenen sandten sie zugleich die Beutelthiere, die Panzerthiere und die Lamas und Proben von allen den anderen merkwürdigen transoceanischen Geschöpfen und Pflanzen ihren Königen ein.

Die Producte wurden an den Höfen bewundert, sie wurden von den Künstlern gezeichnet, und alle ersten Karten der Welt sind reichlich mit den Porträts der neuentdeckten Thiere und Stauden ausgeschmückt.

Die Idee zu Thiergärten wurde vielleicht unmittelbar aus Amerika genommen, und dem Montezuma nachgeahmt, der schon längst dergleichen besaß und dessen große Menagerie Cortes selbst in seinen Briefen an den Kaiser Karl V. beschrieben hat. (Statt naturhistorischer Menagerien hatte man bis dahin in Europa nur sogenannte „Bärenzwinger" gekannt.)

Auch die botanischen Gärten fingen alsbald nach der Entdeckung Amerikas an, in Mode zu kommen. Der von Padua wurde 1533 gestiftet, und bald nachher die von Leipzig, Wittenberg, Bologna, Zürich.

Auf folgten den Thier= und botanischen Gärten die Sammlungen von transoceanischen Curiositäten nach, aus denen mit der Zeit unsere reichen naturhistorischen Sammlungen und Museen erwachsen sind.

Die europäischen Könige sogar fingen an, die Naturwissenschaften zu lieben und zu treiben. So z. B. wurde der größte Politiker und Kriegsmann des Zeitalters der Entdeckungen, Kaiser Karl V., selbst ein eifriger Naturfreund. Er diskutirte mit seinen Gelehrten im Kloster von Juste über nichts lieber als über Gegenstände aus der Naturgeschichte, und er hat sogar bei den Gärtnern sein Andenken dadurch verewigt, daß er eine der hübschesten Blumen, die duftende Nelke, in unsere europäischen Gärten einführte.

Ohne die oceanischen Entdeckungen, bloß mit der Hülfe von Aristoteles und den wenigen Producten, die das arme Europa liefern konnte, wären die Naturwissenschaften sicherlich wohl nie das geworden, was sie jetzt sind, die am eifrigsten cultivirte Lieblingswissenschaft unserer Zeit.

Von naturwissenschaftlichen Systemen, von einer Classificirung der Naturgegenstände, von einem Linné, einem Cuvier konnte vor Columbus nicht die Rede sein. Wie vermochte man von einem zusammenhängenden Systeme, von einem einigen Weltorganismus, von einem Plane der Schöpfung zu sprechen, da nur noch kleine Theile des Gemäldes, einzelne Stücke der großen Maschinerie bekannt waren.

Ist es wahr, daß der liebe Gott diese ganze Welt nach

einem Plane schuf, daß in dieser Schöpfung alles harmonisch in einander greift, daß es eine Kette der Wesen giebt, in der keine Lücken sind, und in der Alles, Eins ins Andere übergehend, sich eng zusammenschließt, so konnte man vor Columbus eigentlich so wenig von einer Naturkunde sprechen, wie Jemand sich an die Lösung eines Rechnenexempels machen kann, zu dem er nicht alle Faktoren im Besitz hat. Erst nach der Entdeckung Amerikas haben wir angefangen, auf den Boden des Füllhorns der Natur zu blicken. Wenn wir auch noch nicht Alles enträthseln, die ganze Harmonie erkennen und nachweisen können, so sehen wir doch nun wenigstens, was darin ist.

Einen mächtigen Impuls oder vielmehr ihren wahren Lebensodem empfing durch die Entdeckungen der Spanier und Portugiesen vor Allem auch die Sternkunde. Was konnte sie sein, so lange man die ganze andere Hälfte des gestirnten Himmels noch nicht erblickt hatte, — so lange man noch zweifelte, ob die Erde rund oder platt sei, — so lange man noch glaubte, daß unsere irdische Heimath, dieses Krümchen, dieser Tropfen in dem großen Aethermeere, das Hauptobjekt des Weltalls vorstelle, und daß die Sterne täglich um sie herum flögen, bloß wie die Funken um eine Feueresse. Erst nach Columbus und Magellan löste sich die Erde von den alten Postamenten, auf denen Poesie und Unwissenheit sie niedergelegt hatten, und fing an, mit uns wie ein Luftbläschen in das All hinauszuschweben.

Die verbesserte Sternkunde gab denn auch wieder zu einem besseren Zurechtfinden auf der Erde Veranlassung. In ihrem alten Hause in Europa waren die Völker so gut bekannt, daß sie da so zu sagen schon von selbst und auch im Dunkeln die alten gewohnten Wege finden zu können glaubten. Mit Europa allein wären unsere Ingenieure zu keinen neuen Methoden, die Länder aufzunehmen, und zu keiner Kartographie veranlaßt worden.

Aber die Neue Welt war ein wahrer Irrgarten für die Entdecker, in dem sie sich ohne Aufnahmen und Karten nicht zu orientiren vermochten. Da auch noch außerdem die Neue Welt unter zwei Völkern, den Portugiesen und Spaniern getheilt werden sollte, so verursachte auch dies ein Streben, nach den sichersten Methoden zur Bestimmung der Längen und Breiten zu suchen, und sich in Besitz von Mitteln zur Aufnahme und Kartographirung von neuen Ländern zu setzen.

Fast alle neuen Methoden zur Bestimmung der Länge sind an den Küsten von Amerika zuerst versucht worden, und fast alle Erfindungen zur Verbesserung des Compasses, der Quandranten, der Uhren, der Chronometer und aller der andern, der Nautik und Landmessung dienenden Instrumente, sind mit Bezug auf Amerika und die andern neuen Länder erfunden worden. Man gab sich dabei alsbald so viel Mühe, daß wir auf den, mit den ersten Entdeckern gleichzeitigen Karten die Umrisse von Afrika und des bekannt gewordenen Theiles von Amerika sogar richtiger dargestellt finden, als manche Partien von Europa, als z. B. den skandinavischen Norden. — Wie den Ingenieuren, wie den Weltmessern und Naturhistorikern, so haben sich auch den Ethnographen und den Sprachforschern ganz neue und ungeahnte Gebiete erschlossen, und sie haben erst nach Columbus das interessanteste Geschöpf, das den Gegenstand ihrer Forschungen ausmacht, den Menschen, in allen seinen Phasen, Nuancen und Abwandlungen kennen gelernt.

Den Sprachforschern zeigten sich in den transoceanischen Ländern ganz neue Classen von Sprachen mit eigenthümlichen und bis dahin unerhörten Qualitäten, wie sie kein anderer Sprachstamm besaß.

Auch unsern Historikern offenbarten sich völlig fremdartige Phänomene. Sie bekamen moralische Zustände und
culturhistorische Entwickelungen zu studiren, die auf unsern
alten Continenten nicht ihres Gleichen haben, und nun erst
konnte von einer Universalweltgeschichte, von einer Geschichte
des Menschengeschlechts die Rede sein.

Aber auch die anderen Wissenschaften, welche nicht
unmittelbar von der Entdeckung Amerikas getroffen wurden, sind indirect dadurch gefördert worden, die Standpunkte
aller sind gehoben und verrückt worden. Denn des Columbus kühnes Vorschreiten in den Ocean, durch das er
alte Vorurtheile und Fesseln sprengte, erweckte überhaupt
mehr Kühnheit und Freiheit des Denkens und ein allseitiges
Wegräumen von Vorurtheilen. Es erweiterte den Blick
überall hin, es kräftigte die Gefühle und die forschende
Begierde.

Neue Gedanken auf dem einen Gebiete erzeugen auch
neue Ideen auf dem andern. „That entzündet sich an That“.
In demselben Jahre, in welchem Columbus starb, erfand
Copernicus seine neue Weltordnung; in demselben Jahre,
in welchem Cortes das heidnische Tenochtitlan eroberte, verbrannte Luther die päbstliche Bulle in Wittenberg; zu derselben Zeit, in welcher Frobisher Amerika im eisigen Norden
zu umsegeln trachtete, verbesserte Pabst Gregor XIII. den
Kalender. Die Erfindung des Teleskops im Jahre 1590,
des Thermometers im Jahre 1630, des Barometers im Jahre
1647 und der Luftpumpe im Jahre 1650 und anderer wichtiger wissenschaftlicher Instrumente in folgenden Jahren,
wenn sie auch nicht gerade für und durch Amerika gemacht
wurden, waren doch spätere Glieder in einer Kette von
Erfindungen, in welcher die von den Spaniern und Portugiesen construirten Astrolabien, Schiffspumpen c. die
ersten gewesen sind.

„Das bedeutungsvollste Resultat der oceanischen See-fahrten und Entdeckungen ist nicht die Bereicherung der Erdkunde als solche, sondern die Eröffnung der Bahnen für gegenseitige Mittheilung der gesammten Interessen der Mensch-heit nach allen Richtungen hin," sagt mit Recht einer unserer deutschen Historiker über Amerika. Alle die großen Denker und Philosophen, ein Bacon, ein Grotius und Leibnitz, ein New-ton, ein Montesquieu, Locke und Kant wären ohne Columbus vielleicht gar nicht erschienen, jedenfalls wären sie als ganz andere erschienen, als sie waren. Man kann wohl sagen, daß vor Columbus solche frei forschende Männer sehr rar waren, daß sie aber nach ihm in einer vermehrten Anzahl auftauchten, wie die neuen Gestirne am südlichen Himmel.

Sogar mit unseren Dichtern, mit der Blüthe unserer Literatur und mit der Geschichte unserer Nationalsprachen stehen gewiß das Zeitalter der Entdeckungen und seine mächtigen Impulse in innigerem Zusammenhange, als man dies gewöhnlich zu erkennen scheint.

Wie die Fahrten der Argonauten und die Expeditionen der Hellenen nach Kleinasien den Homer, wie die Kreuzzüge den Tasso erweckten, so hat die Unternehmung des Gama nach Ostindien den Camoëns begeistert und das classische Epos der Portugiesen in's Leben gerufen, so hat auch die spanische Muse sich vielfach den Abentheuern und Wundern der Neuen Welt zugewandt und hat außer der „Argentina" und der „Arancania" des Ercilla noch manche andere Epen erzeugt.

Die Blüthezeit der spanischen Literatur folgte sehr bald der Blüthezeit der Macht der Castilianer und ihren wunder-baren Thaten und Leiden in der Neuen Welt. Auch in England folgte Shakespeare den Seehelden der Königin Elisabeth auf dem Fuße. Bei einem seiner Dramen scheint dem Shakespeare sogar direkt eine englische Entdeckung, nämlich bei seinem Sturme die Entdeckung der Bermudas-Inseln, vorgeschwebt zu haben. Auch bei den Niederländern kulminirten die Höhenpunkte ihrer Seemacht und ihrer Volksliteratur bald nach einander.

Nach Amerika kamen aus allen Ländern mehr Matrosen, Soldaten, Ackerbauer, Kaufleute, mit einem Worte solche Männer hinüber, die sich der sogenannten „vulgären" Sprachen bedienten, weniger sogenannte „gute Lateiner."

Die Colonien und Staaten, die dort gepflanzt wurden, bedienten sich von vornherein mehr der Volkssprache. Auch in dieser Hinsicht stellt sich die Entdeckung und Besiedlung Amerika's als ein „Hinausschreiten aus den Grenzen des römischen Reichs", als eine Emancipation von der Herrschaft des Lateinischen und von Allem, was daran hängt, dar.

Fast alle europäische Nationalsprachen haben seitdem die Reise um die Erde gemacht, und während man v o r Columbus allerdings und ohne Zweifel mit dem Lateinischen weiter in der Welt fortkommen konnte, fingen nun n a c h ihm die modernen Sprachen an, Riesenarme auszustrecken, und sie mußten ein Gegenstand viel eifrigeren Studiums werden.

Fast alle Reiseberichte, alle historischen und geographischen Werke über die Neue Welt sind in den Volkssprachen geschrieben worden. Es giebt verhältnißmäßig sehr wenige Schriften über Amerika in lateinischer Sprache, selbst in der Zeit, als die Geschichte und Geographie vieler Gegenden Europas noch im Lateinischen abgehandelt wurden. Manche mit dem Zeitalter der Entdeckungen ins Leben gerufenen Disciplinen und Wissenschaften, z. B. die Nautik, die Oceanographie, die Handelswissenschaften, die Waarenkunde wurden von vornherein in den Nationalsprachen behandelt, und nicht in den alten lateinischen Windeln geboren.

Wie in das Dichten, Denken und Forschen der großen Geister eine größere Kühnheit und ein höherer und freierer

Schwung kam, so ergriff in Folge der Entwickelung der oceanischen Schifffahrt überhaupt alle unsere Verhältnisse eine allgemeine Beweglichkeit. Sämmtliche am Ocean wohnende Völker Europa's spannten nach der Entdeckung Amerika's gleichsam ihre Flügel aus oder es wuchsen ihnen vielmehr erst jetzt die Schwingen, ich meine die bewimpelten Flotten, die sie so lange auf unnatürliche Weise entbehrt hatten. Marineangelegenheiten gab es kaum in allen diesen Staaten vor der Entdeckung Amerika's. Jetzt aber wurden diese Marineangelegenheiten ein Hauptelement ihres staatlichen Lebens.

Amerika und das fortgesetzte Werk seiner Entdeckung zog so zu sagen selbst diese europäischen Marinen groß. Gerade in den amerikanischen Unternehmungen gewannen die Europäer ihre See-Erfahrenheit. Die Anführer der Flotten, welche die Königin Elisabeth nach Amerika sandte, waren dieselben Helden, die für sie die Angriffe der spanischen Armada abwehrten.

Manche amerikanischen Schifffahrtsfelder sind die besten Schulen für europäische Flotten gewesen, so z. B. haben die Franzosen, Holländer und Engländer ihre geübtesten Matrosen auf den Fischbänken von Neufundland, bei dem grönländischen Wallfischfange und in den dreihundertjährigen Entdeckungsfahrten zur Auffindung einer Nord-West-Passage ausgebildet.

Auch noch sonst hat Amerika vielfach die europäischen Flotten an seinem Busen groß gezogen. Cuba lieferte den spanischen Werften und Zimmerplätzen das schönste Bauholz. Die königlich portugiesische Flotte war fast ganz aus brasilianischem Holze gebaut. Auch England wurde lange mit brasilianischen Schiffen versorgt.

Am Ende hat Amerika in seinem eigenen Schooße das geschickteste, kühnste und beweglichste Schiffervolk, das der Yankees

erzeugt, die jetzt in allen Theilen des Oceans zu finden
sind, die mit dem Winde über die Welt dahin schreiten,
als wäre sie ihre Domäne, deren Hauptcharakter Kriterium,
deren ganzes Wesen sich in einem Worte zusammenfassen und bezeichnen läßt, mit dem Worte: „Rastlosigkeit"
(Restlessness)!

Wie unmittelbar auf dem Meere selbst die Weise
unserer Bewegung, unserer Reisen, unseres Waarenumschwungs
stets großartiger und energischer wurde, so wuchs mittelbar
dadurch auch unsere Beweglichkeit auf dem Festlande. Wenn
man die Erzeugnisse der großen Welttheile in mächtigen
Dreimastern über den Ocean hin und her dirigirte, und
wenn sie in Massen in den Seehäfen ankamen, so konnte
es dazu nicht passen, daß sie auf Saumrossen oder Maul-
thieren auf der alten Weise ins Innere befördert wurden.
Man fing daher allmählich an, das Festland selber glatter,
so zu sagen oceanischer zu machen. Die Flüsse wurden
verbessert, der Hafen-, Canal- und Chausseebau begann sich
zu entwickeln. Es ist gewiß nicht ohne Beziehung zu unserm
Thema, daß der große Monarch, der am meisten mit der
Entdeckung der Neuen Welt zu thun hatte, Kaiser Karl V.,
auch derjenige war, der in Spanien die ersten Chausseen an-
legte und auch in Deutschland und anderswo die erste Post-
verbindung einführte.

Jede Revolution in der Befahrungsweise des Meeres
führte auch eine Reform des continentalen Wegebaues,
Transportes und Verkehrs mit sich im Schlepptau (wenn
auch oft in einem sehr langen Schlepptau). Fast alle neuen
Verbesserungen und Erfindungen zur Beschleunigung der
Lokomotion sind von Schiffervölkern, den Engländern,
Holländern und den Yankees ausgegangen. Nachdem die
Dampfmaschine auf das Wasser gesetzt war, den Dienst der
Winde zu übernehmen, mußte sie alsbald auch auf dem

29

Festlande das Rennen und Schleppen lernen und Pferde-
arbeit verrichten. Schwer läßt sich glauben, daß wir ohne
die Entdeckung Amerika's, ohne die Weltumsegelungen und
ohne den Umschwung und die Eile, welche dadurch in die
Bewegung der Menschen überhaupt kam, jetzt schon Maka-
damisirung und Eisenbahn und Telegraphen besitzen, oder
auch daß wir in unsern Städten auf bequemen brüsseler
Trottoiren eilenden Fußes unsere Geschäfte abmachen würden.

Wie mächtige Springfedern greifen Amerika und der
Ocean treibend und spornend in das ganze große Räder-
werk unseres modernen Lebens. Amerika wuchert in allen
unsern Gärten und Aeckern und Städten, und der Ocean
bringt mit seinen Strömungen, Fluthen und Ebben bis in
die verstecktesten Canäle des Binnenlandes. Nicht nur um die
schnaubenden Heerden der Amphitrite zu weiden, schwingt
Poseidon sein Scepter. Er ist vor allen Dingen auch der
Erderschütterer. Sein auf der salzigen Woge weithin
schallendes Quos Ego gelangt auch vernehmlich zu den
Ohren der Könige wie der Bürger in den Gebirgen und
den Winkeln der Continente, und ergreift ihre Herzen. —
Von Allem aber was er verrichtete, seit Columbus und
die Spanier ihm einen neuen Dreizack schmiedeten, ist wohl
nichts bedeutungsvoller und gewaltiger, als die veränderte
Stellung, zu der er das Christenthum erhob.

Wenn man die Lage und geographische Ausdehnung
des Christenthums vor der Entdeckung Amerikas mit seiner
jetzigen Weltstellung vergleicht, muß man erstaunen über den
engen Raum, in dem es damals noch zusammengepreßt war.

Trotz der Anstrengungen und Tauffkriege Karls des
Großen und trotz der christlichen Völkerwanderungen in den
Jahrhunderten der Kreuzzüge konnte man kaum sagen, daß
das Christenthum seit den Zeiten der ersten christlichen Con-

cilien in Kleinasien, irgend welche bedeutende räumliche Fortschritte gemacht habe.

Es hatte vielmehr im Süden vielleicht mehr eingebüßt, als es im Norden gewonnen hatte. Zwei ganze Welttheile waren der Kirche so zu sagen verloren gegangen, das ganze westliche Asien, in welchem schon die Apostel bis nach Indien gereist waren, und das ganze nördliche Afrika, in dem einst Hunderte von christlichen Städten und Bisthümern blühten.

Ja sogar in dem kleinen Europa selbst war das Christenthum auf engere Grenzen beschränkt. Die zwei-hundertjährigen Anstrengungen der Kreuzritter liefen fast auf nichts hinaus. In Summa müssen sie als ein miß-glücktes Unternehmen betrachtet werden. Ja sie bewirkten sogar das Gegentheil von dem, was sie erstrebt hatten. — Statt den Halbmond zu beschränken, lockten sie ihn aus seinen Hinterhalten hervor, noch tiefer in Europa hinein. Die muhamedanischen Türken eroberten das ganze südöst-liche Europa, Griechenland und die Donauländer bis Wien, und die dem Islam huldigenden Tataren beherrschten Ruß-land bis an die Grenzen von Polen und Deutschland und auch gleich jenseits der Pyrenäen, in Spanien, lag noch der Koran neben der Bibel aufgeschlagen.

Man möchte fast erschrecken über die Lage dieses kleinen engbeknappten, hartbedrängten Christenthums vor Columbus, das nach einem Kampfe von anderthalb Tausend Jahren keinen größeren Umfang hatte, und wahrscheinlich eine geringere Anzahl von Gläubigen zählte als zur Zeit Kaiser Constantins oder Justinians.

Erst seit der Entdeckung Amerika's und der oceani-schen Wege können wir uns ruhig der Ueberzeugung hin-geben, daß das Christenthum nicht mehr untergehen kann. Erst seitdem hat man die Worte Christi: „Gehet hin in

alle Welt und predigt das Evangelium allen Creaturen,"
verstanden und zur Wahrheit gemacht. Seitdem ist das
Christenthum die Weltreligion, der Glaube des ganzen
Erdballs geworden. Seitdem erst hat Europa seine Cultur=
mission, seine Aufgabe der Civilisirung der Menschheit
begriffen. Das Civilisationswerk, das seit Columbus
begonnen, kann nicht mehr rückgängig gemacht werden, wie
das der Macedonier und Römer.

„Es ist das wesentlichste Merkmal der Cultur der
neuen Zeit," hat Jemand gesagt, „daß sämmtliche Cultur=
gestaltungen des Orients, die der Muselmänner, der Hindus
und Buddhisten, der christlich=europäischen gegenüber völlig
ihre Kraft verlieren und theils untergeordnet werden, theils
sich abschwächen." Und daß dies so geworden ist, das
haben wir nicht jenen mit dem Kreuze bezeichneten edlen
Rittern, sondern vielmehr diesen oft von mir genannten
Schiffscapitainen und ihren Matrosen zu verdanken. Auch
sie führten das Kreuz in ihrem Banner. Auch sie schifften
aus, um Jerusalem zu erobern. Ihr ganzes Unternehmen,
die ganze Geschichte der Entdeckungen ging von vornherein
wesentlich aus dem Kampfe des Kreuzes mit dem Halb=
monde hervor. Ich sagte schon, daß die Portugiesen, in dem
sie die aus ihrem Vaterlande vertriebenen Mauren verfolgten,
auf die nassen Straßen geführt wurden, und daß auch die
Spanier in dem Augenblicke, wo sie das Kreuz auf die
Alhambra pflanzten, den Schwung zur Entdeckung Amerika's
bekamen.

Diese Entdeckungen waren daher in ihrer Veranlassung
sowohl, als in ihrer Tendenz und in Bezug auf ihr Ziel,
wesentlich religiöse Unternehmungen. Der christliche Missions=
geist durchdrang sie und gab ihnen ihre Färbung und der
fromme Eifer zu bekehren und zu taufen spielte bei ihrer

Förderung eine so große Rolle, wie die Begier nach Silber und Gold.

Sogar auch die Russen führte, wie ich zeigte, der Kampf mit den Muhamedanern, von deren Herrschaft sie sich frei machten, und die sie dann in Sibirien, wie die Portugiesen in Afrika verfolgten, nach Amerika.

Das Christenthum konnte überall nur eine Weltreligion werden, nachdem es oceanisch geworden war und nachdem seine Apostel das Wort Christi, das er im Schiffe sprach, beherzigt hatten: „Ihr Kleingläubigen, warum seid ihr so furchtsam? Und er stand auf und bedrohete den Wind und das Meer, da ward es ganz stille." Gleich nach der ersten Fahrt des Columbus scheinen seine Zeitgenossen diese ganze Bedeutung des Ereignisses geahnt, und in einer sehr bezeichnenden und symbolischen Weise dargestellt zu haben. Sie setzten auf ihre alten Karten, welche die neuen Entdeckungen des Christophorus Columbus darstellten, auf die Küste von Amerika das Bild eines heiligen Christophorus, der durch das Meer watend, das Christuskind auf den Schultern trägt.

Der auf den Wasserschuhen der Schiffe und mit den beflügelten Wanderstäben der Mastbäume über die Meere hinauspilgernde Christophorus trug das Senfkorn zu allen Gestaden der Welt und seitdem kann man den Zustand des Christenthums und der Cultur mit dem Wachsthum jenes ostindischen Baumes vergleichen, der aus hundert Wurzeln seinen Bestand sichert und seine Nahrung schöpft, dessen zahllose Zweige sich überall wieder zur Erde herablassen und aus der Luft neue Wurzeln in den Boden hinabsenken!

Dies sind einige den Umständen nach leider nur flüchtige Andeutungen über die Folge derjenigen Reihe von Ereignissen, Thaten, Unternehmungen und Anstrengungen der kühnen Europäer, die der unsterbliche Columbus eröffnete

Ich habe überall nur die Spitzen berühren und einige Weg=
weiser ausstecken können und habe dabei vielfach auf die Nach=
sicht und auf die ergänzende Phantasie der Leser zählen müssen.
Wer aber selbst der Sache weiter nachforscht, wird es mehr
und mehr erkennen, wie man mit vollem Fug und Rechte seit
dem Jahre 1492 eine andere Aera datirt hat, warum
unsere Historiker mit ihm die alte Geschichte der Menschen
als abgeschlossen betrachten und warum sie nach Entdeckung
der neuen Länder, d. h. nach der dadurch eingeleiteten Ver=
mittlung eines Gesammtlebens aller Welttheile und aller Erd=
bewohner, die nun wie die Theile und Glieder eines Ganzen
zusammenhangen, denen nun ein sie alle packender Geist,
eine einzige Seele eingehaucht ist, und deren Seele eine
christliche geworden ist, — die Neuzeit beginnen lassen.